JI NAN SHI XUE

暨南史学

第十九辑

主编 马建春

暨南大学出版社
JINAN UNIVERSITY PRESS

中国·广州

图书在版编目（CIP）数据

暨南史学. 第十九辑 / 马建春主编. —广州：暨南大学出版社，2019. 12
ISBN 978 - 7 - 5668 - 2502 - 5

Ⅰ. ①暨…　Ⅱ. ①马…　Ⅲ. ①中国历史—文集　Ⅳ. ①K207 - 53

中国版本图书馆 CIP 数据核字(2019)第 286307 号

暨南史学（第十九辑）
JINAN SHIXUE（DI SHIJIU JI）
主　编：马建春

出 版 人：徐义雄
责任编辑：冯　琳　亢东昌　詹建林
责任校对：黄　颖　孙劭贤　黄晓佳
责任印制：汤慧君　周一丹

出版发行：暨南大学出版社（510630）
电　　话：总编室（8620）85221601
　　　　　营销部（8620）85225284　85228291　85228292（邮购）
传　　真：（8620）85221583（办公室）　85223774（营销部）
网　　址：http：//www. jnupress. com
排　　版：广州尚文数码科技有限公司
印　　刷：广州市穗彩印务有限公司
开　　本：787mm×1092mm　1/16
印　　张：18. 75
字　　数：385 千
版　　次：2019 年 12 月第 1 版
印　　次：2019 年 12 月第 1 次
定　　价：58. 00 元

（暨大版图书如有印装质量问题，请与出版社总编室联系调换）

目　录

电子稿件请寄：投稿信箱：jinanshixue@ sina. com.

纸质稿件请寄：广州市天河区黄埔大道西 601 号暨南大学中外关系研究所《暨南史学》编辑部（第二文科楼 806 室），邮编：510632。

编辑部电话：020—85221991

神权崇拜和权力塑造：汉武帝长安与奥古斯都罗马城市建设比较研究①

潘明娟　吴宏岐

[提要] 汉长安城和古罗马城分处欧亚大陆，都有动态的建设过程。古代的都城建设活动有着深刻的政治意图。从比较的角度出发，分析汉武帝时期长安与奥古斯都时期罗马的城市重要建设活动及其所占比例，发现礼制思想和神权崇拜思想通过祭祀性礼制或神庙建筑的建设和布局，深深影响着都城的建设活动，汉武帝通过礼制建筑展示其治国理念的转变，奥古斯都则大肆修建神庙建筑来神化自己的统治；同时，都城的重要建设活动也可以塑造统治者的世俗权力，汉武帝通过长安城"高""壮""丽"的政治性建筑有效塑造"天子"的威望，奥古斯都则运用罗马城的基础设施建设笼络平民。比较而言，罗马城的建筑（广场、神庙等）具有开放性和公共性，奥古斯都主要建设的是神庙建筑和基础设施，通过祭坛和庙宇塑造皇帝崇拜，同时通过基础设施建设让平民熟悉皇帝的功绩，从而树立统治权威；而长安城的建筑（宫殿、礼制建筑等）大部分具有封闭性和神秘性，汉武帝主要进行的是政治性宫殿的建设，似乎由于拉开了和民众的距离、产生了神秘感而加强了统治权威。这在一定程度上反映出东西方政治思想观念的差异。

[关键词] 神权崇拜；权力塑造；汉武帝长安；奥古斯都罗马

---

①　本文为国家社会科学基金项目"先秦都城制度研究"（18XZS008）阶段性研究成果之一。

一、引言

从比较的角度来研究东西方的古代城市，是中西方学界比较关注的主题。关于东西方文明中古罗马时期与秦汉时期的比较，有 *Conceiving the Empire：China and Rome Compared*（《帝国的追忆：中国与罗马之比较》）[1] 和 *Rome and China：Comparative Perspectives on Ancient World Empires*（《罗马与中国：古代世界帝国的比较考察》）[2]、《古罗马和秦汉中国——风马牛不相及乎》[3] 以及《构想帝国：古代中国与古罗马比较研究》[4] 等，分别收录东西方学者对罗马和中国的研究文章，主要涉及政体、宗教、科技、文化等方面的比较。其中，比较研究长安城与古罗马城的著述，以《长安城与罗马城——东西方两大文明都城模式的比较研究》为代表。[5]

关于古罗马城与汉长安城具有空间上的差异性和时间上的关联性，笔者已有过论述。[6] 简要来说，在空间方面，汉长安城和古罗马城分别位于欧亚大陆的东西两端。罗马城位于欧洲大陆，"地中之海"沿岸；长安城位于"四海之内"，东亚大陆的中部。两座城市的气候条件也有很大差异。不同的气候和不同的海陆位置，可能对城市文明的产生和发展产生不一样的影响。

在城市建设的时间方面，古罗马城与汉长安城这两座城市具有一定的关联性。汉长安城的建设从公元前 202 年开始，到公元 8 年的西汉末年，持续了 200 多年；而古罗马城，开始建设的时间更早（公元前 8 世纪），持续的时间更长。这两座分处欧亚大陆的都城都有其动态的建设过程。

---

① Fritz - Heiner Mutschler and Achim Mittag, *Conceiving the Empire：China and Rome Compared*, Oxford, Oxford University Press, 2008.

② Walter Scheidel, *Rome and China：Comparative Perspectives on Ancient World Empires*, Oxford, Oxford University Press, 2009.

③ 《法国汉学》丛书编辑委员会编：《古罗马和秦汉中国——风马牛不相及乎》，中华书局，2011 年。

④ 穆启乐、闵道安主编：《构想帝国：古代中国与古罗马比较研究》，复旦大学出版社，2013 年。

⑤ 周繁文：《长安城与罗马城——东西方两大文明都城模式的比较研究》，社会科学文献出版社，2017 年。

⑥ 潘明娟：《古罗马与汉长安城给排水系统比较研究》，《中国历史地理论丛》2017 年第 4 期。

　　学界一般把汉长安城的建设过程分为三个阶段①：第一阶段，汉代初年，汉高祖和惠帝对长安城进行了初步建设；第二阶段，汉武帝对长安城开展了以宫殿建筑为主的大规模建设；第三个阶段，汉末王莽对长安城实施了以礼制建筑为主的改造。②王社教主张汉长安城建设分三个阶段。③肖爱玲从都城空间生成机制方面考虑，认为汉长安城经历了五个阶段。④不论怎样划分汉长安城的建设阶段，汉武帝（前141年—前87年在位）时期都是长安城建设史上一个重要时期，这一时期汉长安城形成了强盛王朝之都的宏大气魄。

　　与此同时，罗马的城市建设也在政体转变的过程中有了大的飞跃。David L'Amour 和 Diana Spencer 的 *The Sites of Rome：Time，Space，Memory*（大卫·蓝莫和戴安娜·斯潘塞《罗马的场所：时间、空间和记忆》）⑤，Robinson 的 *Ancient Rome：City Planning and Administration*（罗宾逊《古代罗马：城市规划和管理》）⑥，Wilfried Neppel 的 *Public Order in Ancient Rome*（维尔弗里德·佩尔《古罗马的公共秩序》）⑦，Lanciani 的 *The Ruins and*

---

　　① 这种观点以《西安的历史变迁与发展》（朱士光主编，西安出版社，2003年，第202－216页）一书为代表。在"西汉帝都——长安"一章第一节把长安城的建设分为"先建宫殿，后筑城池""汉武帝时期长安城的扩建""西汉末年城市规模的变动"三个阶段。韩国河《汉长安城规划思想辨析》（《郑州大学学报（哲学社会科学版）》2001年第5期），也是从"汉初长安城是否取法了天象""汉武帝大规模营建时期，汉城营建思想与布局模式的巨变""王莽时期'托古改制'的营建思想"三个阶段分析汉长安城的规划思想。

　　② 西振岩、高洁：《论王莽对长安城之改造》，《郑州师范教育》2015年第1期。

　　③ 王社教在《汉长安城》（西安出版社，2009年，第5－33页）"长安城的诞生及其演变"一章研究了五个问题：①刘邦定都关中；②先建宫殿，后筑城池；③武帝崇饰长安城；④王莽对汉长安城的改制；⑤汉长安城的破坏。其中第一个问题"刘邦定都关中"不涉及长安城的建设，因此，《汉长安城》应该是把长安城的建设和毁灭过程分成了四个阶段。

　　④ 肖爱玲《前漢長安城における空間形成のメカニズム》（《学習院大学国際研究教育機構研究年報》第3号，2017年）将汉长安城的建设划分为五个阶段：①汉高祖时期奠定了大都城空间的基本形态；②汉惠帝时期受都城周边地形和社会环境影响，为了安全的需要奠定了都城实体的空间边界，但是城墙的实际作用值得思考；③武帝时期冲破了汉惠帝城墙的束缚，向城郊不断扩展，形成了强盛王朝之都的宏大气魄；④元、成帝时期文化繁荣与都城空间形态变化密切相关；⑤哀、平之际今古文经学影响下的都城空间形态。

　　⑤ David L'Amour and Diana Spencer，*The Sites of Rome：Time，Space，Memory*，Oxford，Oxford University Press，2007.

　　⑥ O. F. Robinson，*Ancient Rome：City Planning and Administration*，London and New York，Routledge，1992.

　　⑦ Wilfried Neppel，*Public Order in Ancient Rome*，Cambridge，Cambridge University Press，1995.

Excavations of Ancient Rome（兰西尼《古罗马的遗迹和发掘》）[①]，Cary 和 Scullard 的 *Roman History*（凯瑞和卡拉德《罗马史》）[②] 等均涉及罗马的城市建设。与汉长安城一样，古罗马城的建设也是一个动态的过程，A. E. J. 莫里斯把罗马城市建设分为两个阶段：最早的居民点和凯撒时期的发展。[③] Willianm E. Dunstan 的《古代罗马》整本书的框架是依据执政者来描写古罗马的城市历史，如苏拉（Sulla）、庞培和凯撒（Pompey and Caesar）、奥古斯都（Augustus）等。[④] Wilfried Neppel 的《古罗马的公共秩序》一书则按照政体不同来描述罗马城的建设历程：共和时期、帝国时期。[⑤] 其中，奥古斯都（前 28 年改组元老院，任元首，前 27 年交卸权力，称奥古斯都，直至公元 14 年去世）时期是罗马城市建设史上的重要时期，奥古斯都多次表示：他接受的是一座砖城，但留下的是一座大理石的城市。[⑥]

事实上，无论是东方还是西方，古代的都城建设项目都有着深刻的政治意图，都城的建设活动和建筑物本身所具有的政治功能也令东西方统治者都无法忽略城市建设的重要性。比较汉武帝长安城与奥古斯都罗马城的建设，可以得出东西方城市建设的观念性差异，或许能够为我们更加清晰地解读东西方文明的差异带来新的视角。本文着重比较两座城市重要建设活动中礼制或神庙建筑、政治性建筑和城市基础建设的比例，探讨神权崇拜和世俗权力作用下的城市建设，并比较由此产生的东西方都城建设观念的异同。

---

　① Rodolfo Lanciani, *The Ruins and Excavations of Ancient Rome*, Boston and New York, Houghton, Mifflin and Company, 1897.

　② M. Cary and H. H. Scullard, *A History of Rome*, London, London Press, 1979, p. 323.

　③ A. E. J. 莫里斯著，成一农等译：《城市形态史：工业革命以前》，商务印书馆，2011 年，第 162 – 172 页。

　④ Willianm E. Dunstan, *Ancient Rome*, Lanham, Rowman & Littlefield Publishers, 2011.

　⑤ Wilfried Neppel, *Public Order in Ancient Rome*, Cambridge, Cambridge University Press, 1995.

　⑥ 苏维托尼乌斯著，张竹明等译：《罗马十二帝王传》，商务印书馆，1996 年，第 11 页。

二、神权崇拜对城市建设的作用

梳理相关文献资料，发现汉武帝在位期间的长安建设仅有 10 条记载。[①] 这 10 次建设活动，所建的建筑物规模及内涵是不一样的。例如，从建筑规模来看，太初元年的建章宫包括宫殿台阁 20 多所，"周二十余里"，占地面积约 4 平方公里，而建元三年的便门桥只是横跨渭河的一座桥梁，其规模差异巨大。因此，本文按照文献记载的次数及不同类型的建筑所占建设活动的比例来分析城市重要建设活动。其中，建设政治性建筑 6 次，占长安城建设活动次数的 60%，这些建筑当中，除了太学是国家的高等教育机构，其他则均为宫室园囿；礼制和宗教建筑的建设 2 次，占长安城建设活动次数的 20%，祭祀天一、地一、太一、黄帝等神灵以及据说比较灵验的民间信仰"神君"；城市基础设施建设 2 次，包括便门桥的修建和漕渠的穿凿，占长安城建设活动次数的 20%，与政治性建筑相比，长安城的城市基础建设相对较为薄弱。

奥古斯都与汉武帝一样，也对城市实行了大规模建设，"在击败政治对手塞克斯图斯·庞培（Sextus Pompeius）和玛尔库斯·安东尼（Marcus Antonius）后，奥古斯都和他的追随者开始以前所未有的规模建设了罗马城"。[②] 但是，由于罗马城的城市建设记载较为详尽，包括新建、重修或修复的记录；同时，东西方史学资料的侧重点也不尽相

---

① 汉武帝时期长安城的建设活动按时间顺序整理如下：

①建元三年（前 138 年）春，建造便门桥（《汉书》卷六《武帝纪》，中华书局，1962 年，第 158 页）。

②元光元年（前 134 年），建神君祠（《史记》卷一二《孝武本纪》，中华书局，1959 年，第 454 页）。

③元光二年（前 133 年），建太一祠、三一祠、黄帝祠（《史记》卷一二《孝武本纪》，第 456 页）。

④元光六年（前 129 年）春，穿漕渠（《汉书》卷六《武帝纪》，第 165 页）。

⑤元朔五年（前 124 年）夏六月，建太学（《汉书》卷五六《董仲舒传》，第 2512 页）。

⑥元狩三年（前 120 年）秋，穿昆明池（《汉书》卷六《武帝纪》，第 177 页）。

⑦元鼎二年（前 115 年）春，建柏梁台、铜柱、承露仙人（《汉书》卷六《武帝纪》，第 182 页）。

⑧太初元年（前 104 年）二月，起建章宫（《汉书》卷六《武帝纪》，第 199 页）。

⑨太初四年（前 101 年）秋，起明光宫（《汉书》卷六《武帝纪》，第 202 页）。

⑩太初四年（前 101 年）秋，起桂宫（何清谷：《三辅黄图校注》卷二，三秦出版社，2006 年，第 158 页）。

② 罗尔夫·迈克尔·施耐德：《形象与帝国：奥古斯都罗马的形成》，载穆启乐、闵道安主编：《构想帝国：古代中国与古罗马比较研究》，第 246－275 页。

6

同，因此，从史料来看，汉武帝时期长安城的建造次数仅有 10 次，远远少于奥古斯都时期罗马城建设的 39 条①，汉武帝时期长安城与奥古斯都时期罗马城重要城市建设次数的差异还是比较大的。比较长安城与罗马城建设次数多寡似乎没有意义，本文试图对不同性质的重要建筑活动进行横向比较，希望比较东西方都城建设观念的异同。

奥古斯都时期的罗马城市建设活动，有 5 次政治性建筑的建设记录，包括宫殿、王宫、举行议会的会堂、选举用的围廊、凯旋门等，占罗马城建设活动次数的 12.82%（5/39）；有 17 次修建或修复神庙的建设，占罗马城建设的 43.59%（17/39），涉及的神灵有朱庇特、朱诺、奎里诺、和睦女神、复仇者战神、翠贝拉、贝罗娜、维斯塔等；有 17 次基础设施的建设，占罗马城建设的 43.59%（17/39），包括浴场、仓库、大道、剧场、水渠、广场、住宅等建设。可见用于神灵崇拜的神庙建设和用于笼络平民的基础设施建设活动在奥古斯都时期占主导地位，政治性建筑所占比例明显较小。

比较长安城与罗马城的政治性建筑、礼制或神庙建筑、基础性设施建设所占的比例，可以分析神权崇拜对东西方城市建设的作用，因为城市中的礼制或神庙建筑更多地受到神权崇拜的影响。

礼制建筑、神庙建筑是两个类型的建筑，但都是与鬼神沟通或代表神灵崇拜的建筑。这些建筑的目的在于"使人产生敬畏心理"。② 对鬼神的敬畏与崇拜，反映着人们对天人关系、等级关系、人伦关系等诸多关系的认识。礼制思想和神权崇拜的思想，通过祭祀性礼制或神庙建筑的建设和布局，深深影响着都城的建设活动。因此，本文将长安城代表礼制和宗教的建筑与罗马城的神庙放在一起进行比较。

礼制建筑是反映当时人们对天人关系、等级关系、人伦关系及行为准则认识的建筑体系，反映着当时的宗法礼制，主要承载着祭祀神灵、沟通神灵的任务。汉武帝时期长安城的礼制建筑的建设是在元光二年（前 133 年），建太一祠、三一祠、黄帝祠。③ 其中，太一，或称"泰一"，在《史记·封禅书》中有不同记载，其神格高下也不尽相同。汉武帝元光二年，"亳人谬忌奏祠太一方，曰：'天神贵者太一，太一佐曰五帝。'"这里的"太一"是最高神，五帝都是他的辅佐；之后，《封禅书》又记载："古者天子三年壹用太牢祠神三一：天一、地一、太一。"由这句话可见，"太一"似乎只是"三一"中的一神而已，与天一、地一相同；可是，《封禅书》又有："古者天子常以春解

---

① 根据周繁文《长安城与罗马城——秦汉与罗马两大文明都城模式的比较研究》表三、表四、表五、表六资料重新梳理。参见周繁文：《长安城与罗马城——秦汉与罗马两大文明都城模式的比较研究》，第 67－75 页。

② 刘易斯·芒福德著，宋俊岭、倪文彦译：《城市发展史——起源、演变和前景》，中国建筑工业出版社，2004 年，第 71 页。

③ 《史记》卷一二《孝武本纪》，第 456 页。

祠，祠黄帝用一枭破镜；冥羊用羊祠；马行用一青牡马；太一、泽山君、地长用牛。"①
在这里，"太一"只是众神中的一员，神格似乎并不高。不管太一的神格地位如何，其
在汉武帝时期作为神灵来祭祀是毋庸置疑的。

　　西汉时期并没有后世所谓的宗教如佛教、道教等，只有民间信仰的祠庙，如汉武帝
元光元年建造的神君祠。神君，据《史记正义》记载："《汉武帝故事》云：（神君）长
陵女子也。先是嫁为人妻，生一男，数岁死，女子悼痛之，岁中亦死，而灵。"可见，
神君生前是一个普通的民间女子，死后被奉为神君，"民人多请福，说家人小事有验"，
神君信仰逐渐成为长安城附近的民间信仰，汉武帝的外祖母平原君也因为信仰神君，
"至后子孙尊贵"。这种民间的神君信仰甚至影响了汉武帝母亲王太后及汉武帝本人。②

　　先秦时期"国之大事，在祀与戎"的观念至汉仍存。汉武帝好鬼神之祀，对郊祀天
地更是非常热衷，《史记·封禅书》记载了汉武帝时期的各种祭祀活动及这些祭祀活动
的地点。但是，汉武帝执行祭祀活动的地点一般远离长安，因此长安城内的礼制和宗教
建筑相对较少，仅修建了太一祠、三一祠、黄帝祠、神君祠等。当然，汉武帝修建神君
祠的元光元年和修建太一祠、三一祠、黄帝祠的元光二年这个时间点是需要注意的。因
为建元六年（前135年），"治黄老言，不好儒术"③的窦太皇太后驾崩，第二年汉武帝
令郡国举孝廉、策贤良，④在内外政策上开始了一系列的变古创制、更化鼎新，董仲舒
的具有神学倾向的新儒学思想体系就此进入汉武帝的视野。在这种治国理念变化的背景
下修建的宗教和礼制建筑，应该说在一定程度上反映了汉武帝对民间信仰和礼治思想的
重视。

　　东方的西汉时期，礼制建筑表现为祭祀天地五谷的社稷以及祭祀祖先的庙宇，宗教
建筑表现为供奉民间信仰的鬼神的祠宇等。而在西方的罗马帝国时期，神庙建筑则表现
为罗马人崇拜的各神的神庙和祭坛。与汉武帝时期的长安城一样，奥古斯都时期的罗马
城有不少新建、重修或修复的神庙建筑用于神灵崇拜或与鬼神沟通，占罗马城市重要建
设次数的43.59%，与汉武帝时期长安城礼制和宗教建筑相比较，所占比例要更高一些。

　　芒福德认为，西方的"非永久性聚落的3个起源形式中，有两个都同神灵、祭祀有
关，而不仅只同生存有关；它们关系到一种更有价值更有意义的生活，表明人类这时已
经意识到并开始考虑过去和未来。……随着城市的逐步进化成形，其内容自然也日益丰
富起来，但上述这些核心因素却始终是城市存在的依据。"⑤西方城市的兴起与祭坛有

　　①　《史记》卷二八《封禅书》，第1386页。
　　②　《史记》卷一二《孝武本纪》，第454页。
　　③　《史记》卷一二《孝武本纪》，第452页。
　　④　《汉书》卷六《武帝纪》，第160页。
　　⑤　刘易斯·芒福德著，宋俊岭、倪文彦译：《城市发展史——起源、演变和前景》，第8—9页。

关，同样，城市也是进行神权崇拜的中心。

罗马的城市建设与神权崇拜有密切的关系。宗教在古代罗马社会占有重要地位，罗马人对神圣和神秘世界有着深刻的尊重。孟德斯鸠在讨论罗马盛衰的原因时，认为"（罗马的）宗教永远是人们可以用来维系人心的最好保证，但除去这一点之外，在罗马人当中还有这样一个特点，这便是他们对祖国的爱上面，他们还掺入了一些宗教的情感"。① 罗马宗教信仰中包含诸多不同的支系，这也是政治和社会现实的具体反映。与东方人一样，罗马人信奉的是多神崇拜、自然崇拜和祖先崇拜。罗马人的祖先崇拜包含家庭神、保护神和祖先。罗马人认为祖先是精神力量的来源，死者的灵魂是家庭和氏族的保护神，"在罗马，从不会有人对祖先崇祀或者死者的安魂提出疑问，或者更确切地说，它是罗马人以及他们所赞同的一切依旧有生命力的一个明证，同时也是他们赋予家庭以灵性生命的明证"。② "罗马有很多庙宇，这是一个事神甚恭的城市……在贫民窟和肉食市场中，一些庙宇年代已久，有时连供奉的雕像的身份都被忘记了，人们仍不愿意拆毁。"③ 与这种精神世界的深刻信仰相关，神庙作为对神的礼物，不仅是宗教活动中心，还是市民的公共活动中心。当然，神庙、雕像、纪功柱等神庙建筑不仅代表了罗马人的宗教信仰，也进一步宣扬了天赋皇权和大一统的思想，对稳定和巩固世俗统治有很大的帮助作用。可以说，神权崇拜导致罗马人特别注重神庙建设，在罗马的城市建设中占据着重要的地位。

在奥古斯都统治时期，罗马城陆续进行了不少神庙的新建和修建活动，占罗马城重要建设活动的 17/39（43.59%），这个数字在一定程度上说明了奥古斯都对神庙建筑的重视和推崇。

《罗马帝国时期》记载，奥古斯都本人在公元前 28 年一年之内就修复了 82 座神庙。④ 虽然笔者没有找到原始的资料出处，但是，奥古斯都是在公元前 28 年开始担任元首的，元首的公众威望开始凌驾于元老院之上，修复神庙无疑是有利于奥古斯都神化自己统治的。

三、权力塑造对城市建设的影响

芒福德认为："统治权力正是从（城市的）宫殿和庙宇这两处圣地向四外辐射

---

① 孟德斯鸠著，婉玲译：《罗马盛衰原因论》，商务印书馆，2013 年，第 60 页。
② R. H. 巴洛著，黄韬译：《罗马人》，上海人民出版社，2000 年，第 14 页。
③ 汤姆·霍兰著，杨军译：《卢比孔河：罗马共和国的胜利与悲剧》，上海远东出版社，2006 年，第 10 页。
④ 李雅书选译：《罗马帝国时期》，商务印书馆，1985 年，第 9 页。

的。"① 其中宫殿是政治性建筑，庙宇则是神庙礼制建筑。政治性建筑和神庙礼制建筑是都城建设的主要建筑形式，也反映着建设者对统治权力的认识与理解。政治性建筑和神庙礼制建筑的建设活动，在一定程度上反映了统治者的权力塑造。

芒福德在《城市发展史——起源、演变与前景》中研究了希罗多德（Herodotus）记述的德奥修斯（Deioces）取得对于米底亚人（Medes）的专制统治权的景观。德奥修斯在村民当中享有很高的威望，为周围的人裁决是非，人们便拥戴他作他们最高的统治者。之后，德奥修斯的第一个行动便是专门为自己建造一座宫殿，而且要求有"侍卫保护他的人身安全"。"获得这些权力之后"，德奥修斯"便强迫米底亚人建造一座城市，并且精心把它装饰起来而不必注意其他事情"，又修建"高大、厚实、一层套一层的城墙……然后德奥修斯又在自己的宫殿外围建造了堡垒，并且下令让其余的人都迁移到堡垒周围来定居"。在这里，芒福德重点指出宫殿和堡垒的作用："请注意，德奥修斯在城市人口集中，物质距离缩小的局面中，他使自己与外界隔绝，使别人不敢见到他，以此精心地增加了心理距离。这种密集与混杂相结合，再加上封闭和分化，便是新生的城市文化的典型特征之一。从积极的一面来看，这里面有和睦的共居，精神上互相沟通，广泛的交往，还有一个相当复杂的职业上相互配合的体系。但从消极的一面来看，城堡却带来了阶级分化和隔离，造成了冷酷无情、神秘感、独裁控制，以及极端的暴力。"② 后现代主义的历史学家福柯（Michel Foucault，1926—1984 年）也认为社会权势可以通过对空间的有效控制来获得，他将权势视为"在空间中被描述的概念"。③

也就是说，世俗权力以及统治者对世俗权力的理解是可以通过对城市空间的控制来获得的。那么，汉武帝和奥古斯都对长安城与罗马城的大规模建设也可以被解释为在城市建设中塑造自己的权势以及体现自己对权势的理解。

汉武帝在长安城的建设中，不断建造宫殿等政治性建筑，不仅是为了隔绝众人，塑造神秘感；同时，也体现了汉初萧何所谓"非壮丽无以重威"的观念。《史记》卷三〇《平准书》："是时越欲与汉用船战逐，乃大修昆明池，列观环之。治楼船，高十余丈，旗帜加其上，甚壮。于是天子感之，乃作柏梁台，高数十丈。宫室之修，由此日丽。"④这里记载的昆明池中楼船旗帜壮观的景象，使"天子感之"，也就是说，"高""壮""丽"的理念在汉武帝心目中占了上风。其后，汉武帝修建的政治性建筑大部分都体现

---

① 刘易斯·芒福德著，宋俊岭、倪文彦译：《城市发展史——起源、演变和前景》，第 74 页。

② 刘易斯·芒福德著，宋俊岭、倪文彦译：《城市发展史——起源、演变和前景》，第 52 页。

③ 转引自阿兰·贝克著，阙维民译：《地理学与历史学：跨越楚河汉界》，商务印书馆，2008 年，第 64 页。

④ 《史记》卷三〇《平准书》，第 1436 页。

了上述理念，如颜师古记载："《三辅故事》云建章宫承露盘高二十丈，大七围"；① 建章宫"前殿度高未央，其东则凤阙，高二十余丈。其西则唐中，数十里虎圈。其北治大池，渐台高二十余丈，名曰泰液池，中有蓬莱、方丈、瀛洲、壶梁，象海中神山龟鱼之属。其南有玉堂、璧门、大鸟之属。乃立神明台、井干楼，度五十余丈，辇道相属焉。"② 当然，凤阙的规模，《三辅黄图》认为："武帝营建章，起凤阙，高三十五丈。"③ 丘光明说："纵观两汉 400 余年，尺度应该说是基本保持一致的。西汉和新莽每尺平均长为 23.2 和 23.09 厘米，二者相差甚微，考虑到数据的一贯性，故厘定为 23.1 厘米。"④ 以这个数据来计算，颜师古记载的凤阙"高二十余丈"至少相当于现在的 26.20 米，《三辅黄图》记载的"三十五丈"为现在的 80.85 米；渐台高二十余丈，也相当于 26.20 米；五十余丈的神明台、井干楼，几乎为现在的 115.50 米。这些数据可能有一定的夸大成分，但不可否认，极其高大宏伟的政治性建筑在一定程度上反映了汉武帝隔绝众人、塑造神秘感、"非壮丽无以重威"的营建观念，起到了有效塑造世俗统治权力的作用。

可以说，"非壮丽无以重威"就是汉武帝对权势的认识和理解，他也是通过"壮丽"的政治性建筑不断塑造并展示着自己"天子"的威望。董仲舒在《春秋繁露》中指出："唯天子受命于天，天下受命于天子。"天是宇宙间的最高主宰，天子代表天的意志治理人世，"以人随君，以君随天……故屈民而伸君，屈君而伸天"，⑤ 一切臣民都应绝对服从天子。如何使天子的权威绝对神圣化？汉武帝在政治经济文化等各方面做了一系列的努力，同时，"高""壮""丽"的政治性建筑在都城长安的重要建设活动中高达60% 的比例，也说明对城市空间的强势控制是汉武帝将自己塑造成"天子"形象的重要举措。

长安城和罗马城作为帝国首都的政治地位决定了国家对首都建设非常重视。与西汉长安城的政治地位一样，罗马城是罗马帝国的首都，代表着罗马帝国的尊严，需要"大加美化"。"既然罗马未被装饰出应该的帝国尊严，而且还遭受过洪水和水灾，他（奥古斯都）于是对它大加美化。"⑥ 可见，奥古斯都对罗马城的建设在一定程度上是为了彰显帝国的尊严。同时奥古斯都对个人威望的塑造也影响了罗马城的城市建设。因为罗马帝国的安定与繁荣是奥古斯都的功劳，用城市建设将自己对国家治理的成果进行有效包

---

① 《汉书》卷二五《郊祀志》，第 1220 页。

② 《史记》卷一二《孝武本纪》，第 462 页。

③ 《史记》卷一二《孝武本纪》，第 463 页。

④ 丘光明：《中国历代度量衡考》，科学出版社，1992 年，第 55 页。

⑤ （汉）董仲舒撰，（清）凌曙注：《春秋繁露》，中华书局，1975 年，第 28 – 29 页。

⑥ 苏维托尼乌斯著，张竹明等译：《罗马十二帝王传》，第 63 页。

装，有利于平民从城市的壮美中联想到奥古斯都功绩的伟大。

奥古斯都个人威望的塑造对罗马城基础设施的建设有着重大影响。共和时期，罗马是君主政体和贵族政体的混合[①]，具有一定的民主性。到帝国初期，这种政体基本没有太大变化。所以，罗马元首要笼络平民，其中一个重要的举措就是进行城市基础设施建设，使平民的生活更加舒适，"对城市的建设可以在人们心目中形成一种印象，使人们觉得旧政体依旧存在。公共精神和共和精神依旧生机勃勃"。[②] 对于奥古斯都致力于罗马城市建设的行为，孟德斯鸠评价说："奥古斯都的一切行动，他的一切命令，显而易见目的是在于建立君主制度。"[③] 为获得更大的权力，奥古斯都特别注重市民生活设施的建设，建造了阿格里帕浴场（Terme di Agrippa）、奥古斯都广场（Piazza Augustii）、巴勒伯剧场（Teatro di Balbo）、马塞留剧场（Teatro di Marcello）、神圣大道（Via Sacra）、弗拉米尼亚大道（Via Flaminia）、八区仓库（Horrea nella regione Ⅷ）及众多的桥梁、住宅、引水渠等，同时以奥古斯都的名义出资修复了剧场、图书馆、竞技场观礼台等。据记载，帝国初期，罗马城内有170座公共浴场。[④] 城市基础设施建设占罗马城建设活动的17/39（43.59%），这个比例与奥古斯都时期神庙建筑所占的比例相同，在一定程度上说明了奥古斯都对城市基础设施建设的重视。

同时，奥古斯都借助城市基础设施建设"进一步强化了其喻指政治大一统的政治功能"，罗马广场是罗马政治和社会生活坐标性建筑，奥古斯都时期的巨大变化，主要把平民和执政官进行政治对话的舰首讲坛从北边一角移动至广场中央，"反映了一定的思想意识的变化"，讲坛变成了反映奥古斯都政治大一统的纪念碑。"凯撒广场和奥古斯都广场也成为传播帝制政治思想的平台。"[⑤] 通过一系列的建设，奥古斯都被视为罗马新的历史时期的政治化身。

奥古斯都以后，帝国元首仍然借助城市基础设施建设来维持统治、笼络平民。如，克劳狄（Claudius）于公元52年建成两条引水桥，并大举兴建奥斯蒂亚港（Ostia）——罗马城的外港，这是运粮船队进出罗马的必经之路，[⑥] 关系到罗马平民的粮食安全问题；尼禄（Nero）在罗马城不断建造各种平民享乐设施，公元57年建造大浴场，公元61年

---

① 阿尔布雷希特·迪勒：《城市与帝国》，载穆启乐、闵道安主编：《构想帝国：古代中国与古罗马比较研究》，第4-28页。

② 刘海峰：《论帝国前期罗马城的建设及其特点》，陕西师范大学硕士学位论文，2013年，第20页。

③ 孟德斯鸠著，婉玲译：《罗马盛衰原因论》，商务印书馆，2013年，第81页。

④ M. Cary and H. H. Scullard, *A History of Rome*, p. 323.

⑤ 罗尔夫·迈克尔·施耐德：《形象与帝国：奥古斯都罗马的形成》，载穆启乐、闵道安主编：《构想帝国：古代中国与古罗马比较研究》，第246-275页。

⑥ 苏维托尼乌斯著，张竹明等译：《罗马十二帝王传》，第14-204页。

建造竞技场；苇斯巴芗（Vespasian）为讨好平民，毁掉了尼禄建造的"金屋（Golden House）"① 并将之改建为大斗兽场；等等。

可以说，在塑造权势以及体现对权势理解的角度上，汉武帝和奥古斯都城市建设的目的是一样的，都是为了塑造和巩固世俗的统治权力，只是汉武帝通过"高""壮""丽"政治性建筑来塑造和巩固自己"天子"的形象，奥古斯都则借助城市基础设施建设去笼络平民，提升个人威望。

总之，神权崇拜和权力塑造对城市建设的作用是巨大的，这是城市主要建设所依据的最终理念。

四、余论

这里要重申一点，对于东西方古代城市建设的比较有一个前提：古代的都城建设活动都有着深刻的政治意图，都城的重要建筑都有其特定的政治功能。在这个前提之下，上述比较才是成立的。

当然，除了神权崇拜和权力塑造的因素之外，任何一座城市在建设过程中，都离不开雄厚的经济实力的支撑。汉武帝和奥古斯都时期，分别是西汉王朝和罗马帝国经济实力较为雄厚的时期，长安城与罗马城的建设，较之其他时期更加兴盛，清晰地显示出统治者的建设理念。同时，汉武帝和奥古斯都作为分处欧亚大陆不同政体、不同传统的不同帝国的统治者，也具有独特的个人经历和东西方不同的文化背景，面临不同的国家问题，因此，在都城建设方面会考虑到自身政治需求，展示出东西方不同的建设观念。

笔者感兴趣的是：在城市建设方面，标榜自己是"神之子"的罗马皇帝和自称"天子"的汉代皇帝凸显其统治权威的方式迥然不同。比较而言，罗马城的建设（广场、神庙等）具有开放性和公共性，奥古斯都主要建设的是神庙建筑和基础设施，通过祭坛和庙宇塑造皇帝崇拜，同时通过基础设施建设让平民熟悉皇帝的功绩，从而树立统治权威；而长安城的建设（宫殿、礼制建筑等）大部分具有封闭性和神秘性，汉武帝主要进行的是政治性宫殿的建设，似乎因为拉开了和民众的距离、产生了神秘感而加强了统治权威。

这种不同在一定程度上反映出古代东西方政治思想观念的差异。罗马有悠久的民主和共和传统，到帝国时期，皇帝在某种程度上仍然需要向平民负责，所以要通过神和平民的双重认可来树立统治权威；而中国皇帝不断加强专制统治，宣扬自己受命于天，需要把自己的权威绝对神圣化和神秘化。经过对汉武帝时期长安与奥古斯都时期罗马的城

---

① 塔西陀著，王以铸、崔妙因译：《编年史》，商务印书馆，1981年，第469—540页。

市建设比较，凸显出来的差异性能够反映出东西方城市文明和政治文明的特质。

作者简介：

潘明娟，西安电子科技大学人文学院教授；吴宏岐，暨南大学历史地理研究中心教授。

东亚汉籍之路视域下看《欧苏手简》的流传、刊刻与版本

余　辉

[提要] 《欧苏手简》是一本选辑欧阳修、苏轼二人部分书信的函札集，书前有金末元初人杜仁杰的序言。该书在中国流传不广，甚至罕为人知。是书在朝鲜却屡次刊刻，广为士人所熟知，其后甚至传布日本，也多次覆刻。20 世纪 80 年代后，中国学界屡次重新检讨《欧苏手简》的价值，并从中辑得欧、苏二人佚文，使得《欧苏手简》重新进入中国学界的视线。但是学界一直没有探究《欧苏手简》在东亚的流传以及东亚各地士人对于《欧苏手简》的认识，本文即是希冀重新认识《欧苏手简》在东亚社会的流传与接受，并发掘《欧苏手简》在东亚书籍之路上的意义。

[关键词] 欧苏手简；流传；东亚；汉籍之路

一、《欧苏手简》在中国的流传

《欧苏手简》书前无编者，① 只有金末元初人杜仁杰序，祝尚书先生以为即杜仁杰

---

① 近代以来，第一个《欧苏手简》研究者为白河鲤洋，见其《歐蘇手簡講義》，收入高倉嘉夫编：《書翰講義：書翰研究者の福音》，（东京）忠誠堂，1912 年。

编，朱刚先生则以为是南宋时期的辑本。① 这是当前学界有代表性的两种看法。我们先来看杜仁杰的序言。

> 自科举利禄之学兴，则百艺俱废，此理之自然，无足怪者。夫文章翰墨，固士君子之余事，如将之用兵，苟无旗帜钲鼓，其何以骇观听哉！至于尺牍，艺之最末者也，古人虽三十字折简，亦必起草，岂无旨哉。今观新刊《欧苏手简》数百篇，反覆读之，所谓但见性情，不见文字。盖无心于奇，而不能不为之奇也。近代杨诚斋、孙尚书启札，其铺张错综，非不缛掞，及溯流寻源，亦皆自二老理意中来。大抵意者文之帅，理者帅之佐，理意正则而辞从之牧之，所谓如鱼随龙，如鸟随凤，如师众随汤武，腾天潜泉，横裂八表是也。予亦长怪乎壬辰北渡以来，后生晚进，诗文往往皆有古意。何哉？以其无科举故也。学者乘此间隙，何艺不可进，又岂止简启而已。恐国朝绵蕝之后，汉、唐取人之法立，则不暇及此，幸笃志为真。止轩老人杜仁杰撰。②

杜仁杰，山东济南长清人，学者考订为金代进士，入元不仕，生年不详（大概在1207 年左右），卒年在至元二十七年（1290）或稍后几年。③ 杜仁杰是元初文坛大家，曾任山东豪阀严氏的幕僚多年，在山东等地以文名著称，王旭《兰轩集》称其"学际天人，声名四驰。雄章俊语，星日争辉"。④ 杜仁杰已观新刊《欧苏手简》数百篇，则此前必有成型的选本，他在序言自言看过杨万里、孙觌等人的启札，可见其阅读原南宋书籍之广泛。书前他并未自言说是编者。朱刚先生以杜仁杰未有直言自编，则杜仁杰是否编者存疑，他通过比对《欧苏手简》中欧阳修与南宋周必大刊刻《欧阳修集》中的书札，以为出自同一系统，是南宋中后期选编出来的本子。周必大则有言：

> 尺牍传世者三，德、爵、艺也，而兼之实难。若欧、苏二先生，所捐毫发无遗

---

① 祝尚书：《宋代文学探讨集》，大象出版社，2007 年，第 459－465 页；朱刚：《关于〈欧苏手简〉所收欧阳修尺牍》，《武汉大学学报（人文科学版）》2012 年第 3 期。

② 《欧苏手简》卷首，日本国立国会图书馆藏朝鲜景泰刻本。

③ 蔡美彪：《杜仁杰生平考略》，《文学遗产》2002 年第 1 期。周郢：《杜仁杰生平考略订补》，《文学遗产》2003 年第 1 期。周郢：《新发现的元曲家杜仁杰史料》，《中国典籍与文化》2004 年第 4 期。关于杜仁杰文学修养研究参见陈文辉：《杜仁傑の文学論》，大阪大学中国学会编：《中国研究集刊》第 48 号，2009 年。

④ （元）王旭：《兰轩集》卷一四《祭止轩先生文》。

恨者，自当行于百世。①

周必大对于"欧苏尺牍"的推崇，其实代表了南宋士人对于"欧、苏手简"的一般看法，所以南宋是有可能刊刻选编《欧苏手简》的。但是不能忽视的是，杜仁杰在写作这段序言时，并且刊刻于《欧苏手简》卷前，时间已经到了元代早期，根据现在见存《欧苏手简》所有刊本都有杜仁杰的序言，我们可以说这些刊本皆为依据元初杜仁杰序《欧苏手简》本刊刻而广为流传于世的。元代颇为推崇宋早期手简，洪武《苏州府志》载："（陈振）其为文简健，高雅追市，作者无宋季陋习，……人得其片纸小简，皆□以为式。"② 可见杜仁杰编《欧苏手简》有时代因缘。

《欧苏手简》单行本在明初也有踪可寻，明洪武时期杨士奇在武昌作塾师时，友人杨翥以《欧苏书简》馈赠，使得杨士奇对杨翥十分感谢。杨士奇言道："承教《欧苏书简》启沃甚多，惜不得心绪，一熟读为欠耳。"③ 当时杨士奇为生活所迫，馆课他家，自然不能有很好的心绪与空余时间来研读《欧苏书简》。至于元明刻本《欧苏书简》有无留存于今，中国公藏图书馆似无确切信息，然已故沪上藏书家黄裳先生藏书楼"来燕榭"有藏，据云是明初刻本。

> 欧苏手简四卷，前二卷题下署庐陵先生，后二卷题东坡先生。明初刻。十行，二十二字。黑口，四周双栏。前有真止轩老人杜仁杰序。序有言，"予今长怪乎壬辰北渡以来，后生晚进，诗文往往皆有古意。何哉？以其无科举故也。"可征书成时日。收藏有"锡山蕉绿草堂邹氏书画记"（朱方）、"邹仪、晓庭"（白朱文联珠印）、"补山一字晓庭"（朱方）、"九峰旧庐珍藏书画之记"（朱长）。④

黄裳先生以自藏本乃成化之前刊刻，观该书藏印，旧藏乃清人邹仪，乾隆年间无锡人，曾任江西于都等县知县。我们可知清代中国仍然有《欧苏手简》的收藏。明代也确实刊刻过《欧苏手简》，据嘉靖《建阳县志》卷五记，嘉靖十六年（1537）建阳县儒学

---

① （宋）周必大：《又跋欧苏及诸贵公帖》，载曾枣庄主编：《宋代序跋全编》第六册，齐鲁书社，2015 年，第 4118 页。

② 洪武《苏州府志》卷三九。

③ 杨士奇：《东里续集》卷四七《与杨仲举手简》，《景印文渊阁四库全书》第 1239 册，第 309 页。关于杨士奇此段生活的研究参见徐兆安：《明初泰和儒师杨士奇早年的学术与生活》，收入田澍、王玉祥、杜常顺主编：《第十一届明史国际学术讨论会论文集》，天津古籍出版社，2007 年，第 823 页。

④ 黄裳：《来燕榭书跋》，上海古籍出版社，1999 年，第 72 页。

教谕章悦出资在当地购置书籍，并安放于建阳县学尊经阁中，其中就有《欧苏手简》。① 建阳县是明代刻书业的中心，书坊林立，这值得我们进一步探讨《欧苏手简》刊刻情况，可能这部《欧苏手简》就是建阳当地刊刻的，不过也反映了嘉靖年间作为全国书市中心的建阳县，仍有《欧苏手简》的刊本可供外销。明晁瑮撰《晁氏宝文堂书目》则记藏有"《欧苏手简》"一部，又有藏《郡公手简》，标明徽府刻，欠欧苏方三册。② 赵绮美《脉望斋书目》冬字号书橱有注明"《欧苏手简》"一本。我们可以看出明代藏书家也有《欧苏手简》的收藏。

明人对于"欧苏体书简"也有推崇，山西右布政使谢佑的书信就被赞为"作文雅淡，诗有唐人风，致书简得欧苏体"。③ 可见社会仍有把欧、苏手简（信札）并称的称呼。明代有分别刊刻的欧阳修尺牍《欧公小简》、苏轼尺牍《苏公小简》，见明代高儒藏书目录《百川书志》，④ 有学者推测这是《欧苏手简》在明代的另外一种单行本。⑤

清代中国没有确切找到刊刻单行本《欧苏手简》的记载。但是清末王治本与日人大槻诚之在东京共同刊行了《笺注欧苏手简》。王治本（1835—1909），字维能，号曼斋，又号茶园，亦作漆园，别号梦蝶道人，晚号改园，室名不陋居、栖柄行馆。光绪三年（明治十年，1877）夏赴日，先后任日清社、同人社汉语教师，中国驻日公使馆学习翻译生。⑥ 大槻诚之，生平不详，只知道他出身兰学（日本对由荷兰人传入的西学之称呼）世家，并且曾经翻刻清人斌椿的《乘槎笔记》和出版《启蒙日本外史》《皇朝历代沿革图解》等书，是明治时代的出版家。王治本在叙言这样说：

> 手简，古文之支流也。积学之士存问裁答，皆有名言至理流露其间，而况彦哲如庐陵、眉山乎？庐陵醇而谨，眉山雄以肆。其学深，故其辞华赡；其才高，故其气壮盛。虽单辞词组，皆瑰伟沈挚，况相与问答，尽名臣逸士，尤为精诚所关注者乎！是编各采其集中至精者，辑为二卷，久已传诵中外。凡二公之出处、进退、政事、文章，及其立身取友，往往散著于简中，足以补史传之阙。然非熟于汴宋掌故、古今载籍，未易一览而解也。日本大槻君东阳，博学多识，能文章，爱读二公

① 嘉靖《建阳县志》卷五，《天一阁藏明代方志选刊》第 31 册，第 17 页。

② 晁瑮撰：《晁氏宝文堂书目》，明钞本。

③ （明）焦竑编：《国朝献征录》卷九七《中奉大夫山西布政使司右布政使谢公佑神道碑铭》，（台北）明文书局，1991 年，第 7 页。

④ （明）高儒：《百川书志》卷一八，观古堂书目丛刊本，第 4 页。

⑤ 巩本栋：《论明人整理宋集的成绩》，收入莫砺锋编：《谁是诗中疏凿手：中国诗学研讨会论文集》，凤凰出版社，2007 年，第 328 页。

⑥ 王晓秋：《近代中日文化交流史人物研究》，昆仑出版社，2015 年，第 71 – 74 页。

遗书，而尤注意于此简，为之考稽年月，采核事实，并详其问答之人。考古证今，赏奇析义，阅寒暑而成是《注》，心良苦矣。兹来问是于余，余慨夫二公之集笺注者，不啻数百家，而互有得失，如周必大编《欧集》、王梅溪编《苏诗》。时代较近，学术尤精，犹未能免后人訾议，况其时其学不及周、王万万乎！余何人斯，而敢妄参注笔哉！固辞不获，勉就大槻君所笺注者，略为删订一二。自惭荒芜，不特无以裨益于大槻氏，且恐为积学之士所窃笑也已。是为序。光绪五年岁在己卯春正月谷旦，溪上漆园王治本撰并书。①

大槻诚之则在绪言说：

　　近世论文章者，汉、魏、晋、唐以下，在宋则以欧、苏为最。欧、苏二集，家弦户诵，笺注者众。惟《手简》无一注解，亦阙如也。余暇时屡读《欧苏手简》，意谓大才当任，若此为难矣。如二公忠言正义，不合时宰，谪居于外，故此书多成穷谪艰难之中，且所赠答之人，亦沉沦不显者，可慨也！夫初学之辈，不详当时事情，不察神交之美，等闲过读，则何益矣！余于是稽考二公《年谱》及《全集》，审某书系于某州某年月，其人曰某族、曰某官，屏手笔录以为注解，聊便于观者。

　　此编注解既成，窃恐挂一漏万，疏陋未详，幸有大清钦差大臣官属漆园王治本先生在，就是正焉。先生博雅，以诗文名，襟韵潇洒，以雄郁之学而其材力之放纵，不可极矣。考核务精，删繁补略，以归简便，庶几无讹谬耶。惟愧不免羊质服虎文、燕翼假凤翔之讪耳！

　　余好事铭椠，所修之板刻，逮若干种，惟此编为稀世之宝，人皆争睹，私有之，恐为世所诽谤也。因示诸同人，请其说。同人曰王治本先生者，现今高流，既已经其删定，何有忌惮乎？于是，自忘偕踰以寿木，若得观览之士匡予不逮，则纠其谬、正其讹，以益求其精焉。是则予之所厚望也已。时明治十二年二月，东阳大槻诚之识。②

我们从王治本、大槻诚之所言可以看出，这次出版的《笺注欧苏手简》是大槻诚之的主意，但是他担心自己汉学修养不够，请王治本阅看审定，所以才敢放心公之于众。大槻诚之说这本书在日本"惟此编为稀世之宝，人皆争睹，私有之"，由于王治本是清代驻日领事馆的随员，这本书也很快流传到了中国国内，在中国国内现存收藏也比较多，中国国家图书馆等图书馆藏有此书在明治时代的原刻本。这本《笺注欧苏手简》对

---

①　《笺注欧苏手简》王治本叙，载《笺注欧苏手简》卷首。
②　《笺注欧苏手简》大槻诚之绪言。

于欧阳修、苏轼的书札进行了编年与笺注，可以说是非常好的书，值得注意的是，这本书也分为四卷。祝尚书先生发现的那本《欧苏手简》乃北京大学图书馆藏日本刻本，目前仍存北大图书馆善本书室，刊刻时间比王治本、大槻诚之稍早。

清末浙江萧山县来裕恂编《汉文典》（1906 年初版，后在民国多次修订再版），提及市面流通的"柬牍之文"就有《欧苏手简》等书。来裕恂（1873—1962），字雨生，浙江萧山人，少年肄业于杭州西湖诂经精舍，受业于晚清经学大师俞樾，先后在崇文书院及求是书院任教职。1903 年游学于日本弘文书院师范科。辛亥革命后，从事教育与著述。1949 年后任浙江省文史馆馆员以终老。有《汉文典》等行世。[①] 来裕恂在清末民初汉语教育界非常知名，所编《汉文典》也广受大众喜爱，在晚清民国教育界有一定的典范意义，可见《欧苏手简》在清末也零星存在于中国市面上，供大家选购阅读。民国时期虽然不能确知有无重刊《欧苏手简》的中国版本，但民国时期编《国立兰州图书馆特藏书目初编》则记载藏有《欧苏手简钞选》[②]，是《欧苏手简》另外一种朝鲜节钞本，现在不知继续存否。

可见自元明清至民国以来，《欧苏手简》在中国国内一直有收藏，只是流传不广，不为世人所熟知而已。

二、《欧苏手简》在朝鲜的流传

前揭现存所有《欧苏手简》都有元初人杜仁杰序言，可见所有本子都源自同一系统。朝鲜首次出现《欧苏手简》在朝鲜太宗时期，出现在当时还是世子的世宗的书房里。

> 上（世宗）自在潜邸，好学不倦，尝有微恙，犹且读书不已。太宗使小宦尽取书帙，唯《欧苏手简》在侧，乃取尽阅。[③]

这段记载来源于朝鲜世祖时期（1435—1468）刊刻的《国朝宝鉴》，后来成为朝鲜王朝历代君王必须效法的祖宗故事，不断被朝鲜王朝书籍所转载，作为明君世宗大王的才学佐证。世宗一再宣扬自己对于《欧苏手简》的喜爱与熟读。《朝鲜中宗实录》记载世宗与臣下讨论读书的问题，世宗又一次说自己喜读《欧苏手简》。

---

① 来裕恂编：《汉文典》卷四《文论·柬牍之文》，商务印书馆，1932 年，第 19 页。
② （民国）佚名编：《国立兰州图书馆特藏书目初编》，第 48 页。
③ 申叔舟：《国朝宝鉴》卷五，韩国奎章阁藏本，第 27 页。

> （尹）炯杂引经史，敷奏详明，世宗曰："卿于书读几遍，而能记乃尔？"对（而）〔曰〕："臣谨读三十遍。"世宗曰："予于诸书皆百读，但《楚词》与《欧苏手简》，三十遍而已。"①

世宗把《欧苏手简》与《楚辞》并列，无非要突出《欧苏手简》朗朗上口，比较容易记诵。朝鲜王朝把世宗读《欧苏手简》的故事作为君王好学的典型，从世宗多次提及《欧苏书简》来看，他确实对这本书十分喜爱。嘉靖年间，朝鲜明宗刚刚登基，特进官申瑛又提到这个故事。

> 上御朝讲。特进官申瑛曰："凡读书，见其音释，似若无不知矣，然详究其义，则必有疑处，知有疑处，则是文理向达之时也。臣每观自上学问，句读如流，必以为易矣。若以为易，而小不着意，则学必不进。虽在宫中，必须勤讲不辍，详究义理，如有疑处，必质之后已，则庶见其益矣。古人云：读书千遍，其意自见。苟能真积力久，则文义将自解矣。世宗过勤学问，几至伤神，太宗命撤书册。偶有《欧苏手简》，在御案之侧，此乃欧公、苏公书札，只写情怀，文意不为雄远。而世宗诚于好学，故读至千遍，至今以为美谈。伏愿殿下体念焉。"②

前揭朝鲜世宗谈及自己熟读《欧苏书简》，并没有言及自己读了千遍，而这时申瑛以"欧公、苏公书札，只写情怀，文意不为雄远"，而好学如世宗竟然读了千遍，勉励明宗以世宗为榜样，好学如斯哉。朝鲜另一位国王正祖（1752—1800）也以"盖章句则因本章，释之以成王时事。或问则订欧苏之书，以明三王之追王肇自泰誓之后"为学业追求。③ 我们可知朝鲜历代国王对于"欧苏"之书的推崇，达到了一个很高的地步。

学者曾研究过朝鲜王朝刊刻欧阳修各种著作的次数，认为《欧苏手简》是欧阳修、苏轼文集中在朝鲜半岛流传最广的书籍。黄一权先生就发现鱼叔权编成的《考事撮要》下卷"八道程途"题下"册板"中有在醴泉（韩国庆尚北道）、洪州（韩国忠清南道洪城）、清州（韩国忠清北道）、谷州（朝鲜黄海北道谷山）等地刊行过《欧苏手简》的记录。从朝鲜明宗时代如此密集刊刻《欧苏手简》来看，明宗受到世宗爱读《欧苏手简》的故事影响非常大，当然也可以是说欧阳修、苏轼的文章在朝鲜王朝前期受到很大的重视，同时我们还可以推测"欧文"和"苏文"也已广泛地被朝鲜士林接受。朝鲜

① 《朝鲜中宗实录》卷六，中宗元年六月戊戌，（汉城）国史研究院，1966 年，第 6 册，第 599 页。

② 《朝鲜明宗实录》卷三，明宗元年六月甲午，第 19 册，第 423 页。

③ 朝鲜正祖：《弘斋全书》卷一八《经史讲义》，《韩国文集丛刊》第 264 册，第 187 页。

英祖六年（1730）前后编纂的《庆尚道册板》中也有关于在晋州（韩国庆尚南道）刊行过《欧苏手简》的记载。①

朝鲜王朝把世宗读《欧苏书简》作为君王好学的典型故事，使得朝鲜士人比较推崇《欧苏书简》。朝鲜士人推崇欧阳修、苏轼的书简，从朝鲜士人南鹤鸣的一段文字可以看出：

> 凡纂文集，诗文宜从简约。而书牍最是流出胸中之文，可以想见其人物，如画像之不取貌美，只以恰似为准之义也。钱牧斋纂《归震川集》凡例曰：欧、苏集俱别载小简。古人取次削牍不经意之文，神情謦咳，彷佛具焉。②

南鹤鸣以欧苏书简可以窥见欧、苏文学神情与性灵，所谓不经意之文，才能得见真性情。欧苏并称是朝鲜王朝时期士人对于宋代文学的认可，正如许筠编《欧苏文略》言："欧阳子、苏长公之文，宋为大家。欧之风神道丽情思感慨婉切者，前无古人。长公之弄出机抑，变化无穷人不测其妙者。亦千年以来绝调……故余取永叔文六十八篇，子瞻文七十二篇。采其简切者，命之曰文略。凡八卷。时读之以取法焉"。③

朝鲜著名理学家宋时烈（1607—1689）与友人谈及读书法时，亦以《欧苏书简》作为读书知味之书：

> 时气凝闭，远承侍奉吉庆，慰喜亡量。此中病状如昨，明将入离岳深处，为旬月计耳。谕及书不知味。尝闻读书之法，自有味而至无味，自无味而至有味，始是真读书耳。幸虚心平气，兀兀穷年。则必将如刍豢之悦口矣。朱书记疑，传写已讫。幸即见还也。彼中如有《欧苏手简》，欲借一两月耳。余不具。④

此时宋时烈正在贬谪时，谈及读书依然不忘借读《欧苏手简》，由此可知《欧苏手简》对于宋时烈的巨大影响。宋时烈是朝鲜一代儒宗，则《欧苏手简》在朝鲜士林中的地位可想而知。宋时烈在买到《欧苏书简》后，便退还了原借宋文哉的《欧苏书简》，可谓是对该书喜爱有加。崔锡鼎（1645—1715）是朝鲜王朝肃宗时期（1674—1720）的文臣，他曾经手抄《欧苏手简》，以作"居闲消遣之资"。

---

① 黄一权：《欧阳修散文研究》，华东师范大学出版社，2003 年，第 207－208 页。
② 南鹤鸣：《晦隐集》卷五《杂说词翰》，《韩国文集丛刊》第 51 册，第 372 页。
③ 许筠：《惺所覆瓿稿》卷一三《欧苏文略跋》，《韩国文集丛刊》第 74 册，第 274 页。
④ 宋时烈：《宋子大全》卷七九《答李圣弥》，《韩国文集丛刊》第 110 册，第 555 页。

22

　　右《欧苏手简抄》，即赵君子直巾衍中物也。始同春宋先生手写一帙，以为居闲消遣之资。洪君叔范既传写讫，子直亦谋所以藏于家，既而叹曰：此即前辈所尝往复于知旧者，如得知旧手墨，以成一通，诚是一好事。于是遍要诸友朋亲旧之间，历岁而书克就，即毋论笔势之能拙。一开卷，便如睹其面目而接其音旨，其于不忘久要之道，岂少补哉。子直间又请于函丈，得手笔题卷面，以寓瞻高蹈景之心。噫！子直好学之甚，用志之勤，观于此，亦可以知矣。夫笔札，文之细也。先儒有丧志之戒，然朋友切磋，有疑则相质。有得则相示，不能无待于此，而凡疾忧庆吊，招呼问讯，亦皆人事之不可阙，则宁可指谓细事而不加之意乎。且尺牍盛于晋时而溢于六代，然类伤于纤丽组织，求其冲雅而醇粹，清骚而奇迈，不薪乎绳削，而自合乎规度者，莫如宋之欧苏二公。古人之钞成一编，岂无其意，而后之欲观书疏体格者，宜于此得之矣。书成无几年矣，卷中留迹之人，或已沦丧。季范之良，又为秋柏之实。展读至此，必有向子期思旧之感。转眄之顷，梁木遽坏。卷面数字手泽如新，追惟畴曩，不觉废书而悲涕也。子直要余为小跋引之。余亦浇笔斯役，其又何辞。遂书此以归之。欧公手简几幅，苏长公几幅，写者几人。其中与陈承务、任德翁、答濠州三幅，即汝时笔也。卷末附颜鲁公简四幅韩文公简一幅。①

　　崔锡鼎在手抄《欧苏手简》后，对于手札等通信方式，以及作为文体的手简，提出了自己的看法。值得注意的是，崔锡鼎所抄不是通行的四卷本《欧苏书简》，而是五卷本，该本有朝鲜景泰元年刻本存于日本国立国会图书馆，多出苏轼文章一卷，这是《欧苏手简》唯一一个五卷本，有学者从第五卷辑得苏轼佚文多篇。② 该刻本由权克和（庸夫）在清州牧使任上刊刻。书后有清州教授官杨洵的跋文：

　　　　尺牍末艺也，若无益于圣教。然古之人拳拳致意于此者，以其羽翼于人伦世道。故甫夫朋友亲戚人伦之所重，其或远处而不以朝夕相亲，则恋慕之情，庆吊之意，苟非尺牍，无以见其性情之正也。古人所谓千里面目，岂虚言哉。其所以通彼此，叙情怀，无如欧苏二老手简，然旧本剜铁，学者病焉。今监司相国命儒生缮写，令游手榱桷以面，永传其用意之美，不可不叙也。景泰庚午闰正有日承训郎清州教授官杨洵谨跋。③

①　崔锡鼎：《明谷集》卷一二《欧苏手简跋·止轩杜仁杰所抄》，《韩国文集丛刊》第154册，第75页。

②　汪超：《日藏朝鲜刊五卷本〈欧苏手简〉考》，《文献》2018年第5期。

③　《欧苏手简》书尾杨洵跋文，日本国立国会图书馆藏景泰元年刻本。

　　虽然学者从日本国立国会图书馆藏本《欧苏手简》辑录"苏轼佚文"，但是仔细看该本多了颜真卿、韩愈等人多通书札，而且书末有教人写书信格式若干，与其他本《欧苏手简》大不一样。编辑者权克和也是当时文坛领袖，有人称其"文章鸣于世，以三和及密阳安东务安阴城题咏观之。其诗赡丽有韵致，尽得古作者风。真所谓一脔可识全鼎也。"① 很有可能第五卷中的苏轼文章为权克和个人收集刊刻，所以为其他版本《欧苏手简》所不载。

　　朝鲜士人南梦赉年轻时曾经读过《欧苏手简》，但是没有读完就被主人督促归还而悔恨不已，朝鲜显宗十五年（1674）郑洪铉持《欧苏手柬（简）》请他看，他非常高兴。② 他正在晋州牧使任上，他与朝鲜名臣权近（阳村）的十世孙权俦筹划重刊权近《阳村集》，所以顺带把《欧苏书简》也覆刊一次。他在把跋文写：

> 　　右欧阳公苏东坡手柬也，不知何人所抄选，而观其选最得其简要。盖取其小札之简而又简者也，余昔也在洛下，得见是选于友人家，读未了，旋为主人所督还，寻常恨之。辛亥秋，余友郑上舍洪铉访余于咸阳任所，袖是选以示余。宛然有旧日颜面，爱玩之不已。藏之巾笥而不敢释，欲与好之者共之，则谋所以广其传者，而又恨其力不逮也。及至晋阳，适有《阳村文集》重刊之役，仍属剞劂氏入之梓。欧凡四十九，苏凡九十五，共百四十四。或嫌其太少。余应之曰：奚以多为也，折俎虽不及体荐，拣金亦必待淘沙。是亦文苑一例，奚以多为也。或然其言，使余记其颠末。非敢有所评论于其间云。岁甲寅三月朔。英阳南梦赉识。③

　　南梦赉早年在汉城见过《欧苏手简》，到了55岁才又一次见到《欧苏手简》，可见虽然朝鲜王朝多次刊刻该书，但是依然为难得之书，究其原因还是当时刻书业不发达，一次刻印量有限，所以这次南梦赉也没有全刻《欧苏手简》，他精选了一部分进行刊刻，是为《欧苏手东钞选》，也可知《欧苏手简》的受欢迎程度。金昌翕（1653—1722）一次接到友人赠送的"《欧苏手简》及治具四件，依领甚喜"。④ 朝鲜王朝后期文士申弼钦

---

　　① 权尚夏：《寒水斋先生文集》卷三一《先祖参判府君墓表》，《韩国文集丛刊》第 151 册，第 71 页。

　　② 南梦赉：《伊溪先生文集》附录《伊溪先生年谱》云："显宗十五年甲寅 先生五十五岁，三月作《欧苏手柬跋》，先生在咸阳任所，郑上舍洪铉持是柬以示先生，先生刊布广其传。欧凡四十九，苏凡九十五。共百四十四。"

　　③ 南梦赉：《伊溪先生文集》卷五《欧苏手柬跋》，《韩国文集丛刊》第 35 册，第 83 页。

　　④ 金昌翕：《三渊集》拾遗卷二二《答尹潏》，《韩国文集丛刊》第 167 册，第 73 页。

（1806—1866）也有提及南稧会抄送《欧苏手柬》，作为交游之礼，① 可以窥探当时朝鲜王朝时期，《欧苏手简》被作为士人间交游的礼品，成为士人圈社交一个重要的文化符号。朝鲜近代文人刻书家李炳鲲（1882—1948）在其《退修斋日记》甲寅年（1914）中留有朝鲜士人欲手抄《欧苏手柬（简）》的记录。② 朝鲜近代藏书家李仁荣（约殁于1950 年）在1944 年著《清芬室书目》，这是朝鲜近代最重要的藏书目录，③ 也记收有《欧苏手简》朝鲜宣祖朝刻本，"四周单边，有界。十行，二十字。匡郭长二〇·〇厘至二一·〇厘，广一五·五厘"，书尾有"万历十六年戊子二月买得"墨书。④

可以说直到近代，《欧苏手简》依然在朝鲜文人圈内评价非常好。

三、五卷本《欧苏手简》与通行四卷本《欧苏手简》关系

前已叙及黄裳先生藏有《欧苏手简》的明初刻本，但是并未提及该刻本卷数及内容，他在2011 年再次发表题跋，提及他自藏本《欧苏手简》的基本情况：

> 辛卯春二月初十日海上所收，黄裳藏书。
>
> 壬辰立冬前日重装，小雁记。
>
> 此明初黑口本，凡四卷。前二卷题"庐陵先生"，皆欧阳永叔作；后二卷题"东坡先生"，则苏子瞻作也。以年辈先后次第如此。永叔诸札皆以"某启"二字冠全篇，其"与梅圣俞"略云，"承惠答苏轼书，甚佳。……读轼书，不觉汗出，快哉，快哉！老夫当避路，放他出一头地也。可喜，可喜。"可见欧阳行辈之尊，爱才之笃。然以赋"临江仙"之词人，却不能放笔作小札，则与东坡小异。此书所收诸札，漫无次序，作于不同时地之笺札，杂编成卷。东坡诸札，颇多作于放废迁谪之中，感怀身世，多至情流露处。卷四"与友人"一札云，"困踬之甚，出口落笔，为见憎者所笺注。儿子自京师归，言之详矣。意谓不如牢闭口、莫把笔，庶几免耳。虽托云向前所作，好事者岂论前后。即异日稍出灾厄，不甚为人所憎，当为公作耳，千万哀察，某江湖之人，久留辇下，如在樊笼，岂复有佳思也。人情责重百端，而衰病不能应付，动是罪戾，故人知我，想复见怜耶，后会未可期，临书怅惘。"

① 申弼钦：《泉斋先生文集》卷四《与南稧会》，《韩国文集丛刊》第128 册，第81 页。

② 李炳鲲：《退修斋日记》卷五，甲寅年五月二十四日。

③ 金程宇：《域外汉籍丛考》，中华书局，2007 年，第23 页。

④ 李仁荣：《清芬室书目》，张伯伟编：《朝鲜时代书目丛刊》第八册，中华书局，2004 年，第4645 页。

这是辞谢为友人撰文的回信，时间当作于乌台诗狱前后。京师的空气已是空前紧张，子瞻的感受由他亲自写来，令千载之下的读者读来，"感同身受"，不是妄说。①

可见，黄裳先生所藏也为四卷本，前两卷为欧阳修手简，后两卷为苏轼手简。但是前一节叙及日本国立国会图书馆藏有五卷本《欧苏手简》，多出一卷为苏轼的手简，这就值得细细探究《欧苏手简》的版本了。

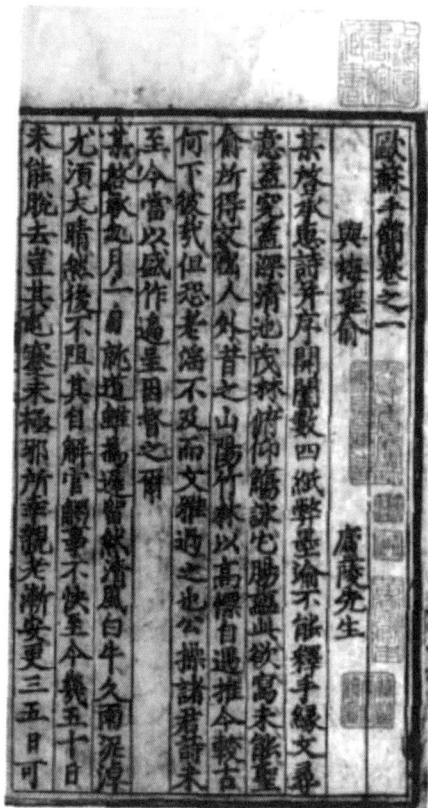

黄裳藏《欧苏手简》卷一书影，
见《来燕榭书跋集存》六

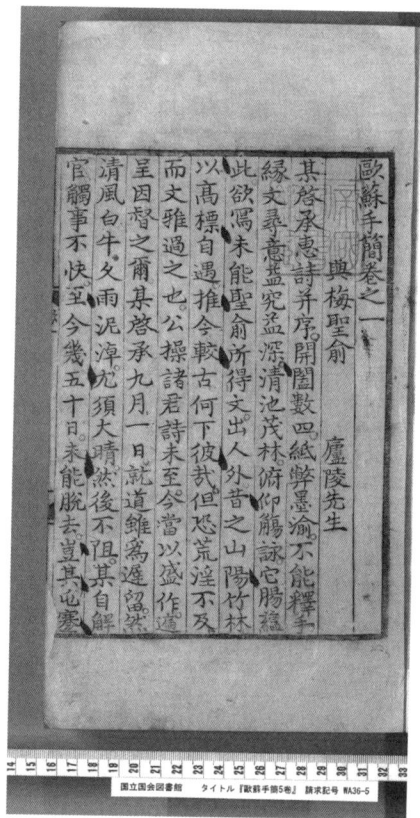

日本国立国会图书馆藏朝鲜景泰刻本
《欧苏手简》卷一书影，即五卷本

夏汉宁所著《欧苏手简校勘》，是对《欧苏手简》最新且系统性的研究。夏先生汇集了日本和朝鲜刻印版本共7个，其中朝鲜版本3个，它们是：①朝鲜版四卷本《欧苏手简》（□□贰十六年癸酉六月版），此书共收欧、苏手简264篇，其中欧阳修作品124篇、苏东坡作品140篇；②朝鲜版《欧苏手简》（版本不详），此书也分四卷，共收欧苏

①　黄裳：《欧苏手简》，《收获》2011年第6期。

手简 254 篇，其中欧阳修手简 121 篇、苏东坡手简 133 篇；③朝鲜版《欧苏手柬钞选》，此书不分卷，是《欧苏手简》精选本，选欧阳修手简 47 篇，苏东坡手简 95 篇，共计 142 篇。日本版本 4 个，它们是：①正保二年版的《欧苏手简》，该书四卷，共收欧苏手简 259 篇，其中欧阳修手简 122 篇、苏东坡手简 137 篇；②《新刻欧苏手简》，此书亦为四卷，共收欧苏手简 277 篇，其中欧阳修手简 122 篇、苏东坡手简 155 篇；③《正续欧苏手简》，此书分正编和续编（亦称后编），正编为四卷，所收作品与《新刻欧苏手简》相同，续编分上下二卷，欧阳修为上卷，苏东坡为下卷，共补选欧苏手简 188 篇，其中补选欧阳修作品 87 篇，补选苏东坡作品 101 篇；④《笺注欧苏手简》，此书亦与《新刻欧苏手简》在卷数和作品量上相同，由日本大槻东阳笺注、清人王治本删定。① 夏先生列出《欧苏手简》日本刻本未寓目数种，均是四卷本。从夏先生收集的朝鲜与日本历代刻本《欧苏手简》并黄裳先生藏《欧苏手简》明刊本来看，可以这样认为，通行本《欧苏手简》一直以四卷本形式流传。

五卷本《欧苏手简》第五卷内容不完全是苏轼的手简，第五卷卷尾附有韩愈、颜真卿、林逋的手札，而且还附有教人写信的书信格式。该刻本也即上节所言崔锡鼎所见的清州刻本。汪超先生从第五卷辑出苏轼佚文十余篇，他认为："虽然我们无法断定这十五篇文章的来源，《手简》本身的隐含读者属于中下层文人，朝鲜五卷本《手简》的编者更非宗匠大儒，且刊于地方。凡此都难免让我们对以上散佚诗文的作者是否真是苏轼有所疑虑。但鄙意以为这些文章非常有可能确如编纂者所示，为苏轼佚篇。吉光片羽，弥足珍贵。"② 但是他无法解释为什么传世《欧苏手简》都为四卷本，甚至现存最早的明刻本《欧苏手简》都为四卷本，而非五卷本，只有这个朝鲜清州牧使权克和刻本为五卷本，而且第五卷还混入其他人的短札，五卷本此后也从无发现过刻本，这都是很不寻常的，说明五卷本是《欧苏手简》流传过程中一个异数。前引清州教授杨洵对五卷本的跋文："其所以通彼此，叙情怀，无如欧苏二老手简，然旧本剜铁，学者病焉"。③ 杨洵说旧本"剜铁"，是否可以理解为权克和、杨洵都认为原来四卷本《欧苏手简》不够，所以，他们进行了增补，具体还要找到更多的文献进行验证。前叙学者说朝鲜五卷本编者不是宗匠大儒，恰恰相反，该书是朝鲜王朝前期名士清州牧使权克和在任上刊刻，若不是文化修养高的人很难增加这么多篇幅。

我们现在对四卷本与五卷本有了一个基础的认识，即《欧苏手简》一直以四卷本存在，但是在朝鲜王朝时期权克和、杨洵找到了更多的所谓"苏轼手札"，所以增补了一卷，但是这一系统的《欧苏手简》一直没有被承认，也就没有覆刊本，至于卷五辑录的

---

① 夏汉宁：《欧苏手简校勘》前言，中山大学出版社，2014 年，第 1–4 页。

② 汪超：《日藏朝鲜刊五卷本〈欧苏手简〉考》，《文献》2018 年第 5 期。

③ 《欧苏手简》书尾杨洵跋文，日本国立国会图书馆藏景泰元年刻本。

是否都为苏轼佚文，也很难说。从第五卷的编排来看，该卷可能采编自宋元时代类书书信部，朱刚先生认为四卷本《欧苏手简》中苏轼书札与《永乐大典》"简"字韵所收《苏东坡集·书简》同源，① 但是他并未研究第五卷本中苏轼书札。正因为权克和在朝鲜清州私自掺入第五卷书札，且放入其他人的短札与书信格式，所以才会混入其他人的书札，从而使得五卷本《欧苏手简》名实不符，导致与传世四卷本有着较大差异。

四、结语：关于《欧苏手简》的流传的思考

《欧苏手简》虽然最早在中国刊刻并流传，却在海外大放光彩，比之中土流传的晦暗不彰，确是两种景象。这是值得我们注意的问题，也是汉籍在东亚文化圈遭遇不同情况的典型例证。② 东亚地区都属于汉字文化圈，近代以前都以儒家思想为指导，文化有很大的相似性，但是地区的差异也很大。以往研究域外汉籍，无论是翻刻的中国书，还是朝鲜汉籍、日本汉籍，都在强调中华文化对于周边国家与区域的输出性影响，这样单一地强调中国的影响力，似乎还不足以解释东亚作为一个整体区域的范式，一个整体的文化区域必将是相互影响的，所以东亚地区在传播文化上就有着书籍传播的道路，从而带动东亚整个文化与知识的相互流动。

张伯伟等学者近年提倡的"汉籍环流"颇具意义，③ 汉籍作为东亚世界共同的历史遗产，《欧苏手简》颇具代表性。这是一本在中国元代初年成型的书籍，很快就流传到了朝鲜，并且受到了朝鲜世宗等国君的高度评价，朝鲜士人把世宗读《欧苏手简》作为君王勤学的典范，这使得《欧苏手简》在朝鲜进一步广泛流传于士人文化圈。晚近日本受到朝鲜影响，也有多种覆刻本，甚至有中国学者一起参与的"笺注本"。日本学者为什么重视《欧苏手简》，这当然有对于欧阳修、苏轼文章的喜爱，也有朝鲜书籍文化对日本的影响，我们当然不能忽视日本自身对于汉文化学习的诉求。日本刊《欧苏手简》有一段跋文很能说明这个问题：

　　倭人之学文，犹楚人之学齐语耶，必先齐其语而后可以及古矣，譬诸登山，华

---

① 朱刚：《东坡尺牍的版本问题》，王水照、朱刚编：《中国古代文章学的成立与展开——中国古代文章学论集》，复旦大学出版社，2011 年，第 292 页。

② 参见王勇主编：《东亚坐标中的书籍之路研究》，中国书籍出版社，2013 年；王勇等：《中日"书籍之路"研究》，北京图书馆出版社，2003 年。

③ 张伯伟：《书籍环流与东亚诗学——以〈清脾录〉为例》，《中国社会科学》2014 年第 2 期；张伯伟：《清代东亚诗学的环流与研究》，李德强编：《清代诗学文献整理与研究》，上海大学出版社，2016 年，第 301－311 页。

人自麓而上，倭人则先踵其麓而后可以论上矣，不亦难乎？向吾序《欧苏手简》，略言其意以其有益于初学也，颇行于世，于是乎松本幼宪更就二集择取其有益表数十百首，亦将梓而行之，可谓力矣。余惠其志，复以言学之不可已也如斯！宽政丁巳二月　淡海竺常撰　永忠成书。①

这段来自日本的跋文说明，日本对于《欧苏书简》的重视很大一部分来自对于"汉学"（即上叙所谓"文"）的学习，汉学的学习离不开语言的学习，当然学习语言是学以致用，自然要从简单易学者始。明治十三年（1880），日本学者西川文仲受邀为《欧苏手简》作日本国字（假名）注解。他直言："书肆适请国字解，盖求售也，余苟有利益，于天下则弗敢辞也。"②《欧苏手简》是名家大作，也是清丽脱俗的尺牍小文，是非常适合同一汉字文化圈中国域外习用，所以近代日本也热衷于《欧苏手简》的刊刻。20世纪20年代日本文学博士冈田正之认为唐代来华日本僧人圆仁写书信颇有"得尺牍之体，无骈俪风，颇有读《欧苏手简》之感"。③ 冈田正之以唐人圆仁比附宋欧阳修、苏轼，可见近代日本推崇《欧苏手简》中的尺牍文学风格。

中国国内自清代以来，《欧苏手简》就淡出了书籍流通的市场，仅存几个刊本也都来自日本、朝鲜，这不是说明中国国内对于欧阳修、苏轼的文章不重视，只能说中国国内对于刊行单行本欧阳修、苏轼书札的不看重。朝鲜虽然刊刻《欧苏手简》甚多，但是现在保存最早与最好的朝鲜刻本都在日本，日本也是第一个对《欧苏手简》进行研究的国家。正是因为各个地区对于特定相关汉籍的不同态度，促进了东亚世界内部汉籍之路的流动走向。汉籍在东亚文化之路上环流，也间接促成了东亚各种文化交相融合，成为世界文化书籍交流史上的独特奇观。

作者简介：

余辉，首都师范大学历史学院博士研究生。

---

①　日本刊《欧蘇手簡続編》竺常跋。

②　西川文仲编：《欧蘇手簡注解》例言，（东京）竹苞书楼，1880年。

③　冈田正之著，李秉中译：《日本入唐之高僧》，天津《大公报》，1930年3月3日第13版文学副刊。

红袄—忠义军与"益都李氏"之生成新考

李春圆

[提要] 本文试图跳脱传统"王朝关系"的视角，聚焦于金元之际的红袄—忠义武装本身，以厘清 13 世纪前期山东两淮地区政治力量的演变脉络。受地缘、人际关系与政治环境的共同影响，南下的山东红袄军分化为三个武装群，形塑了两淮忠义军的力量格局和以"北人"为核心的人际网络。在这一格局中，李全武装最有效地利用了南宋因素，从而能够在山东中东部扩张，并积极利用地方政治、文化资源，建立起具有自主性质的、真正"秩序化"的统治。就地方社会权力实态而言，大蒙古国时期的"益都李氏"世侯在降蒙之前就已经形成了，它的生成史是金元之际华北政治秩序转变的一个独特面相。

[关键词] 红袄军；忠义军；李全

问题的提出

13 世纪初蒙古的南侵导致了华北政治秩序的剧变，在旧秩序瓦解的王朝权力真空期，华北兴起了众多地方性的政治集团，其活动不仅影响周边王朝之兴亡，而且参与形塑了日后蒙古/元朝在所谓"腹里"地区的统治形态。在今天的山东地区也兴起了若干地方武装集团，他们先后以山东红袄军、南宋忠义军的面貌，活跃于山东、两淮地区。[①]在其演变过程中崛起的李全势力，最终又成为大蒙古国治下最有权势的汉人"世侯"之一。[②] 这一转变过程究竟是如何发生的？对这一问题的回答，也就是对 13 世纪上半叶华北汉地政治秩序瓦解、整合与重塑过程的理解。

作为单独的课题，无论是山东红袄军还是两淮忠义军，学界均已有颇多研究，但所采取的视角大多是地方武装集团与周边各王朝的关系。择要而言，较早期的学者如赵俪生、孙克宽等主要从民族意识的角度考察红袄—忠义军的王朝忠诚问题。[③] 稍晚的刘浦江从女真人与汉人之间的土地矛盾出发，探讨了红袄军起义的原因。[④] 黄宽重从经济利益得失角度考察李全、李璮在宋蒙之间的反复。[⑤] 最近姜锡东又仔细梳理了杨安儿和李全系众多武装首领的事迹，但落脚点仍在于他们对宋、金、蒙的政治向背，并认为"武力"是影响向背的"第一位"因素。[⑥] 有些论著虽然覆盖了整个红袄—忠义时期，但因为主要关注地方武装相对于王朝政权的叛服变化，各首领的事迹常常被割裂而显得碎片化，使整体的红袄—忠义武装的面貌及其演变仍然缺乏清晰线条。从"红袄"到"忠义"的前后脉络若不能明晰，对忠义军的理解也难以透彻。只有超越"王朝关系"框架

[①] 本文讨论所涉及的地理范围大致包括：金的山东东、西路，南宋的淮南东、西路，以及金河南路、河北东路的一部分，为方便简称"山东、两淮"。

[②] 所谓"世侯"，是指投靠蒙古后在其庇护下占据一定地域的华北军阀。这一词汇源出王恽所说"国家当肇造际，所在豪杰应期效顺，异世侯迭将，镇守一方，父死子继"。（元）王恽：《秋涧先生大全文集》卷五七《大元故昭勇大将军北京路总管兼本路诸军奥鲁总管王公神道碑铭并序》，杨亮、钟彦飞校点：《王恽全集汇校》第六册，中华书局，2013 年，第 2559 页。爱宕松男首先将之作为一个政治范畴提出来。爱宕松男：《李璮の叛乱とその政治的意义——蒙古朝治下における汉地の封建制とその州县制への展开》，载《爱宕松男东洋史学论集》第四卷《元朝史》，（东京）三一书房，1988 年，第 175 - 198 页。我国学者最初一般将这些势力称为"汉人地主武装"，但目前也常用"世侯"这一术语。参见到何之：《关于金末元初的汉人地主武装问题》，载南大历史系元史研究室编《元史论集》，人民出版社，1984 年，第 164 - 199 页。

[③] 赵俪生：《南宋金元之际山东、淮海地区的红袄忠义军》，载《赵俪生文集》第一卷，兰州大学出版社，2002 年，第 211 - 226 页。孙克宽：《南宋金元间的山东忠义军与李全》，载《蒙古汉军与汉文化研究》，文星书店，1958 年，第 11 - 43 页。

[④] 刘浦江：《金代土地问题的一个侧面——女真人与汉人的土地争端》，《中国经济史研究》1996 年第 4 期。

[⑤] 黄宽重：《经济利益与政治抉择——宋、金、蒙政局变动下的李全、李璮父子》，载《南宋地方武力：地方军与民间自卫武力的探讨》，（台北）东大图书公司，2002 年，第 275 - 306 页。

[⑥] 姜锡东：《宋金蒙之际山东杨、李系红袄军领导人及其分化考论》，《中国史研究》2015 年第 1 期。另有一些相关论著，下文陆续有所回应。

的约束，将红袄—忠义武装本身置于观察的中心，才能真正理解 13 世纪上半叶山东、两淮地方武装和地域政治格局的变迁。

另外蒙古政权征服中原汉地的早期，并没有直接统治这片地区，而是将这里主要交予投诚的汉人世侯，形成了类似承包制的"间接统治的格局"①，占据山东中东部的"益都李氏"是其中重要一环。对这一支力量的早期形成过程，现在的研究还有不足。池内功、谢刚分别对李全的早期史有所论述，② 但仍存在不少有待深入的问题，其中最重要的有两点：一是由于红袄—忠义事迹的碎片化，李全与整个山东武装群体的关系不够清晰；二是李全与山东地方社会的关系也不明了。由于李全父子先后叛宋、叛蒙，基于王朝立场的文献记载常有偏颇。③ 池内功曾经强调李全武装作为山东"安定势力"的角色，④ 但并没有作出任何论证，以至于森田宪司仍然认为李全的统治具有"流贼的性质"⑤。对此，笔者认为切实的研究并不充分，仍有反思的必要。

本文就以上述两个问题为线索，结合文献与石刻史料，重新探讨早期山东红袄军与后期两淮忠义军的面貌及其内在联系，特别注重山东地域与人际关系的影响，并发掘李全势力投靠蒙古之前在山东、两淮的发展历程，再现李全在山东东部统治权的"生成史"。通过对看似纷杂的诸多武装力量的再梳理，呈现金元之际华北地方政治秩序的演变脉络。

---

① 韩儒林主编：《元朝史》，人民出版社，1986 年，第 296 页。

② 池内功：《李全論——南宋·金·モンゴル交戦期における一民衆叛乱指導者の軌跡》，《社会文化史学》第 14 期，1977 年。谢刚：《金末元初山东世侯李氏本末考》，复旦大学硕士学位论文，1998 年，第 7 - 10 页。

③ 元人于钦贬斥李氏"盗据此方，户编为兵，人教之战……衣冠世族，变为卒伍"，谓之"祸乱"。（元）于钦：《齐乘》卷五，《宋元方志丛刊》第一册，中华书局，1990 年，第 608 页下。

④ 池内功：《李全論——南宋·金·モンゴル交戦期における一民衆叛乱指導者の軌跡》，第 40 - 41 页。

⑤ 森田宪司根据石刻史料探讨了李璮时期的山东社会，并持一定的正面评价，但依然认为李全的统治具有"流贼的性格"。森田憲司：《李璮の亂以前——石刻から見た金元交替期の山東地域社會》，载《元代知識人と地域社會》，（东京）汲古书院，2004 年，第 233 - 263 页，特别是第 242 页。

一、红袄军的再梳理：鲁中和半岛

山东红袄军①可以概括分为两个系统，一是从益都起兵，主要在鲁中、鲁东的平原、丘陵地区活动的杨安儿系，一是从泰安起兵，主要在鲁西南山区活动的刘二祖系（参见图1）。这一点，《宋史·李全传》说得非常清楚：

> 初，大元兵破中都，金主审汴，赋敛益横，遗民保岩阻思乱。于是刘二祖起泰安，掠淄、沂。二祖死，霍仪继之，彭义斌、石珪、夏全、时青、裴渊、葛平、杨德广、王显忠等附之。杨安儿起，掠莒、密，展徽、王敏为谋主，母舅刘全为帅，汲君立、王琳、阎通、董友、张正忠、孙武正等附之，余寇蜂起。②

这两个系列并不能都视为有严密组织的集团，更恰当地说它们应该是相互有所联系、有一定的凝聚力，但组织松散的两组武装群。就现存史料而言，活动于鲁中、鲁东的杨安儿系的集团性相对来说更强。这两系武装的兴衰不仅影响了金末山东，而且延续到了后来南宋两淮忠义军的派系纠纷，但与之相关的一些关键点仍未清晰，有必要再作梳理。本节首先探讨杨安儿系武装的几个问题。

杨安儿本名杨安国，是金大安、贞祐间山东影响最大的叛军首领，被当时南宋人称作"首乱山东者"③。他的早年生涯，文献记载不多，只能大概说其出生于益都附近，

---

① 前辈学者已经阐明，金末山东地方武装的渊源可以追溯到北宋末年的反金义军，百余年来其复宋的色彩逐渐淡化，反金的性质却始终没有减弱。每当金朝遇有重大政治动荡，山东武装往往乘势而起，南宋也屡次招纳利用。从1209年（金大安元年、蒙古太祖四年）开始，蒙古军队连年南侵，于是山东"群盗蜂起"。因为这些武装多"衣红衲袄以相识"，金政权诋之为"红袄贼"，今多概称为"红袄军"。黄宽重：《南宋时代抗金的义军》，（台北）联经出版事业公司，1988年，第235－241页。

② 《宋史》卷四七六《李全传上》，中华书局，1977年，第13817页。这里说"大元兵破中都"并不确切，蒙古人攻陷中都是在贞祐三年，大约已是杨安儿、刘二祖等起事后的第三年。

③ （宋）刘克庄撰，王蓉贵等点校：《后村先生大全集》卷一五七《林韶州》，四川大学出版社，2008年，第七册，第4021页。

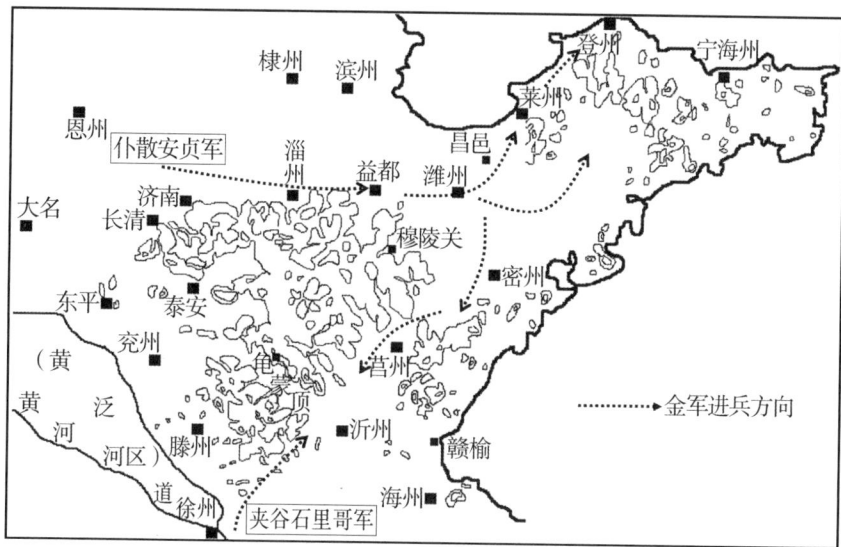

图 1　金元之际山东地形、政治简图

是有一定实力的地方豪强。[1] 最早见于史料的明确记载在 1206 年（金泰和六年、宋开禧二年），当时宋金交战，杨安儿乘机造反。宋金和议成，杨氏遂受招安并累官至金朝的"刺史防御使"[2]。不过，一些现存石刻让我们有理由相信，杨安儿在五年前便至少见识过武装反金事件。

在今山东省青州市（即金益都所在）仰天寺内留有三处金代题记，记录 1201 年（金泰和元年）安远大将军"黄掴公"在益都"捕盗"的事迹：

1 和 2. 泰和元年三月初十日，少尹副都总管黄掴安远捕盗至此。

3. 益都府少尹兼山东东路兵马副都总管、安远大将军黄掴公，乃于泰和元年三

---

① 有关杨安儿出身的史料有下述三条：①《金史》卷一〇二《仆散安贞传》："益都县人杨安国，自少无赖，以鬻鞍材为业，市人呼为杨鞍儿，遂自名杨安儿。"（中华书局，1975 年，第 2243 页）。②（宋）周密撰，张茂鹏点校：《齐东野语》卷九《李全》："淄青界内有杨家堡，居民皆杨氏，以穿甲制靴为业，堡主曰杨安儿，有力强勇，一堡所服。"（中华书局，1983 年，第 158 页）。③（宋）李心传撰，徐规点校：《建炎以来朝野杂记》乙集卷一九《鞑靼款塞》："杨安儿者，本淄州皮匠也。"（中华书局，2000 年，第 851 页）。

② 《金史》卷一〇二《仆散安贞传》，第 2245 页。（宋）李心传撰，徐规点校：《建炎以来朝野杂记》乙集卷一九《鞑靼款塞》说杨安儿泰和间曾在太行山"为盗"，受金章宗招安后被"流于上京"（第 851 页），与《金史》所载不同。考虑《朝野杂记》多出自传闻，而《金史》或有官方材料为依据，似更可信。

月初十日，因捕盗遍历仰天，谒诸洞府，……泰和元年九月初九日记。①

仰天寺位于青州市西南约三十公里的仰天山下，据当地文史工作者调查，"仰天寺山溜中有一个杨家坡村，在这一带有不少杨王造反的传说流传至今"。② 如果杨安儿真的生活于益都附近，那么泰和元年的反金事件，他至少是可以目睹的。

大安末年杨安儿再次起事的具体时间，前行研究似未予关注。元人陈桱《通鉴续编》置于 1211 年（金大安三年）十一月，③ 明人陈邦瞻、商辂等也循此说。④ 参考《金史》相关记载，这一说法应大体不错。这一年，金朝招募"铁瓦敢战军"，以杨安儿为副统，驻防中都西北：

> 至鸡鸣山，不进。卫绍王驿召问状，安儿乃曰："平章参政军数十万在前，无可虑者。屯驻鸡鸣山，所以备间道透漏者耳。"朝廷信其言。安儿乃亡归山东，与张汝楫聚党攻劫州县，杀略官吏，山东大扰。⑤

所谓"平章参政军数十万在前"，是指这一年四月金"平章政事独吉千家奴、参知政事胡沙行省事备边"。⑥ 在金中都外围，居庸关西北、宣德东南有鸡鸣山（今属张家口市下花园区），应当就是杨安儿停军观望之处，位置正在千家奴等大军后方。此后金军主力节节败退，八月"千家奴、胡沙自抚州退军，驻于宣平"，九月"千家奴、胡沙败绩于会河堡，居庸关失守"。⑦ 杨安儿大概就在金军主力溃败前后潜回山东，不久后便起兵造反。李心传也记载杨安儿是领"必胜军三千人以迎敌，军败，复往山东聚众"。⑧

不过，杨安儿武装要到 1214 年（金贞祐二年）才有比较大的规模，在当时人眼中这一年才是山东乱局的真正开始。元好问就说，贞祐二年山东临淄县周边"盗贼充斥，互为支党，众至数十万，攻下郡邑，官军不能制，渠帅岸然以名号自居"，显然就是指

---

① 夏名采主编：《青州文史资料》第十一辑，青州市政协文史资料委员会，1995 年，第 166 - 167 页。第 1、2 两条题记内容相同，分别位于仰天寺千佛洞、观音洞内。

② 夏名采主编：《青州文史资料》第十一辑，第 168 页。

③ （元）陈桱：《通鉴续编》卷二〇，《景印文渊阁四库全书》第 332 册，（台北）商务印书馆，1986 年，第 863 页。

④ （明）陈邦瞻：《宋史纪事本末》卷八七《李全之乱》，中华书局，1977 年，第 969 页。（明）商辂：《御批续资治通鉴纲目》卷一八，《景印文渊阁四库全书》第 694 册，第 81 页。

⑤ 《金史》卷一〇二《仆散安贞传》，第 2245 页。

⑥ 《金史》卷一三《卫绍王纪》，第 293 页。

⑦ 《金史》卷一三《卫绍王纪》，第 293 - 294 页。

⑧ （宋）李心传撰，徐规点校：《建炎以来朝野杂记》乙集卷一九《鞑靼款塞》，第 851 页。

杨安儿武装。① 南宋人在约 1215、1216 年间伪造的《南迁录》中说，蒙兵南侵，"盗贼满野，时莒潍淄之寇则有杨安儿，割据同华河中府则有刘柏林，太行山贼凡数百"。可见南宋人得到的情报中，杨安儿已是北方实力最强的武装。② 刘伯林、刘黑马父子后来成为著名的蒙古汉军首领，此时已降蒙并积极在华北攻城略地，曾经"从大军攻下山东诸州"③。伪书将杨、刘并举，显示前者的影响的确不小了。④

但 1214 年下半年便成为该系武装的转折点。这一年金蒙达成和议，稍后金宣宗迁都河南。暂时的稳定，使得金朝能够腾出手对各地的叛乱展开镇压。当年四月，金朝任命仆散安贞为"山东路统军安抚等使"，负责恢复对山东地区的控制。⑤ 他镇压杨安儿武装的具体过程，《金史》和前行研究均有充分记载与揭示，这里仅择与下文相关之要点略述如下。⑥ 双方首战在益都城东，杨安儿战败后向山东半岛东部登、莱等地转移，建国并改元"天顺"⑦，同时遣兵占据密州，"略临朐、扼穆陵关"，对益都形成半包围圈，试图反攻。但安贞在昌邑、莱州等地连战克捷，并以兵围困杨安儿。⑧ 1215 年二月

---

① （元）元好问著，姚奠中点校：《元好问全集》卷二八《临淄县令完颜公神道碑》，山西古籍出版社，2004 年，第 665 页。

② （金）张师颜：《南迁录》，《四库全书存目丛书》史部第 45 册，齐鲁书社，1996 年，第 148 页。（宋）李心传撰，徐规点校：《建炎以来朝野杂记》乙集卷一九《女真南徙》条末已注"近传《南迁录》，事悉差误，盖南人伪为之，今不取"（第 845 页）。李心传自序"杂记乙集"成于 1216 年（宋嘉定九年，即金贞祐四年），则《南迁录》大概即金迁汴后一、二年中南宋人伪作。参见王国维：《南宋人所传蒙古史料考》，《清华学报》4 卷 1 期，1927 年，第 1129 - 1144 页。

③ 《元史》卷一四九《刘伯林传》，中华书局，1976 年，第 3515 - 3516 页。

④ 同样是托名伪书的《大金国志》记载，1214 年（金贞祐二年）十一月金宣宗下罪己诏，言及"刘伯林、李斌、杨安儿……倘使翻然顺命，必将加以厚恩"，同样以刘、杨等并列。（宋）宇文懋昭撰，崔文印校正：《大金国志校正》卷二四《宣宗皇帝上》，中华书局，1986 年，第 333 页。这道诏书暂不见于其他史料，据《金史》卷一〇二《仆散安贞传》："十一月戊辰，曲赦山东，除杨安儿、耿格及诸故官家作过驱奴不赦外，刘二祖、张汝楫、李思温及应胁诱从贼，并在本路自为寇盗，罪无轻重，并与赦免。获杨安儿者，官职俱授三品，赏钱十万贯。"（第 2245 页）两条史料所述时间相同，但对杨安儿态度迥异，故《大金国志》所录应为讹传，但传闻本身也间接显示杨安儿的影响力。

⑤ 《金史》卷一〇二《仆散安贞传》，第 2243 页；卷一四《宣宗纪上》，第 309 页。

⑥ 下述过程除特别注明外，内容均见《金史》卷一〇二《仆散安贞传》，第 2243 - 2246 页。

⑦ 山东昌乐县曾经发现一枚"勾当公事武字号之印"，印纽两侧刻有"登州道勾造""天顺元年七月"，钮顶刻有"上四十二"。报道者认为就是杨安儿建国后所造，和前文"以名号自居"的记载相映证。王新华：《山东昌乐县发现红袄军勾当公事印》，《考古》1996 年 1 期。

⑧ 《金史》卷一〇六《术虎高琪传》：贞祐二年十一月，"宣宗问杨安儿事，高琪对曰：贼方据险，臣令主将以石墙围之，势不得出，擒在旦夕矣"。（第 2341 页）

仆散留家"破杨安儿步骑三万"①，杨安儿走死海上。至此这一系武装主力被镇压，剩下杨妙真、李全等余部沿山东半岛南部海岸向南宋方向转移。从登、莱到莒州磨旗山、再到海州外的东海岛，直至1217年（宋嘉定十年、金兴定元年）李全"收余众保东海，刘全分军驻崮上……出没岛崮"。②

这里需要补充的是有关"花帽军"的一点辨正。对金之镇压杨安儿，《宋史·李全传》说："大元兵退，金乃遣完颜霆为山东行省，黄掴为经历官，将花帽军三千讨之，败安儿于胊头滴水。"③ 这条记载影响了不少学者，以为花帽军是金镇压杨安儿的主要力量。④ 但若比对其他方面的史料，这一说法是不准确的。完颜仲元（本名郭仲元）所率的花帽军是当时最有力的一支亲金义兵武装，⑤ 稍晚时也确曾在山东活动，但《金史·仆散安贞传》从未提及花帽军。对此我们还可以从两个方面加以证实。

首先，花帽军主要统领人物早期都在河北东路活动，自1216年（贞祐四年）初才陆续转移山东，此后《金史》中才有这三人参与镇压山东叛军的记载。

> （贞祐初，完颜霆）招集离散、纠合义兵……从河北路宣抚使完颜仲元保清、沧，遥授通州刺史、河北东路行军提控，佩金牌。旧制，宣抚副使乃佩金牌……廷议霆辈忠勇绝人，遂与之。⑥
>
> （贞祐四年，完颜霆）等积功至刺史、提控，［完颜］仲元奏赐金牌。⑦

可见，至少到1215年底，完颜霆都作为完颜仲元的部下在河北清、沧一带活动，并因功获佩金牌，而此时杨安儿势力已基本覆亡。1217年（兴定元年）四月，"济南、

---

① 《金史》卷一四《宣宗纪上》，第307页。

② 《宋史》卷四七六《李全传上》，第13818页。

③ 《宋史》卷四七六《李全传上》，第13818页。

④ 如白寿彝主编《中国通史》（上海人民出版社，1999年）第七卷《五代辽宋夏金时期》，上卷385页、下卷2138页，具体撰写者分别是李桂芝、程妮娜。赵俪生《南宋金元之际山东、淮海地区的红袄忠义军》（第214页）、何仲礼《南宋史稿》（杭州大学出版社，1999年，第269页）以及李浩楠《金代花帽军初探》（《宋史研究论丛》第十辑，河北大学出版社，2009年，第138－153页）等都采纳了这一说法。

⑤ （元）刘祁撰，崔文印点校：《归潜志》卷六（中华书局，1983年，第63页）载："南渡之初，将帅中最著名者，曰郭仲元，俗号'郭大相公'，其军号'花帽子'；曰郭阿林，俗号'郭三相公'，其军号'黄鹤袖'。"

⑥ 《金史》卷一○三《完颜霆传》，第2270页。

⑦ 《金史》卷一○三《完颜仲元传》，第2266页。

泰安、滕、兖等州贼并起，侯挚遣棣州防御使完颜霆讨平之"。① 此时的完颜霆只官居"防御使"，不可能于若干年前就以"山东行省"身份平叛。

其次，从仆散安贞及其部下将领的情况来看，所率军队也不是花帽军。仆散安贞本人是女真"驸马都尉"，赴山东前已官居"元帅左都监"②。他的左翼将领为沂州防御使仆散留家、右翼是安化军节度使完颜讹论，均为女真人军官。军中提控纥石烈牙吾塔"本出亲军"③；提控惟镕是女真皇族，1214 年（贞祐二年）曾经"佩金牌护亲军家属迁汴"④。从这些人的身份看，所统军队应当以女真军队为主。1217 年"世为合懒路人"的女真进士夹谷土剌，"用枢密院荐"从武宁军节度副使改充"京东总帅府经历司"，主帅正是上述的纥石烈牙吾塔。⑤ 1223 年（元光二年），牙吾塔曾经为辖下阵亡士兵争取家属抚恤，说："向官军战殁者皆廪给其家，恩至厚也。臣近抵宿州，乃知例以楮币折支……自今愿支本色，令得赡济。"⑥ 这些都说明他的确统辖着女真"官军"。

综言之，仆散安贞所统的主要是女真军队，不是花帽军，后者在金军镇压杨安儿时至少不是主要的力量。但在 1215 年底，仆散安贞"行枢密院于徐州"⑦，其所属军队已经转到两淮宋金战场上。大约同时，花帽军等义军南徙山东，成为镇压郝定等红袄余部的主力。1216 年底，完颜仲元属下的"提控娄室"已经在涟水与红袄军作战。⑧ 1217、1218 年间，完颜霆在海州驻军，肯定也与李全等有过交锋。⑨

二、红袄军的再梳理：鲁西南山区

金末山东红袄军的另一个系统是以滕、兖、泰安为主要根据地的刘二祖系，不过史料中鲁西南山区的武装没有表现出杨安儿系那样的组织性（如建号改元、统一指挥等），或许更为合适的是把他们看作活动于邻近地域、互通声气的武装力量群。

有关刘二祖的事迹史书记载极少，特别是他的早年活动，我们一无所知。他此次起事的时间，陈桱《通鉴续编》说 1212 年（崇庆元年）金"泰（始）［安］盗刘二祖寇

---

① 《金史》卷一〇八《侯挚传》，第 2387 页。

② 《金史》卷一〇二《仆散安贞传》，第 2243 页。

③ 《金史》卷一一一《纥石烈牙吾塔传》，第 2456 页。

④ 《金史》卷六五《惟镕传》，第 1545 页。

⑤ （元）元好问著，姚奠中点校：《元好问全集》卷二〇《资善大夫武宁军节度使夹谷公神道碑铭》，第 543 页。原文作"主帅牙古大"，即牙吾塔。

⑥ 《金史》卷一一一《纥石烈牙吾塔传》，第 2458 页。

⑦ 《金史》卷一四《宣宗纪上》，第 314 页。

⑧ 《金史》卷一〇三《完颜仲元传》，第 2266 页。

⑨ 《金史》卷一〇三《完颜霆传》，第 2271 页。

掠淄、沂州"①，明人商辂、柯维骐等也秉此说。② 大约刘二祖起事比杨安儿略晚，声势也有所不及。到1214年（贞祐二年）十一月，金朝"曲赦山东，除杨安儿、耿格及诸故官家作过驱奴不赦外，刘二祖、张汝楫、李思温……罪无轻重并与赦免"。③ 当时杨安儿主力已基本被剿灭，这道赦诏有从镇压转入安抚的意味，可见并未将刘二祖等与杨安儿等量齐观。事实上，金兵攻灭刘二祖武装的过程也相对更为容易。1215年正月，"诏阿海（即仆散安贞）、合住等讨贼刘二祖"④，二月仆散安贞一面遣纥石烈牙吾塔"破巨蒙等四堌、及破马耳山"，一面亲自"遣兵会宿州提控夹谷石里哥"，南北两路"同攻大沫堌"，刘二祖被生擒。⑤ 三月，"山东宣抚司报大沫堌之捷"。⑥

此后鲁西南地区又屡次再起叛军，史料所见规模较大的有两次。一是1216年（贞祐四年）"兖州泗水人"郝定叛乱，延及"泰安、滕、兖、单诸州，及莱芜、新泰等十余县"，金人情报说其建号"大汉"并"遣人北构南连皆成约，行将跨河为乱"。⑦ 所在正是原先刘二祖的活动地区。当年五月仆散安贞"遣兵讨郝定，连战皆克，杀九万人，降者三万余，郝定仅以身免"；完颜阿邻"破红袄贼郝定于泗水县柘沟村，生擒郝定"；"七月，山东行省槛贼郝定等至京师，伏诛⑧。第二次是1217（兴定元年），在"济南、泰安、滕、兖等州"又发生大规模的叛乱。侯挚"遣提控遥授棣州防御使完颜霆率兵讨

---

① （元）陈桱：《通鉴续编》卷二〇，第862页。

② （明）商辂：《御批续资治通鉴纲目》卷一八，第82页。该书还具体到当年"五月"。（明）柯维骐：《宋史新编》卷一九四，《四库全书存目丛书》史部第22册，齐鲁书社，1997年，第731页。

③ 《金史》卷一四《宣宗纪上》，第305页。

④ 《金史》卷一四《宣宗纪上》，第306页。

⑤ 据（元）于钦《齐乘》卷一，马耳山在"密州西南六十里"莒、密交界处（第519页下）。另刘二祖号称"起泰安""泰（始）［安］盗"，又部属孙邦佐"世居泰安"，因此大沫堌应当在泰安周边，惟具体方位不明。即便如此，仍可基本看出仆散安贞与夹谷石里哥南北合围的基本态势。

⑥ 《金史》卷一四《宣宗纪上》，第308页。

⑦ 《金史》卷一〇七《侯挚传》，第2386页。

⑧ 《金史》卷一〇二《仆散安贞传》，第2246页；卷一〇三《完颜阿邻传》，第2268页；卷一四《宣宗纪上》，第319页。此时仆散安贞已经"行枢密院于徐州"，行省东平的是侯挚，完颜阿邻正是他的属下。因此金人是从西南徐州、西北东平两道并进，先有仆散安贞破郝定主力，郝定"仅以身免"；后有完颜阿邻"生擒郝定"于泗水县柘沟村。不仅郝定起事，原先投降金人的张汝楫也有再叛之意。《金史》卷一〇三《完颜弼传》载："汝楫复谋作乱，邦佐密告弼，弼绐汝楫，伏甲庑下，酒数行，钟鸣伏发，杀汝楫并其党与。"（第2255页）

之，前后斩首千余，招降伪元帅石花五、夏全余党壮士二万人，老幼五万口"①。

关于这两次叛乱，南宋方面的记载又有不同，这里就下述两条史料略作辨析：

> 二祖死，霍仪继之，彭义斌……等附之。……霍仪攻沂州不下，［完颜］霆自清河出徐州，斩仪，溃其众。②
>
> 有郝八者，名仪，以贞祐二年春据山东叛，僭号"大齐"，改元"顺天"。金人遣花帽军生擒之，磔于开封。又有刘二祖者，亦名盗也，其女刘小姐亦聚众数万，皆为花帽军所破。③

如前文所引，《金史》有关郝定的记载非常详细、具体，事无可疑。"霍仪"一名不见于《金史》，或以为就是郝定。④但是郝定亡于"泗水县柏沟村"，与霍仪先攻沂州、后亡于徐州相差太远。而且郝定亡于红鹤袖军首领完颜阿邻，而霍仪亡于花帽军完颜霆。⑤据此，如果霍仪确有其人，那他更可能是前述1217年那一波叛军的首领之一。至于《建炎以来朝野杂记》的说法，"郝仪"一名似是混淆"郝定"与"霍仪"，"改元顺天"一说似是误植杨安儿"天顺"年号，至于说被生擒后"磔于开封"又是《金史》中的郝定事迹。总之，"郝仪"一条很可能是来自山东的消息在南宋传而生讹，并被李心传记录下来。

鲁西南特殊的地理环境（参见图1），导致刘二祖系红袄军在向外转移时发生了重要分化。相比于山东半岛因海洋而具有的开放性，鲁西南地区看似腹地广阔，实际上在贞祐年间，它的北、东方向都为金军所占据；西南方向因为黄河南流，形成一片黄泛

---

①《金史》卷一五《宣宗纪中》，第329页；《金史》卷一〇七《侯挚传》，第2387页。除了完颜霆外，另外有亲金的地方武装参与了平叛，例如固守泰山天平寨的严谨。杜仁杰《泰安严氏迁葬之碑》（载周郢：《新发现的元曲家杜仁杰史料》，《中国典籍与文化》2004年第4期，第88页）载："黄山群盗来攻袭，君亦会在州，以计坑杀无噍类，州复。申东平□行省蒙古忽里刚。"蒙古忽里刚就是《金史》卷一〇二立传的蒙古纲，"本名胡里纲"，兴定元年底才"行尚书省"，因此"黄山群盗"指的应是兴定元年的这批叛军。"黄山"在今泰安东南约六十里。

②《宋史》卷四七六《李全传上》，第13817页。

③（宋）李心传撰，徐规点校：《建炎以来朝野杂记》乙集卷一九《鞑靼款塞》，第851页。

④《大金国志》照录《建炎以来朝野杂记》有关郝仪的文字，四库本《钦定重订大金国志》卷二五（《景印文渊阁四库全书》第383册，第973页）此处有小字考异，认为郝定、霍仪、郝仪三者实为一人。

⑤《金史》卷一〇三《完颜阿邻传》，第2268页。

区，"东连淮海，浩瀚无际"①，"干滩泥淖，步骑俱不可行"②；正南方与宋之间，则隔着金人据守的徐、邳、宿等州。这样封闭的环境，导致当地的红袄武装不能像杨安儿余部那样，"成群"地沿海岸线南向转移。除了在地保守、受金招安外，日后成为南宋忠义军之一部的那些首领，不得不通过两个途径间接地转移到两淮地区。③

一部分鲁西南红袄军首领先是接受金朝招安，随后在淮河战线上转投南宋，其中就有日后南宋盱眙四将中的时青、夏全等。时青"滕阳人，初与叔父全俱为红袄贼，及杨安儿、刘二祖败，承赦来降"，被授予金"济州义军万户"，1218 年（兴定二年、嘉定十一年）冬"率其众于宋"④。夏全是前述 1217 年滕兖等地武装叛乱失败后，接受完颜霆招安降金，⑤ 但至晚于 1219 年初已经转投南宋。⑥

另一部分首领则是向东转移，投靠了杨安儿系余部并随之投宋，包括后来影响比较大的石珪、彭义斌等人。石珪是"泰安新泰人"，贞祐中"与滕阳陈敬宗聚兵山东"⑦，被《宋史·李全传》列入刘二祖系属部，投宋之初与葛平、杨德广等人通归季先率领。⑧ 至于彭义斌，虽然具体出身地方不明，但大概可以肯定起自鲁西南，⑨ 投宋之初长期作为李全的部属活动。⑩

概括而言，前述两系红袄军沿着不同的途径南下转移，形成了日后南宋两淮忠义军中三股基本力量的主要来源，即杨安儿系余部李全、杨妙真等人，和刘二祖系武装中分

---

① （元）元好问著，姚奠中点校：《元好问全集》卷二六《顺天万户张公勋德第二碑》，第627 页。

② 《金史》卷一〇二《蒙古纲传》，第 2260 页。

③ 史料中也可见当地武装向西北拓展的尝试，但多不成功。（元）元好问著，姚奠中点校：《元好问全集》卷二六《东平行台严公神道碑》（第 616 页）载，贞祐二年原刘二祖部下张汝楫"据灵岩，遣别将攻长清"，但被据守长清的严实阻挡而未能成功。灵岩山在长清"县境东南，乃泰山西北麓之一岩"。见民国《长清县志》，《中国方志丛书》华北地方第九号，影印民国二十四年铅印本，（台北）成文出版社，1968 年，第 121 页。当地有灵岩寺，"连接泰安之天圣寨，介于东平、益都之间"，是泰安、长清间的军事要地。见《金史》卷一〇七《侯挚传》，第 2388 页。

④ 《金史》卷一一七《时青传》，第 2565 页。

⑤ 《金史》卷一〇七《侯挚传》，第 2387 页；卷一〇三《完颜霆传》，第 2271 页。

⑥ 《宋史》卷四〇三《贾涉传》载 1219 年（嘉定十二年）初，夏全已经随宋军支援淮西（第 12208 页）。

⑦ 《元史》卷一九三《石珪传》，第 4378 页。

⑧ 《宋史》卷四〇三《贾涉传》，第 12207 页。

⑨ 彭义斌后来一度成为鲁西南出身头目的首领，包括附宋者如时青，和在滕兖地方据守者如时珍。参见《宋史》卷四七六《李全传上》和（元）宋子贞《泰定军节度使左副元帅时侯神道碑》（详见下文）。

⑩ 《宋史》卷四七六《李全传上》，第 13820 页；卷四〇三《贾涉传》，第 12209 页。

别投金、投杨系余部的两派。这一格局深刻地影响了南宋两淮忠义军中的派系纠纷。

三、李全的早期活动

在金末蜂起并投靠南宋的这一批红袄—忠义军中，李全势力无疑最为成功，并最终成长为"专制"山东数十年的益都李氏世侯，而其他武装首领则大都比较早地退出了历史舞台。① 因为这一点以及现存史料的关系，本文仍以李全为中心对忠义军时期展开探讨，但对李全投充南宋忠义前后的事迹作一些新的考索，从而更加明晰他与其他红袄—忠义武装间的关系，也能够更完整地呈现益都李氏的成长史。

据《宋史》本传，李全是"潍州北海农家子，同产兄弟三人"②，李全排行第三，所以后来杨妙真称他为"三哥"③。"大元兵至山东，全母及其兄死焉"④，这里说的应是长兄，因为他的"仲兄"李福此后还长期活跃。⑤《宋季三朝政要》说他还有一个弟弟名为"李平"，应该不可信。⑥ 李全至少有两个儿子，其中一子名瓌，"小字松寿"⑦，已是众所周知。另有一"次子"，在1227年（宝庆三年）涟水忠义兵变中被杀。⑧ 一份1222年（嘉定十五年）的南宋公文中提到，李全曾"遣男顺卿进贡"，"缘系京东忠义统军之子，兼见习进士，特与优异推恩。诏李顺卿特与补承务郎"。⑨ 李顺卿之名别不见

---

① 只有石珪较早地投靠了蒙古，从而成就了日后占据济宁一隅的石氏。见《元史》卷一九三《石珪传》，第4379页。

② 《齐东野语》卷九《李全》说李全籍贯是淄州（第157页）。不过《宋史》卷四七六《李全传上》说他曾"还潍州上冢"（第13820页），应该更可信。

③ 《宋史》卷四七六《李全传上》，第13832页。（宋）周密撰，张茂鹏点校：《齐东野语》卷九《李全》载："李全，淄州人，第三。"（第157页）

④ 《宋史》卷四七六《李全传上》，第13817页。

⑤ 另外，（元）柳贯撰，柳遵杰点校：《柳贯诗文集》卷一一《于思容墓志铭》（浙江古籍出版社，2004年，第236页）说："初，金季，李全据山东以叛，其弟二太尉略地至文登。""二太尉"可能指的就是排行第二的李福，只是误兄为弟。

⑥ 王瑞来笺证：《宋季三朝政要笺证》卷一载：季先死，"李全惧，有异志，使其弟李平潜为谍于都堂"。（中华书局，2010年，第48页）《宋史》卷四七七《李全传下》也曾提到其人其事："李英……与李平皆山东胥吏。全之乍逆乍顺，二人所教也。平又数致全书至庙堂，以觇朝廷。"（第13839页）没有说他与李全是兄弟。

⑦ 《元史》卷二〇六《李瓌传》，第4591页。

⑧ 《宋史》卷四七七《李全传下》提到，1227年南宋削减忠义军粮，引起涟水忠义军中王义深等人对杨妙真等的不满，发动兵变，"有郭统制者，杀全次子"（第13838页）。

⑨ 刘琳、刁忠民、舒大刚、尹波等校点：《宋会要辑稿》职官六二，上海古籍出版社，2014年，第4730页。

于记载，可能就是那位被杀的次子。李全本人文化水平不高，至少看不懂南宋的奏章公文。① 史料中也没有体现李全有任何地方豪强的背景，贾涉说他最初"贫窭无聊"，② 看来的确是起于底层。

据《齐东野语》载，李全早年曾因贩卖牛马，从青州来到涟水，"财本寖耗，遂投充涟水尉司弓卒"，成为头目，"号为李三统辖。后复还淄业屠"。③《宋史》提到，1205年（开禧元年）五月"甲申，镇江都统戚拱遣忠义人朱裕，结连本县弓手李全，焚涟水县"④，正可与印证。实际上开禧间，李全不仅投了南宋，而且被赐名"孝忠"⑤。不过，"还淄业屠"一事，《齐东野语》语焉不详。南宋开禧北伐失败，议和时金人国书提出"将侂胄首函送，及管押纳合道僧、李全家口一并发还"⑥。对此，南宋的黄度愤言："函侂胄首，古无是事。李全决不可杀，泗人决不可还。"⑦ 当时南宋朝中存在着弃忠义人以求和的意见，"扬州忠义人朱裕挟宋师袭涟水，金人愤甚。〔李〕壁乞枭裕首境上，诏从其请"⑧。朱裕前车之鉴如此，李全应该是在宋金议和前后逃回了山东。

大约在1213、1214年（贞祐元、二年）之际，李全在潍、密一带起兵反金。《宋史》本传说："大元兵至山东，全母及其兄死焉，全与仲兄福聚众数千，刘庆福……等咸附之。"⑨ 1223年（嘉定十六年）南宋表彰李全部将陈智，诏书中提到："海州申，智系密州诸城县人，庄农为生。嘉定四年（1211）经轶轳兵火，随李全始合人兵，在九仙山混杀金贼。"⑩ 证明李全的确是在蒙古兵席卷山东之后起兵的。只是里面提到的"嘉定四年"很可能是事久致误，因为金、蒙两方面的史料都表明，蒙古军是1213年（贞祐元年、蒙古太祖八年）秋才分兵三道攻金，中军一路南下到"淄、潍、登、莱、沂等

① 《宋史》卷四七六《李全传上》说，贾涉离任之后，"徐晞稷雅意开阃，及闻〔许〕国用，晞稷阙望，乃誊国奏注释以寄全，全得报不乐"。（第13825页）徐晞稷把许国向朝廷建议抑制忠义军的奏章特地"注释"之后寄给李全，可见李全看不懂南宋的奏章文书。

② 《宋史》卷四〇三《贾涉传》，第12208页。

③ （宋）周密撰，张茂鹏点校：《齐东野语》卷九《李全》，第157页。

④ 《宋史》卷三八《宁宗纪二》，第738页。

⑤ （宋）袁燮《絜斋集》卷一三《龙图阁学士通奉大夫尚书黄公行状》载："初，王师北伐，取泗州。既而弃之，拔其民南徙。涟水人李全与其孥来归，赐名孝忠。"（《景印文渊阁四库全书》第1157册，第180页）

⑥ 《金史》卷九八《完颜匡传》，第2172页。

⑦ （宋）袁燮：《絜斋集》卷一三《龙图阁学士通奉大夫尚书黄公行状》，第180页。

⑧ 《宋史》卷三九八《李壁传》，第12017页。

⑨ 《宋史》卷四七六《李全传上》，第13817页。

⑩ 《宋会要辑稿》兵一六，第8951页。

郡”，第二年三月回军中都。① 李全应当就是这次兵火之后起兵，活动范围包括位于
“密州东南百二十里”的九仙山。②

　　早期学者常认为，李全是独立于杨安儿、刘二祖的第三系红袄武装，甚至与杨安儿
还有冲突。③ 但笔者认为，至迟在1214年底，李全应该已经是杨安儿的属部。因为《金
史》记载，这一年杨安儿从益都败退至山东半岛后，曾遣“伪元帅方郭三据密州，略
沂、海，李全略临朐、扼穆陵关，欲取益都”。李全也是杨安儿麾下“伪元帅”之一，
当时在莒、密一带活动，王颋称之为“别部”是很恰当的。④ 另外有两点可与之印证，
一是杨、李合军之后刘全等人的地位。刘全是杨安儿“母舅”，1225年（宝庆元年）南
宋新任制置使徐晞稷到楚州，“刘全跃马登郡厅，晞稷迎之；［李］全及门下马，拜庭
下，晞稷降等止之”。⑤ 如果李全本是独立武装，而刘全是亡命投庇其下，似无由如此跋
扈。二是李全与杨妙真的婚姻，南宋人刘克庄的记载说，杨妙真在杨安儿死后“自于行
伍中择全嫁之”⑥，也可见李全之身份。

　　李全等人投附南宋的时间，约在1217、1218年（宋嘉定十、十一年）之间。面对
金军的镇压，山东武装陆续转移南下，聚集到南宋两淮边境上，杨安儿余部也聚集到海
州一带，李全“收余众保东海，刘全分军驻崮上”⑦（参见图2）。《宋史》本传说，李

---

　　① 《金史》卷一四《宣宗纪上》，第303页。《元史》卷一《太祖纪》，第17页。

　　② （元）于钦：《齐乘》卷一，第519页下。

　　③ 如孙克宽《南宋金元间的山东忠义军与李全》（第21－22页）、姜锡东《宋金蒙之际山
东杨、李系红袄军领导人及其分化考论》（第168页），以及池内功《李全论—南宋・金・モンゴ
ル交战期における一民众叛乱指导者の轨迹》（第34页）等。

　　④ 《金史》卷一〇二《仆散安贞传》，第2244页。关于本段《金史》文本，中华书局点校
本在“沂海”与“李全”之间点句号。这样的话，李全便成为单独一支力量，并意图攻取益都。
以当时情形，这不太可能。点作逗号，李全就与方郭三一样，是“伪元帅”之一，文意更加合
理。王颋《牝鸡司晨——蒙古女行省杨妙真生平考》（载《西域南海史地探索》，中国人民大学
出版社，2010年，第19页）已作此解，只未予申论。据（元）于钦《齐乘》卷一：大岘山即穆
陵关，在沂山东南，“其山峻狭，仅容一轨，故为齐南天险”（第515页上）。杨安儿无论进取益
都或是退保莒、密，这里都是战略要地。

　　⑤ 《宋史》卷四七六《李全传上》，第13828页。

　　⑥ （宋）刘克庄撰，王蓉贵等点校：《后村先生大全集》卷一五七《林韶州》，第4021页。
刘克庄（1187—1269）可以算是李全同时代人，本条史料是有关李杨婚姻的最早记载。此外还有
至少三种说法，分别见于《齐东野语》卷九《李全》、《大金国志》卷二五《宣宗皇帝下》、《宋
史》卷四七六《李全传上》。虽然传闻异辞，但诸说有一共通点，即都认为李全是在与杨妙
真结合之后才成为有影响力的首领。

　　⑦ 《宋史》卷四七六《李全传上》，第13818页。

全曾经由季先牵线，会同南宋楚州知州应纯之属下的忠义统辖高忠皎，合兵进攻海州未成。① 陈桱将此事置于 1217 年七月份，应有所本。② 因为这一年的七月七日，南宋嘉奖了赣榆县一批主动投降高忠皎的金朝官员，③ 应该就是此次行动的结果。到 1218 年正月十日，南宋"以枢密院言全等率众归附，克复东海、涟水等处，备见忠义"，"诏李全特补武翼大夫，充京东路兵马副都总管"，刘全、杨友、季先等皆授官职，④ 正式地将他们编入忠义军的队伍。

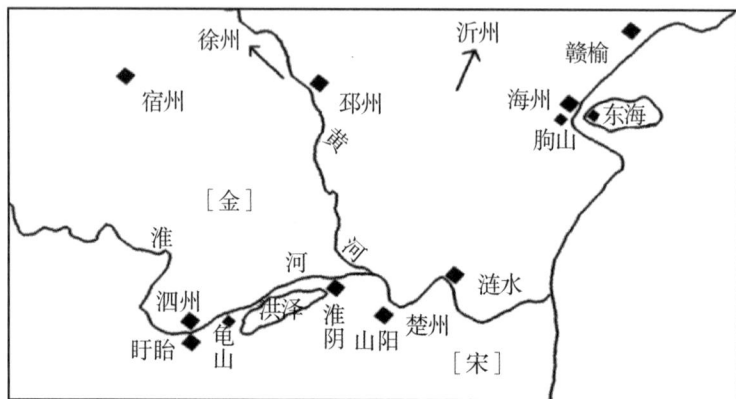

图 2　两淮地理、政治简图

四、两淮忠义军的派系纠纷

忠义军的派系之争早有学者讨论，但常以列举人物、事件为主，给人以"碎片化"的印象。⑤ 本文试图通过关注忠义军的山东背景，梳理出一种内在的变化脉络。根据《宋史·李全传》的记述，李全从众多忠义首领之一发展为"专制"楚州、涟水等地，主要经过了四次重大事件：一是平定南渡门之变，二是铲除竞争对手季先、石珪，三是逼死南宋制置使许国，四是杨妙真等除掉刘琸。⑥ 这一过程看似混乱，但若注意到红袄、

① 《宋史》卷四七六《李全传上》，第 13818 - 13819 页。

② （元）陈桱：《通鉴续编》卷二〇，第 870 页。

③ 《宋会要辑稿》兵一六，第 8947 - 8948 页。

④ 《宋会要辑稿》兵二〇，第 9034 - 9035 页。

⑤ 例如前引孙克宽《南宋金元间的山东忠义军与李全》和姜锡东《宋金蒙之际山东杨、李系红袄军领导人及其分化考论》两文都详细地列举了众多武装头目，但对于其中的演变脉络则未及深论。

⑥ 本节引用《宋史·李全传》较多，为免烦冗，部分未出注。文中凡见直接引文而不出注者均出此处。

忠义间的连续性，并把握其中的人际与地域关系，便可能有另一种更为清晰的解读。

协助平定"南渡门之变"，是李全作为南宋忠义军将领的首次重要活动。当时驻扎在楚州以北涟水、海州一带的忠义军主要以沈铎为中介投附南宋，其中又分为周用和、季先两条线索。《宋史·贾涉传》说："铎遣周用和说杨友、刘全、李全等以其众至，先招石珪、葛平、杨德广，通号'忠义军'。"① 即沈铎分别派遣周、季二人，前者联系杨安儿余部，而后者虽一度在杨安儿部下，但主要招揽转投而来的鲁西南刘二祖系武装。②

1219 年（宋嘉定十二年）二月，或许是因为忠义军粮草供应的矛盾，引发石珪等人兵变，杀死沈铎，渡过淮河，搜掠楚州。这就是南渡门之变。③ 对此次变乱的平定过程，文献中有如下记载：

（权楚州梁丙）调王显臣、高友、赵邦永以兵逆之，至南渡门，显臣败，友、邦永遇珪，下马与作山东语，皆不复战。丙窘，乃遣全出谕之。④

（石珪乱，梁丙）遣李全、季先拒之，不止，事甚危。涉时在宝应……亟遣傅翼谕珪等逆顺祸福，自以轻车抵山阳，德广等郊迎，伏地请死，誓以自新。⑤

石珪起家山东泰安，早期曾活动于龟蒙山一带。⑥ 赵邦永大概是流落山东的南宋

---

① 《宋史》卷四〇三《贾涉传》，第 12207 页。杨友是杨安儿义子，刘全是杨安儿母舅。

② 参考《宋史》卷四七六《李全传上》："定远民季先者，尝为大侠刘佑家厮养，随佑部纲客山阳，安儿见而说之，处以军职。安儿死，先至山阳，寅缘铎得见纯之，道豪杰愿附之意。"（第 13818 页）

③ 《宋史》卷四七六《李全传上》说："山东来归者不止，权楚州梁丙无以赡……［石］圭乃夺运粮之舟。"（第 13819 页）。但《宋史》卷四〇三《贾涉传》说："珪等反，毙铎于涟水，纯之罢，通判梁丙行守事，欲省其粮使自溃。珪、德广等以涟水诸军度淮屯南渡门，焚掠几尽。谓：'朝廷欲和残金，置我军何地？'"（第 12207 页）则是先有小乱，导致应纯之被罢，然后梁丙停止粮草供应，方引起大乱，而最初小乱之原因已不得而知。

④ 《宋史》卷四七六《李全传上》，第 13819 页。

⑤ 《宋史》卷四〇三《贾涉传》，第 12207 - 12208 页。

⑥ 《元史》卷一九三《石珪传》载：珪泰安人，"与滕阳陈敬宗聚兵山东，破张都统、李霸王兵于龟蒙山。"（第 4378 页）

人，① 即下马与石珪"作山东语"，可见不能为梁丙所用。梁丙不得已，只好请李全出面。至于说贾涉"轻车"平叛，恐怕虚美成分居多，背后李全等的武力威慑是不可或缺的。

南渡门事件后，贾涉利用当年三月调忠义军支援淮西的契机，对其进行了一些整编，形成了三支主要力量。关于此次忠义军的作战调遣，南宋文献中这样记载：

> 京东总管李全自楚州、忠义总辖季先自涟水军各引兵来援。②
> 金人围淮西急……帅司调全与先、珪军援盱眙。③
> 珪与夏全、时青向濠州，先、平、德广趋滁、濠，李全、李福要其归路。④

上述记载清晰显示出忠义军的三分格局：李全自成一军，季先率葛平、杨德广等人成另一军，石珪率夏全、时青等为第三股力量。淮西之役后，石珪改驻淮西的盱眙，与夏全、时青等邻近；⑤ 李全、季先两军仍留在淮东一带，但贾涉分"李全军为五砦"⑥，使之分散屯驻。以上便是这一时期南宋忠义军的主要战力，此外尚有一些安抚司"帐前忠义"，驻在楚州、淮阴等地。⑦

三支忠义军主力之中，贾涉对李全尤其倚重。究其原因，除李全在南渡门事件中的表现外，更有李全北上之功为贾涉带来的仕途荣誉。只要对二人事迹略作排比，即可看得非常清楚（见表1）：

---

① 《齐东野语》卷五《赵氏灵璧石》云：赵邦永"本姓李，李全将也。赵南仲爱其勇，纳之，改姓赵氏"（第84页），恐不确切。《宋史》卷四七六《李全传上》载：嘉定十七年，"彭义斌求赵邦永来山东……［李］全为白之，［许］国诺……（许国死后，李全牒义斌）义斌得牒大骂……呼赵邦永曰：'赵二，汝南人，正须尔明此事。'乃斩赍牒人"。李全降蒙后返回楚州，"厚赏捕邦永，邦永乃变姓名必胜"。这些记载显示，赵邦永本是"南人"（第13828页），且不会是李全心腹。

② 《宋史》卷四〇《宁宗纪四》，第772页。

③ 《宋史》卷四七六《李全传上》，第13819页。

④ 《宋史》卷四〇三《贾涉传》，第12208页。

⑤ 石珪从涟水附近移屯盱眙之事，文献无载，但下文谈到季先死后，葛平等人请石珪从盱眙来到涟水为首领，可证石珪屯驻盱眙。参《金史》卷一一七《时青传》，第2565页。

⑥ 《宋史》卷四〇三《贾涉传》，第12208页。

⑦ 《宋会要辑稿》兵一六，第8950页；兵二〇，第9039页。《宋史》卷四七六《李全传上》，第13824页。

表1　李全、贾涉事迹对照表

时间	李全活动	贾涉活动
嘉定十二年	三月，贾涉派李全等支援淮西，李全在涡口、化陂湖等地大败金军，"金人不敢窥淮东者六七年"	九月丙午，淮东提刑贾涉为主管淮东制置司公事兼节制京东河北路军马
	六月，益都张林因李全来归	十一月，京东路帅司言克复京东河北二府九州四十县
嘉定十三年	沧州王福投降张林（按：张林受李全节制）。赵拱以朝命谕京东，过青崮崮，严实求内附	七月戊戌，以京东、河北诸州守臣空名官告付京东河北节制司，以待豪杰之来归者
嘉定十四年	三、四月，金十余万众犯黄州，贾涉遣李全驰援，……尽掩金人于淮	（贾涉）迁权吏部侍郎。"淮西之势大振。"
嘉定十五年	十月丙子，以收复京东州军，犒赏忠义有差	
嘉定十六年		六月，贾涉卒。（宝庆中）超赠龙图阁学士、光禄大夫

史料来源：综合《宋史》卷四〇三《贾涉传》、卷四七六《李全传上》、卷四〇《宁宗纪四》。

　　贾涉本人并不见有显赫背景，来楚州之前他官居"知盱眙军"，此时年纪已经不小，若无后来的淮东政绩，仕途大概就到此为止了。但在淮东的四五年中，贾涉因为"克复京东"而官声大振，死后"超赠"龙图阁学士、光禄大夫，[①]而"克复京东"的主力正是李全。可以说，除了1222年（嘉定十五年）以后一度扩展到河北大名一带的彭义斌外，还没有其他忠义军首领能够取得类似的成绩。李全为贾涉带来这样高的荣誉，受到倚重也是情理之中的。

———————————

　　① 综合《宋史》卷四〇三《贾涉传》和徐三见《浙江天台县发现宋贾涉墓志》（《考古》1993年12期）。据墓志记载，贾涉于嘉定十六年六月一日死在临安，宝庆间"超赠"龙图阁学士、光禄大夫。墓志制作时，贾涉"女二人未行遣"，还没有女儿当上贵妃，距嘉熙二年（1238年）次子贾似道登进士第也还有多年。因此死后超赠，完全是由于他经理淮东、京东的出色政绩。

48

利用贾涉的信任，李全开始逐步铲除忠义军中的竞争对手，第一个对象便是同驻涟水，且因为"尝策战勋"① 而威望不下李全的季先。《宋史》本传说李全"阴结制帅所任吏莫凯"，密告季先"反侧"②。1220 年六月，南宋以"赴枢密院议事"为名召季先南下，杀之于途中。③ 季先死后，贾涉想从楚州派一位名叫陈选的统制代领其部，"欲收其军"。但"先党裴渊、宋德珍、孙武正及王义深、张山、张友"等都是北军，不愿受陈选统领，而是"潜迎石珪于盱眙，奉为统帅"。贾涉不得已再请李全出兵威慑，并以钱粮为诱饵瓦解其军，结果石珪被迫北上投靠蒙古。经此事变，李全不仅一并铲除了石珪、季先这两个强有力的竞争对手，还成功吞并了驻扎涟水一带的全部忠义军队。

随着势力的壮大，李全对南宋的态度也逐渐跋扈起来，同时南宋方面对"北军"的疑惧也在加深。1223 年，贾涉大概意识到忠义军逐渐失控，所以"以疾求去甚力"④，当年五月被召，旋卒。继任的许国、徐晞稷、刘琸等人都掌控不了局势，许国、刘琸还在与李全的冲突中失败身死，详细过程俱见《宋史·李全传》。这里重点分析几位重要首领与李全之间的矛盾，以展现忠义斗争的一些脉络。

首先是彭义斌对李全的态度。彭义斌原是刘二祖系的头目，投南宋之初一度寄身于李全的羽翼之下，随李全先后收降益都张林、支援淮西，并曾奉李全派遣在下湾渡大败金人。⑤ 但是许国死后：

> 李全牒彭义斌："许国谋反，已伏诛矣，尔军并听我节制。"义斌得牒大骂："逆贼背国厚恩，擅杀制使。此事皆因我起，我必报此仇。"呼赵邦永曰："赵二，汝南人，正须尔明此事。"乃斩赍牒人。

彭义斌如此决然地反对李全，虽不排除有忠于南宋的因素，但另一个重要原因是彭义斌在石珪、季先之后已经成为鲁西南地区武装的新领袖。不仅忠义军的时青、王义

---

① 意指季先最早往来牵线，促成红袄军南下投宋。《宋史》卷四七六《李全传上》，第 13821 页。

② 《宋史》卷四七六《李全传上》，第 13821 页；（宋）周密撰，张茂鹏点校：《齐东野语》卷九《李全》，第 159 页。

③ 《宋史》卷四〇《宁宗纪四》，第 774 页。

④ 参见黄宽重：《贾涉事功述评——以南宋中期淮东的防务为中心》，《暨南学报（哲学社会科学版）》2003 年第 1 期。

⑤ 《宋史》卷四七六《李全传上》，第 13820 页；卷四〇三《贾涉传》，第 12209 页。

深、赵邦永等人瞻义斌之马首,① 鲁西南的在地武装也听他号令。兖州土豪时珍的神道碑中说:

> (1222 年/元光元年、嘉定十五年) 安抚使彭义斌攻破兖州,奏复为袭庆府,遂以侯 (按:时珍) □□事兼京东西路兵马钤辖,……乙酉,国兵南下,败宋师于赞皇之火炎山。诸镇皆夺气,不复能城,侯亦退避天保。②

另外,《宋会要》收录了两份褒奖彭义斌所保举"京东河北"官员的诏书:

> (1223 年/嘉定十六年正月七日) 诏陈存补授成忠郎依旧知滕州,……以京东河北节制司言,忠义都统李全申,清崖寨屯守总管彭义斌据滕州知州陈存……赍到伪金银牌虎头素金牌伪札二十道。③
>
> (1224 年/嘉定十七年六月二十八日) 诏苏椿补授武功郎、河北东路马步军副总管、兼知大名府,……以京东河北节制司言:京东西路副总管彭义斌申,苏椿等系北京大名府伪行首,举城归顺。④

可见,滕、兖等地乃至河北南部的地方武装都通过彭义斌与南宋朝廷建立了联系,长清的严实也一度被纳入彭义斌麾下。他的实力既已如此雄厚,那么对李全几乎是明火执仗的并吞企图,就不可能没有激烈的反弹。

然后是时青、夏全与李全的关系。这两人是鲁西南红祆军中先受金招安,后转投南宋的代表性人物。时青出身滕州,"初与叔父全俱为红祆贼",刘二祖败亡后受金招安,1218 年(兴定二年、嘉定十一年)冬率军转投南宋,"屯(盱眙)龟山,有众数万"。⑤大概是因为时青与李全曾经在泗州有过并肩作战的经历,⑥ 李全曾屡次欲收时青为己用。

---

① 据《宋史》卷四七六《李全传上》(第 13830 页)载,时青本自金投宋,屯驻盱眙。义斌死后,李全招揽时青,"青见义斌死,乃附全";王义深本系先帐下,后归彭义斌帐下,义斌死后,"王义深等复归全"。

② (元) 宋子贞:《泰定军节度使左副元帅时侯神道碑》,载政协新泰市委员会编《新泰石刻集萃》,北京燕山出版社,2014 年,第 18 页。

③ 《宋会要辑稿》兵一七,第 8974 页;职官六二,第 4730 页。

④ 《宋会要辑稿》兵一七,第 8974 页。

⑤ 《金史》卷一一七《时青传》,第 2565 页。

⑥ 嘉定十四年(1221),李全和时青联手攻占金的泗州西城,金将纥石烈牙吾塔反攻,李全出城迎敌、力战而败,时青"乘城指麾"、流矢中目。《宋史》卷四七六《李全传上》,第 13823 页;《金史》卷一一一《纥石烈牙吾塔传》,第 2457 页;卷一一七《时青传》,第 2566-2567 页。

1225 年（宝庆元年）李全再次"使人说时青附己，……青见义斌死，乃附全，自移屯淮阴"。① 虽然如此，但当李全的哥哥、小妾等在一次兵乱中被杀之后，李全回兵楚州，终于还是杀了时青。

夏全也是刘二祖系余部，1217 年（兴定元年）受金招安，至晚于兴定三年初已经转投南宋。史料中没有发现夏全与李全有任何直接往来，当 1226 年（宋宝庆二年、蒙古太祖二十一年）李全被蒙古人困于益都时，南宋再次图谋瓦解涟水忠义，夏全表现得最为积极。他领军进入楚州，"大索北军"，只是后来谋事不成，才被迫奔逃残金，事见《宋史·李全传》。

从这一系列事件可以看出，金元之际的山东红袄武装虽然转移淮上，改名"忠义军"，却非常深刻地继承了山东的地缘与人际关系，红袄军的分化也决定了两淮忠义军的基本格局。当然，经济、人情、政治等诸多因素都会使历史真相比本文所梳理的要复杂得多，例如在忠义军与南宋交涉的过程中，被《宋史·李全传》开篇列入杨安儿、李全系的刘庆福、国安用等人，也曾经两次发动针对李全的兵变。② 但无论如何，忽视红袄—忠义军本身的内在矛盾和前后演变，是无法真正理解这段历史过程的。同时在这个"山东人"的关系网中，宋、金等周边王朝始终只是一个可以借力的外来因素——当然这一因素也绝非不重要，正是在南投之初对南宋因素的成功利用，使得李全能够最终能成长为山东中东部地区的有力统治者。

五、李氏在山东统治的"秩序化"

以南宋的经济援助为后盾，依靠沿海便利的交通，李全开始重新北上与残金争夺山东，并从政治、经济和文化等多个方面巩固自己的统治地位。而就社会治理与民生恢复的角度来说，从 1219 年底李全基本奠定势力范围，到 1226 年被蒙古军困于青州，李氏统治的逐渐"秩序化"为山东社会提供了复苏的基本环境。

本文不拟详述李全北上的具体过程，而是从宋、金、元三史统计了 1217 年投宋至 1227 年降蒙之间，李全及其部属武装在山东活动的时间、地点（见图 3），并据此勾画出 1217、1219、1220—1225 年等三条李全武装活动的前沿范围线。从图 3 可以大致看出，李全武装的扩张重点仍然是山东中东部平原丘陵区，即原杨安儿武装的核心地区。作为原红袄军刘二祖系根据地的泰安、滕、兖等地，李全是较少涉足的。

---

① 《宋史》卷四七六《李全传上》，第 13830 页。

② 《宋史》卷四七七《李全传下》，第 13836、13838 页。

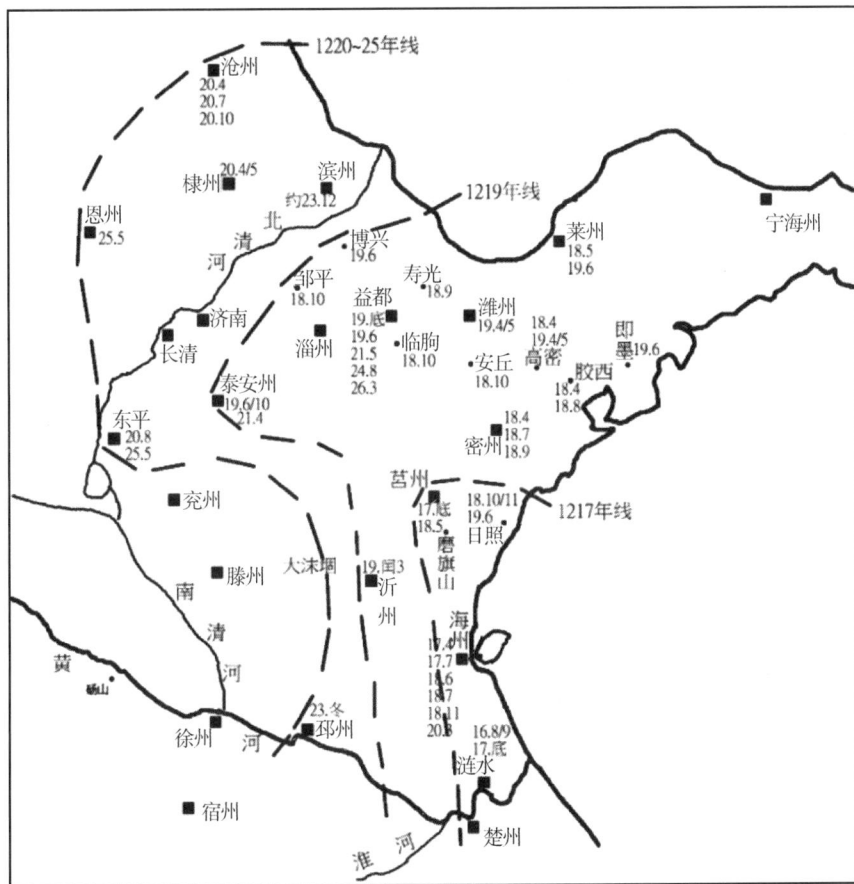

图3 李全势力在山东的活动

注：本图据《金史》《宋史》和《元史》所载绘制。图中每一组数字代表一例记载，如"恩州"处标有"25.5"，表示李全力量在1225年五月份到达过恩州。图中虚线表示相应时期内李全武装曾经触及的前沿范围，并不一定是确实控制的区域。

下面想要着重讨论的，是李氏在政治、文化等方面采取的巩固统治的措施。除了直接的军事经营外，李全还通过招纳、笼络周边武装的方式扩大势力。如宁海姜氏的例子：

（金季大乱，姜房）有忧众之心，慨然以济物为己任，遂纠合土豪，率集义旅，……一方之人，赖公得存者不可胜计……时少保李君（李全）方以整顿山东为务，闻其忠义而嘉之，特授以本州同知之职。①

此外，大蒙古国时期著名的济南世侯张荣也很可能曾经依附李全。据《元史》本传，张荣起家"济南黉堂岭，众稍盛，遂略章丘、邹平、济阳、长山、辛市、蒲台、新城及淄州之地而有之，兵至则清野入山"②，可见他起初势力甚小，游走于济南与益都的中间地带。1219 年六月，金济南守臣王赟投降李全；1221 年五月，知济南府种赟出兵为李全逼走益都张林；1225 年五月，李全还曾越过济南，直接攻打东平、恩州两地。因此，这六年之中，济南地区应当主要在李全的势力范围内。

张荣的一位幕僚刘鼎的神道碑中这样写道：

> （刘鼎，章丘人。张荣）召以自佐。及归国朝，侯（即张荣）行省山东，公（即刘鼎）授广武将军、益都总判兼安抚济南、淄德军民劝农使，行左右司郎中事。时庶务草创，翕张施置，一以倚公，泛应曲当，动为成式。益都李全听谍，分三道举兵攻济南。侯大怒，谋悉师拒之。公方久疾，曰："彼众我寡，将若何？"扶惫入见侯曰："侯毋怒，侯第入，老夫为侯却之。"公立遣四使，致书李全及其三帅。三帅得书，勒兵待命。全发书，抚掌大笑曰："我固言之矣，此老在，何益。"趣罢兵，修好如故。③

据张荣本传，他投靠蒙古在"丙戌年（1226）"。《宋史·李全传》和《元史·李鲁传》记载显示，当年三月李全和蒙古人正式接战，至九月被围困益都城中。④ 因此张荣降蒙、李全来攻等事件，应当就发生于 1226 年（宋宝庆二年、蒙古太祖二十一年）的最初两个月中，此时张荣已经是济南地方的主要武装首领。然而，在现存史料中笔者没有发现任何他与李全争夺济南的记载，这意味着张荣是在服从李全的前提下才得以占据此一地区的。

1225 年蒙古军联合东平严实等汉地武装击败彭义斌，随后连下彰德、大名、东平，势如破竹，浸浸及于齐地。作为久经征战的乱世英雄，李全对此不可能没有警觉，也必

---

① 《元昭武大将军总管万户姜房墓碑》，载民国《牟平县志》卷九，《中国方志丛书》第五十八号，影印民国二十五年铅本，（台北）成文出版社，1968 年，第 1476 页。"少保李君"即李全，南宋宝庆元年，李全加官检校少保。

② 《元史》卷一五〇《张荣传》，第 3558 页。

③ （元）程钜夫著，张文澍点校：《程钜夫集》卷一九《彭城郡献穆侯刘府君神道碑铭》，吉林文史出版社，2009 年，第 235 页。

④ 《宋史》卷四七六《李全传上》，第 13831 页。《元史》卷一一九《李鲁传》，第 2937 页。

然会密切注视周围人物的动向。可能张荣转投蒙古，李全马上就得到了消息，因此前来攻打。刘鼎神道碑中所谓"听谗"，大概就是这个意思。张荣称得上蒙元王朝的名公巨卿，但他从起家到投蒙之间的事迹，元人所写的行状、世德碑之类全部语焉不详，[①] 不排除有为尊者讳的意图。

对儒学、宗教等文化因素在巩固统治、稳定社会秩序方面的作用，李全也是关注的。据《金史》记载：

> （兴定二年）二月，［张］行信出为彰化军节度使，兼泾州管内观察使。……以行信族弟行贞居山东，受红袄贼伪命，枢密院得宋人书，有干涉行信事，故出之。[②]
>
> （父张晖）莒州日照县人，博学该通。登正隆五年进士。……历太常、礼部二十余年，最明古今礼学，家法为士族仪表。[③]
>
> （兄张行简）大定十九年进士第一。……著文章十五卷，礼例纂一百二十卷。[④]

可见，张氏是山东一个儒学世家，并受到"宋人""红袄贼"的礼遇，张行贞还受了官任。这一时期能在益都、莒州发布"伪命"的红袄军首领只能是李全。

一篇1230年的碑文记录了1228年前后益都人阎琼、张立在"知府元帅王君"的资助下兴建"东岳行宫"的过程。碑文作者王大任的头衔是"权益都府教授"[⑤]，说明这个时候，李全治下的益都可能还维持着府学的存在。元人于钦说李氏统治下的山东"户编为兵、人教之战"，"衣冠之族变为卒伍"[⑥]，即使对于李全时期，也并不是历史的全部面貌。

全真教在金元之际华北的基层民众中有很高的声望，至"有辩讼者，率用理遣，不

---

① （元）张起岩《济南路大都督张公行状》（《国朝文类》卷五〇，《四部丛刊》本）说：金季丧乱，张荣"保民壁邹平县之黉堂岭，国兵下，版其军民五十余万归款，以劳绩，始受命为东诸侯"。《程钜夫集》卷一六《济南公世德碑》（第189页）说："公讳荣，字世耀，济南历城人……于丧乱抢攘之际，全数十万口之命，山栖野处，以待时之清。及我师之至，即以众附。"只是大而化之地说张荣据守山野、保全民命。

② 《金史》卷一〇七《张行信传》，第2369页。

③ 《金史》卷一〇六《张晖传》，第2327页。

④ 《金史》卷一〇六《张晖传附张行简传》，第2329页。

⑤ （元）王大任：《重修东岳行宫之记》，《（光绪）益都县图志》卷二七《金石志下》，国家图书馆善本金石组编：《辽金元石刻文献全编》第三册，北京图书馆出版社，2000年，第40页。

⑥ （元）于钦：《齐乘》卷五，第608页下。

知官府为何事"。① 同时它倡导隐忍，宣传天命，又受到当权者欢迎。② 山东是全真教创始之地，也是活动重心之一，③ 仆散安贞就曾经借助全真教平定山东叛乱。④ 李全当然也愿意庇护并借助它来稳定社会。

1219 年八月，刚刚占领益都的"江南大帅李公全"延请丘处机。⑤ 尽管丘处机没有来，李全、杨妙真还是成为地方全真教士口中的"功德主"。《滨都重建太虚观记》载：牟平县旧有太虚观，贞祐之末，"兵尘蔽野"，"观之所有，俱扫地矣"。1222 年，全真道人范全生始议观之重建，并得到杨妙真的资助：

> 越明年（1223 年），真人复起自龙庭，敕住燕然之长春宫。教门方盛，学徒云集，百倍于常。太虚之观，不谋而作，不虑而成。……及蒙行省李公夫人杨氏为外护功德主，凡所不给，悉裨助之。⑥

还是这位范全生道人，在 1222 年之后的数年中，在登莱、益都、滨州、淄州等地广泛活动，不仅给"崔元帅""王都帅"等地方首领做法事，还积极营建多处道观，包括复建登州栖霞的太虚观，"先营通明殿，复建平山堂"，"创立庄子十处"，并"于益都东门街北购得徐知府旧宅，创立太虚观"。⑦ 此外，山东半岛上还有多处道观，都是在

---

① （元）王恽：《秋涧先生大全文集》卷六一《提点彰德路道教事寂然子霍君道行碣铭并序》，杨亮、钟彦飞校点：《王恽全集汇校》第六册，第 2668 页。

② 参见郭旃《金元之际的全真道》，《元史论丛》第三辑，中华书局，1988 年，第 205－218 页。

③ 赵卫东：《山东全真道活动中心的变迁》，载丁鼎主编：《昆嵛山与全真道——全真道与齐鲁文化国际学术研讨会论文集》，宗教文化出版社，2006 年，第 404 页。

④ （元）陈时可《长春真人本行碑》（载李道谦编：《甘水仙源录》卷二，《道藏》第十九册，文物出版社、上海书店、天津古籍出版社，1988 年，第 734 页）："贞祐甲戌之秋，山东乱，驸马都尉仆散公将兵讨之，时登及宁海未服，公请师（丘处机）抚谕，所至皆投戈拜命，二州遂定。"

⑤ （元）李志常著，王国维校注：《长春真人西游记校注》卷上，载《王国维遗书》第十三册，上海古籍书店，1983 年，第 2a 页。

⑥ （元）姬志真：《知常先生云山集》卷四《滨都重建太虚观记》，《北京图书馆古籍珍本丛刊》第 91 册，书目文献出版社，1991 年，第 141 页。观之重建在 1223 年，碑文则作于戊申（1248）年，"行省李公"是追称。

⑦ （元）王瑞：《清虚纯德辅教真人祠堂记》，《（光绪）栖霞县续志》卷一〇，《中国地方志集成》山东府县志辑第 51 册，凤凰出版社，2004 年，第 354 页下－355 页上。关于李、杨二人对全真教的护持，参见张广保：《蒙元时期宗王、世侯对全真教的护持与崇奉》，载赵卫东主编：《问道昆嵛山：齐鲁文化与昆嵛山道教国际学术研讨会论文集》，齐鲁书社，2009 年，第 197－229 页。

贞祐兵火中被毁，然后在李全统治期间得以重建。如莱州掖县有灵虚观，"贞祐甲戌，□□流行，例为灰烬，唯正殿坛□独存。……岁庚辰（1220），□□□□人烟，乃集门人李□□等，始行兴复"。① 莱州朱桥里太微观，"遇金季之兵，一炬焦土。圣朝抚定天下，玄风大行，门人郝命清等，力图修复。……自壬午（1222）经始，至丁（卯）［亥］（1227）讫役"。② 这些兴复活动也透露出这一地区整体社会氛围的变化。

李全还通过经营盐场、与南宋展开贸易等手段，增强自身的经济基础。山东盐场众多，李全会用之以为"家计"，自不待言。李全与益都张林之间爆发冲突的重要诱因，就是对盐场利益的争夺。③ 对地方社会来说，李全之鼓励南北贸易或许更值得一提。当时北方的牛马、南方的米粮"南货"，是双方交易的重要商品。李全早年就曾经贩卖牛马，在他的治下，江南米商来山东的不少。④ "胶西当登、宁海之冲，百货辐凑，全使其兄福守之。……时互市始通，北人尤重南货，价增十倍。全诱商人至山阳，以舟浮其货而中分之，自淮转海，达于胶西。福又具车辇之，而税其半，然后从听往诸郡贸易。"⑤ 有些时候，李全甚至会允许士兵"携南货，免税"⑥。虽然有征收商税或犒赏士兵等目的，但毕竟是在积极营造商贸环境。⑦

综合而言，上述种种的材料不仅显示了李全统治的逐渐巩固，而且在各种道观庙宇的兴修、府学的维持、贸易的开展等现象中，透露出山东中东部地区基本脱离战乱、开始社会重建的氛围。因此，李全绝不是只会穷兵黩武的"盗贼"。1226 年（宋宝庆二年、蒙古太祖二十一年）三月以后，李全与蒙古军队"大小百战，终不利，婴城自守"⑧，次年四月开城投降。据《元史·李璮传》，李全降后：

---

① （元）史志经：《灵虚宫碑》，《北京图书馆藏中国历代石刻拓本汇编》第 48 册，中州古籍出版社，1989 年，第 31 页；王宗昱：《金元全真教石刻新编》，北京大学出版社，2005 年，第 17 页。

② （元）高志朴：《莱州朱桥重建太微观记》，《北京图书馆藏中国历代石刻拓本汇编》第 48 册，第 41 页；王宗昱：《金元全真教石刻新编》，第 22 页。碑文作于 1261 年（"辛酉"），所以鼓吹"圣朝抚定天下，玄风大行"，实际上这座道观的重建是在李全降蒙之前。

③ 《宋史》卷四七六《李全传上》，第 13823 - 13824 页。又《宋史》卷四七七《李全传下》（第 13841 页）提到李全攻宋之前，诸将建议"通、泰，盐场在焉，莫若先取为家计，且使朝廷失盐利"。可见李全等人对盐利之看重。

④ 《宋史》卷四七七《李全传下》（第 13840 页）提到李全在攻宋前夕会将北上粮商的粮船一并买下。

⑤ 《宋史》卷四七六《李全传上》，第 13823 页。

⑥ 《宋史》卷四七六《李全传上》，第 13831 页。

⑦ 池内功《李全論——南宋・金・モンゴル交戦期における一民衆叛乱指導者の軌跡》（第 45 - 46 页）对李全的经济活动有所论述，本文不再详细展开。

⑧ 《宋史》卷四七六《李全传上》，第 13831 页。

　　［蒙古］诸将皆曰："全势穷尽出降，非心服也。今若不诛，后必为患。"孛鲁
曰："不然，诛一人易耳。山东未降者众，全素得人心，杀之不足以立威，徒失民
望。"……以全为山东淮南楚州行省。……郡县闻风款附，山东悉平。①

　　这一情况显示，蒙古势力进入山东时李氏的统治基础可能已经相当牢固，这正是此
前多年经营的成果。

六、结语

　　如本文开头所言，蒙古攻灭金朝之后对中原汉地采用的是类似"承包制"的间接统
治体系，投诚的"汉地世侯"才是直接支配华北民众的权力者。这一秩序体系虽屡经调
整，但其基本框架一直维持到 1264 年（至元元年），"始罢诸侯世守，立迁转法"。② 益
都李氏是最后一个投诚的重要世侯，③ 从这一意义上说，1227 年（蒙古太祖二十二年）
的李全降蒙既标志着红袄—忠义时代的落幕，也象征着山东新旧政治秩序交替的完成和
大蒙古国在华北统治格局的基本确立。

　　然而，益都李氏又有其独特之处。井之崎隆兴依当时华北汉人世侯对蒙古的态度，
将之分为两种类型：河朔地区忠顺型与山东地区反抗型。④ 他是以益都李氏作为反抗型
世侯的代表，其实当时称得上"反抗型"的仅此一家，其他都可归入"忠顺型"之列，
尤其是同在山东的济南张氏，更是典型的忠顺世侯。⑤ 与济南张氏相比，益都李氏的独

---

　　① 《元史》卷一一九《孛鲁传》，第 2937 页。

　　② 《元史》卷五《世祖纪二》，第 101 页。在"行迁转法"之前，华北世侯也经历过一些重
大调整。温海清《汉人世侯严实、张柔辖地的变迁——以丙申"画境之制"为主》（载《画境中
州：金元之际华北行政建置考》，上海古籍出版社，2012 年，第 103 - 130 页）便以太宗窝阔台丙
申画境为线索，通过对东平严氏和保定张氏所统州县的考订，展示了世侯管辖地域及华北行政建
置的变化，并指出丙申画境的背后，"包含有削弱汉人世侯势力以强化蒙古统治的缘由"。

　　③ 蒙古国时期最重要的汉人世侯有天成刘氏、真定史氏、顺天张氏、藁城董氏、东平严氏
和益都李氏，其中刘伯林投蒙在太祖七年，史秉直在太祖八年，董俊在太祖十年，张柔在太祖十
三年，严实在太祖十五年，李全降蒙在太祖二十二年。

　　④ 井之崎隆兴：《蒙古朝治下における漢人世侯—河朔地區と山東地區の二つの型》，《史
林》第 37 号第 6 期，1954 年。

　　⑤ 有关济南张氏的材料，如前引《济南路大都督张公行状》《济南公世德碑》《元史·张荣
传》等都一再强调，李璮叛乱之前，张氏曾多次向蒙廷揭露李璮的反状，其"忠顺"于蒙古显而
易见。

立性要强得多,① 其盐场利益由自己掌握,境内不用蒙古纸钞,② 与南宋保持海上的联系,③ 并消极对待蒙古统治者的征兵要求。④ 这些特点,应该都与李氏权力的生成过程有密切的关系。

几乎所有大蒙古国时期的著名世侯,都是在蒙古的庇护下成长起来的。原本力量并不强的汉人首领在投靠蒙古之后,通过充当其征服的帮手,在攻城略地的同时,获得蒙古统治者的授权而统领一方,从而建立起自己的势力。王恽说:"国家当肇造际,所在豪杰应期效顺,畀世侯迭将,镇据一方。"⑤ 指的主要便是这一类世侯,天成刘氏、真定史氏、保定张氏、藁城董氏、东平严氏等都是如此,其中占据东平的严实尤其可以与益都李氏形成鲜明对比。

严氏因为在乱世之中庇护士人而广受赞誉,元好问说:"贞祐南渡,豪杰乘乱而起,四方之人,无所归命。公据上流之便,握劲锋之选,威望之著,隐若敌国。人心所以为楚为汉者,皆倚之以为重。"⑥《元史》也说:"元太祖十五年,严实以彰德、大名、磁、洺、恩、博、濬、滑等户三十万来归,以实行台东平,领州县五十四。"⑦ 似乎严实在投靠蒙古之前就已经雄踞一方,实际都有谀美之嫌。这里不可能再对严实的成长史展开详细探讨,但可以指出下面两件代表性的事件:

其一,1220 年(蒙古太祖十五年)严实第一次投蒙后,留守长清青崖堌的偏将李信投南宋。第二年,严实才"以太师(按:木华黎)兵复青崖,擒信诛之。进攻东平,守将何立刚弃城而奔,公始入居之"。⑧ 不仅依靠蒙古军队收复青崖,而且靠着蒙古军的压力迫使金朝主动从山东撤军,严实才得以乘机入据东平。⑨

---

① 姜锡东《杨妙真新论——研究现状、基本事迹和评价问题》(《文史哲》2016 年第 1 期)也特别强调李、杨势力的独立倾向。

② (元)张起岩:《济南路大都督张公行状》,《国朝文类》卷五〇。

③ (元)王恽《秋涧先生大全文集》卷八七《儒士杨弘道赐号事状》言:"贼瓒频年徼功,经营海道,欲遂奸计。"(杨亮、钟彦飞点:《王恽全集汇校》第八册,第 3582 – 3583 页)

④ 《元史》卷二〇六《李璮传》,第 4592 页。

⑤ (元)王恽:《秋涧先生大全文集》卷五七《大元故昭勇大将军北京路总管兼本路诸军奥鲁总管王公神道碑铭并序》,杨亮、钟彦飞校点:《王恽全集汇校》第六册,第 2559 页。

⑥ (元)元好问著,姚奠中点校:《元好问全集》卷二六《东平行台严公神道碑》,第 615 页。

⑦ 《元史》卷五八《地理志一》,第 1365 页。

⑧ (元)元好问著,姚奠中点校:《元好问全集》卷二六《东平行台严公神道碑》,第 616 页。

⑨ 关于东平的易手,金朝方面的史料记载详细。《金史》卷一〇二《燕宁传》(第 2591 页):"(燕宁)守天胜寨,与益都田琢、东平蒙古纲相依为辅车之势。"《金史》卷一〇二《蒙古纲传》(第 2258 – 2259 页):"燕宁死而纲势孤矣。纲奏请移军于河南,诏百官议……许纲内徙,率所部女直、契丹、汉军五千人行省邳州……自此山东事势去矣。"《金史》卷一六《宣宗纪下》(第 357 页):兴定五年(1221)五月"癸丑,东平内徙,命蒙古纲行省于邳州"。

58

其二，严实投蒙之后不久，彰德、大名、恩州、东平等地就陆续被南宋的彭义斌攻占，严实本人为其所俘。元好问所撰的严实神道碑也承认，他在 1225 年（宋宝庆元年）一度投降彭义斌，后来又临阵倒向蒙古军队。很显然，严实势力的成长完全是在依附蒙古军的前提下取得的：[1]

> 乙酉四月，（彭义斌）遂围东平……城中食且尽，乃与义斌连和。……义斌下真定，道西山，与宇里海等军相望，分公以帐下兵，阳助而阴伺之。公知势已迫，即连趣宇里海军而与之合战。始交，宋兵崩溃，乃擒义斌。不旬月，先所失部分尽复之。是冬，郡王戴孙取彰德，明年取濮、东平；又明年太师（孛鲁）攻益都。凡公之功，所在皆为诸道之冠。[2]

益都李氏的形成则与此大不相同。它是在宋金交争的缝隙中崛起的地方力量，其得以最终实现割据，依靠的主要是自身的资源和对宋金矛盾的充分利用，蒙古人在其中的直接影响微乎其微。[3] 在 1226 年首次与蒙古军正式接触之前，李全已在山东中东部建立了稳固的统治。虽然"世侯"的政治角色是降蒙的结果，但就地方权力实态而言，在被纳入大蒙古国以前，"益都李氏"其实就已经成型了，它的"生成史"是金元之际华北政治秩序转变的一个独特面相。

作者简介：

李春圆，厦门大学历史学系助理教授。

---

[1] 有关东平严实的本末，可参考陈高华：《大蒙古国时期的东平严氏》，载氏著：《元史研究新论》，上海社会科学院出版社，2005 年，第 304－336 页。不过对严实势力的生成，陈高华先生采纳了元好问的说法，而未予深究。

[2] （元）元好问著，姚奠中点校：《元好问全集》卷二六《东平行台严公神道碑》，第 616－617 页。

[3] 赵文坦《金元之际汉人世侯的兴起与政治动向》（《南开学报》2000 年第 6 期）把汉人世侯的起家归结于避兵火抗蒙，也没有顾及李全势力的特殊情况。

耶律楚材家族与高丽交往钩沉[①]

舒 健

[提要] 耶律楚材家族在有元一代为朝鲜半岛上的高丽王朝所倚重。从耶律楚材到耶律铸、耶律希逸祖孙三代，都能够看到他们和高丽人士有不断的往来，在元朝对高丽的事务中发挥了作用。高丽方面如此重视耶律家族，一方面在于耶律家族基本处于中枢权力中心地带，通过和他们的交往，能够为高丽谋取利益，另一方面则是文化上的亲切性，彼此能够诗歌唱酬，私下建立友谊。

[关键词] 耶律楚材；家族；高丽；交往

耶律楚材（1190—1244），字晋卿，号湛然居士，为蒙元历史上的重要人物。在成吉思汗时为占卜之士，成吉思汗对耶律楚材"重其言，处之左右"，"日见亲用"。据载成吉思汗曾指着他对窝阔台说："此人，天赐我家。而后军国庶政，当悉委之。"[②] 不论此种说法是否可信，窝阔台时代，耶律楚材受到了重用则是事实，[③] 官居中书令，参与

---

① 本文是国家社会科学基金一般项目"高丽涉元史料的编目、整理与研究"（17BZS047）阶段性成果之一。

② 《元史》卷一四六《耶律楚材传》，中华书局，1976年，第3456页。

③ 陈得芝：《耶律楚材、刘秉忠、李孟合论》，载氏著：《蒙元史研究丛稿》，人民出版社，2005年，第636页。

蒙古事务的大政方针。然而日本学者杉山正明认为，"现实中的耶律楚材是个爱慕名号虚荣、稍显乖僻的人，也会有些故弄玄虚的举动和言论……他向汉文化圈的人展示出的傲慢和尊大相比，其悲哀与无力其实更甚。他的名字在《史集》等波斯语文献中都没有出现，这也实属无奈——根本没有记载他的必要。在前后十年左右的时间里，耶律楚材狐假虎威，周旋在华北汉人与蒙古人之间"。① 尽管耶律楚材的名字没有在波斯文献中出现，但是显然当时东方的高丽人则不是这样认为的，耶律楚材的名字乃至其家族成员不断出现在了与高丽的交往中。在涉及蒙元和高丽关系时，耶律楚材家族在高丽人心中有着特殊的地位，整个耶律家族三代在元朝与高丽的交往中留下了自己的特殊印记。因此本文拟钩沉出蒙元时期耶律楚材家族与高丽交往史实，以就教于方家。

一、耶律楚材与高丽的初次交往

13 世纪初，蒙古的迅速崛起，重新构建了古代东北亚地区的政治格局，长期以来周旋于宋、辽与金政权之间，实行平衡外交的高丽王朝遭到了空前强大的蒙古势力的威胁，国家生存面临着严峻的挑战，重新定位与中原王朝的关系是摆在高丽王朝面前的首要问题。对于熟稔汉文化的高丽人而言，他们认为这些蒙古人举止鄙陋，态度骄横，双方隔膜和误解颇深，找到能够理解两地的中间人尤为重要。这样的中介人"必须深熟中原的制度文化和社会民情，并具有治政才能，同时对蒙古人的制度文化和习俗语言也有相当程度的认知，这才担当得起高层次的文化中介者角色，巧妙地在不同制度文化的冲突中进行调节"。② 此时在蒙古汗帐的耶律楚材无疑是合适的人选。即使在"人臣无外交"的大原则下，竭力拉拢耶律楚材亦是高丽与蒙古交往的一项重要任务。

有关耶律楚材的研究国内外成果较为丰富，③ 就耶律楚材与高丽方面最初的来往而言，其资料主要集中在《湛然居士文集》卷七的《和高丽使三首》以及高丽李奎报

---

① 杉山正明著，孙越译：《蒙古帝国的兴亡——军事扩张的时代》（上），社会科学文献出版社，2015 年，第 57 页。

② 陈得芝：《耶律楚材、刘秉忠、李孟合论》，载《蒙元史研究丛稿》，第 632 页。

③ 论著主要有黄时鉴：《耶律楚材》，上海人民出版社，1986 年；刘晓：《耶律楚材评传》，南京大学出版社，2001 年。其他的一些研究涉及了耶律楚材的生平考证、历史地位与贡献、思想心态、诗歌文艺等，主要研究成果有韩儒林：《耶律楚材在大蒙古的地位和所起的作用》，载《穹庐集》，上海人民出版社，1982 年；陈得芝：《耶律楚材、刘秉忠、李孟合论》，载《蒙元史研究丛稿》；杉山正明：《耶律楚材とその时代》，（东京）白帝社，1996 年。

《送晋卿丞相书》二则，这三份资料涉及耶律楚材和高丽使臣的交往以及时间和地点。①

最早提及高丽人与耶律楚材的交往是耶律楚材所写的《和高丽使三首》：

其一

神武有威元不杀，宽仁常愧数兴戎。

仁绥武震诚无敌，重译来王四海同。

其二

扬兵青海西凉灭，渡马黄河南汴空。

百济称藩新内附，驰轺来自海门东。

其三

壮年吟啸巢由月，晚节吹嘘尧舜风。

两鬓苍苍尘满眼，东人犹未识髯公。②

这三首诗的创作年代，王国维在《耶律文正公年谱》中并没有给它们系年，谢方点校的《湛然居士文集》中认为因诗中提及围汴京，此年份是 1232 年，目前已为学界共识。高丽使臣到汗廷之后，耶律楚材参加了高丽的使团会见，并做诗唱和，此时的耶律楚材一方面壮怀激烈，另一方面对高丽不知自己颇有感慨，但诗所提及的高丽使臣究竟为何人，学界则有不同的意见，关于双方会面地点，基本都认为是在漠北，但是具体地点都没有提及。

在耶律楚材与高丽使者见面之前，从高丽与蒙古的最初交涉来看，高丽一直没有派遣使臣赴蒙古汗廷。1225 年（高丽高宗十二年）正月发生了蒙古赴高丽使臣着古与在

---

①　利用此三份资料进行研究的主要包括刘晓、陈高华：《耶律楚材与早期蒙丽关系——读李奎报的两封信》，《文史》2002 年第 2 期；邱瑞中：《耶律楚材与蒙元对高丽的政策》，载北京师范大学古籍与传统文化研究院编：《中国传统文化与元代文献国际学术研讨会会议论文集》，中华书局，2009 年，第 762 页；乌云高娃：《"送晋卿丞相书"年代考——以高丽迁都江华岛之后的蒙丽关系为背景》，《西部蒙古论坛》2011 年第 1 期；刘晓：《〈送晋卿丞相书〉年代问题再检讨——兼论蒙丽交往中必阇赤的地位与影响》，《民族研究》2016 年第 4 期。

②　耶律楚材著，谢方点校：《湛然居士文集》，中华书局，1986 年，第 157 页。另"髯公"即耶律楚材。楚材"身长八尺，美髯"，成吉思汗曰："雅重其言，置之左右，呼曰吾图撒合里而不名，吾图撒合里，盖国语长髯人也"[《圣武亲征录》，王国维编：《蒙古史料四种》，（台北）正中书局，1975 年，第 99 页]。

回程路途中神秘被杀事件，① 该事件导致蒙古与高丽交恶。高丽拒不承认蒙古使臣被杀是其所为，但蒙古统治者始终认定是高丽所为，遂断绝了与高丽的往来。由于蒙古西征以及其后汗位虚悬问题，暂无暇东顾，高丽度过了相对稳定的七年时间。其后，蒙古展开灭金的军事活动，为了解决后顾之忧，以撒礼塔为主帅，征讨高丽。对此高丽一方面竭力抗蒙，另一方面不停派遣使节周旋两军阵前，讨价还价，希望能够缓解局面。1232年 3 月"遣通事池义深、录事洪巨源等赍国赆寄书于撒礼塔"，撒礼塔对此行极其不满，"执送义深于帝所，余皆拘囚"②，表明了不与之谈判的立场。该年四月，被逼无奈的高丽派遣了上将军赵叔昌、侍御史薛慎前去见窝阔台，上表称臣。

时正值灭金的关键时刻，窝阔台"出居庸，避暑官山"。窝阔台带着拖雷北返，经真定、中都，然后北出居庸关，到官山避暑去了。据《元史·睿宗传》记载："五月，太宗不豫。六月，疾甚。拖雷祷于天地，请以身代之，又取巫觋被除衅涤之水饮焉。居数日，太宗疾愈，拖雷从之北还，至阿剌合的思之地，遇疾而薨，寿四十有（一）。"③《金史》中亦载同年七月，金将移剌蒲阿"械至官山，召问降否，往复数百言，但曰：'我金国大臣，惟当金国境内死耳。'遂见杀"。④ 移剌蒲阿为金末名将，在抵御蒙古南下的诸多战役中起到一定作用，且参与了三峰山之战，其被俘获至官山时由于没有接受劝降而被杀。据此可以佐证，在四月到七月间，窝阔台是在官山避暑，此阶段耶律楚材应该在窝阔台边上，因此高丽使臣应该在官山见到了高丽使臣，并不是在漠北，那么使臣会是谁呢？学界有不同的看法，邱瑞中认为是高丽通事池义深，⑤ 刘晓并没有明说使臣是谁。⑥ 一般就高丽而言，由于任务艰巨，派遣到上国的使臣都是经过精挑细选的，从各方面吻合的角度而言，笔者认为窝阔台所见的使臣是赵叔昌一行，一般通事就其地位以及文学造诣相对而言是不会与耶律楚材这样的重臣唱和的。

可以说赵叔昌是真正意义上第一次见到蒙古大汗的高丽使臣，他的蒙古觐见之行，开启了高丽与耶律楚材家族的交往。赵叔昌是高丽名将赵冲之子，赵冲最初即与蒙古人

① 蒙古使臣究竟被谁所杀，众说纷纭。日本学者箭内亘认为与高丽人有很大瓜葛，参见其《蒙古の高麗經略》，载氏著：《蒙古史研究》，（东京）刀江书院，1930 年。郝时远先生认为是"东真人有意制造的事件"，参见其《蒙古东征高丽概述》一文，载《蒙古史研究》第二辑，1987 年。

② 《高丽史》卷二三《高宗世家二》，（东京）国书刊行会，1912 年，第 347 页。

③ 《元史》卷一一五《睿宗传》，1976 年，第 2287 页。

④ 《金史》卷一一二《移剌蒲阿传》，1975 年，第 2477 页。

⑤ 邱瑞中：《耶律楚材与蒙元对高丽的政策》，北京师范大学古籍与传统文化研究院编：《中国传统文化与元代文献国际学术研讨会会议论文集》，第 762 页。

⑥ 刘晓、陈高华：《耶律楚材与早期蒙丽关系——读李奎报的两封信》，《文史》2002 年第 2 期。

有往来。1231 年撒礼塔军侵入高丽后，赵叔昌时守义州（今朝鲜新义州），遂迎降，蒙古对他信任有加，遂成为高丽宫廷与蒙古军营中频繁往来的重要使介。① 《高丽史》中记载在高宗十八年十二月二十九日（1232 年 1 月 22 日），蒙古使臣来到高丽后，高丽"以赵叔昌拜大将军偕行"。② 以高官授予使臣，以利其出使蒙古。③ 赵叔昌向元太宗窝阔台上呈国书，"表辨杀著古与等事"。赵叔昌一行入觐时，正赶上窝阔台从河南攻金战场北返。从赵叔昌出使时间节点以及从窝阔台驻跸的地点上来看，双方在官山会面合情合理。高丽上表称臣，结束了蒙丽的第一次战争，高丽被迫与蒙古达成协定，高丽尊蒙古为宗主国，高丽为属国，向蒙纳贡。④ 因此可见，双方达成协议后，才会出现唱和的局面，如果仅仅是一个通事，在高丽与蒙古关系紧张且没有任何协议达成之前，耶律楚材与池义深唱和不符合情理，况且就一通事而言，他的诗文水准能否达到唱和的要求，显然存疑，而赵叔昌一行则完全符合要求。

《元史》中提及耶律楚材见高丽使臣的一幕："西域诸国及宋、高丽使者来朝，语多不实，帝指楚材示之曰：'汝国有如此人乎？'皆谢曰：'无有，殆神人也！'帝曰：'汝等唯此言不妄，朕亦度必无此人。'"⑤ 在高丽使团回国后，使臣无疑向高丽方面详细汇报了蒙古宫廷包括耶律楚材的一些情况，至此耶律楚材的大名始为高丽方面知晓，耶律楚材所说"东人犹未识犀公"的局面亦得以改观，这也奠定了其后高丽方面对耶律楚材的念念不忘，希望其能够为高丽美言。

显然，对于赵叔昌而言，他亦给蒙古人留下了良好印象，获得了蒙古的信任，蒙古方面甚至还曾为他向高丽邀功请赏，"所谕淮安公、赵大将军褒赏之事，此人等善于大国讲和结好，功勤不小，故朝廷方议行赏，况今所谕如此，敢不祗禀"。⑥ 文中提及的淮安公为高丽王室王侹，在前期蒙丽交聘中起了很大的作用。就高丽来说，如在与蒙古的谈判中，蒙古获利，那么相对而言高丽有可能利益受损。因此从蒙古归来之后，赵叔昌就从外交舞台上消失，也许蒙古方面猜到赵叔昌处境不妙，曾多次向高丽进行索取，但后者总是闪烁其词，加以搪塞。如高宗十九年（1232）十一月在《答沙打官人书》中说

---

① 1231 年 12 月，以赵叔昌拜大将军偕行，寄蒙使《上皇帝表》，参见《高丽史》卷二三《高宗世家二》十八年十二月，表明赵叔昌并没有去蒙古。

② 《高丽史》卷二三《高宗世家二》十八年十二月，第 345 页。

③ 见李奎报：《始欲伯似为淮安公》《同前官诰》《淮安公为守大师尚书令》，《李相国集》，载《高丽名贤集》第一册，（首尔）成钧馆大学大东文化研究院，1986 年影印本，第 371 - 372 页。

④ 在《高丽史》《元史》等史料中都未明说此时谈判结果，但是从其后双方的举措来看，蒙古撤兵，说明双方达成了协定，而其后高丽杀蒙古派遣的达鲁花赤，则说明了在协定中应该包括了蒙古向高丽派遣达鲁花赤的条件。

⑤ 《元史》卷一四六《耶律楚材传》，第 3460 页。

⑥ 李奎报：《国衔行答蒙古书》，载《高丽名贤集》第--册，第 202 页。

道："叔璋（即赵叔昌）自上国回来，次不幸值心腹之疾，至今未安较，故未即发遣。"① 在十二月的《送蒙古大官人书》中，他又说："赵兵马发遣，其寝疾至今，犹未佳裕，故未即依教。不然，叔璋之往来上国惯矣，岂今惮其行哉？"赵叔昌没有露面，很可能是遭到监禁。高丽高宗二十年（1233）五月，亲蒙派将领毕贤甫、洪福源在西京（今朝鲜平壤）举兵叛乱。年底，高丽军队攻占西京，擒获毕贤甫处死，洪福源逃入蒙古。次年三月，赵叔昌终于难逃厄运，高丽以其牵连此次叛乱为由，处死了赵叔昌。②

作为最初将耶律楚材大名传播到朝鲜半岛的高丽人，赵叔昌的结局并不好，在《高丽史》中赵叔昌名列"奸臣传"，但是耶律楚材声名通过这些使臣的传播，在高丽得到了显赫的传播。

二、高丽使臣与《送晋卿丞相书》

针对蒙古的步步紧逼，1232 年 10 月，高丽派出了金宝鼎和郎中赵瑞璋出使蒙古，此次出使《高丽史》并无记载，但《元高丽纪事》则记载了他们出使的情况。金宝鼎和赵瑞璋在见窝阔台的同时，也给耶律楚材带来了李奎报的信件。蒙古征伐高丽之际，凡高丽和蒙古讲和文字、往来书札及制表，皆出自李奎报笔下。李奎报（1169—1241）是王氏高丽时期的著名诗人、文学家，原名仁氏，字春卿，号白云居士。李奎报承担了向蒙古方面进行解释的工作。《李相国集》里面记载了这次出使所带给耶律楚材的书信，信中写道：

> 右启，冬寒。伏想台候，清胜万福，瞻恋瞻恋。恭惟承相阁下，以磊落奇伟命世之才，际风云之庆会，孕育周孔，吹嘘高舜，擅文章道德之美，润色帝化，发挥庙谟，使清风爽韵横被四海者久矣。予以邈寄海外宵远之邦，故犹不得早闻紫凤红鸾之出瑞于上朝，昧昧焉真可笑也。近凭小国使介，略闻绪余，大恨知之之晚，然在此幽僻之中，尚能遥听风声者，岂以其白玉腾精而灵晖之所烛者远矣，青兰挺质而余芳之所播者多焉者欤？犹愈于聋者之便，不闻金玉之音也。瞻望琼树，倾渴不已，兼闻阁下乃眷小邦，遇我贱介也，温然如春，扶护甚力，遂使之遄还，不至淹久，铭感之心，言所不尽也。今者又遣使介诣皇帝陛下，伏望阁下益复护短，特于疏冕之下，乘间伺隙，善为之辞，使小国可矜之状，得入聪听，永永保安弊邑，则予虽不敏，敢不报效万一耶。此言如饰，天日照临。无任惶悚之至。云云。③

---

① 亦见《高丽史》卷二三《高宗世家二》十九年十一月，第 349 页。

② 《高丽史》卷一三〇《赵叔昌传》，第 647 页。

③ 李奎报：《送晋卿丞相书》，载《高丽名贤集》第一册，第 308 页。

从李奎报的信件中可以看出，其对耶律楚材不吝啬溢美之词，"磊落奇伟、擅文章道德之美、使清风爽韵横被四海者久矣"一类的言语，显示出他对耶律楚材推崇备至，而信中的"近凭小国使介，略闻绪余，大恨知之之晚"恰恰说明之前见到了耶律楚材的赵叔昌等人回到高丽之后，将耶律楚材在蒙古的地位以及他处理的事务告知了高丽当局，此次给耶律楚材寄书显然是寻求得到耶律楚材的帮助。"近"字则表明了之前高丽使臣赵叔昌等人见到耶律楚材的时间距本次相见间隔不长。"伏望阁下益复护短，特于旒冕之下，乘间伺隙，善为之辞，使小国可矜之状，得入聪听，永永保安弊邑"，希望耶律楚材能够为高丽方面寻找托词，而此时高丽和蒙古之间的信任感再次失去，耶律楚材能起到的作用有限，但显然耶律楚材与金宝鼎等高丽使臣应该就此结识。

其后，高丽和蒙古的关系再次陷入了僵局，六年间高丽并没有派遣使臣赴蒙古觐见大汗。这六年间，高丽迁都江华岛，撒礼塔二征高丽时被僧兵射杀；1234 年金朝被灭；1236 年蒙古任命唐古为统帅，虽蒙古军不习水战，但反复抄掠高丽陆上国土，蒙古持续要求高丽朝廷出岛就降，高丽陆上百姓则生灵涂炭、民生凋敝。太宗十年（1238）十二月，无奈之下高丽派遣了将军金宝鼎、御史宋彦琦再次踏上了拜谒蒙古大汗之路。[①] 李奎报给了耶律楚材第二份信件，信件内容如下：

> 云云，季冬。伏惟钧体，佳胜万福。予窃伏海滨，闻高谊之日久矣。今丞相阁下以公才公望，黼黻帝化，经济四海为己任。虽千里之外，想趋鼎席，倍万瞻企。小国曾于己卯、辛卯两年投拜。讲和已来，举一国欣喜，方有聊生之望。惟天日照临，言可饰哉。其享上之心，尚尔无他。近因上国大军连年踵至，故人物凋残，田畴旷废，由是阻修岁贡，大失礼常，进退俱难，以俟万死之罪，孰为之哀哉？但丞相阁下，通诗书，阅礼乐文墨，位宰相，则其古人所谓修文来远之意，岂不蓄之于胸次耶？幸今以土地轻薄所产，遣使介奉进皇帝陛下。惟冀丞相阁下，少谅哀祈，以下国小臣可矜之状，善为敷奏，导流帝泽，更不遣军兴，保护小邦。俾予遗残民得全余喘。则其向仰阁下，祝台寿万年，乌有穷已。谨以不腆风宜，馈于左右，庶或领纳，无任惶悚之至。云云。[②]

[①]　关于李奎报呈耶律楚材的两份信件，刘晓教授和乌云高娃教授有着不同的看法，刘晓主要根据李相国文集的排序以及相关的历史事件，判断两篇分别是 1332 年和 1338 年；乌云高娃主要根据李奎报年谱，断定两篇的时间分别是 1338 年和 1339 年。结合《高丽史》《元史》中高丽使臣与耶律楚材的相见、交往来看，在本文中笔者赞同刘晓教授的观点。

[②]　李奎报：《送晋卿丞相书》，载《高丽名贤集》第一册，第 308 页。

结合当时蒙古与高丽的政局来看，蒙古当时在朝鲜半岛陆地上反复劫掠，要求是国王出江华岛亲朝。但高丽方面拒不出岛，仍希望能够通过斡旋，缓解局面。给耶律楚材的信件内容，一方面延续了上一封信件中对耶律楚材的无尽吹嘘，另一方面也告知高丽目前的实际情况，"上国大军连年踵至，故人物凋残，田畴旷废"，希望耶律楚材能够"少谅哀祈，以下国小臣可矜之状，善为敷奏，导流帝泽，更不遣军兴，保护小邦"，依旧恳请耶律楚材同情高丽，在窝阔台面前替高丽美言。

从高丽派出的这两批使臣来看，分别为将军金宝鼎、郎中赵瑞璋以及金宝鼎、少卿宋彦琦，金宝鼎两次都参与了递交书信给耶律楚材的过程，其后金宝鼎任高丽枢密院事，并在1259年参与了高丽世子与元世祖忽必烈的见面。

金宝鼎和宋彦琦一行的外交成果是第二年蒙古果真撤兵，但是蒙古的条件是要求高丽高宗亲朝，《元高丽纪事》中记载，太宗十一年（1239）五月一日，降诏征高丽高宗王暾入朝，其中说道：

> 前来颁降长生天之圣训去后，尔不为听从，尔不行省悟，是以出军进讨，明致天罚，尔又不即迎军出降，并无出力供职之辞，乃敢窜诸海岛，苟延残喘。昔降宣谕，命汝亲身入朝，却令还国，此诏见在彼中。若能钦依元降诏旨，躬亲赴阙，所有一切法制宣谕了毕，即当班师。尔等违背诏书，辄来奏告，乞令军马回程，于理未应，此非尔等之罪也？如此诏谕尔等，或有违贰，我朝安能知之，上天其监之哉！①

出于对蒙古人的不信任，王暾并未入朝，在蒙古持续督促下，王暾派遣了王室成员王佺觐见大汗。此次作为正使的王佺，曾两次至漠北，且多次到蒙古军中犒军，但在《高丽史》无传，其资料散见各处。《高丽史·后妃传》记载，其夫人为高丽熙宗的成平王后所生五女中的嘉顺公主（排第四），高宗之安惠太后亦是熙宗之女（生元宗与安庆公王淐），② 所以新安公王佺和高丽高宗应是平辈，但年龄似乎要小于高宗。

《高丽史》记载，王佺首次出使蒙古，乃与少卿宋彦琦同行，时为高丽高宗二十六年，即元太宗十一年（1239）。③ 但出使的原因、过程皆未涉及，《元史》则言："（太宗十一年）十月，有旨谕暾，征其亲朝于明年。十二月，暾遣其新安公王佺与宝鼎、彦琦

---

① 佚名：《元高丽纪事》，广仓学窘丛书本。

② 高丽在进入元之前的统治历史中，王室一直都实行内婚制，在初期实行同父异母兄弟姐妹婚，直到后期才发生变化，参见朴延华、李英子：《高丽王室内婚制及其变化》，《东疆学刊》2003年第1期。

③ 《高丽史》卷二三《高宗世家二》二十六年十二月，第356页。

等百四十八人奉表入贡。"① 从《元史》的记载来看，这次王佺出使的规格甚高，人数居然达到了 148 人，这在蒙丽征战时期，使团人数如此众多，显示出其规格绝非一般。与之形成对比的是，1259 年，高丽元宗以世子身份出使蒙古时，使团人数不过 40 人。② 可见，这次王佺出使责任重大，因代表高丽王室入贡，携带大量物品，需要充足的人手。李奎报年谱中提及此时出使："己亥……冬十二月，又作同前表状及送晋卿书。"这次出使中，李奎报继续给耶律楚材带来了书信，但是《李相国集》中未见此信。此阶段耶律楚材失宠，对于蒙古人的决策影响力下降，从实际结果来看，王佺的出使并没有让蒙古人改变对他们先前的要求，蒙古人持续要求高宗必须亲朝。有可能因为李奎报的这份书信并没有起到任何作用，因此虽然他的年谱中提到了该信，但《李相国集》中未能收录之。

从李奎报代高丽高宗起草的两封《送晋卿丞相书》中可以看出，李奎报本人和耶律楚材并没有实际的交往，之所以向耶律楚材示好献媚，乃是考虑到本国的生存与利益，为形势所迫。在这里，我们感兴趣的是，从李奎报的这两份书信可以看出耶律楚材在当时高丽人心目中的分量。③ 而在递交书信的过程中，耶律楚材也与高丽的使臣建立了一定的联系，从金宝鼎、宋彦琦再到王佺皆与耶律楚材有过交集与往来，由于同为汉文的表达方式，双方在交往中有了诗文的唱酬，建立了一定的友谊。值得一提的是参与递交书信的副使宋彦琦，史称"少能文"，在继金宝鼎使团后，他还第三次出使蒙古。高宗三十三年（1246），高丽欲再次派出使臣往蒙古讲和时，宋彦琦因疾而亡，卒年四十三。结果这一年，高丽居然难以挑选合适的使臣前往蒙古，以至一位高丽宰相感慨道："宋之生，国之福；宋之亡，国之忧也。"④《高丽史》对宋彦琦出使蒙古的功绩的评价是："自是四使蒙古讲和，七年之间边境稍安。"⑤ 在宋彦琦出使时期，蒙古暂缓了对高丽的征伐，这一方面是因为蒙古方面的原因，但另外一方面有可能宋彦琦做了大量的工作，他的文才对于与耶律楚材的交往无疑起到了很大的作用。而书信的往来也确实起到了一定的效果，蒙古方面停止了袭扰并且一度撤兵。在耶律楚材之后，耶律家族的人员和高丽之间往来并没有中止，仍然有着交往。

三、耶律铸、耶律希逸与高丽的交往

耶律楚材去世之后，耶律铸袭职任必阇赤（领中书省事），乃马真皇后对耶律铸十

---

① 《元史》卷二〇八《高丽传》，第 4610 页。

② 《高丽史》卷二四《高宗世家三》四十六年三月，第 376 页。

③ 刘晓、陈高华：《耶律楚材与早期蒙丽关系——读李奎报的两封信》，《文史》2002 年第 2 期。

④ 《高丽史》卷一〇二《宋彦琦传》，第 200 页。

⑤ 《高丽史》卷一〇二《宋彦琦传》，第 200 页。

分亲信，特以侍女赤贴吉氏赐铸为妻。在乃马真摄政和贵由在位期间，他一直在蒙古朝廷担任主管文书的侍臣，扈从巡游于大汗四季驻地。他的诗文里面提到了他和高丽新安公王伣的交往。

新安公王伣第二次出使蒙古的时间是在高丽高宗三十二年（1245）冬十月，副使为大将军皇甫琦。在王伣此次出使蒙古的前一年，其女儿被纳为高丽太子妃，① 他的身份在高丽国内堪称位高。王伣的此次出使，《元史》未提，《高丽史》中也是一笔带过。但结合时代背景亦能看出此次王伣出使蒙古的意义却是非凡。1241 年（高丽高宗二十八年），窝阔台驾崩后，皇后乃马真氏脱列哥那监国。贵由从西征军中回到叶迷立，脱列哥那意欲让贵由继位，召集各宗王来和林举行忽里台大会，推选大汗。由于蒙古宗王间的种种矛盾，直到 1246 年（高丽高宗三十三年）春，东、西道诸王和各大臣、将领才在和林附近举行忽里台大会，经过长期商议，以失烈门尚年幼，乃同意推举贵由为大汗，七月，贵由在汪吉宿灭秃里之地的行宫继大汗位。

正是因为事关重大，这次王伣在蒙古待了很长时间，其间与耶律铸有诗歌唱和往来。《双溪醉隐集》中有《春日席上　次高丽国使新安公诗韵》二首：②

> 绿杨飞尽山城雪，花影满帘春日迟。
> 事异势殊春是旧，化公著意几会私。
> 从来造物间相弄，自在翻腾梦里身。
> 人事不知天意思，欲回天地一时春。

1245—1246 年，耶律铸恰恰在和林地区。③ 作为其父的故人，王伣得到耶律铸的招待也是情理之中。此外耶律铸还有一首《早春宴上　次高丽国使人诗韵》：

> 白玉堂前一树梅，为谁零落为谁开。
> 人生颜色不常好，且尽生前有限杯。④

在诗歌中透露了耶律铸对人生无常的感慨，颇具深意。不难看出，耶律铸也和高丽使臣有着一定的交情，诗歌唱酬，吐露心声。

---

① 《高丽史》卷二三《高宗世家二》三十一年二月，第 357 页。

② （元）耶律铸：《双溪醉隐集》卷六，四库全书本。

③ （元）耶律铸：《双溪醉隐集》卷五，四库全书本。

④ 参见陈得芝：《蒙元读书札记（二则）》，见氏著《蒙元史研究丛稿》；刘晓：《耶律铸夫妇墓志札记》，《暨南史学》第三辑，暨南大学出版社，2004 年。

王佺直到高丽高宗三十六年（1249）二月份才返回高丽，在蒙古整整待了三年。在王佺回到高丽一年之后，蒙古遣使多可、无老孙等 62 人来核查高丽出海就陆事宜，高宗仍是不肯出海。① 11 年后，即高丽元宗二年（1261）年，新安公王佺去世。②

正是因为耶律楚材和耶律铸与高丽有着一定的往来，其后在涉及高丽事务时，耶律希逸也与高丽产生了关系，耶律希逸为耶律楚材之孙、中书左丞相耶律铸第九子，《元史》无传，事迹散见各种材料。王恽《秋涧先生大全文集》卷二六《饯中丞羲甫还阙下并序》有这方面较为详细的说明，至元三十一年，元世祖驾崩，成宗即位。元贞二年（1296），王恽奉旨为耶律希逸夫人藐罕之贾氏家族撰写世德碑文，时耶律希逸已官至参知政事。

大德三年（1299）十月，元朝借口高丽国王不能服其众，下诏任命阔里吉思为征东行省平章政事、耶律希逸为左丞，同赴高丽处理高丽政务。阔里吉思到任后，欲对高丽变其旧法，更其旧制。大德四年（1300）二月，阔里吉思上奏："高丽国王自署官府三百五十八所，官四千五十五员，衣食皆取之民，复苛征之。又其大会，王曲盖、龙扆、警跸，诸臣舞蹈山呼，一如朝仪，僭拟过甚。"三月，又上言："金议司官不肯供报民户版籍、州县疆界。本国横科暴敛，民少官多，刑罚不一，若止依本俗行事，实难抚治。"③ 除了改革官制之外，阔里吉思任用亲信，欲变革高丽的"奴婢之法"，尽管阔里吉思数次"享王"，并与忠烈王外出行猎，但是这种变更高丽统治模式的做法，打破了元朝对高丽因俗而治的统治方式，激起高丽朝野反对，上书元朝，元朝也认定"该王与阔里吉思那的每，言语不归一各"。④

相对阔里吉思较为强硬的态度，耶律希逸对高丽的态度明显缓和。首先在大德四年，两次在寿宁宫宴请忠烈王。二月，耶律希逸则"谒文庙，令诸生赋诗"⑤。五月，希逸喻国王理民之术，责宰辅忧国之事。尝以国学殿宇隘陋，甚失泮宫制度，言于王，遂新文庙，以振儒风。耶律希逸的举止从高丽方面来看，更多的是推动了教化。大德五年三月，元朝以"征东行省平章阔里吉思不能和辑高丽，罢"，⑥ 阔里吉思率官属还。显然是阔里吉思"谋变国俗，不遂而归"。同年五月，耶律希逸也打点行装回国。也许是二人办事风格不同的缘故，《高丽史》虽对阔里吉思多有微词，对耶律希逸却颇多赞誉。

① 《高丽史》卷二三《高宗世家二》三十七年六月，第 359 页。

② 《高丽史》卷二五《元宗世家一》二年一月，第 386 页。

③ 《元史》卷二〇八《高丽传》，第 4623 页。

④ 《高丽史》卷三一《忠烈王世家》四年十一月，第 494 页。

⑤ 《高丽史》卷三二《忠烈王世家》二十七年五月，第 497 页。

⑥ 《元史》卷二〇《成宗纪三》，第 438 页。

归元之后，耶律希逸在大德七年（1303）三月，奉使宣抚河东、陕西。① 大德十一年（1307），成宗崩，武宗海山召刘敏中赴上都。刘敏中与耶律希逸见面，作《上都答耶律梅轩左丞见赠》，他解释作此诗的原因："时行省高丽，至是来朝，会于上都，故有是诗。"说明此时耶律希逸和高丽使臣有见面，根据《高丽史》的记载，此时派往赴上都的使臣是中赞崔有渰。崔有渰为忠烈王近臣，② 这次他一直待到了次年二月才返回高丽，武宗赐忠烈王葡萄酒。③ 刘敏中提及的"行省高丽，会于上都"就应包括了崔有渰一行。崔有渰堪称高丽对元资深外交家，从1270年起崔有渰就开始赴元朝贺正，数次来元。前段提及阔里吉思欲革高丽奴婢之法，"有渰奏请仍旧俗，帝从之"。泰定初，左丞相倒剌沙主立省，时年86岁的崔有渰力挽狂澜，如元贺正，"诣中书省力请止之，及还，国人举手加额泣曰：'存我三韩者崔侍中也。'"。④ 纵观崔有渰的经历，他在元朝应该有广泛的人际交往，其中耶律楚材家族的人员则是重要的一环。

高丽忠烈王之后，忠宣王卷入元朝的宫廷内部斗争，一度被贬，高丽内部分裂成两派，出现了要求高丽内属化的倾向。元朝曾打算派耶律希逸等再赴高丽，但受到宦官高丽人方臣祐（忙古台）的抵制。据李齐贤记载：

> 皇庆初……禄守、耶律希逸为征东省官，既受命矣。平章（方臣祐）白与兴圣宫，以为高丽树功帝室，非一世矣。衣冠典礼，不改其旧，惟世皇诏旨是赖。今遣禄守等，无乃非世皇意乎。于是有旨，留禄守等勿遣。倒剌沙之为左相也，主立省之议甚力。平章白中宫，谕辅臣如前意，倒剌沙议诎，事遂寝。⑤

文中所称兴圣宫，指武宗、仁宗母弘吉剌氏答己。《高丽史》卷《方臣祐传》又云："又尝欲立省于本国，臣祐白寿元皇后，事遂止。"寿元为答己在武、仁、英宗三朝时的尊号，皇后当为皇太后或太皇太后之误。耶律希逸被派赴高丽应发生在皇庆元年（1312），因此事未果。当年四月，仁宗正式颁圣旨："高丽田地立省的，不拣是谁，休题奏者。"九月，高丽"遣赞成事洪诜如元，谢不置行省"。⑥ 尽管此次高丽之行没有成功，但是可以看出，元朝方面认为耶律希逸对高丽事务较为熟悉，派遣他赴高丽较为妥

---

① 《元史》卷二〇《成宗纪三》，第449页。

② 《高丽史》卷二六《元宗世家二》十一年十一月，第450页。

③ 《高丽史》卷三二《忠烈王世家五》三十四年二月，第580页。

④ 《高丽史》卷一一〇《崔有渰传》，第313页。

⑤ 李齐贤：《益斋乱稿》卷七《光禄大夫平章政事上洛院君方公祠堂碑》，《韩国文集丛刊》第二册，（首尔）景仁文化社，1996年影印本，第559－560页。

⑥ 《高丽史》卷三四《忠宣王世家二》四年九月，第526页。

当，能够被对方接受，此后关于耶律希逸的仕宦生涯不见记载。

四、结语

从以上的论述中可以看出，在早期的蒙丽关系中，耶律楚材一直被高丽方面视为一位重要的人物，通过使臣的传书，希冀耶律楚材能够帮助高丽。为何耶律楚材在高丽朝野心目中地位如此之高？主要在于一方面他作为窝阔台身边的重臣，能够发挥巨大的作用，影响窝阔台对外的策略，如蒙古诸王亲贵们提出调用汉军远征东欧方案，被耶律楚材力排众议阻止，可见耶律楚材所受到的信任程度远非一般臣僚所能企及，[①] 显然高丽方面也意识到此点。另一方面则是更直接的原因，当时的高丽王国通行汉文文书，而耶律楚材又在中书省里分管汉文文书。实际上，当时高丽王国的上书，也只有通过耶律楚材及其手下必阇赤班子才能够呈递给蒙古大汗。其后耶律楚材家族虽然在元朝中的地位较前期有所不及，但是耶律家族始终对汉文化教育充分重视。正是基于双方共同的文化背景，使得耶律家族在与高丽的交往中，始终保持了一份文化上的亲密。同时由于元朝对高丽采取了因俗而治的方式，也客观上推动了高丽方面愿意选择与和他们文化贴近的人物联系，此事也佐证了以汉文化为基础的元代"多族士人圈"[②] 的互动。

有元一代，耶律楚材家族三代与高丽的人员交往众多，涉及的高丽人除了历代高丽王之外，能够钩沉于史籍的有赵书昌、李奎报、金宝鼎、宋彦琦、王倧、崔有涔等人，且多有唱酬往来，可以说耶律楚材家族在为高丽与元朝关系的正常化、持续化的过程中起到了积极的作用，对高丽国祚延绵有一定的庇护。正是由于耶律家族对高丽的帮助，使得朝鲜半岛的士人不断感念，即使在明清时，仍有燕行使臣前去拜谒耶律楚材的墓地，由此可见耶律楚材在朝鲜半岛士人心中的地位。

作者简介：

舒健，上海大学文学院历史系副教授。

---

① 刘迎胜：《"拔都西征"决策讨论及相关问题》，《历史研究》2016 年第 2 期。

② 萧启庆：《九州四海风雅同：元代多族士人圈的形成与发展》，（台北）联经出版公司，2012 年，第 6 页。

元代投下治理考述
——以济宁路为中心

贾建增

[提要] 元代济宁路是一个典型的投下路，存在投下封君、中央政府、地方政府、地方精英等政治势力。济宁路地方行政制度的确立，主要受投下封君与元朝中央政府的影响。在济宁路运河管理、祈雨、庙学营建、祭孔等几个方面的治理活动中，各政治势力的影响有所不同。从总体上看，元代投下治理体制经历了从投下制度与世侯领地嵌合到与路州嵌合的变化，反映了元代汉法与蒙古旧制之间的斗争。济宁路所存在的政治势力各自对投下治理产生影响，其角力深刻影响着投下治理的效果。汉式官僚体制在元朝投下治理中发挥着主导作用，投下封君势力在元代整体呈现衰减趋势，而金元之际遭到沉重打击的汉地地方精英在元代也逐渐崛起，广泛参与投下治理活动。

[关键词] 元代；投下治理；济宁路；投下封君；汉式官僚体制

元代投下一词，来源于蒙古语"爱马"，本意为"部、集团"。投下有广义和狭义之分，广义的投下指蒙古贵族那颜所属的军民集团，其内容包括军队投下、分封投下。狭义的投下，则仅指分封投下。分封投下分为诸王兀鲁思投下、五户丝食邑投下与私属投下三种形式。① 本文所讨论的投下为五户丝食邑投下，即蒙古诸王贵族所属中原食邑封地。太宗八年（1236），窝阔台汗将"中原诸州民户分赐诸王、贵戚、斡鲁朵"。② 在此后的二三十年里，元廷又在投下广置路州，于是形成了为数众多的投下路州，元代济宁路就是一个典型的投下路。太宗八年，弘吉剌部按赤那颜与坼那颜获封济州、兖州、单州三州之地，并"得任其陪臣为达鲁花赤"。③ 有元一代，弘吉剌部"男尚帝女，女为后妃，配尊胤瑞，永为懿戚"，弘吉剌部珣阿不剌、阿里嘉世礼、相哥八剌等相继获封鲁王，襄家真公主、相哥剌吉公主、普钠公主等相继被封为鲁国大长公主。④ 胡祖广称："有国而来，名王雄藩，忠勋伟绩，未有若是之盛者。"⑤

关于元代投下治理问题，目前学术界关注并不是很多。⑥ 本文以方志与石刻文献为

① 李治安：《元代投下考述》，《民族研究》1989 年第 3 期。

② 《元史》卷二《太宗纪》，中华书局点校本，1976 年，第 35 页。

③ 《元史》卷一一八《特薛禅传》，第 2915 页；（元）胡祖广：《大元加封宏吉烈氏相哥八剌鲁王元勋世德碑》，（清）黄维翰纂修：道光《钜野县志》卷二〇《金石》，《中国地方志集成·山东府县志辑》第 83 册，凤凰出版社，2004 年，第 460 页。

④ 关于元代济宁路封君，可参见《元史》卷一〇八《诸王表》，第 2739 页；《元史》卷一〇九《诸公主表》，第 2758－2759 页；（元）胡祖广：《大元加封宏吉烈氏相哥八剌鲁王元勋世德碑》，（清）黄维翰纂修：道光《钜野县志》卷二十《金石》，第 460 页；亦可参见文末所附《元代济宁路历代封君表》。

⑤ （元）胡祖广：《大元加封宏吉烈氏相哥八剌鲁王元勋世德碑》，（清）黄维翰纂修：道光《钜野县志》卷二〇《金石》，第 460 页。

⑥ 关于元代投下治理的研究可分为两类：第一，从整体上论述元代投下分封制度。李治安论述了中原食邑路州设置情况，分析了投下封地置路州的社会效果，参见李治安：《元代分封制度研究》，中华书局，2007 年，第 86－108 页；周良霄追溯了元代投下分封的起源，论述了丙申分封与投下食邑制度的确立、忽必烈对投下的整顿等问题，参见周良霄：《元代投下分封制度初探》，《元史论丛》第 2 辑，中华书局，1983 年；洪金富认为投下分封制度是蒙古公产私产观念在国家组织形态上的反映，元代投下始终与州县制并存，没有完全中央集权化，参见洪金富：《从投下分封制度看元朝政权的性质》，《"中央研究院"历史语言研究所集刊》第 58 本第 4 分，1987 年，第 843－907 页。第二，关于某部的草原分地与中原食邑分封的专门研究。张岱玉考证了亦乞列思部投下食邑封地，指出其草原分地中心在元懿州、豪州地区，食邑封地在冠州，亦乞列思部在分地上设置王府进行管辖，参见张岱玉：《亦乞列思部领地制度初探》，《内蒙古社会科学》2008 年第 2 期；谢咏梅考察了札剌亦儿部从唐末到大蒙古国再到元朝驻地的变迁，指出其留驻地经历了漠北到漠南再到辽东的变化，札剌亦儿部安童、带孙、阿剌罕等人也分别在范阳、东阿、曹州等地拥有食邑封地，参见谢咏梅：《札剌亦儿部驻地变迁及留驻食邑和分戍中原》，《内蒙古师范大学学报（哲学社会科学版）》2004 年第 3 期。

基础，以济宁路为中心，系统考察投下封君、中央政府、地方政府与地方精英①等政治势力对投下治理的影响，并归纳元代投下治理的若干特点。

一、元代济宁路地方行政制度

地方行政制度，包括行政区划与地方行政组织两部分内容。② 济宁路地方行政制度的形成，是投下封君与元朝中央政府两大势力共同作用的结果。

（一）济宁路的形成

元代济宁路包括济州、兖州、单州三州。金代济州、兖州属山东西路，③ 单州属南京路，④ 其得以在元代合为一路主要受投下分封的影响。

1. 汉人世侯势力

金元之际，济州、兖州、单州三州为石珪父子的势力范围。蒙古征伐中原之际，济宁路地区出现了一批结寨自保的地方豪强。如石珪，泰安新泰人，"体貌魁伟，膂力过人，倜傥不羁"，当金末之乱，"帅少壮，负险自保"。太祖十五年（1220），石珪归附蒙古，次年获封光禄大夫，济兖单三州兵马都总管，山东路行元帅，配金虎符，便宜从事。"金弃东平，珪与严实分据，收辑济、兖、沂、滕、单诸州。"⑤ 后石珪为金人俘杀，其子石天禄嗣位，太宗六年（1234），石天禄觐见窝阔台汗，"改授征行千户，济、兖、单三州管民总管"。⑥

除石珪父子外，金元之际的济宁路地区还存在其他一些中小世侯。如高撝，先世为金北京路富庶县人。其父高显随蒙军征战，"破黄堆水寨，围彭城，渡大河，所向无前。与金将刘铁鞭战河朔，夺其虎符及金银等符三十有奇"，获封骠骑上将军，徐邳滕三路

---

① 本文涉及的地方精英，具有两方面的特点：其一，以实际行动对地方社会做出实际贡献；其二，在做出贡献时以民的身份出现，而不是官，没有政治上的特权。地方精英的范围包括耆老、儒士、社长等群体。参见苏力：《元代地方精英与元代社会——以江南地区为研究中心》，中央民族大学博士学位论文，2007 年，第 1－5 页。

② 参见周振鹤：《中国地方行政制度史》，上海人民出版社，2017 年。

③ 《金史》卷二五《地理中》，中华书局点校本，1975 年，第 614 页，第 616 页。

④ 《金史》卷二五《地理中》，第 591 页。

⑤ 《元史》卷一九三《石珪传》，第 4378 页。

⑥ 《元史》卷一五二《石天禄传》，第 3602 页。

总管。死后葬金乡，故为金乡人。自高显而下四代皆得显封。① 又如宁阳人毕口明，"国朝开创之初，立兖、单二州，以便宜都元帅石侯分据之，公隶之麾下，尤为石侯所信任"。② 此外还有滕州人苏津，金末追随东平总管石天禄，获授沛县兵马都总领。苏津"招集流亡，号令严明，有古名将风"，后官至左副元帅。③ 又有任城人徐展，"破河南有功，元帅石公署为金晖千户，遥授单州防御使"。徐展之子徐进，"生而勇毅，见义必为，石公署为领军都总领，遥授兖州军"。④

总之，金元之际，济、兖、单三州被以石珪父子为代表的世侯势力所控制，其守令选拔，按惯例"不必请于天子，听诸帅择才而使之。有能胜任者，子亦嗣职，遵朝廷法古之制也"，⑤ 如符离人孟祺当壬辰北渡，"寓济州鱼台，州帅石天禄礼之，辟兼详议府事"。⑥ 其赋税，"军民赋税并依天禄已括籍册，严实不得科收"。⑦

2. 丙申食邑分封与济宁路的形成

太宗七年（1235）石天禄死后，济、兖、单三州划归东平世侯严实管辖。太宗八年，窝阔台汗以"中原诸州民户分赐诸王、贵戚、斡鲁朵"，弘吉剌部按赤那颜和圻那颜"于东平府户内拨赐"，⑧ 其户数名为三万户，但实际至延祐六年（1319），也仅仅只有六千五百三十户。⑨ 据《元史·特薛禅传》的记载，弘吉剌部的封地包括济州、兖州、单州三州之地。⑩ 韩珪也记载："初国家列天下郡县以牧斯民，而分王诸侯。割兖州属济宁路，宁阳隶焉，为皇姑大长公主汤沐邑。"⑪ 丙申食邑分封后，投下与世侯势力相

① （清）李垄纂修：咸丰《金乡县志》卷九《列传》，《中国地方志集成·山东府县志辑》第79册，凤凰出版社，2004年，第438页。

② （元）李裡：《至元二十六年主簿毕公墓碑》，骆承烈汇编：《石头上的儒家文献——曲阜碑文录》，齐鲁书社，2002年，第224页。

③ （清）觉罗普尔泰修，陈顾瀓纂：乾隆《兖州府志》卷二三《人物志》，《中国地方志集成·山东府县志辑》第71册，凤凰出版社，2004年，第442页。

④ （元）尚毓德：《徐氏新阡碣铭》，《济州金石志》卷三，《石刻史料新编》第2辑第13册，新文丰出版公司，1979年，第9525页。

⑤ （元）敬铉：《顺天府路涞水县长官李君宣化之碑》，（清）陆炭箴纂修：康熙《涞水县志》卷一〇《艺文志》，《国家图书馆藏地方志珍本丛刊》第28册，天津古籍出版社，2016年，第9页。

⑥ 《元史》卷一六〇《孟祺传》，第3771页。

⑦ 《元史》卷一五二《石天禄传》，第3602页。

⑧ 《元史》卷二《太宗纪》，第35页。

⑨ 《元史》卷九五《食货三·岁赐》，第2425页。

⑩ 《元史》卷一一八《特薛禅传》，第2920页。

⑪ （元）韩珪：《历代沿革记》，（清）高陛荣修，黄恩彤纂：光绪《宁阳县志》卷之十八《艺文三·记上》，第349页。

76

嵌合，形成了投下封户散在汉人世侯辖区的格局。[①] 就济、兖、单三州而言，世侯与封君的关系，可以从曲阜世侯毕□明北觐之事略见一斑。毕□明"以本县隶属按只那颜，□□丁酉间遂跋涉数千里，北觐，既至，大为□□天姻贵主所赏，及还，就升本县丞"。[②]

弘吉剌部虽获封济、兖、单三州之地，但封君仍驻于漠北，并不住在济宁路地区。大蒙古国时期弘吉剌部封君也未在济宁路地区设置统一的管理机构。[③] 宪宗九年（1259），弘吉剌部帖木儿伐宋，"北过故济州，乃分地也，帐于城南，视其雉堞完固，土沃俗淳，谓左右曰：此州可为治郡之总"。[④] 同样是在宪宗九年，弘吉剌部纳陈驸马统兵南下征宋，"凯旋至济州，营于昌邑城北"，命其家臣唐兀人赫思留治昌邑，并训以"吾北归，驰召汝当不久也"之语加以安抚。[⑤]

据李治安先生的研究，丙申分封后的二三十年时间内，元朝蒙古统治者尝试用汉法官僚制度附会中原地区的投下分封体系，在中原投下封地设置路州，遂形成了投下与路州的嵌合联系。[⑥] 就济、兖、单三州而言，元初其建置发生重大变化。首先，至元六年（1269），济州西迁钜野县。胡祗遹记载："州人敬述遗命，请于斡罗真驸马、囊家真公主，于是乃追慕纳陈驸马遗训，从州人之请，奏奉朝命，立钜野县事，且移置济州总司于此，故州治复西还。旧公廨、库藏、仓廪、馆厩，创为一新。"[⑦] 接着，至元八年（1271）五月，"升济州为济宁府"。[⑧] 至元十六年（1279）六月，又"升济宁府为路"，[⑨] 十二月，"改单州、兖州隶济宁路"，[⑩] 济、兖、单三州遂最终合为济宁路。关于济宁路的形成与投下分封的关系，阎复记载："国初封建宗室，画济、兖、单三州为鲁

① 参见李治安：《元代分封制度研究》，第 104 页。

② （元）李裡：《至元二十六年主簿毕公墓碑》，骆承烈汇编：《石头上的儒家文献——曲阜碑文录》，第 224 页。

③ 参见李治安、薛磊：《中国行政区划通史·元代卷》，复旦大学出版社，2017 年，第 45 页。

④ （元）胡祖广：《大元加封宏吉烈氏相哥八剌鲁王元勋世德碑》，（清）黄维翰纂修：道光《钜野县志》卷二〇《金石》，第 460 页。

⑤ （元）胡祖广：《武略将军济宁路总管府达鲁花赤先茔神道碑》，（清）黄维翰纂修：道光《钜野县志》卷二〇《金石》，第 458 页。

⑥ 参见李治安：《元代分封制度研究》，第 104 页。

⑦ （元）胡祗遹：《济宁路总管府记碑》，（清）黄维翰纂修：道光《钜野县志》卷二〇《金石》，第 451 页。

⑧ 《元史》卷七《世祖纪四》，第 136 页。

⑨ 《元史》卷一〇《世祖纪七》，第 213 页。

⑩ 《元史》卷一〇《世祖纪七》，第 218 页。

国大长公主驸马济宁王分地，置济宁总管府。"① 而胡衹遹的记载则更为明确："亲亲封功重公主，州为散府升总府。"②

（二）济宁路的行政区划

济宁路行政区划主要受投下封君与中央政府的影响。

首先，投下封君对济宁路行政区划的影响。丙申分封后不久，"朝廷以鲁邸编户为数不敷，乃割东平属邑平阴东鄙之民，其为数四千有奇以益之，乃令平阴兼治"。③ 至元八年济宁升府后，为了弥补弘吉剌部封君户数上的不足，元廷又对其行政区划进行调整，郓城、砀山、虞城、丰县、沛县划归济宁府直辖，④ 这样当时济宁府所辖十四个县中，直辖的县就达到了九个。至元十二年（1275），丙申分封后不久所割的"东平属邑平阴东鄙"之地新立肥城县，"改平阴县新镇寨为肥城县，隶济宁府"。⑤ 肥城县达鲁花赤抹汉将肥城形势之地"绘为地图，启于驸马。王韪其议，乃启都省，以闻于朝。是岁夏四月，有旨改镇寨，肇立邑署于今之县治"。⑥ 至元十六年济宁府升路后，按赤那颜之子帖木儿又"以驱虏及从行蒙古军三千余户分为十七奕，散居济、兖、单三州，俾安居，遂生设官，各主其事"。⑦ 按济宁路户口，据至元二十七年（1290）的数据，仅有一万零五百四十五户，⑧ 而投下封君私属驱口及蒙古军就有三千户，可见济宁路投下封君势力之大。

其次，元朝中央政府对济宁路行政区划的调整。包括：第一，复立济州。济州本置于钜野县，金天德二年（1150）受黄河水患的影响，东迁任城县。⑨ 至元六年（1269），

---

① （元）阎复：《曲阜孔子庙碑》，（元）苏天爵编：《国朝文类》卷一九，《四部丛刊》本。

② （元）胡衹遹：《济宁路总管府记碑》，（清）黄维翰纂修：道光《钜野县志》卷二〇《金石》，第 451 页。

③ （元）王载：《抹汉遗爱碑记》，（清）凌绂曾修：光绪《肥城县志》卷七《职官》，《中国地方志集成·山东府县志辑》第 65 册，凤凰出版社，2004 年，第 116 页。

④ 《元史》卷五八《地理志一》，第 1367 页。

⑤ 《元史》卷八《世祖纪五》，第 164 页。

⑥ （元）王载：《抹汉遗爱碑记》，（清）凌绂曾修：光绪《肥城县志》卷七《职官》，第 116 页。

⑦ （元）胡祖广：《大元加封宏吉烈氏相哥八剌鲁王元勋世德碑》，（清）黄维翰纂修：道光《钜野县志》卷二〇《金石》，第 460 页。

⑧ 《元史》卷五八《地理志一》，第 1366 页。

⑨ 参见《金史》卷二五《地理志中》，第 614 页；《元史》卷五八《地理志一》，第 1367 页。

济州西还钜野，至元八年济州升济宁府，① 济州建置遂废。至元十二年八月，元廷升任城县为济州，② 此"济州"在元代又被称为"新州"或"新济州"。③ 济州的复立与其交通枢纽的地位有关。济州本为南北交通枢纽，"州当水陆要冲，侯藩朝觐，要甸贡赋，舟车相望"。④ 至元十三年（1276），伯颜押送南宋君臣北上即经过济州，"（三月）十八日次沛县，乃鲁地也……十九日舟行，午至谷亭马头，申时过鲁桥……二十日易行李上车，属官皆乘铺马，酉牌抵新州，夜宿县治，即济州也"。⑤ 元朝灭宋前后，元廷计划开挖贯通南北的大运河，遣郭守敬进行实地考察。郭守敬遂"自陵州至大名，又自济州至沛县，又南至吕梁，又自东平至纲城，又自东平清河逾黄河故道，至与御河相接，又自卫州御河至东平，又自东平西南水泊至御河，乃得济州、大名、东平、泗、汶与御河相通形势，为图奏之"。⑥ 至元十三年正月，忽必烈下令"穿济州漕渠"⑦，随着大运河的开掘，济州南北交通枢纽的地位更加突出。关于济州复立与大运河的关系，揭傒斯记载："惟我元受命，定鼎幽蓟，经国体民，绥和四海，辨方物以定贡赋，穿河渠以逸漕度，乃改任城县为济州，以临齐、鲁之交，据燕、吴之冲。"⑧ 道光《钜野县志》也记载："丞相伯颜平宋，押国主献捷京师，取道兹邑，□□言于丞相曰：此地□□□□□□北驿程置州便。闻于朝，复置济州，至□□水陆之冲，从公之言。"⑨ 复立济州后，元廷还对济宁府行政区划进行了调整，运河沿线原直属济宁府的鱼台、沛县二

---

① 参见胡祗遹：《济宁路总管府记碑》，（清）黄维翰纂修：道光《钜野县志》卷二〇《金石》，第 451 页。

② 《元史》卷八《世祖纪五》，第 169 页；《元史》卷五八《地理志一》，第 1367 页。

③ 关于"新州""新济州"的说法，如文天祥有诗云："借问新济州，徐郓兄弟国。昔为大河南，今为大河北。"（宋）文天祥：《新济州》，《文天祥全集》卷之一四，中国书店出版社，1985 年，第 365 页；贡奎亦有诗云："旧济知何处，新城久作州。危桥通去驿，高堰聚行舟。"（元）贡奎：《济州》，《贡文靖云林诗集》卷之四，《北京图书馆古籍珍本丛刊》第 96 册，书目文献出版社，1988 年，第 57 页。

④ （元）苏天爵著，陈高华、孟繁清点校：《滋溪文稿》卷第十七《元故奉议大夫河南行省员外郎致仕赠嘉议大夫真定路总管和公墓碑铭》，中华书局，1997 年，第 277 页。

⑤ （宋）严光大：《祈请使行程记》，（宋）刘一清：《钱塘遗事》卷九，上海古籍出版社，1985 年，第 205 – 206 页。

⑥ （元）苏天爵辑撰，姚景安点校：《元朝名臣事略》卷九《太史郭公》，中华书局，1996 年，第 185 页。

⑦ 《元史》卷九《世祖纪六》，第 178 页。

⑧ （元）揭傒斯著，李梦生标校：《揭傒斯全集》文集卷七《重建济州会源闸碑》，上海古籍出版社，2012 年，第 400 页。

⑨ 《少中大夫按檀不花暨夫人辛氏陈氏合葬神道碑》，（清）黄维翰纂修：道光《钜野县志》卷二十《金石》，第 446 页。

县改属济州，① 济州遂形成了沿运河一线南北狭长的辖境，这是元廷通过调整行政区划加强对运河控制的一项措施。

第二，济宁路所属兖州的行政区划基本沿袭金代，辖嵫阳、曲阜、泗水、宁阳四县。② 这同样是与大运河有关，兖州境内的汶河、洸河、泗河为大运河水源地。汶河源于"泰山郡莱芜县原山之阳"，洸河为汶河支流，"折而之南，达于会通，漕运南北，其利无穷。会通之源，洸也。洸之源，汶也"。③ 元代洸河建有堽城闸以节制之，始建于丁巳年（1257），"济侪奉符毕辅国请于严东平，始于汶水之阴，堽城之左，作一斗门，遏汶水入洸益泗，漕以饷宿、蕲戍戍边之众，且以溉济、兖间田，汶由是有南入泗淮之派"，后都水少监马之贞又于堽城闸之东作东闸。④ 泗河也是大运河的重要水源，"至元中穿会通河，因泗汶会漳以达于幽，由是天下利于转输。泗之源雩于兖州东门"，兖州境内设有金口闸以节制泗水。⑤ 因此，为了管理大运河的便利，兖州行政区划变动不大。此外，兖州行政区划变动较小还与其孔子故里的地位有关。兖州所属曲阜为孔子故里，以曲阜为中心，形成了一个儒学文化区。⑥ 如张泰记载："兖城鲁邦，孔、颜、曾、孟设教之处，周公、伯禽敷化之乡，自古圣贤之地也。"⑦ 因此，由于兖州大运河水源地与孔圣故里的重要地位，投下分封对兖州行政区划冲击不大，元廷也未对兖州行政区划做出过多调整。

总之，在投下封君与元朝中央政府共同影响下形成的济宁路在行政区划方面颇有特点。首先，济宁路版图形状甚为奇特，济宁路中部空间局促，辖境向东北部、西北部、东部、西南部凸出，济宁路的治所也偏居西北部一隅之地，这些都对济宁路的治理产生不良影响。其次，济宁路内部形成了若干与所属路州不相连接的飞地。如济宁路直辖的砀山、虞城、丰县三县与济宁路之间隔着单州；济宁路直辖的肥城县与济宁路之间更是隔越兖州、济州、单州；单州所属嘉祥县与单州之间也隔着金乡县。飞地的出现对济宁

---

① 《元史》卷五八《地理志一》，第 1368 页。

② 参见《元史》卷五八《地理志一》，第 1368 页；《金史》卷二十五《地理志中》，第 616 页。

③ （元）刘承：《重修洸河记》，（清）高陞荣修，黄恩彤纂：光绪《宁阳县志》卷之十八《艺文三·记上》，第 352 页。

④ （元）李惟明：《改作东大闸记》，（清）觉罗普尔泰修，陈顾灏纂：乾隆《兖州府志》卷二十七《艺文志三》，第 572 页。

⑤ （元）刘德智：《重修金口闸记》，《北京图书馆藏中国历代石刻拓本汇编》第 49 册，中州古籍出版社，1997 年，第 55 页。

⑥ 关于文化区域与行政区划的关系，参见周振鹤：《中国历史政治地理十六讲》，北京：中华书局，2013 年，第 201－214 页。

⑦ （元）张泰：《创建义塾崇礼斋记》，（清）李潢纂修：康熙《嵫阳县志》卷四，哈佛大学哈佛燕京图书馆藏康熙十一年刻本。

路的治理造成了颇多不便，如肥城县僻居东北部一隅，"编户每岁赴府输赋，往返六百有余里，地临须城，有衣带之水曰盐河，夏月霖潦暴涨，圮桥垫陷，无舟可济，冯河者率多溺死"。① 关于飞地问题，元初王恽曾奏请"县司一切事理，就令侧近州府节制照管，官民似为两便。其济州亦拨到平阴县五百户，亦请一体定夺施行"。② 但这一奏议未见元廷回应，肥城县作为飞地也一直存在。

（三）济宁路的地方行政组织

据周振鹤先生的研究，地方行政组织即地方政府，包括物质、结构与管理三要素。物质要素指人员、经费、处所等，结构要素指机构、职位、权力等，管理要素指职能目标、权责分配、管理措施、管理程序、管理规范等。③ 济宁路作为投下路，其地方政府颇具特点。单就官员选任上而论，"弘吉剌之分邑，得任其陪臣为达鲁花赤"。④ 因而济宁路及其所属州县达鲁花赤多由鲁国大长公主和鲁王家臣担任，如按檀不花家族三代七人为济宁路及其所属州县达鲁花赤。⑤ 达鲁花赤与封君之间也保持着良好的私人关系。如按檀不花"念累叶蒙皇家公主驸马恩宠，一无报效，于郡北郭建□□□□□□□□□寺，请名师，聚徒众，且□香□为国焚修祝延圣寿"。又"择济州南郭明爽之地，大建寺宇，与郡寺相甲乙"。⑥ 至元末济宁路欲立按檀不花善政碑，"尝四状其治行，言于肃政廉访司，上之御史台矣，又闻于皇姑鲁国大长公主、驸马济宁王，蒙赐奖谕矣"。⑦ 投下封君与管民官的关系，如顺帝朝济宁路修鲁王元勋世德碑，"济宁路总管刘承祖等愿割己俸以缗计者二千五百贯，用佐其费"。鲁王大喜，"以白金五十两，彩、绮各一端来宠答之"。至正元年（1341）三月，"王复遣木里赤传命，赏白

---

① （元）王载：《抹汉遗爱碑记》，（清）凌绂曾修，邵承照纂：光绪《肥城县志》卷之七《职官》，第116页。

② （元）王恽：《秋涧先生大全集》卷八五《乌台笔补·曹州禹城县隶侧近州郡事状》，《四部丛刊》本。

③ 参见周振鹤：《中国地方行政制度史》，第140页。

④ 《元史》卷一一八《特薛禅传》，第2920页。

⑤ 《少中大夫按檀不花暨夫人陈氏辛氏合葬神道碑》，（清）黄维翰纂修：道光《钜野县志》卷二〇《金石》，第446页。

⑥ 《少中大夫按檀不花暨夫人陈氏辛氏合葬神道碑》，（清）黄维翰纂修：道光《钜野县志》卷二〇《金石》，第446页。

⑦ 《济宁路达鲁花赤睦公善政倾碑》，（清）黄维翰纂修：道光《钜野县志》卷二〇《金石》，第453页。

金以两计者五十，币帛尊酒来宠锡之，欲报惠礼"。①

元朝中央政府对投下官员选拔进行规范，这包括以流官为济宁路达鲁花赤，如偰百辽逊，又名偰逊，顺帝朝进士，历任翰林应奉文字、宣政院断事官等职，至正十五年（1355）为丞相哈麻所忌，出守单州，为单州达鲁花赤。② 此外，入元以后，忽必烈"罢世侯世守，立迁转法"，③ 世侯势力遂逐渐转化为汉式官僚。随着汉法的推行，荐举、恩荫、科举等汉式官员选拔制度在济宁路官员选拔中逐渐占据主导地位。④

总之，济宁路地方行政制度的形成受投下分封与中央政府的影响，投下分封促成了济宁路的最终形成，并对济宁路行政区划产生重大影响。中央政府为了投下治理的便利，也对济宁路行政区划进行一些调整。在地方政府的组织方面，就官员选任而言，投下封君有权任命济宁路达鲁花赤，元廷也对济宁路官员选任做出了相应规范。

二、多方力量的参与：济宁路治理的展开

（一）运河的管理

济宁路所属大运河主要由都漕运使司与都水监（行都水监）管理，其中都漕运使司负责运河航运事务，都水监（行都水监）则负责运河疏浚与闸坝系统的营建。济宁路地方政府对大运河无管理权，但须为大运河的管理提供一定协助。

1. 运河管理机构的变迁

济宁路最早设立的运河管理机构是汶泗都漕运使司。至元十三年，世祖下令"穿济州漕渠"，⑤ 随即设立汶泗都漕运使司，专职"控引江淮岭海以供亿京师"。⑥ 至元二十

---

① （元）胡祖广：《大元加封宏吉烈氏相哥八剌鲁王元勋世德碑》，（清）黄维翰纂修：道光《钜野县志》卷二〇《金石》，第460页。

② 参见（民国）项葆祯修，李经野纂：民国《单县志》卷六《宦迹》，《中国地方志集成·山东府县志辑》第81册，凤凰出版社，2004年，第198页；［朝鲜］郑麟趾：《高丽史》卷一一二《偰逊传》，西南师范大学出版社、人民出版社，2014年，第3427页；（元）偰百辽逊：《大元重修单州庙学碑》，孙明主编：《菏泽市古石刻调查与研究》，科学出版社，2015年，第291－294页。

③ 《元史》卷五《世祖纪二》，第101页。

④ 关于元代济宁路的官员选任，参见贾建增：《元代济宁路的官员选任——元代投下治理考察之一斑》，《元史及民族与边疆研究集刊》第36辑，上海古籍出版社，2018年，第79－91页。

⑤ 《元史》卷九《世祖纪六》，第178页。

⑥ （元）杨文郁：《会通河记》，（明）王命爵修，王汝训纂：万历《东昌府志》卷二〇《艺文志》，《原国立北平图书馆甲库善本丛书》第331册，国家图书馆出版社，2014年，第987页。

年（1283），济州河成，设立都漕运司，① 其官署设置于济州，是为济州漕运司。李谦记载："漕渠既通，朝命设江淮漕运司，以州廨为治所。侯以为公署所以布治，侨寓民居，可暂不可久，且陛级不崇无以示众，乃即任城故署，并立州廨为公堂，为幕次，为吏舍，门宇严肃，库厩成列，不费于官，不病于民，而厥功告成。"② 这则史料中，李谦将济州所设济州漕运司误记为江淮漕运司。按江淮漕运司本与济州漕运司不同，世祖朝初年存在一个水陆联运的粮食转运体系，其法，"运浙西粮涉江入淮，由黄河逆水至中滦旱站，船至淇门，入御河，接运赴都"。③ 江淮漕运司设置于至元十九年（1282）十二月，当时漕运"措置乖方，用人不当"，世祖遂"立京畿、江淮都漕运司二，漕运江南粮，仍各置分司，催督纲运，以运粮多寡为迁官殿最"。其中江淮漕运司主管江南至中滦旱站之间的粮食转运，其衙署，总司设在瓜州，在淮安、中滦、荆山等地设有分司。④ 世祖后期，随着济州河、会通河的相继开凿，大运河的贯通，海运的开辟，原有水陆联运的粮食转运体系再无必要。至元二十八年（1291），"罢江淮漕运司，并于海船万户府，由海道漕运"。⑤

至元二十四年（1287），元廷"命京畿、济宁两漕运司分掌漕事"。⑥ 至元二十五年（1288）二月，丞相桑哥上奏忽必烈，以为"漕运粮斛，旧设运司一，兼管内外，欺诈者多，亦稽误公事，比奉旨分置漕运司二，在内者为京畿都漕运使司，在外者为都漕运使司"。⑦ 这一建议得到世祖认可，遂"改济州漕运司为都漕运司，并领济之南北漕。京畿都漕运司惟治京畿"。⑧ 至元二十六年（1289）九月，"罢济州泗汶漕运使司"，⑨ 大运河济宁路段遂划归都漕运司管辖。都漕运司的职权，"掌御河上下直沽、河西务、李

① 《元史》卷一五《世祖纪十二》，第 256 页。

② （元）李谦：《前济州达鲁花赤冀侯颂》，（清）徐宗干修，许瀚纂：道光《济宁直隶州志》卷九《艺文下》，《中国地方志集成·山东府县志辑》第 77 册，第 105 页。

③ 《大元海运记》卷之上，《史料四编：大元马政记、大元仓库记、大元官制杂记、大元海运记》，（台北）广文书局，1972 年，第 34 页。

④ 参见《大元海运记》卷之上，《史料四编：大元马政记、大元仓库记、大元官制杂记、大元海运记》，第 35 页。

⑤ 《元史》卷一六《世祖纪十三》，第 343 页。

⑥ 《元史》卷一四《世祖纪十一》，第 302 页。

⑦ 《大元海运记》卷之上，《史料四编：大元马政记、大元仓库记、大元官制杂记、大元海运记》，第 52 页。

⑧ 《元史》卷一五《世祖纪十二》，第 308 页。

⑨ 《元史》卷一五《世祖纪十二》，第 325 页。

二寺、通州等处攒运粮斛"，① 包括运河运粮纲船的组织，水手的管理，纲运粮食的交割等。② 此外，都漕运司的职权还包括监视各闸坝的运行，如济州运司正官亲临监视济州闸，"其押纲船户不敢分争"。③

2．都水监

都水监始立于至元二十八年（1291），④ 其职能，按宋本的记载，"凡河若坝填淤，则测以平而浚之。闸桥之木朽甃裂，则加理。闸置则，水至则则启，以制其涸溢"。⑤ 景德镇都水分监设立于至元三十一年（1294），"掌凡河渠坝闸之政令，以通朝贡、漕天下、实京师"。⑥ 总结起来，都水监的职能主要是疏浚河道与闸坝营建。

首先，疏浚河道。如洸河为大运河的重要水源，经常淤积。如顺帝朝"霖雨作，泰岱万壑，沟渎之间，合注而之汶，洪涛汹涌，泥沙溷奔，径入于洸，所以淤填也"。后至元六年（1340），都水监监丞宋某奉命疏浚之，"本监及二路夫以口计者万有二千，濬自至正二年二月十八日，落成于三月十四日"。⑦ 又如英宗朝，张仲仁担任都水监丞，主持治理运河。他首先疏浚运河，"凡河之溢者辟之，壅者涤之，决者塞之。拔其藻荇，使舟无所底；禁其刍牧，使防有所固"。接着，修筑运河河堤，"隆其防而广其趾，修其石之严陁穿漏者，筑其壤之疏恶者，延袤赢七百里。防之外增为长堤，以阏暴涨，而河以安流"。此外，张仲仁还"募民采马蔺之实种之新河两涯，以锢其溃沙"。又"建分司及会源、石佛、师庄三闸之署，以严官守"，又建河伯、龙君祠堂八处，以及故都水少监马之贞、兵部尚书李奥鲁赤、中书断事官忙速等三人的祠堂，"以迎休报劳"。于是大运河"挽舟之道无不夷矣"。⑧

其次，闸坝营建。闸坝为运河配套设施，用于调节运河水位，"地高平则水疾泄，故为喝以蓄之，水积则立机引绳以挽其舟之下上，谓之坝。地下迤则水疾涸，故为防以节之，水溢则绳起悬板以通其舟之往来，谓之闸。皆置吏以司其飞挽启闭之节，而听其讼狱焉"。⑨ 世祖朝后期大运河贯通以后，运河航运受地形、水量等因素所限并不是很畅

---

① 《元史》卷八五《百官一》，第 2132 - 2134 页。

② 参见《大元海运记》卷之上，《史料四编：大元马政记、大元仓库记、大元官制杂记、大元海运记》，第 51 - 53 页。

③ 《元史》卷六四《河渠志一》，第 1615 页。

④ 参见《元史》卷九〇《百官志六》，第 2295 页。

⑤ （元）宋本：《都水监事记》，苏天爵编：《国朝文类》卷三一，《四部丛刊》本。

⑥ （元）揭傒斯著，李梦生标校：《揭傒斯全集》文集卷五《建都水分监记》，第 353 页。

⑦ （元）刘承：《重修洸河记》，（清）高陞荣修，黄恩彤纂：光绪《宁阳县志》卷之十八《艺文三·记上》，第 352 页。

⑧ （元）揭傒斯著，李梦生标校：《揭傒斯全集》文集卷七《重建济州会源闸碑》，第 400 页。

⑨ （元）揭傒斯著，李梦生标校：《揭傒斯全集》文集卷五《建都水分监记》，第 353 页。

通。如济州"新店至师氏庄，犹浅涩有难处，每漕船至此，上下毕力，终日叫号，进寸退尺，必资车于路而运始达"。① 又如"沛之金沟、沽头，鱼之孟阳泊，沙深水浅，地形峻急，舟不易行，遇官物往来，必驱河滨之民挽之，斯民劳苦"。② 为了保证运河畅通，元廷不断兴修闸坝，如至元二十一年（1284），"有司创为石闸者八，各置守卒，春秋观水之涨落，以时启闭"。③ 有元一代，关于济宁路地区的闸坝营建的记载不绝于史书，现将史籍所见元代济宁路地区运河闸坝的营建实例胪列如表1：

表1　元代济宁路运河闸坝营建统计表

闸坝名	营建时间	营建人	所在地	史料来源
任城东闸	至元二十一年	石抹公	任城	俞时中《任城东闸记》，道光《济宁直隶州志》卷三《山川》，第106页
孟阳泊闸	大德六年		鱼台	赵文昌《元立孟阳泊闸记》，光绪《鱼台县志》卷四《金石》，第164页
金口闸	延祐四年	阔阔	兖州	《兖州重修金口闸记》，《北京图书馆藏中国历代石刻拓本汇编》第49册，第55页
会源闸	至治元年	张仲仁	济州	揭傒斯《重建济州会源闸碑》，《揭傒斯全集》文集卷七，第400页
东大闸	后至元五年	马元	兖州	李惟明《改作东大闸记》，乾隆《兖州府志》卷二七《艺文志》，第572页
黄洞新闸	至正元年	也先不华	济州	楚惟善《会通河黄洞新闸记》，道光《济宁直隶州志》卷二《山川志·漕运》，105页
石佛闸	至正七年		济州	《石佛闸重立石佛碑记》，《北京图书馆藏中国历代石刻拓本汇编》第50册，第32页
谷亭闸		卢德安	鱼台	周汝霖《谷亭闸记》，康熙《鱼台县志》卷一八

元代运河闸坝的营建，都是由都水监或都水分监官员主持的，如至元二十一年修任

---

① （元）楚惟善：《会通河黄洞新闸记》，（清）徐宗乾修，许瀚纂：道光《济宁直隶州志》卷二《山水志·漕运》，第105页。

② （元）赵文昌：《元立孟阳泊闸记》，（清）冯振鸿纂修：光绪《鱼台县志》卷四《金石志》，《中国地方志集成·山东府县志辑》第79册，凤凰出版社，2004年，第164页。

③ （元）鞠英：《任城东闸记》，（清）徐宗乾修，许瀚纂：道光《济宁直隶州志》卷三《山川三》，第106页。

城东闸，由都水少监、分都水监事石抹公奉议主持，"闻之中书省，易而新之。陶土为甓，采石于山，其材用所须，不废于官，不取于民，率指授役夫为之。不数月，厥功告成"。① 又如至正元年修黄洞新闸，都水监丞也先不华"思绍熙前功，以纾民力，慨然以兴作为己任。乃躬相地宜，黄栋林适居二闸间，遂即其地，庇徒藏事"。② 闸坝的营建由壕寨官具体负责，所谓壕寨官为都水监属官，有十六员。③ 宋本记载都水监"岁以官一、令史二、奏差二、壕寨官二分于汴，理决河。又分监寿张，领会通河，官署如汴监，皆岁满更役"。④ 据大德八年（1304）吏部的公文，行都水监设壕寨官十人。⑤ 都水监（行都水监）壕寨官具体负责闸坝营建，如后至元五年（1339）东大闸之营建，都水监丞马元"命壕寨官梁仲祥、李让计徒庸，度材用，量工程"，次年二月又"命工入山取石，陶甓煅灰，以壕寨官王守恭董之，市物于有司，谋将以五月经始"。⑥ 又如至正元年（1341）修黄洞新闸，"董工于其所者，令史李中，壕寨官薛源"。⑦

济宁路地方政府需协助运河的疏浚、闸坝的营建。至元二十七年（1290），都漕运副使马之贞上言，"去岁流水冲坏堽城汶河土堰、兖州泗河土堰，必须移文兖州、泰安州差夫修闭"。⑧ 其实例，如至正初年疏浚洸河，征用东平、济宁"二路夫以口计者万有二千"。⑨ 中书省又令"东平、济宁，兼赞厥役"，于是"同知东平路事伯颜察儿奉议，济宁路判官商承德，兖州判官王承事，宁阳县达鲁花赤兀难夭，汶上县簿登仕佐郎饶裕咸董厥役"。⑩ 又如至治三年（1323），都水分监奏报沛县沽头一带运河水浅难行，请修磂闸一所，中书省"移文工部，令委官与有司同议，于是差壕寨约会济宁路官相视"。⑪

元廷为加强对运河的管理，还实行巡河制度，这包括三个方面的内容：其一，都水

---

① （元）鞠英：《任城东闸记》，（清）徐宗乾修，许瀚纂：道光《济宁直隶州志》卷二《山水志·漕运》，第106页。

② （元）楚惟善：《会通河黄洞新闸记》，（清）徐宗乾修，许瀚纂：道光《济宁直隶州志》卷二《山水志·漕运》，第105页。

③ 参见《元史》卷九〇《百官志六》，第2295－2296页。

④ （元）宋本：《都水监事记》，（元）苏天爵编：《国朝文类》卷三一，《四部丛刊》本。

⑤ 《元史》卷八四《选举志四》，第2104页。

⑥ （元）李惟明：《改作东大闸记》，（清）觉罗普尔泰修，陈顾𤩽纂：乾隆《兖州府志》卷二七《艺文志三》，第572页。

⑦ （元）楚惟善：《会通河黄洞新闸记》，（清）徐宗乾修，许瀚纂：道光《济宁直隶州志》卷二《山水志·漕运》，第105页。

⑧ 《元史》卷六四《河渠一》，第1616页。

⑨ （元）李惟明：《重濬修洸河记》，（清）李潨纂修：康熙《嶧阳县志》卷之一《山水》。

⑩ （元）刘承：《重修洸河记》，（清）高陞荣修，黄恩彤纂：光绪《宁阳县志》卷之一八《艺文三·记上》，第352页。

⑪ 《元史》卷六四《河渠一》，第1611－1613页。

监官员巡视运河，如皇庆元年（1312），景德镇都水分监监丞刘某莅任之初，"阅视堤岸之卑下者增筑之，水流之浅涩者疏通之。泝流寻源，自北而南，过古任国，历鲁桥，涉泗、汶合流之次，里几一舍而至黄山之麓"。① 其二，监察御史巡河，如泰定四年（1327）四月，御史台臣言："巡视河道，自通州至真、扬，会集都水分监及濒河州县官民，询考利病，不出两端，一曰壅决，二曰经行。"② 其三，元廷遣特使巡河，如虞集有《送张兵部巡视运河》一诗，有"画桥水判动龙舟，鸭绿鄰鄰出御沟。使者旌旗穿柳过，人家凫雁傍溪浮"之句。③

总之，有元一代，运河的管理权始终掌握在元朝中央政府手中，济宁路地区运河航运主要由都漕运使司管领，运河河道的疏浚、闸坝的营建则由都水监（行都水监）主持，壕寨官具体负责。在都水监官员巡视运河之外，元廷还委监察御史、特使等巡视运河。济宁路地方官府则须为运河的管理提供人力、物力方面的协助。

（二）济宁路的祈雨活动

马晓林认为，祈雨是中国古代应对自然灾害的一种措施，也是一场群体性活动，其参与者涵盖了社会的各个层面。④ 元代济宁路祈雨之例颇多，现将元代济宁路地区祈雨的事例统计如表2：

表2　元代济宁路官员祈雨活动统计表

祈雨时间	祈雨人	祈雨地	史料来源
至元元年	夏清	嘉祥	赵思祖《鲁秋胡庙记》，乾隆《嘉祥县志》卷四《艺文》
大德五年	宋铎	嘉祥	赵衡正《惠济公庙记》，光绪《嘉祥县志》卷之四《艺文》，第 352 页
至顺四年	道儿哈	鱼台	吕惟恕《鱼台县达鲁花赤道儿哈祷雨感应记》，《济州金石志》卷八，第 9710 页
后至元二年	张侯	金乡	赵惟贤《元后至元二年济宁张侯祈祷屡应记碑》，《济州金石志》卷八，第 9635 页

---

① （元）顿举：《黄良泉记》，（清）盛百二修，王道亨纂：乾隆《济宁直隶州志》卷四《舆地》，哈佛大学哈佛燕京图书馆藏乾隆五十年刻本。

② 参见《元史》卷六四《河渠志一》，第 1613－1614 页；

③ （元）虞集：《道园学古录》卷三《送张兵部巡视运河》，《四部丛刊》本。

④ 参见马晓林：《元代国家祭祀研究》，南开大学博士学位论文，2012 年，第 531 页。

（续上表）

祈雨时间	祈雨人	祈雨地	史料来源
至正元年	董阿	鱼台	杨铎《济州鱼台县达鲁花赤董阿祷雨感应记》，《济州金石志》卷八，第9710页
至正十二年		嘉祥	《元至正十三年青山祷雨祭文石刻》，《济州金石志》卷七，第9672页

与祈雨活动相关，济宁路各类庙宇的营建也颇值得关注。关于祈雨与建庙的关系，王谦说："夫神者，历世相传，至圣而灵，利国利民，岁时祈禳，水旱雩祭，感而遂应，咸若有答。"① 因此，元代济宁路惠济公庙、昭惠灵显王庙等庙宇被大量营建，"以为乡人水旱疾疹之所依"。② 现将史籍所见元代济宁路与祈雨相关的庙宇营建事例胪列如表3：

表3　元代济宁路祈雨相关庙宇营建统计表

名称	营建时间	营建者	所在地	史料来源
伏羲祖庙	至元二十九年	王和	鱼台	王栋《伏羲祖庙记》，《济州金石志》卷八，第9708页
通利王庙	大德五年	向廷	济州	王谦《重修通利王庙之记》，《济州金石志》卷八，第9528页
昭烈惠应侯庙	大德五年		嵫阳	《昭烈惠应侯庙碑》，康熙《嵫阳县志》卷之一《山水》
惠济公庙	大德七年		嘉祥	赵衡正《惠济公庙记》，光绪《嘉祥县志》卷之四《艺文》，第352页
东岳庙	大德十年	札忽𫛸	沛县	韩准《沛县并建东岳庙碑记》，嘉靖《沛县志》卷一〇，251页
广禅侯庙	大德十一年		鱼台	《元大德十一年并修广禅侯庙碑记》，《济州金石志》卷八，第9712页
昭惠灵显真君庙	延祐七年	杜珫	沛县	陈绎曾《昭惠灵显真君庙记》，嘉靖《沛县志》卷一〇，第256页

---

① （元）王谦：《重修通利王庙之记》，《济州金石志》卷八，第9528页。

② （元）陈绎曾：《昭惠灵显真君庙记》，（明）王治修：嘉靖《沛县志》卷之一〇《艺文志》，《天一阁藏明代方志选刊续编》第9册，上海书店出版社，1990年，第256页。

（续上表）

名称	营建时间	营建者	所在地	史料来源
伏羲圣祖庙	至治二年	邵从俭	鱼台	吕惟恕《重修伏羲圣祖庙记》，《济州金石志》卷八，第 9709 页
龙泉圣母庙	至治三年	张旺	鱼台	《元至治三年龙泉圣母庙记碑》，《济州金石志》卷八，第 9712 页
义勇武安王庙	泰定五年	史元目	任城	王谦《义勇武安王碑记》，《济州金石志》卷三，第 9532 页
惠济公庙	至正二年		嘉祥	苏若思《重修青山惠济公庙记》，道光《济宁直隶州志》卷九《艺文》，第 81 页
昭惠灵显王庙		丁俗敬	泗水	严文博《重修昭惠灵显王庙记》，光绪《泗水县志》卷一五《艺文二》
鲁秋胡庙			嘉祥	赵思祖《鲁秋胡庙记》，乾隆《嘉祥县志》卷之四《艺文》

分析表 2 和表 3，我们可以看到：

第一，济宁路地方政府在祈雨中的作用。济宁路地方官员多能恪守"叨守兹土，位县邑上，不能事神，民将何治"的理念，[1] 对于祈雨活动相当积极，这包括：首先，亲自主持祈雨活动。如至元元年（1264）嘉祥大旱，"三月不雨，赤地千里，二麦焦枯"，嘉祥县主簿夏清"引躬自咎，率耆老祷于神"。[2] 又如至顺四年（1333）鱼台"仲春阙雨"，鱼台县达鲁花赤道儿哈"恻怛动于心，忧形于色，乃率耆老祷雨于伏羲庙"。[3] 其次，主持营建庙宇，如至正三年（1343）嘉祥重修惠济公庙，即由县尹刘敬主持，"尹为之倡，每旬朔，率僚属必一再至，故其事易集也"。[4] 大德十年（1306）沛县创建东岳庙，由达鲁花赤札忽觯主持营建，"谋诸寮寀，各捐有差，以董役为己任"。[5]

---

[1] （元）韩准：《沛县并建东岳庙碑记》，（明）王治修：嘉靖《沛县志》卷之一○《艺文志》，第 251 页。

[2] （元）赵思祖：《鲁秋胡庙记》，（清）倭什布纂修：乾隆《嘉祥县志》卷之四《艺文》，哈佛大学哈佛燕京图书馆藏乾隆四十三年刻本。

[3] （元）吕惟恕：《鱼台县达鲁花赤道儿哈祷雨感应记》，《济州金石志》卷八，第 9710 页。

[4] （元）苏若思：《重修青山惠济公庙记》，（清）徐宗乾修，许瀚纂：道光《济宁直隶州志》卷九《艺文》，第 81 页。

[5] （元）韩准：《沛县并建东岳庙碑记》，（明）王治修：嘉靖《沛县志》卷之一○《艺文志》，第 251 页。

第二，祈雨形式的多样性。这首先表现在祈雨方式上，汉式祈雨方式的利用，如鱼台县达鲁花赤董阿祈雨，"斋戒沐浴，洗心涤虑"，① 祈雨时还有祷雨祭文。② 蒙古祈雨习俗亦在济宁路祈雨活动中得到利用。如大德五年（1301），济宁路总管睦公"使知事宋铎，请祷于神，汲水半瓶，负至坛次，是日果大雨"。③ 按蒙古人祈雨方式，据陶宗仪的记载："蒙古人之祷雨者，非若方士然，至于印令、旗剑、符图、气诀之类，一无所用，惟取净水一盆，浸石子数枚而已。其大者若鸡卵，小者不等。然后默持密咒，将石子淘漉玩弄，如此良久，则有雨。"④ 宋铎此次祈雨，采取的方法是"汲水半瓶，负至坛次"，这显然是蒙古巫术祈雨的方式。⑤ 其次，济宁路祈雨形式的多样性还表现为神祇的种类繁多，惠济公、广禅侯、昭惠灵显王，甚至关公等都是祈雨时祭拜的神灵。⑥

第三，地方精英在祈雨活动中的作用。地方精英对祈雨活动颇为积极，包括亲自参与祈雨活动，如至顺四年（1333）鱼台县达鲁花赤道儿哈祈雨，"率耆老祷雨于伏羲庙"，后又"率耆老以香酒致谢于庙"。事后，耆老邵从俭、徐克容等又向当地大儒求文以记。⑦ 其次，参与庙宇的营建。表3所列庙宇，绝大部分是由地方精英主持营建的。如大德十一年（1307）鱼台广禅侯庙，即由致仕鱼台县尹李青主持，社长张旺、郭成、百户李进朝、史安庆等营建，"各费家财，仰承良匠，采其异石，琢三堂一十五尊，各列其位"。⑧ 泗水重修昭惠灵显王庙，泗水"乡耆丁俗敬于事神，一旦聚其众曰……惟神祠颓废已久，忍坐视乎，俗亦当修复之。众莫不欣然，以赀以力，愿为□助"。⑨ 最后，地方精英为庙宇的营建提供人力、财力支持。如沛县修昭惠灵显真君庙，邑人杜琇

---

①　参见（元）杨铎：《济州鱼台县达鲁花赤董阿祷雨感应记》，《济州金石志》卷八，第9710页。

②　参见《元至正十三年青山祷雨祭文石刻》，《济州金石志》卷八，第9672页。

③　（元）赵衡正：《惠济公庙记》，（清）章文华、官擢午纂修：光绪《嘉祥县志》卷之四《艺文》，第352页。

④　（元）陶宗仪：《南村辍耕录》卷四《祷雨》，中华书局，2014年，第52页。

⑤　参见马晓林：《元代国家祭祀研究》，南开大学博士学位论文，2012年，第537页。

⑥　参见（元）苏若思：《重修青山惠济公庙记》，（清）徐宗乾修，许瀚纂：道光《济宁直隶州志》卷九《艺文》，第81页；《元大德十一年并修广禅侯庙记》，《济州金石志》卷八，第9712页；（元）严文博：《重修昭惠灵显王庙记》，（清）赵英祚修纂：光绪《泗水县志》卷一五《艺文二》，第435页；（元）王谦《义勇武安王碑记》，《济州金石志》卷三，第9532页。

⑦　（元）吕惟恕：《鱼台县达鲁花赤道儿哈祷雨感应记》，《济州金石志》卷八，第9710页。

⑧　《元大德十一年并修广禅侯庙记碑》，《济州金石志》卷八，第9712页。

⑨　（元）严文博：《重修昭惠灵显王庙记》，（清）赵英祚修纂：光绪《泗水县志》卷之一五《艺文二》，第436页。

"凡施以钱计者二千五百余缗，自基及像，皆独力并为之"。① 任城修义勇武安王庙，乡人史元目"率乡耆各陈所费，仍于故基复构是庙，选择异木，雕刻神像，隆盛威仪，俨然可观。是以一方之民，岁时水旱，祈于祠下，咸芳有所合焉……粤有乡人都功德主，社长张忠同弟张昭等各施家财，仍于神祠下立一神碑"。② 鱼台重修伏羲祖庙，"本乡耆艾邵从俭、徐克容等……首出泉币，又持疏倡四方好义之士鸠钱粮、市木石，佣工雇力，躬为督视"。③

总之，从国家治理的角度来讲，祈雨活动是地方政府施政的一项重要举措，但祈雨同时也是一场群体性活动，地方政府在祈雨中发挥着主导作用，士人、耆老、富民、社长等地方精英也广泛参与其中，这也反映了金元之际遭到严重打击的汉地地方精英势力，也随着元朝社会的稳定、经济的恢复而逐渐兴起，并且在地方治理中发挥重要作用。

（三）济宁路庙学的营建

元代将儒学称为庙学，其建筑包括庙、学宫与其他辅助设施三部分，此外义塾、社学等也属庙学范畴。④ 书院也属于广义的庙学范畴。⑤ 在元朝推行汉法的大背景下，兴建庙学"实我皇元阐文运、隆治化之盛典也"。⑥ 元代济宁路庙学营建事例很多，现将史籍所见庙学营建事例胪列如表4：

表4　元代济宁路庙学营建统计表

庙学名称	营建时间	营建人	营建地	史料来源
单州夫子庙	至元十二年	耶律公	单州	杨垣《单州夫子庙碑》，民国《单县志》卷二〇《艺文》，第546页
曲阜孔子庙	至元十九年	刘用	曲阜	杨垣《修孔子庙垣记》，乾隆《曲阜县志》卷二六《通编》，第192页

① （元）陈绎曾：《昭惠灵显真君庙记》，（明）王治修纂：嘉靖《沛县志》卷之一〇《艺文志》，第256页。

② （元）王谦：《义勇武安王碑记》，《济州金石志》卷三，第9532页。

③ （元）吕惟恕：《重修伏羲圣祖庙记》，《济州金石志》卷八，第9709页。

④ 参见申万里：《元代庙学考辨》，《内蒙古大学学报》2002年第2期。

⑤ 参见胡务：《元代庙学的兴建和繁荣》，《元史论丛》第6辑，中国社会科学出版社，2005年。

⑥ （元）宋元隆：《创建洙泗书院记》，（明）陈镐纂修：《阙里志》卷之十八《撰述一·历代碑记》，山东友谊书社，1989年，第1007页。

（续上表）

庙学名称	营建时间	营建人	营建地	史料来源
泗水庙学	至元二十年		泗水	胡祇遹《紫山先生大全集卷》卷一〇《泗水县重修庙学记》，《景印文渊阁四库全书》第1196册，第198页
七十二贤画像	至元二十二年①	刘彧	郓城	曹大本《七十二贤画像记》，崇祯《郓城县志》卷之八《艺文志》，第302页
单州庙学	至元二十三年	孔奉训	单州	马舜臣《重修庙学记》，民国《单县志》卷二〇《艺文志》，第547－548页
兖州学	至元二十三年		兖州	吴衍《兖州学记》，《辽金元石刻文献全编》第1册，第682页
济州大成殿	至元二十八年	冀德方	济州	李谦《重修大成殿记》，乾隆《济宁直隶州志》卷八《建置》，第492页
肥城县学	至元二十八年	张纲、赵世公	肥城	李谦《肇修庙学记》，光绪《肥城县志》卷五《学校》，第84页
济州庙学	元贞二年	冀泰	济州	李谦《济州修学后记》，《济州金石志》卷三，第9525页
嘉祥县学	大德三年		嘉祥	赵衡正《创建庙学记碑》，《济州金石志》卷七，第9670页
济州尊经阁	大德三年	李宗武	济州	陈俨《尊经阁记》，《济州金石志》卷八，第9527页
曲阜孔子庙	大德五年	按檀不花	曲阜	阎复《大元重修夫子庙碑》，乾隆《曲阜县志》卷二六《通编》，第195页
济州庙学从祀绘塈	皇庆元年		济州	陈俨《济州庙学从祀绘塈记碑》，《济州金石志》卷三，第9528页
孔子庙	延祐四年		金乡	曹元用《元延祐四年金乡县重修孔子庙记碑》，《济州金石志》卷八，第9635页

---

① 关于郓城做七十二贤画像的时间，曹大本记作"至元己酉"，按元代无论是至元年号还是后至元年号，均无己酉年，因此推测己酉可能是乙酉之误，至元乙酉为至元二十二年。

92

（续上表）

庙学名称	营建时间	营建人	营建地	史料来源
济州庙学	至顺四年	张仲仁	济州	辛明远《济州重修庙学碑》，《辽金元石刻文献全编》第2册，第689页
济州尊经阁	元统三年	偰朝吾	济州	王宜振《济州重修尊经阁记》，乾隆《济宁直隶州志》卷八《建置》，第486页
虞城宣圣庙	元统三年	游居敬	虞城	李可久《分务勤劳记》，光绪《虞城县志》卷之八《艺文》，第735页
济州尊经阁	后至元三年		济州	王宜振《重修尊经阁记》，《济州金石志》卷八，第9534页
沛县庙学	至正五年	伯颜察儿	沛县	孔希冕《重修庙学记》，民国《沛县志》卷七《学校志·学宫》，第374页
曲阜庙学		杨演	曲阜	张翌《曲阜县庙学记》，乾隆《曲阜县志》卷二六《通编》，第194页
曲阜宣圣庙	后至元二年		曲阜	欧阳玄《圭斋文集》卷九《曲阜重修宣圣庙碑》，《景印文渊阁四库全书》第1210册，第94页
洙泗书院	后至元四年	孔克钦	曲阜	宋元隆《创建洙泗书院记》，《阙里志》卷之一八《撰述一·历代碑记》，第1007页
宁阳宣圣庙	后至元五年	陈台靳	宁阳	李惟明《重修宣圣庙记》，光绪《宁阳县志》卷之一八，第353页
孔子圣像	至正四年	蔡思中	济州	孔克亮《重绘圣像记》，《济州金石志》卷八，第9536页
义塾崇礼斋	至正十一年	李淑敬	滋阳	张泰《创建义塾崇礼斋记》，康熙《嵫阳县志》卷四，第398页
济宁路文庙	至正十三年		济宁	孔克坚《济宁路重修文庙碑》，《济州金石志》卷八，第9539页
济宁路庙学	至正十五年	伯颜察儿	济宁	孔希冕《元至正乙未重修庙学记》，乾隆《沛县志》卷九《艺文》，第421页

（续上表）

庙学名称	营建时间	营建人	营建地	史料来源
单州庙学	至正十五年	偰百辽逊	单州	偰百辽逊《大元重修单州庙学碑》，《菏泽市古石刻调查与研究》，第 291 - 293 页
大义书院	至正二十一年	孔世德	巨野	孔克坚《德化乡星滩大义书院碑记》，民国《重修巨野县志》卷七《艺文》，第 652 页
济宁庙学	至正二十四年			孔希学《重修庙学记》，《济州金石志》卷八，第 9539 页
鱼台儒学		變理吉思	鱼台	《元修儒学碑记》，光绪《鱼台县志》卷四《金石》，第 164 页

由表 4，我们可以看到：

第一，有元一代，元代济宁路营建庙学的事例很多，这与济宁路孔圣故里的地位有关。如至元十二年（1275）单州重修夫子庙，杨垣指出"单之为州，密迩夫子林寝者乎？其崇严祀庙，建设学宫，以劝风化，故所宜也"。① 至元二十年（1283）泗水重修庙学，胡祗遹称"荒域小邑，皆立孔子庙，兴举学校，尊师重道，人材辈出。泗水县去曲阜不两舍，洙泗遗风，人易从化"。② 鱼台县重修庙学，儒学掾龚裕也称"境治东鲁，衣冠丰盛，乃庙学不修，俾文风废坠"。③ 可见，济宁路孔子故里的特殊地位是其庙学营建的重要推动力。

第二，济宁路庙学主要由地方政府主持营建。如至元二十八年（1291）肥城庙学，"邑司达鲁花赤长官赵珪始赞襄之，其纪纲役事，廉勤奉公，则典史张仲也"。④ 元贞二年（1296）济州重修庙学，知州郭景仁"身任其责，首捐俸金，相以力役，为众人倡，

---

① （元）杨垣：《单州夫子庙碑》，（民国）项葆祯修，李经野纂：民国《单县志》卷二〇《艺文》，第 546 页。

② （元）胡祗遹著，魏崇武、周思成校点：《胡祗遹集》卷一〇《泗水县重建庙学记》，吉林文史出版社，2008 年，第 272 页。

③ 《元修儒学记》，（清）冯振鸿纂修：光绪《鱼台县志》卷四《金石志》，第 164 页。

④ （元）李谦：《肇修庙学记》，（清）凌绂曾修，邵承昭纂：光绪《肥城县志》卷五《学校》，第 84 页。

视事稍隙，则以身董之，风雨寒暑不之恤"。① 后至元五年（1339）重修宁阳宣圣庙，主簿靳梦臣"以重修为己任，而同官协力，割禄缗为公需。君亲董役，胥徒无扰耗"。② 又如至正四年（1344）重绘孔子圣像，济州知州蔡思中"首以重绘自任，捐俸金叁伯缗，复会僚佐同知史承事、判官杨奉事、吏目贾彦等共议厥谋，求善得书丹青者以饰之。侯日以政暇亲督其役，焕然为之一新"。③ 至正十五年（1355）重修单州庙学，"以直学陈德让所贮粟来豆市，得钞四千九百八十贯，并生员张德□□□□□□□□□□□合得至元宝钞八千八百七十贯有奇，以付李天则，泊州吏东国宾掌之，乃涓吉日，乃鸠□工，木土金石，九壁丹垩，不假他求"。④ 除直接主持庙学的营建外，地方政府还对地方精英营建庙学的行为进行表彰，如兖州士人李淑敬建家塾，"州令尹刘公褒其名曰义塾，又曰崇礼斋云"。⑤

第三，在庙学的营建中，地方精英的作用不容忽视。首先，地方精英发起地方庙学的营建活动。如单州庙学经"岁月变迁，风雨剥落，栋宇、基址不无所损"，于是"乡大夫蔡嘉议及故总管孟怀远请缮完而一新之"。⑥ 其次，地方精英还积极为庙学营建提供财力支持，如单州重修庙学，"邑士闻之莫不踊跃，咸愿倡率而营度之，施财佣工迭维□助者惟恐其后"。⑦ 又如至元十五年（1278）沛县重修庙学，"官守、贤良、士夫、耆德以至府史、胥徒，志于善者，莫不欢欣踊跃，各出己赀，鸠工市材，以为之助"。⑧ 至元十九年（1282）曲阜修孔子庙垣，"乃于户大丁众之家，从民意而借其力。民皆曰：此非公役，惟吾乡中之盛事，复何辞焉。于是相与执版幹拚削之具而至者几千人"。⑨ 此外，济宁路还有由地方精英修建的义塾。如至正十一年（1351），兖州士人李淑敬建崇

① （元）李谦：《重修济州庙学后记》，咸丰《济宁直隶州志》卷五。

② （元）李惟明：《重修宣圣庙记》，（清）高陞荣修，黄恩彤纂：光绪《宁阳县志》卷一八《艺文三·记上》，第353页。

③ （元）孔克亮：《重绘贤像记》，《济州金石志》卷三，第9536页。

④ （元）偰百辽逊：《大元重修单州庙学碑》，孙明主编：《菏泽市古石刻调查与研究》，第291－293页。

⑤ （元）张泰：《创建义塾崇礼斋记》，（清）李漎纂修：康熙《峄阳县志》卷之四《文献部下》。

⑥ （元）马舜臣：《重修庙学记》，（民国）项葆祯修，李经野纂：民国《单县志》卷二〇《艺文》，第547页。

⑦ （元）马舜臣：《重修庙学记》，（民国）项葆祯修，李经野纂：民国《单县志》卷二〇《艺文》，第547页。

⑧ （元）孔希晃：《重修庙学记》，（民国）于书云修，赵锡藩纂：民国《沛县志》卷七《学校志》，《中国方志丛书·华中地方·第一六四号》，成文出版社，1975年，第369页。

⑨ （元）杨垣：《修孔子庙垣记》，（清）潘相纂修：乾隆《曲阜县志》卷二六《通编》，第192页。

礼义塾，"于宅南选地一方，建明伦堂两斋，左修先生之宅，宅西北约三里拨地一十亩，为赡学之地"，并延请濂溪李先生"发明经史以为师"。① 地方精英对于义塾的创建，是对元朝中后期官学教育的支持和补充，为元代基层儒学教育的发展注入了新的活力。②

第四，除地方政府外，投下封君也参与济宁路庙学的营建活动。达鲁花赤代表封君主持营建庙学。如阎复记载，"国初封建宗室，画济、兖、单三州为鲁国大长公主驸马济宁王分地。置济宁总管府，属县十六，曲阜其一也。济宁守臣按檀不花恭承诏旨，会府尹僚佐乡长者谋曰：方今圣天子守成尚文，此乡风化之源，礼义之所以从出。为守臣者，敢不对扬休命，以庙役为任"。按檀不花于是"首出泉币万缗……郡政之暇，躬为督视，甄陶、锻冶、丹艧、髹漆，以至工师廪积，各有司存"。③

第五，中央政府对济宁路庙学的营建也颇为关切。在庙学营建的资金方面，元廷会要求济宁路提供资金支持。如至顺三年（1332），"圣天子即位，加意儒术，以风天下。首以阙里宣圣庙岁月将坏，敕济宁路出官钱五万二千余缗，为修葺之资"。④ 中央政府还会为济宁路庙学营建直接提供资金支持。如后至元五年立重修曲阜宣圣庙碑，顺帝令"以台储中统楮币二万五千缗为立石之赀"。⑤

总之，济宁路作为孔子故里，庙学的营建热情颇为高涨。在具体营建中，地方政府发挥了主导作用，地方精英积极参与其中，投下封君也偶有参与。由于济宁路的特殊地位，中央政府也对济宁路庙学的营建予以高度关注。

（四）祭祀林庙

元代济宁路曲阜县为孔子故里，为历代统治者所重视，褒崇活动不断。在元代推行汉法的大背景下，祭孔的事例也颇为常见，元代中央政府、投下封君、济宁路地方政府均参与其中。

1. 元代官方祭孔活动

元代官方祭孔活动统计如表5：

① （元）张泰：《创建义塾崇礼斋记》，（清）李潆纂修：康熙《嵫阳县志》卷之四《文献部下》。

② 参见申万里：《元代教育研究》，武汉大学出版社，2008年，第95-103页。

③ （元）阎复：《曲阜孔子庙碑》，（元）苏天爵编：《国朝文类》卷一九，《四部丛刊》本。

④ 《至顺三年重修宣圣庙提名碑》，骆承烈汇编：《石头上的儒家文献——曲阜碑文录》，第280页。

⑤ （元）欧阳玄：《圭斋文集》卷九《曲阜重修宣圣庙碑》，《景印文渊阁四库全书》第1210册，（台湾）商务印书馆，1983年，第94页。

表 5　元代官方历次祭孔活动统计表

时间	承担者	史料来源
至大元年	王德渊	《祭孔庙碑阴致祭记》，民国《续修曲阜县志》卷八《艺文·金石》，第 846 页
至大四年	刘庚	刘庚《祀至圣碑》，民国《续修曲阜县志》卷八《艺文·金石》，第 849 页
延祐七年	王存义	曹元用《祭孔子庙碑》，《阙里志》卷一八《撰述一·历代碑记》，第 996 页
天历二年	曹元用	曹元用《代祀阙里孔子庙碑》，《阙里志》卷一八《撰述一·历代碑记》，第 999 页
元统二年	赵世安	张起岩《皇太后祠鲁宣圣庙之碑》，《辽金元石刻文献全编》第 1 册，第 726 页
后至元元年	王思诚	王思诚《代祀阙里孔子庙碑》，《阙里志》卷一八《撰述一·历代碑记》，第 1004 页
后至元五年	高元	梁宜《御赐尚酝释奠记》，《阙里志》卷一八《撰述一·历代碑记》，第 1010 页
后至元五年	孔思立	王守诚《祀曲阜宣圣庙》，《阙里志》卷一八《撰述一·历代碑记》，第 1028 页
后至元六年	周伯琦	周伯琦《释奠先圣庙记》，《阙里志》卷一八《撰述一·历代碑记》，第 1030 页
至正二年	郭孝基	郭孝基《致奠曲阜孔子庙碑》，《阙里志》卷一八《撰述一·历代碑记》，第 1041 页
至正八年	董立	董立《代祀记》，《阙里志》卷一八《撰述一·历代碑记》，第 1044 页
至元二十五年	魏元礼	魏元礼《代祀阙里记》，《阙里志》卷一八《撰述一·历代碑记》，第 1058 页

　　自大德十一年（1307）武宗加封孔子为大成至圣文宣王以来，元廷先后十二次派遣官员赴曲阜祭祀孔子。元廷对祭孔活动非常重视，这表现在如下几个方面：首先，代祀特使多从集贤院、翰林国史院等机构中选拔，其中不乏曹元用、王思诚、周伯琦等元代名臣。曹元用"资禀俊爽"，以镇江路儒学正起家，文宗朝仕至翰林侍讲学士，兼经筵

官。天历二年（1329），"代祀曲阜孔子庙。还，以司寇像及代祀记献，帝甚喜"。① 王思诚"气宇和粹，性好学，从邓文原、虞集游"，至治元年（1321）进士及第，后至元元年（1335）以翰林修撰兼国史院总修官代祀孔子。② 周伯琦"博学能文辞"，为官四十余年，为元廷所重，后至元六年（1340）六月以翰林修撰同知制诰兼修国史"奉诏代祀孔子于曲阜"。③ 其次，在代祀特使出发前，要举办相应仪式。如后至元六年（1340）周伯琦代祀孔子，顺帝"御龙光殿，太府进香，上手致敬，大官出上尊四，伯琦钦承以行"。④ 至正八年（1348）董立代祀孔子，顺帝"手香加额致敬，久之以授"⑤。再次，特使要携带一定数量的祭品，如至大四年（1311）祭告宣圣庙，特使刘庚携"御香一封，白金三锭，重壹佰伍拾两。珍币杂采，表里各十三段"。⑥ 天历二年（1329）曹元用代祀孔子庙，"捧白金百五十两，币帛二十有六纯"。⑦ 最后，元廷还为祭孔仪式提供资金支持，如至正二年（1342）郭孝基奉命致祭孔子，"中书助祭元宝二千五百缗"。⑧ 以上几点都充分反映了元廷对祭孔的重视。

2. 投下封君的祭孔活动

有元一代，鲁国大长公主和鲁王⑨曾于大德七年（1303）、至大元年（1308）九月、

---

① 《元史》卷一七二《曹元用传》，第 4028 页；（元）宋本：《大元故翰林侍讲学士通议大夫知制诰同修国史兼经筵官曹公墓志铭》，胡新立、王正玉：《山东嘉祥县元代曹元用墓清理简报》，《考古》1983 年第 9 期。

② 《元史》卷一八三《王思诚传》，第 4210 页；《后至元元年代祀阙里孔子庙碑》，骆承烈汇编：《石头上的儒家文献——曲阜碑文录》，第 288 页。

③ （明）宋濂：《宋学士文集》卷六四，《芝园续集》卷四《元故资政大夫江南诸道行御史台侍御史周府君墓铭》，《四部丛刊》本。

④ （元）周伯琦：《释奠先圣庙记》，（明）陈镐纂修：《阙里志》卷一八《撰述一·历代碑记》，第 1030 页。

⑤ （元）董立：《代祀记》，（明）陈镐纂修：《阙里志》卷一八《撰述一·历代碑记》，第 1044 页。

⑥ （元）刘庚：《祀至圣碑》，（民国）孙永汉修，李经野、孔诏曾纂：民国《续修曲阜县志》卷八《艺文·金石》，第 849 页。

⑦ （元）曹元用：《代祀阙里孔子庙碑》，（明）陈镐纂修：《阙里志》卷一八《撰述一·历代碑记》，第 996 页。

⑧ （元）郭孝基：《致奠曲阜孔子庙碑》，（明）陈镐纂修：《阙里志》卷一八《撰述一·历代碑记》，第 1041 页。

⑨ 关于元代鲁国大长公主和鲁王的册封情况，参见文末附表《元代济宁路历代封君表》。

至大元年（1308）冬、泰定四年（1327），先后四次派遣特使赴曲阜祭祀孔子。① 投下封君祭孔，采取以家臣代祀的形式。如至大元年（1308）九月，皇姊大长公主相哥剌吉懿旨，鲁王琱阿不剌钧旨，"眷兹诗礼之庭，在我汤沐之邑。不待闻金石丝竹而起敬，盖将肴羞菹醢以荐诚。今遣承务郎应昌路同知王谦前去造酒，择日致祭"。② 泰定四年（1327）祭孔，皇姊大长公主相哥剌吉"遣承务郎位下总管府总管赵昌，令偕承□□达鲁花赤不颜帖木儿、敦武校尉同知乃蛮、前府经历焦显、知事教化的、司吏万道清、属官杨景祐、王启敬、陈□□伯家奴、薛彻秃、蔡伯见奉香酒，诣阙里致奠"。③ 投下封君祭祀孔子，要携带祭品，并提供资金支持。如大德七年（1303）冬，皇姑鲁国大长公主囊家真"以阙里大殿落成，备香酒牲币致祭"。④ 又如至大元年（1308）冬，皇姊大长公主相哥剌吉、鲁王琱阿不剌遣使致祭林庙，"以林庙粤在鲁国汤沐之邑，出祝辞，手银盒，实香其中，敬用礼神，以钱五百千为礼料费"。⑤ 除香酒、币帛之外，代祀时还有"颁所刻圣象百幅"的情况。⑥ 除遣使代祀外，至大元年（1308），鲁国大长公主相哥剌吉、鲁王琱阿不剌还下令保护曲阜林庙，"常务清洁，勿致亵渎。凡孔氏林木地土，诸人无得侵夺"。⑦ 投下封君遣使祭孔，曲阜林庙□正张翰称之为"旷世希闻之仪"，并写诗以谢。⑧

3. 济宁路地方官府的祭孔活动

济宁路地方官府的祭孔活动主要包括两部分：地方官员亲自拜谒林庙；为中央政府

---

① （元）许国侨：《至大元年皇姊大长公主祭孔庙碑》，（民国）孙永汉修，李经野、孔诏曾纂：民国《续修曲阜县志》卷八《艺文志·金石》，第848页；（元）张翰：《泰定四年皇姊大长公主降香碑》，骆承烈汇编：《石头上的儒家文献——曲阜碑文录》，第270页。

② 《加封孔子圣旨及致祭先师颜孟祝文》，（民国）孙永汉修，李经野、孔诏曾纂：民国《续修曲阜县志》卷八《艺文志·金石》，第846页。

③ （元）张翰：《泰定四年皇姊大长公主降香碑》，骆承烈汇编：《石头上的儒家文献——曲阜碑文录》，第270页。

④ （元）许国侨：《皇姊大长公主祭孔庙碑》，（民国）孙永汉修，李经野、孔诏曾纂：民国《续修曲阜县志》卷八《艺文志·金石》，第848页。

⑤ 《皇姊大长公主鲁王祭孔庙碑》，（民国）孙永汉修，李经野、孔诏曾纂：民国《续修曲阜县志》卷八《艺文志·金石》，第848页。

⑥ （元）张翰：《泰定四年皇姊大长公主降香碑》，骆承烈汇编：《石头上的儒家文献——曲阜碑文录》，第270页。

⑦ 《加封孔子圣庙圣旨及致祭先师颜孟祝文》，（民国）孙永汉修，李经野、孔诏曾纂：民国《续修曲阜县志》卷八《艺文志·金石》，第846页。

⑧ （元）张翰：《泰定四年皇姊大长公主降香碑》，骆承烈汇编：《石头上的儒家文献——曲阜碑文录》，第270页。

与投下封君的祭孔活动提供协助。

第一，济宁路地方官员亲自拜谒林庙，其事例如表6所示：

表6　元代济宁路官员拜谒林庙统计表

时间	拜谒人	史料来源
至元六年	常若纳、李世英	《至元六年李世英题名碣》，骆承烈汇编《石头上的儒家文献——曲阜碑文录》，第218页
至元十三年	李道可	《至元十三年李道可谒林庙碣》，骆承烈汇编《石头上的儒家文献——曲阜碑文录》，第220页
至元十六年	马公	《至元十六年奥鲁马公谒庙记碣》，骆承烈汇编《石头上的儒家文献——曲阜碑文录》，第221页
至元十九年	刘用	杨垣《重修阙里庙垣记》，乾隆《曲阜县志》卷二六《通编》
后至元四年	朵儿只	《后至元四年朵儿只谒庙碑》，骆承烈汇编《石头上的儒家文献——曲阜碑文录》，第289页
至正元年	汪泽民	《兖州知州汪泽民谒林庙》，《阙里志》卷二〇《艺文三·诗歌》，第1 090页
至正二年	刘承祖	《至正二年刘承祖谒林庙记碣》，骆承烈汇编《石头上的儒家文献——曲阜碑文录》，第309页

元代济宁路地方官员拜谒林庙多是"因公至曲阜"，如至元十三年（1276）济宁府知府李道可，"道以行县，至曲阜，恭谒林庙"。① 至元十六年（1279）济宁府知府马公也是"按行州县，时至阙里，展谒至圣文宣王林庙"。② 除亲自拜谒外，济宁路地方政府偶尔也遣使祭孔。如至元十七年（1280），济宁府知府马公"以俸金五十两，谨遣武略将军兖州知州兼管诸军奥鲁赵侯，以仲春上丁行释奠事"。③

元代济宁路官员为官方祭孔活动和投下封君祭孔活动提供协助。如至大四年

---

① 《至元十三年李道可谒林庙碣》，骆承烈汇编：《石头上的儒家文献——曲阜碑文录》，第220页。

② 《至元十六年奥鲁马公谒庙记碣》，骆承烈汇编：《石头上的儒家文献——曲阜碑文录》，第221页。

③ 《至元十六年奥鲁马公谒庙记碣》，骆承烈汇编：《石头上的儒家文献——曲阜碑文录》，第221页。

（1311）刘庚代祀宣圣庙，"与其事者，少中大夫济宁路总管臣隋有，奉直大夫兖州知州臣赵弼，从仕郎行御史台监察御史臣刘泰，进义副尉曲阜县达鲁花赤乃囗"①。延祐七年（1320）祭孔，"礼部檄济宁路如式供具，以太中大夫济宁路总管白珍率其属，偕有司罗仪卫清道肃迓诸儒"②。协助投下封君祭祀，如至大元年（1308）皇姊大长公主相哥剌吉、鲁王珅阿不剌遣使祭祀孔庙，以兖州达鲁花赤逊都觯为亚献，兖州知州马奉训为终献。③

总之，在元代推行汉法、褒崇儒学的大背景下，元朝政府多次遣使祭祀林庙，投下封君也曾先后四次遣使祭祀，济宁路地方官员亲自拜谒林庙，并对中央政府和封君祭孔活动提供协助。

三、结论

元代济宁路是一个典型的投下路，主要存在中央政府、投下封君、地方政府、地方精英等政治势力。济宁路的形成主要受到投下分封的影响，而其地方行政制度则受元朝中央政府与投下封君的双重影响。在具体治理上，大运河由元朝中央政府管理，都漕运使司负责运河航运，都水监（行都水监）负责运河河道疏浚与闸坝营建，济宁路地方政府为运河疏浚和闸坝营建提供协助。在祈雨与庙学营建中，济宁路地方政府发挥着主导作用，地方精英也广泛参与其中，并发挥重要作用。在祭孔活动中，元朝中央政府先后十二次派遣特使代祀林庙，鲁国大长公主、鲁王也曾多次遣使祭祀，济宁路地方政府则需配合元廷与封君的祭孔活动，并提供人力和财力的协助。

通过对济宁路治理的考察，我们可以归纳出元代投下治理的若干特点：

第一，从总体上看，元代投下治理是元代汉法与蒙古旧制斗争的一个方面。丙申投下食邑分封是蒙古统治者将草原制度移植到中原汉地的一种尝试，但这一举措遭到汉人世侯势力的抵制与汗廷儒臣的反对，耶律楚材认为此制"尾大不掉，易以生隙"，建议"树置官吏，必自朝命，除恒赋外，不令擅自征敛，差可久也"，太宗从之。④丙申分封后形成了投下食邑分封与汉人世侯领地相嵌合的格局；在此后的二三十年里，元廷在投

① （元）刘庚：《祀至圣碑》，（民国）孙永汉修，李经野、孔诏曾纂：民国《续修曲阜县志》卷八《艺文·金石》，第849页。

② （元）曹元用：《祭孔子庙碑》，（明）陈镐纂修：《阙里志》卷一八《撰述一·历代碑记》，第996页。

③ （元）许国乔：《皇姊大长公主鲁王祭孔庙碑》，（民国）孙永汉修，李经野、孔诏曾纂：民国《续修曲阜县志》卷八《艺文·金石》，第848页。

④ （元）苏天爵辑撰，姚景安点校：《国朝名臣事略》卷五《中书耶律文正公》，第73页。

下又广置路州，逐渐形成了投下分封与汉式官僚制度相嵌合的体制，这一体制与元代相始终。① 这两种嵌合的转变反映了在投下治理中，元朝蒙古统治者由试图在汉地推广草原制度到逐渐接受和推行汉法的治理理念的变化，使得汉式中央集权的官僚体制最终得以在投下治理中发挥主导作用。

第二，元代投下主要存在投下封君、中央政府、地方政府与地方精英等政治势力，原本相当强大的汉人世侯势力随着入元以后忽必烈废罢世侯特权、行迁转法的改革而逐渐转变为汉式官僚。② 投下路州地方行政制度的形成主要受投下封君与元朝中央政府的影响。在投下的具体治理活动中，元朝中央政府对像大运河这样的关系国计民生的重大事务牢牢把控，地方政府在祈雨、建庙学等活动中发挥主导作用，地方精英也积极参与其中。四方势力在投下治理中各自发挥作用，其力量角逐影响投下治理活动的展开，也深刻影响投下治理的效果。

第三，投下封君对投下路州的影响在元代整体上呈现衰减趋势。自世祖朝以来，随着汉法的推行，元廷对投下封君在政治上的限制越来越强。如元廷对投下封君司法权的限制，中统二年（1261），忽必烈"谕诸王、驸马，凡民间词讼无得私自断决，皆听朝廷处置"。③ 元贞元年（1295）济宁王蛮子台私杀罪人，"御史台臣言其专擅，有旨谕蛮子台令知之"。④ 对于投下封君随意召唤达鲁花赤的限制，如至元三十年（1293）规定，投下封君勾唤投下达鲁花赤，必须"等候省部明文，然后许令前去"。⑤ 但是，尽管受到种种限制，投下封君势力不可能完全消除，这与蒙古草原传统有关系。大蒙古国建构于符拉基米尔佐夫所谓"游牧封建制"之上，黄金家族成员及其私属伴当均享有获得封地和属民的权利，⑥ "哥哥弟兄每商量定，取天下了呵，各分地土，共享富贵"。⑦ 窝阔台试图将这一制度移植于汉地，虽未完全实现，但形成了投下食邑分封制度。元代在限制投下特权之外，出于"庇本根"的考虑，一些大臣也要求保障投下权利。如元初名臣郝经就曾建议"亲诸王"，指出"诸王既共推戴，当加之以恩而劝之以义，使尊荣过于

---

① 李治安：《元代分封制度研究》，第 104 页。

② 参见王翠柏：《金元之际中国北方政治秩序重建与汉人军功家族研究》，武汉大学博士学位论文，2017 年。

③ 《元史》卷四《世祖纪一》，第 74 页。

④ 《元史》卷一八《成宗纪一》，第 395 页。

⑤ 陈高华等点校：《元典章》卷九《吏部三·官制三·投下官·投下不得勾职官》，中华书局、天津古籍出版社，2011 年，第 300 页。

⑥ 参见〔苏联〕符拉基米尔佐夫著，刘荣焌译：《蒙古社会制度史》，中国社会科学出版社，1980 年。

⑦ 陈高华等点校：《元典章》卷九《吏部三·官制三·投下官·改正投下达鲁花赤》，第 296 页。

前日则可"。① 元廷为安抚投下，不断加封王爵以褒崇之，并采取增加赏赐，加封江南户钞等措施。② 因此，投下势力尽管受到种种限制，但其对投下治理的影响不可能完全消除。

第四，地方精英对投下治理的参与非常值得注意。元代北方汉地地方精英经金元之际战争打击，势力远不及江南地区，但亦相当可观。③ 地方精英凭借在地方社会的号召力主持投下治理活动，以雄厚的财力为地方社会的治理活动直接提供财力、物力的支持，在地方事务中发挥相当重要的作用。地方官府对地方精英予以表彰，在具体施政时，也往往要征询他们的意见。地方精英出于构建自身在地方社会权威的考虑，往往也有意识地积极参与地方事务。

总之，元代投下主要包括投下封君、中央政府、地方官府与地方精英等政治势力，诸势立各自参与投下治理，其角力影响投下治理活动的展开，也深刻影响到投下治理的效果。

附表　元代济宁路历代封君表

	封君名字	封号	册（追）封时间	备注
历代鲁王	按赤那颜	济宁王	元贞元年	
	圻那颜			
	斡罗陈			按赤那颜之侄，尚世祖女囊家真
	帖木儿	济宁郡王	至元二十四年	尚世祖之女囊家真

① （元）郝经：《郝文忠公陵川文集》卷三二《便宜新政》，《北京图书馆古籍珍本丛刊》第 91 册，第 766 页。

② 投下封君加封，如元贞元年，成宗"封皇姑囊家真公主为鲁国大长公主，驸马蛮子台为济宁王，仍赐金印"，参见《元史》卷一八《成宗纪一》，第 390 页；又如大德十年，成宗"封驸马脱铁木而为濮阳王，赐以金印，公主忙哥台为郓国大长公主"，参见《元史》卷二一《成宗纪四》，第 470 页；投下封君获得赏赐，如至大四年，仁宗"赐大长公主相哥剌吉钞二万锭"，参见《元史》卷二四《仁宗纪一》，第 543 页；皇庆元年，仁宗"以西宁州田租、税课赐大长公主忙古台"，参见《元史》卷二四《仁宗纪一》，第 552 页。加封江南户钞，如阿昔伦公主、阿秃驸马，至元二十年获赐江南民千户，参见《元史》卷一二《世祖纪九》，第 249 页。

③ 参见苏力：《元代地方精英与基层社会——以江南地区为研究中心》，中央民族大学博士学位论文，2007 年。

（续上表）

封君名字	封号	册（追）封时间	备注
蛮子台	济宁王	元贞元年	帖木儿之子，尚世祖之女囊家真，继尚裕宗之女喃哥不剌公主
珊阿不剌	鲁王	大德十一年	囊家真公主之子，尚顺宗之女相哥剌吉，早薨
阿里嘉世礼	鲁王	不详	珊阿不剌之子，尚顺宗之女朵儿只班
相哥八剌	郓安王	至顺年间	阿里嘉世礼之子，尚成宗之女普纳
相哥八剌	鲁王	元统二年	阿里嘉世礼之子，尚成宗之女普纳
囊家真	皇姑鲁国大长公主	元贞元年	世祖之女
相哥剌吉	鲁国大长公主	大德十一年	顺宗之女，适鲁王珊阿不剌，至顺二年四月去世
相哥剌吉	皇姊大长公主	至大四年	顺宗之女，适鲁王珊阿不剌，至顺二年四月去世
相哥剌吉	皇姑大长公主	天历年间	顺宗之女，适鲁王珊阿不剌，至顺二年四月去世
朵儿只班	肃雍贤宁公主	至顺年间	顺宗之女，适鲁王阿里嘉世礼
普纳	郓安大长公主	至顺三年	成宗之女，适鲁王相哥八剌
普纳	皇尊姑大长公主	元统二年	成宗之女，适鲁王相哥八剌

左侧分组：历代鲁王（蛮子台、珊阿不剌、阿里嘉世礼、相哥八剌）；历代公主（囊家真、相哥剌吉、朵儿只班、普纳）

史料来源：《元史》本纪部分；《元史》卷一〇八《诸王表》；《元史》卷一〇九《诸公主表》；《元史》卷一一八《特薛禅传》；胡祖广《大元加封宏吉烈氏相哥八剌鲁王元勋世德碑》，道光《巨野县志》卷二〇《金石》。

作者简介：

贾建增，武汉大学历史学院博士研究生。

元代帝师和《太平记》中的西蕃帝师

张静宇

[提要] 成书于日本室町时代的军记物语《太平记》详细描写了大元皇帝采用西蕃帝师的计谋成功灭掉了南宋。西蕃帝师这一人物的设定受到我国元代帝师制度的影响，对《太平记》最终的成书产生了很大的影响。《太平记》将细川赖之比拟为元朝的帝师，暗示了《太平记》成书时其在僧俗两界达到了权力顶峰。同时代的五山禅僧春屋妙葩也从皇室得到了和帝师同样的封号，反映了他和细川赖之对室町幕府佛教界权力的角逐。

[关键词] 帝师；《太平记》；细川赖之；春屋妙葩

帝师，通常指皇帝的老师。然而，在我国元代，帝师最初的设立是为了加强对西藏的统治，是元朝皇帝从吐蕃请来喇嘛充当的一种最高神职，由乌思藏佛教流派之一萨迦派的高僧担任，从元世祖忽必烈起，为历代元朝皇帝敕封。后来元朝设立宣政院，帝师掌管全国佛教事务和西藏地区军政事务，宣政院设立僧俗两种官职，帝师即统领整个佛教事务。从八思巴受封初代帝师到元朝灭亡的一百年中，元朝共有十一位皇帝，每位皇帝都封有帝师，先后有十四名萨迦派僧人出任帝师。帝师因故长期离开朝廷，要任命他人代理，帝师圆寂，则新立一人继任，从而形成了元代特有的帝师制度。①

---

① 陈庆英：《元代帝师制度及其历任帝师》（上、下），《青海民族学院学报》1991 年第 1、2 期。

　　《太平记》成书于日本室町幕府初期（14世纪70年代），是日本中世军记物语之集大成，与《平家物语》并称为日本军记物语的双璧。该作品篇幅浩大，长达四十卷；时间跨度较长，描写了后醍醐天皇的倒幕、镰仓幕府的灭亡、建武新政、室町幕府的建立、南北朝的对峙、观应之乱、室町幕府内部大名之间的争斗、足利义诠的去世、细川赖之就任"管领"（辅佐将军之职）等一系列重大历史事件。其中，《太平记》卷三十八《大元战争故事》、卷三十九《大元进攻日本故事》叙述了元朝和南宋的战争、元朝和日本的战争，体现了当时日本对国际社会的强烈关心，和历史出入比较大，带有强烈的文学虚构色彩。[①] 卷三十九《高丽人来朝之事》中记述了1367年高丽国持大元国皇帝的国书要求日本解决骚扰朝鲜半岛和中国东部沿海倭寇问题的历史事件。因为当时日本仍旧处于南北朝时期，四国、九州主要被南朝所控制，而骚扰朝鲜半岛和中国东部沿海的倭寇主要来源于四国、九州，因此日本方面认为无能为力，于是赏赐了使者物品之后，将使者遣回高丽。本文主要论述元代帝师和《太平记》卷三十八《大元战争故事》西蕃帝师之间的关系，以及西蕃帝师在《太平记》中所起的作用。

一、《太平记》中的西蕃帝师

　　《太平记》卷三十八记述了原室町幕府的大名细川清氏因为佐佐木道誉的陷害而投靠南朝，并且率兵攻打室町幕府，然而细川清氏却在1362年被足智多谋的细川赖之消灭。《太平记》的作者认为细川清氏只是匹夫之勇，没有智谋才被消灭。为了说明智谋在战争中的重要性，《太平记》在卷三十八《大元战争故事》中引用了我国故事，将细川赖之比拟为西蕃帝师。该故事的梗概是：一直意欲灭掉宋朝的大元老皇帝做了一个梦，在梦里大元老皇帝和宋朝幼帝的大军在扬子江对峙，老皇帝突然变成一只羊，而幼帝变为一头狮子。变成"羊"的老皇帝十分害怕，折断了两只角和一条尾巴之后从梦中惊醒，并认为此梦很不吉利。此时他身边大臣——西蕃帝师却认为"羊"字折断两只角和一条尾巴就是"王"字，是吉兆。于是，大元老皇帝派大军灭宋，宋朝派大将伯颜丞相（伯颜本来是大元灭南宋的大将，在《太平记》中被误认为宋朝将军）、襄阳太守吕文焕、大金的贾似道（贾似道是南宋丞相，被误认为是大金大将）等人抵挡。伯颜丞相面对大元大军采取诱敌深入的策略，将大元大军诱入城中一举歼灭。此时，大元老皇帝一筹莫展，束手无策，其身边的大臣西蕃帝师却认为伯颜的计策只是"尺寸之谋"，毫不足惧，并向大元老皇帝献上一计。老皇帝采取了西蕃帝师的计谋，派遣西蕃帝师乔装打扮潜入宋朝。在宋朝，西蕃帝师遇到一位老翁，将其收买带回大元。之后，西蕃帝师

---

　　① 增田欣：《中世文藝比較文学論考》，（东京）汲古书院，2002年，第315页。

使用反间计，将假装伯颜等人谋反的文书藏入老翁的大腿之中遣回宋朝。宋朝抓到老翁，发现伯颜等人谋反的文书，将伯颜等人杀害，于是大元轻而易举地消灭了南宋。①

卷三十八《大元战争故事》中的西蕃帝师是何许人也？为何会突然出现在《太平记》之中，是否跟我国有关联呢？对此，日本学者森田贵之认为，西蕃帝师很可能指我国元朝的帝师，以初代帝师八思巴为首，历代帝师都出现在元代以后的很多僧侣的语录或者《佛祖历代通载》等佛教通史、《敕修百丈清规》等清规类的禅籍文献之中。② 然而，森田贵之并未找出有力的证据，仅仅是一种猜测。实际上，卷三十八《大元战争故事》中对西蕃帝师进行了如下的描写：

> 大元之王十分高兴，和帝师相约说，如以公之计谋灭掉大宋国，必尊公为<u>上天之下，一人之上</u>，代代仰拜公为帝师。③

在上述引文中，当帝师向大元老皇帝献上灭宋妙计之后，老皇帝十分高兴地许诺，如果能成功灭宋将赐帝师尊号为"上天之下，一人之上"，代代帝王都将尊其为帝师。对于"上天之下，一人之上"的说法在卷二十五《天龙寺故事》中也有相关记述：

> 原本禅僧的模范是宋朝的仪式，尊崇的是达摩祖师之行为，然而当今（日本）禅僧的规范和这些都不同。<u>在宋朝，西蕃帝师修大黑天的佛法，护佑朝廷，因此朝廷与他有上天之下，一人之上之约。</u>所以无论那个寺院的长老，以及老人在路上遇到之时屈膝跪地；在朝堂列席之时，伸手取沓。日本则不然。④

《天龙寺故事》描述了日本禅寺天龙寺建立的缘由，以及日本天台宗僧侣对禅寺建立的不满和抗议。上述引文画线部分是说宋朝有一个西蕃的帝师，修行摩诃迦罗天之佛法，他是祈祷护佑朝廷的僧侣，得到了被敕封为"上天之下，一人之上"的约定，因此受到人们尊敬。在卷二十五，《太平记》将元朝帝师误写为宋朝帝师。

需要注意的是，"上天之下，一人之上"的用法，在我国的典籍中也有类似的说法，如禅籍《佛祖历代通载》卷二、卷三十二中有如下的记载：

---

① 张静宇：《『太平記』卷三十八「大元軍事」と宋元文化》，载太平記国際研究集会编《『太平記』をとらえる》第二卷，笠間書院，2015 年，第 12 页。

② 森田貴之：《『太平記』終末部と応安の嗷訴事件》，《軍記と語り物》2009 年第 1 期。

③ 鶯尾順敬校注：《太平記》（西源院本），刀江書院，1936 年，第 1103 页。

④ 鶯尾順敬校注：《太平記》（西源院本），第 688 页。

　　世祖圣德神功文武皇帝，道契佛心，德超义圣，弘护大教，锡以<u>皇天之下一人</u><u>之上西天佛子大元帝师</u>玺篆。宠优其尊师重道。岂特为万世。①

　　大元帝师发思八（即八思巴）是年示寂。翰林学士王磐等奉敕述行状曰：<u>皇天</u><u>之下一人之上开教宣文辅治大圣至德普觉真智佑国如意大宝法王西天佛子大元帝师</u><u>班弥怛拔思发帝师</u>。②

　　《佛祖历代通载》是成书于元代的佛教编年体史书，由浙江嘉兴大祥符禅寺的僧人——梅屋念常编撰，该书自宇宙初始、盘古、三皇等开始叙述，至元顺帝元统元年（1333）为止。上述引文画线部分的"皇天之下一人之上"和《太平记》中的"上天之下，一人之上"基本一致，是元朝初代帝师八思巴（即上述引文中的发思八）从元世祖忽必烈得到的封号。八思巴（1235—1280）是元代的第一任帝师，在1260年被忽必烈尊为帝师，管理藏区事务，统领全国佛教，并创造了蒙古新字，在元朝的历史上占有重要地位。此外，在我国的《敕修百丈清规》一书中也有帝师八思巴相关的记载，如下所示：

　　　　上闻不胜震悼追怀。连建大窣堵波于京师。宝藏真身舍利。轮奂金碧，古今无侔（见翰林学士王磐等奉敕所撰碑）。后升号<u>皇天之下一人之上开教宣文辅治大圣</u><u>至德普觉真智佑国如意大宝法王西天佛子大元帝师</u>。③

　　《敕修百丈清规》本来是在唐朝由百丈怀海和尚制定的禅宗清规，在元代至元年间（1335—1340）奉敕重修，因此得名。《佛祖历代通载》《敕修百丈清规》在14世纪50年代传入日本，对日本五山禅僧产生了很大影响，④并且在日本南北朝时代有五山版的出版。⑤

　　然而，"皇天之下一人之上"是元朝特殊的说法，这里的"一人"指代皇帝，将帝师置于皇帝之上是很难想象的事情。明代叶子奇《草木子》卷三下《杂制篇》中也记述了帝师情况：

　　　　元西域胡僧八思麻，知纬候，佐世祖定天下，制蒙古字书，以七音为本，特定

---

① （元）释念常：《佛祖历代通载》卷二，北京图书馆出版社，2005年，第50页。

② （元）释念常：《佛祖历代通载》卷三二，第147页。

③ （元）德辉编，李继武校点：《敕修百丈清规》，中州古籍出版社，2011年，第38页。

④ 今枝爱真：《中世禅宗史の研究》，東京大学出版会，1970年，第123页。

⑤ 川瀬一馬：《五山版の研究》，（东京）日本古书籍商协会，1970年，第19页。

一代之文，封为帝师。诏尊之曰：<u>一人之下，万人之上</u>。西方佛子，大元帝师。卒葬于京，其墓上天雨宝花。令天下郡国皆立帝师殿，其制一同文庙。呜呼，谬哉。①

上述引文将帝师的尊号改为"一人之下，万人之上"，即将帝师置于皇帝之下，这种用法才是中国古代常用的说法，如《文选》中有如下记述：

《魏志》：段灼理邓艾曰：艾勇气凌云，士众乘势。《六韬》：太公曰：屈<u>一人之下，伸万夫之上</u>，唯圣人能焉。②

因此，可以说"皇天之下，一人之上"是只有元朝才使用的说法，不被其他王朝所使用。在古代中国，皇权至高无上，即便在名义上也不会将任何人凌驾于皇帝之上，通常所用的是如《草木子》《文选》等中所示的"一人之下，万人之上"。因此，可以说《太平记》中"上天之下，一人之上"的用法是受到元世祖忽必烈赐予帝师八思巴"皇天之下，一人之上"封号的影响。

元朝对八思巴帝师的尊崇不仅仅停留在赐尊号上，还下令在全国各个地方建立帝师殿，将其提到和孔子对等的地位。《佛祖历代通载》卷三十六对帝师殿的建立有明确的记载，引文如下：

英宗格坚皇帝，改年至治，<u>诏各路立帝师殿</u>，追谥曰：<u>皇天之下一人之上</u>开教宣文辅治大圣至德普觉真智佑国如意大宝法王西天佛子大元帝师班弥怛拔思发。是年，<u>敕建帝师殿碑</u>。光禄大夫大司徒大永福寺住持释源宗主（法洪）奉敕撰，翰林学士赵孟俯书，参议中书省事（臣）元明善篆额。③

元英宗至治元年（1321），元朝朝廷下令全国各地建立帝师殿纪念八思巴，并且在帝师殿碑上写有"皇天之下，一人之上"。在中日交流的主要港口明州，即今天的宁波也建有帝师殿，宁波的地方志有如下记述：

帝师殿在东南隅新桥东。其地宋时为药师院，后废。皇朝至元间，复为官讲所。<u>延祐六年</u>（1319年）创殿以奉<u>帝师</u>，命僧守之。近岁迁蒙古字学其中。④

---

① （明）叶子奇：《草木子》，中华书局，1979年，第65页。
② （南朝梁）萧统编，（唐）李善注：《文选》，上海古籍出版社，1986年，第1625页。
③ （元）释念常：《佛祖历代通载》卷三六，第211页。
④ 《至正四明续志》，中华书局，1990年。

府治东南二里握兰坊，元帝师殿址。洪武四年（1371 年），守张琪建。正统十年，守陆奇。肖像详见本庙记。①

在元朝灭亡之后，帝师殿绝大部分被毁，明州帝师殿的存在时间是 1319—1371 年，正值中日交流的高峰期。虽然《太平记》中的帝师受《佛祖历代通载》《敕修百丈清规》的影响可能性很大，但是因为明州是日本禅僧到我国的登陆地点，因此也不能排除"入元僧"在明州接触到帝师的信息之后，将其带回日本而被《太平记》的作者所接受。

此外，《太平记》中的西蕃帝师参与了大元灭南宋的战争，虽然在我国的历史书籍中没有这样的记录，但在《佛祖历代通载》中却有关于帝师参与宋元战争的记述，如在卷三十二中有如下的描述：

大元帝师发思八是年示寂。翰林学士王磐等奉敕述行状曰：皇天之下一人之上……时则天兵飞渡长江，竟成一统，虽主圣臣贤所致，亦师阴相之力也。②

这段话认为蒙古大军飞渡长江、统一南宋的原因虽然在于皇帝是圣君，臣下是贤臣，但是和帝师发思八（即八思巴）在阴间世界相助也有很大的关系。卷三十五中对帝师参与宋元战争也有类似的记述：

帝命伯颜丞相，攻取江南，不克。遂问胆巴师父云：护神云何不出气力？奏云：人不使不去，佛不请不说。帝遂求请，不日而宋降。③

这里的胆巴（1230—1303）师父是继八思巴帝师之后的第二代帝师。元朝大将伯颜在攻南宋不克之际曾向胆巴师父询问原因，胆巴师父认为是因为没有请求佛相助，于是皇帝向佛祖祈祷，很快伯颜就攻克了南宋。或许《太平记》的作者根据以上这些信息虚构了西蕃帝师施计灭南宋的故事。

二、细川赖之和春屋妙葩

细川赖之属于足利氏一族的细川氏，在"元弘之乱"中跟随足利尊氏起兵推翻了后

---

① 黄润玉：《宁波府简要志》，四明丛书约园刊本，1937 年。
② （元）释念常：《佛祖历代通载》卷三二，第 151 页。
③ （元）释念常：《佛祖历代通载》卷三二，第 158 页。

醍醐天皇的京都政权。在"观应之乱"中，细川赖之被派往四国地区镇压投靠南朝的大名细川清氏。《太平记》对细川赖之的记述主要是从卷三十八开始的。1362 年，细川赖之在四国地区赞岐的白峰城消灭了投靠南朝的细川清氏，解除了南朝对室町幕府最大的威胁。1367 年，细川赖之成为管领，辅佐室町幕府年幼的第三代将军足利义满。1379 年，细川赖之在"康历政变"中失势，被迫离开京都。1390 年，室町幕府内部爆发"明德之乱"，细川赖之再次被足利义满起用，参加平定叛乱，同时被召回京都。1392 年，细川赖之在京都病死。

《太平记》的作者将细川赖之比作西蕃帝师，也暗示细川赖之如大元初代帝师八思巴一样掌管宣政院，统领全国的佛教。《太平记》最终卷（卷四十）的结尾"细川右马头自西国上京之事"一节中，作品再次赞扬细川赖之，日本似乎因为细川赖之就任管领一职而进入了和平时代。该部分的原文如下所示：

> 且说细川右马头赖之管辖西国（关西地区以西的地方），消灭敌人，以德服人，传闻他处理诸事的方法和贞永、贞应的旧规相似，因此，他就任了管领之职，补任武藏国的长官，掌管执事之职。正如传闻所言，他德行表里如一，不仅足利一门尊重他，其他氏族也不违背他的命令，于是日本进入了和平时代，真是可喜可贺之事。①

上面的引文是室町幕府二代将军足利义诠病死之后《太平记》的叙述。细川赖之掌管四国的政治，消灭了西国南朝的势力，其处理政治的方法遵循镰仓幕府的"贞永式目"（北条氏的施政纲领，在卷三十五得到了作者很高的评价），于是就任"管领"之职。细川赖之为人表里如一，德行很高，无人不遵循其命令，于是日本进入了和平时代，真是可喜可贺之事。那么，作品为何将细川赖之比拟为我国元代帝师，并强调其掌管了佛教界呢？我想这个问题和"南禅寺事件"有很大的关系。

"南禅寺事件"也被称为"南禅寺楼门事件"，南禅寺为了筹措重建的费用设立关口，收取费用，然而经过关口的三井寺和尚因拒绝交费而被南禅寺和尚杀掉。以此事件为导火线，南禅寺和三井寺、延历寺等寺院之间的对立愈演愈烈。1369 年，以细川赖之为首的室町幕府迫于三井寺、延历寺等寺院的压力严惩了南禅寺，却遭到了天龙寺住持春屋妙葩的强烈反对。春屋妙葩继承了天龙寺住持梦窗漱石的法系，在梦窗漱石去世之后成为"梦窗派"的领袖人物，并就任天龙寺的住持，在佛教界发挥着巨大的影响力。在卷四十《高丽人来朝故事》中，贞治五年（1366），高丽国王派遣使者持大元皇帝的

---

① 鹫尾顺敬校注：《太平记》（西源院本），第 1152 页。

国书出使日本，要求日本解决骚扰朝鲜半岛、中国沿海的倭寇问题。高丽使者到达日本之后住在天龙寺，由天龙寺住持春屋妙葩负责接待，并由春屋妙葩将国书上奏幕府，《太平记》的记述是："此使者于外国至正二十三年八月十三日从高丽出发，日本国贞治五年九月二十六日到达出云国，一路鞍马劳顿，不久到达京都，没有让其进入京城，而是让其滞留天龙寺，此时天龙寺长老春屋妙葩接受国书，上奏朝廷。"由此可见春屋妙葩当时的权势。因为"南禅寺事件"，春屋妙葩对于细川赖之的处置甚为不满，愤然辞去了天龙寺住持的职务，隐居于地方的寺院。细川赖之欲与春屋妙葩达成和解，遭到了春屋妙葩的拒绝，一怒之下的细川赖之剥夺了春屋妙葩一派和尚的僧籍。

如前文所示，《太平记》的最终成书是在应安（1368—1375）—永和（1375—1379）年间，此时正值细川赖之权势熏天之际。或许《太平记》中将细川赖之比喻为大元帝师是其掌管佛教权力的象征。除了《太平记》将细川赖之比为"上天之下，一人之上"的帝师之外，春屋妙葩在康历元年（1379）十二月二十八日从朝廷得到了和大元帝师八思巴相同的封号：

> 圆融院宸翰天下太平兴国南禅禅寺住持春屋和尚。乃为正觉国师之上足也。亲受国师付嘱。深明心法根源。道著一代。德被万邦。所谓僧中之龙。法中之王者也。朕辱迎内殿。受付衣之仪而执弟子之礼。闻法恩大皇天罔极。受加智觉普明国师之号。用旌<u>皇天之下一人之上</u>之尊云。康历元年十二月二十八日。[①]

上述引文是春屋妙葩在1379年从后圆融院处得到的封赏，其中的"僧中之龙，法中之王"显示了其在佛教界的权势，"皇天之下，一人之上"的封号是把春屋妙葩比作元朝帝师八思巴。1379年，反细川赖之派的首领斯波义将逼迫足利义满流放细川赖之之后，就任管领职位，同年（细川赖之在流放之后）春屋妙葩从地方返回京都。据说春屋妙葩在流放期间，联合反赖之派，为打倒细川赖之做了很多工作。[②] 或许上述引文反映了春屋妙葩对细川赖之的反击，象征了春屋妙葩对细川赖之权力斗争的胜利。

三、结语

综上所述，《太平记》的结尾是以细川赖之就任管领之位而结束的，并且对其进行了极力赞赏，因此，《太平记》研究界一直猜测《太平记》的最终成书是在细川赖之的

---

① 春屋妙葩：《智觉普明国师语录》，大正新脩大藏经刊行，1961年，第663页。
② 原田正俊：《春屋妙葩と梦窓派の展開》，鹿王院文书研究会编：《鹿王院文书の研究》，（京都）思文阁，2000年，第374页。

监修下由禅僧们参与完成的。[1] 由卷三十八《大元战争故事》将细川赖之比作西蕃帝师，并被授予"上天之下，一人之上"的称号，或许可以进一步证明《太平记》的最终成书和细川赖之有很大的关系。并且细川赖之将自己比为大元的帝师，或许暗示了其权力已经达到了顶峰，甚至已经管控了佛教界。而春屋妙葩在1379年打倒细川赖之之后，也得到了帝师的称号，成为"鹿苑寺僧录"，相当于日本的宣政院，掌管日本佛教界的权力。因此，或许《太平记》中西蕃帝师的故事在某种程度上也反映了春屋妙葩和细川赖之的权力斗争，体现了《太平记》成立之时，细川赖之在僧俗两界达到了权力的顶峰。

作者简介：

张静宇，首都师范大学外国语学院日语系讲师。

---

[1] 長谷川端：《太平記の成立と作者像》，長谷川端编：《太平記の成立》，（东京）汲古书院，1998年，第45页。

礼制教化与地方宗族社会
——以明代厓山大忠祠、全节庙为例①

孙廷林　王元林

[提要] 土木堡之变与黄萧养之乱后，南宋君臣殉国厓山事迹的教化意义被重新发掘。成化、弘治间，始建厓山大忠祠、全节庙并载入祀典，是国家礼制教化所需与地方宗族利益诉求互动的结果。地方官员与陈白沙等地方精英积极渲染"大忠""全节"之气节，迎合国家劝忠之需，推动厓山建庙。地方宗族伍氏、赵氏积极参与典祠奉祀，借之以礼显族。陈白沙等精英士人借厓山祠庙建构话语书写，去除岭南长期以来边陲蛮荒的印象，彰显岭南正统性。厓山大忠祠、全节庙成为国家推进教化与地方谋求利益的契合点，国家与地方社会的诉求殊归同途，借由厓山大忠祠、全节庙，各取所需。这一个案揭示了传统社会国家治理与地方社会互动的缩影，具有重要意义。

[关键词] 礼制教化；地方宗族；大忠祠；全节庙

宋元之际，南宋朝廷辗转闽粤沿海，至厓山一战，君臣殉国。此后在元代和明初，

① 本文为国家社会科学基金重点项目"东南沿海多元宗教、信仰教化与海疆经略研究"（15AZS009）的阶段性成果。

厓山之役甚少为人关注，"宋没二百余年……寥无吊者"。[①] 至明成化、弘治间，在陈白沙等地方士人与陶鲁、刘大夏等地方官员的倡议下，新会伍氏、赵氏等地方宗族积极参与，在厓山建立起奉祀文天祥、陆秀夫、张世杰的大忠祠与奉祀杨太后的全节庙。借修建厓山大忠祠、全节庙，厓山事迹被广泛建构进伍氏、赵氏等地方宗族的记忆中，成为珠三角地方社会建构文化正统的重要资源。在有关明代珠三角的研究中，围绕国家制度和基层宗族互动，成果颇多。[②] 有关厓山事迹和厓山祠庙的研究，主要有：刘正刚从官民合建厓山祠庙、祠祀规格、士大夫参与等方面论述了厓山祠庙强化了人们对宋亡的历史记忆。[③] 左鹏军通过梳理宋元之际、明代、明清之际的厓山书写，指出厓山记忆及其间蕴含的岭南遗民文化色彩产生了深远的影响，标志着岭南遗民精神的形成。[④] 在相关研究基础上，本文从国家礼制教化与地方社会互动的视角，使用族谱、明代文集等史料，考察厓山大忠祠、全节庙修建中地方官员、精英士人与地方宗族之间的博弈过程，窥探国家礼制教化与地方社会的互动关系。不当之处，恳请方家指正。

一、劝忠之需与大忠祠之建

华夷、正统、忠君等观念在传统王朝合法性话语中占有极为重要的地位，是传统王朝礼制秩序建构的重要内容。而在明初国家礼制格局中，华夷、正统之辨较为淡薄，至土木堡之变后严华夷之防骤然复苏。[⑤] 正统十四年（1449），珠三角爆发黄萧养之乱，八月，围广州，当时适逢土木堡之变，明廷无暇顾及。景泰元年（1450）二月，都督同

---

① （明）黄淳等撰：《厓山志》卷首《重修厓山新志序》，广东人民出版社，1996 年影印本，第 1 页。

② 如科大卫著，卜永坚译：《皇帝和祖宗：华南的国家与宗族》，江苏人民出版社，2009年；刘志伟：《从乡豪历史到士人记忆——由黄佐〈自叙先世行状〉看明代地方势力的转变》，《历史研究》2006 年第 6 期；等等。

③ 刘正刚：《明代祭奠宋亡的活动：以崖山祠庙建设为中心》，载刘正刚主编：《历史文献与传统文化》第 18 辑，齐鲁书社，2014 年，第 115－134 页。

④ 左鹏军：《厓山记忆与岭南遗民精神的发生》，《华南师范大学学报（社会科学版）》2012年第 6 期。

⑤ 相关研究参见张兆裕：《明代的华夷之辨》，《第九届明史国际学术讨论会暨傅衣凌教授诞辰九十周年纪念论文集》，厦门大学出版社，2003 年，第 272－278 页；廉敏：《正统史论的深入发展与异端史论的孕育：论明代正统至弘治时期的史论》，《求是学刊》2007 年第 4 期，第 135－139 页。

知董兴率江西、两广军展开进攻，黄萧养被擒伏诛。① 土木堡之变中明朝虽幸免于亡国，但这一剧变几乎与金灭北宋、元灭南宋如出一辙，引起朝野士人的极大震动。而黄萧养之乱波及几乎整个珠三角地区，导致数万人死亡，使得珠三角社会结构发生深刻变化。②

在土木堡之变与黄萧养之乱后，出于"表忠烈，以劝为臣"③ 的教化之需，珠三角地方社会重整礼制教化更加积极。以陈白沙为代表的地方士人精英，与地方官员、地方宗族共同推进礼制教化的实施。成化、弘治间，陈白沙潜心讲学，其门人多来自珠三角。在陈白沙协助下，新会知县丁积践行礼制，把冠、婚、葬、祭等礼仪制成规条，编成《礼式》，设都老、乡长负责礼教，推广全县。在此背景下，南宋君臣殉难厓山事迹受到时人空前重视。通过南宋君臣殉国厓山之事，褒忠义、辨华夷以推进礼制教化，不仅符合王朝国家所需，也契合地方宗族利益，要求在厓山建庙奉祀的呼声渐起。这一进程，正如研究者所指出的，不论是元末珠三角的动乱，还是黄萧养之乱或之后的"徭乱"，其最主要的作用，就是制造出地方与中央互动的行政和文化根据。④

早在洪武间，就曾在北京文天祥"就义之所"建祠奉祀。但据《明实录》所载，英宗之前，遣顺天府官祭文天祥仅宣德二年（1427）二月一次，⑤ 而自英宗起，"遣顺天府官祭文天祥"，春、秋二祭，成为定制，英宗、景帝两朝，遣官致祭达五十六次之多（据《明英宗实录》统计）。景泰元年（1450）李时勉奏请加文天祥谥号，景泰七年（1456），赐谥"忠烈"。⑥ 弘治十五年（1502），广东左布政使周孟中奏请在江西庐陵建忠义庙祀文天祥及督府诸忠义。⑦ 显然，土木堡之变后，奉祀文天祥加强忠节教化被国家空前重视。

作为南宋君臣最终殉国之地，厓山在此前后开始屡被关注。早在土木堡之变发生之前，正统六年（1441）五月，广东按察司佥事彭琉就奏请指出"昔宋之微，夷狄乱华，人纪将废，而陆秀夫于厓山死节，英风义气振耀今昔，祀礼未行，诚为缺典"，请求

---

① （明）郭棐撰：万历《粤大记》卷三《黄萧养乱广》，书目文献出版社，1990 年影印本，第 24 – 26 页。

② 科大卫著，卜永坚译：《皇帝和祖宗：华南的国家与宗族》，第 95 – 109 页。

③ （明）郭棐撰：万历《粤大记》卷八《陶鲁传》，第 138 页。

④ 科大卫：《国家与礼仪：宋至清中叶珠江三角洲地方社会的国家认同》，《中山大学学报（社会科学版）》1999 年第 5 期。

⑤ 《明宣宗实录》卷二五，宣德二年二月甲戌，"中央研究院"历史语言研究所校印本，1962 年，第 658 页。

⑥ 《明英宗实录》卷一九〇，景泰元年三月癸酉，"中央研究院"历史语言研究所校印本，1962 年，第 3929 页；卷二七〇，景泰七年九月乙未，第 5735 页。

⑦ 《明孝宗实录》卷一八六，弘治十五年四月乙巳，"中央研究院"历史语言研究所校印本，1962 年，第 3420 页。

"敕有司就于厓山立庙以祀"，"崇节义以励俗"，"举祀典以劝忠"，旌表"古今忠臣烈士孝子节妇"，以达"慰忠臣于九原，而亦可作士气于千古"的教化之需，但议而未行。① 天顺五年（1461）秋，广东左参政胡拱辰过厓山，慨叹"忠义无祠，其非缺典欤"，在时任新会知县陶鲁等地方官员主持下，"偿直取于助义家"，即由地方宗族出资赞助修建忠义祠。"中堂祀三忠，东、西室祔祠同死王事于广者，又两庑各置牌位，书曰：故宋忠义死节之士位。"② 奠定了此后大忠祠的奉祀格局。

厓山大忠祠得以建立，则是由以陶鲁为代表的地方官员与以陈白沙等精英士人合作完成的。陶鲁"将兵不专尚武，治寇贼，化之为先。每平贼，率置县建学以兴教化"，注重争取地方宗族、士绅支持，"敬事名儒陈献章，献章亦重之"。③ 有研究指"陶鲁的政治庇护，也为整个广东建立了士绅传统，这传统就体现在理学家陈白沙的大名之上"。④ 大忠祠之建先是由陈献章向陶鲁提出建议，成化十一年（1475）六月，已升任广东按察副使的陶鲁主持建祠，地方宗族"各愿出备木、瓦"支持，十二月建成，陶鲁请求朝廷"特赐庙额，荣加封谥，量与祭祀时仪"。⑤ 成化十一年（1475）十二月，《明实录》载陶鲁奏请厓山立庙：

> 宋末幼主亡于厓山，一时死国之人非止一人耳。而太傅张世杰、丞相陆秀夫实为之首。其同时如文天祥者，朝廷既已建祠于京师，每岁春、秋致祭，而张、陆二人祀典独遗。臣叨领宪节，此地适分巡境内，已令有司建祠于二人死所。乞加封谥，特赐庙额，著在祀典，有司岁时致祭，使二人忠义之灵，有所依栖，而使万世之下为臣子者亦知所以企慕。⑥

此则史料似乎表明，陶鲁只请求在厓山建祠奉祀张世杰、陆秀夫二人，其实不然。如上文所述，天顺五年，胡拱辰、陶鲁主持建的忠义祠已经形成中堂祀文天祥、陆秀夫、张世杰三忠。《厓山志·陶鲁奏疏》言："当是之时，忠臣义士，踰岭蹈海，效死报国者固非一人，其间赫赫显著，可与信国公文天祥并列者，丞相陆秀夫、太傅张世

---

① 《明英宗实录》卷七九，正统六年五月己酉，第 1674 – 1565 页。

② （明）陈洙：《忠义祠碑记》，载（明）黄淳等撰：《厓山志》卷四，第 412 页。

③ 《明史》卷一六五《陶鲁传》，中华书局，2013 年，第 4465 页。

④ 科大卫著，卜永坚译：《皇帝和祖宗：华南的国家与宗族》，第 113 页。

⑤ （明）戴璟修：嘉靖《广东通志初稿》卷四○《杂著下》，岭南美术出版社，2006 年影印本，第 661 页上。

⑥ 《明宪宗实录》卷一四八，成化十一年十二月辛巳，"中央研究院"历史语言研究所校印本，1962 年，第 2710 页。

杰。"① 道光《广东通志》亦载："大忠祠在厓山，明成化十二年，金事陶鲁创建，以祀宋信国公文天祥、丞相陆秀夫、太傅张世杰。初名忠义祠，奏请特赐今额，加封谥，与祭祀。"②

综上，厓山祠庙最早是在天顺五年（1461），由广东左参政胡拱辰倡议、新会知县陶鲁主持建造的忠义祠，形成中堂祀文天祥、陆秀夫、张世杰三忠，两庑袝祠厓山殉难者的祠祀格局。成化十一年（1475）六月，重建祠庙，十二月奏请"加封谥，赐庙额，著在祀典，有司岁时致祭"。对当时国家教化所需而言，三忠臣殉国之价值，更在于"惟其宁于中华而死，不污左衽而生，立天地之常经，明春秋之大义"，"为教甚严，而忠至大也"。③ 陶鲁上奏之后，次年（1476）获赐庙额"大忠"。值得注意的是，天顺间创忠义祠"偿直取于助义家"，成化间再建军民"各愿出备木瓦"，可知大忠祠创建所需物力、财力受到地方家族的积极支持。而天顺间忠义祠东、西两庑袝祠的牌位均是"故宋忠义死节之士位"，而到了成化间，大忠祠东庑专祀勤王义士伍隆起，牌位为"宋义士赠州判伍隆起位"，个中缘由值得探究。

二、新会伍氏与伍隆起袝祀大忠祠

大忠祠建立后，伍隆起袝祀其中，新会伍氏奉祀事。成化十三年（1477）罗伦所作《大忠祠碑》载："祠两庑以勤王义士伍隆起等袝焉，买田若干顷，复伍氏之后一人主之。"④ 关于伍隆起勤王厓山事迹，所见最早文献是成化九年（1473）成书的《广州志》。成化《广州志》（原书32卷，今存9卷）是现存明代广州府最早志书，其中记载：

> 伍隆起，邑人，宋忠臣也。高祖讳珉者，高宗朝为岭南第十三将，守南恩州，卒于官。子朝凯择新会之文章里居焉，生子之才，仕至阳春尉，之才生天麟，授龙井场提干。天麟生隆起。值宋季世，卫王舟次崖山，隆起以祖父三代世受禄于宋，非死不能报，于是率乡义兵捍卫。先是元元帅张弘范已入广州，民咸附之。隆起力战累日不沮，潜为其下谢文子所杀，以其首降元。陆相秀夫遣人收遗骸，以木刻首续之，葬于文径口山后。陆相生募得文子，戮以祭隆起之墓。今人犹名其坟为钉头

---

① （明）黄淳等撰：《厓山志》卷三《陶鲁奏疏》，第343－346页。

② （清）阮元修：道光《广东通志》卷一四六《建置略》，岭南美术出版社，2006年影印本，第2434页上。

③ （明）黄淳等撰：《厓山志》卷三《陶鲁奏疏》，第343－346页。

④ （明）罗伦：《大忠祠碑》，载（明）丁元吉辑：《陆右丞蹈海录》，《续修四库全书》第550册，齐鲁书社，1998年影印本，第638页上。

坟，村为钉头村云。①

所载自南宋初至宋元之际，一百五十年间，伍氏家族仅历伍珉—之才—天麟—隆起四代世系，从一般规律而言似不合常理。② 伍隆起勤王厓山之事迹，成书于弘治十六年（1503）的《厓山志》也有涉及。此后地方文献相关记载又增加了伍隆起贡献军粮的事迹。如嘉靖十四年（1535）成书的嘉靖《广东通志初稿》卷一五《伍隆起传》：

> 伍隆起，新会人，三世仕宋。帝昺舟次厓山，隆起曰：世受宋恩，非死莫报。乃率乡义兵捍卫，且贡米七千石。时张弘范入广州，隆起日战不沮，潜为卒谢文子所杀，以其首降元。丞相陆秀夫遣人收遗骸，续以木首，葬于文径口山后。秀夫生募得文子，戮以祭隆起之墓。今人犹名其坟为钉头坟。③

嘉靖《广东通志初稿》《广州人物传》与万历《粤大记》等明代史料中伍隆起墓被称为"钉头坟"，《广东新语》、道光《广东通志》等清代记载则多称之为"香头坟"。《广东通志初稿》卷三八又谓："义士伍隆起墓，在新宁县东四里黄牛推车山。"黄牛推车山发源文径山，④ 据实地考察，现存伍隆起墓位于今台山市台城街道香雁湖村委会香头坟村黄牛拉车山上。

此后有关伍隆起的记载渐多，其厓山勤王事迹与上引大致相同，而所出愈晚细节愈涉夸诞。如关于伍隆起的赠官，早期之记载多谓赠"州判"。《广州人物传》谓："大忠祠成，祀隆起于东庑，题曰：宋义士赠州判伍隆起位。盖当时所赠官也。"⑤ 所谓"州判"当为"某州判官""某州通判"省称，乃职名，依宋代官制，不可能作为逝者赠官。而明后期郑汝璧《由庚堂集》卷二一《故宋闽冲郡王墓表》中则称"斗洞太师伍隆起"云云，⑥ 由称"州判"到称"太师"，当系出于后人不断附会。

考新会伍氏当出自福建莆阳（今福建莆田）。至正廿七年（1367）署名曾迪撰《福

---

① （明）吴中修，王文凤纂：成化《广州志》卷二三，《北京图书馆古籍珍本丛刊》第38册，书目文献出版社，1998年影印本，第1029页。

② 伍隆起世系，愈晚出之文献所载世系愈多，如伍学扬等编《绿围伍氏族谱》记伍之才生伍绍祖，绍祖生天麟；光绪《新宁县志》卷一九《伍隆起传》云"之才生敬叔，敬叔生天麟"等，与所据明代较早史料抵牾，有后世附会之嫌。

③ （明）戴璟修：嘉靖《广东通志初稿》卷一五《伍隆起传》，第293页上。

④ （清）阮元修：道光《广东通志》卷二二六《古迹略》，第3654页下。

⑤ （明）黄佐撰：《广州人物传》卷一七《伍隆起传》，广州出版社，2008年，第220页。

⑥ （明）郑汝璧：《由庚堂集》卷二一，《续四库全书》集部第1356册，上海古籍出版社，1995年影印本，第597页上、下。

建莆阳伍氏族谱序》称："莆阳鼻祖仕公，以进士登徽宗贾安宅榜"，谪兴化簿，"占籍不返"。仕公弟讳珉"亦登进士，官至上柱国，谪岭南，占籍古冈"。① "登进士，官至上柱国"或不可信。唯伍珉徙居古冈，新会伍氏皆以伍珉为始迁祖。洪熙元年（1425）伍延寿《斗洞绿围伍氏族谱序》云："讳珉者，仕宋为岭南十三将，终于南恩州，葬于德行都十里坪，是为始迁之鼻祖。自朝佐、朝恺以先人之墓在，是以遂占古冈斗洞居焉。"② 隋唐时以此地设冈州，上引所谓"古冈"皆指新会。新会伍氏以斗洞乡绿围村为祖居地。《广东舆图》云："斗山在县北三十里，孤峰如斗，环绕而居者名为斗洞。"③ 斗洞乡绿围村原属新会，自弘治十二年（1499）置新宁县，为新宁县所辖（今属台山市大江镇），伍氏遂多隶新宁，又多有徙居新会、恩平、香山者。

　　伍隆起不见于明以前及明初典籍，在上述较早的伍氏族谱序文中亦均未提及伍隆起。此外，宣德四年（1429）江都教谕刘源《斗洞绿围伍氏族谱序》、正统元年（1436）靖江王府纪善罗参《斗洞绿围伍氏族谱序》、正统三年南海胡济爵《斗洞绿围伍氏族谱序》、成化七年（1471）陈白沙《绿围伍氏族谱序》等明前期伍氏族谱序文中皆以伍珉为新会伍氏始迁祖，亦均未提及勤王义士伍隆起。所谓南宋末伍隆起勤王厓山之事迹，基本上是在明中叶以后，方才见诸记载，其人其事之真伪甚为可疑。④

　　当然，伍隆起其人亦非凭空捏造。宋末元初时伍氏家族的确有一关键人物，名为伍起龙（号秀峰），尤值得注意。据元末明初黎贞（1358—1416，字彦晦，号秫坡先生）⑤记述，"皇元启运，明良相逢。首膺超擢，伍氏秀峰。有民有社，克勤克忠。开业垂裕，后胤永宗。公虽遇时之可为，实冠古冈之英雄"。⑥ "皇元启运"，"首膺超擢"，可知此人当在宋末元初入仕元朝。伍起龙官至正议大夫、高州路总管，新会伍氏"自后簪缨联

---

　　① （清）伍学扬等编：《绿围伍氏族谱》（不分卷），道光十八年（1838）锡类堂抄本，广东省立中山图书馆藏。

　　② （清）伍学扬等编：《绿围伍氏族谱》（不分卷），道光十八年（1838）锡类堂抄本，广东省立中山图书馆藏。

　　③ （清）阮元修：道光《广东通志》卷一〇〇《山川略》引《广东舆图》，第1694页下。

　　④ 王颋、赵冉《宋末宰相陈宜中占城之行与赵若和家世》（《史林》2011年第1期）指出从"伍起龙"到"伍隆起"，"其中有刻意的杜撰"。囿于所论主旨，该文未就此展开。潘猛补《陈宜中魂归何处再考辨》（《温州职业技术学院学报》2016年第2期）认为伍隆起勤王厓山也是杜撰而来。

　　⑤ 黎贞生卒年，据倪尚明：《黎贞及其〈秫坡集〉——兼谈明初珠三角社会文化》，暨南大学硕士学位论文，2006年，第13页。

　　⑥ （明）黎贞撰：《秫坡先生文集》卷七《总管伍秀峰像赞》，《四库全书存目丛书》第25册，齐鲁书社，1997年影印本，第518页下。

络，代不乏芳声"①，至元末伍氏"承累世富有之业"，"邑人目伍氏为簪缨族，有诗礼风"。②据永乐十一年（1413）伍弘道（1367—1425）③所作《诫子书》，伍氏家族自伍起龙至伍彦通四代仕宦，到至正廿七年（1367）伍彦通征海寇死，此后伍氏家族遭受重创。④

上引黎贞、伍弘道所作明初文献中，明确记载伍氏先祖自元初伍起龙起连续四代仕元，伍氏为地方乡豪。而弘治以后的方志、族谱文献中，勤王义士伍隆起骤然出现，自伍起龙四世仕元的家族历史则被隐匿了。这一变化正如刘志伟的研究所揭示的，元明之间珠三角地方社会经历了由乡豪支配到士大夫主导的社会权力变迁，在此背景下，地方士人对于先世历史的叙述，无论是实录还是虚构，都反映出地方历史演变之真实趋势，成为明代以后士大夫对地方历史的一种集体记忆。⑤

勤王义士伍隆起出现并被地方社会接纳，当不晚于成化年间，其标志便是上文所引成化《广州志》。伴随大忠祠建立，伍隆起以勤王义士的形象顺利祔祀于大忠祠，此后伍隆起勤王厓山之事迹广为传播。勤王义士伍隆起的凸显与开启四世仕元伍起龙的隐匿，这其中固然是伍氏家族因应时势的趋利避害，而要获得地方社会的普遍认可则需借助于地方精英士人，陈白沙在此过程中起到相当重要的作用。

陈白沙与伍氏子弟多有往来，与伍云（字光宇）交谊尤笃。伍云曾在陈白沙"居第之左结草屋三间"以便问学。⑥伍云请陈白沙为族谱作序，成化七年（1471）病危之际，恳求"还我族谱序，吾无憾焉耳"⑦，在其叔父伍绚、伯兄伍裕等人敦请下，此年九月陈白沙"悯其垂绝"⑧，为撰《族谱序》，该序文亦并未提及伍隆起。不过，成化十二年（1476）建大忠祠，伍隆起已祔祀其中，伍氏获管理大忠祠祀事。至弘治十二年（1499），又应伍绚请求，陈白沙为撰《永恃堂记》已言："隆起者，于处士（伍汝梅）

① （明）黎贞撰：《秫坡先生文集》卷六《孝思堂记》《贞德亭记》，第 500、504 页。

② （明）黎贞撰：《秫坡先生文集》卷七《敦素子传》，第 511 页下 –512 页上。

③ 伍弘道生卒年，据光绪《新宁县志》卷一七《金石略·伍氏诫子书》，上海书店出版社，2003 年影印本，第 377 页下 –378 页下。

④ （明）伍弘道：《伍氏诫子书》，光绪《新宁县志》卷一七《金石略》，第 377 页下 –378 页下。

⑤ 刘志伟：《从乡豪历史到士人记忆——由黄佐〈自叙先世行状〉看明代地方势力的转变》，《历史研究》2006 年第 6 期。

⑥ （明）陈献章著，孙通海点校：《陈献章集》卷一《寻乐斋记》，中华书局，1987 年，第 47 页。

⑦ （明）陈献章著，孙通海点校：《陈献章集》卷一《绿围伍氏族谱序》，第 10 页。

⑧ （明）陈献章著，孙通海点校：《陈献章集》之《诗文续补遗·与林缉熙书》，第 971 页。

为高祖叔翁，有功于宋末世，今配享大忠庙。"① 在《乡贤咏》中陈白沙借伍隆起事迹辨华夷、倡忠义，赞伍隆起云："中原不可复，志士耻为夷。直把真心去，何妨假首归。"② 大儒陈白沙对伍隆起的认可和揄扬，是此后其声名远播的关键。勤王义士伍隆起取代开创伍氏家族四世仕元的伍起龙，这一家族历史叙述的变迁，是新兴士大夫势力在乡村中推行教化，逐渐形成士大夫文化主导的社会秩序的反映。

在国家推进教化背景下，伍氏家族为祖先罩上忠义光环，营造出勤王义士伍隆起，得以执掌奉祀大忠祠。此外，在泷水场等临近厓山之地，分布着伍氏家族的田产、墓地。伍汝梅晚年叮嘱子孙"平康、泷水二都田二顷，可得租百六十余石，平康以为汝父祖墓需，泷水以为汝父祖时享"。③ 泷水都紧邻厓山古战场，或有伍氏家族坟墓、祠堂分布。大忠祠建祠之地是否为伍家所献，值得考虑。大忠祠祔祀伍隆起，并委其后裔管理大忠祠，还有方良永《厓门吊古记》为证。弘治十七年（1504），广东按察金事方良永途经新会，凭吊厓山，"典祠者率其子恩平庠生逆于道左，问之，勤王义士伍隆起七世孙也"。大忠祠"两庑皆祀同时死节诸臣，东庑又特设伍隆起配享之位"。④ 典祠者称伍隆起七世孙，其子又为恩平县庠生，则或徙籍恩平。

综上，明初，有关南宋君臣殉国厓山之事，并未被王朝和地方社会所重视。在土木堡之变与黄萧养之乱后，出于激励忠义的礼制教化之需，南宋君臣流亡厓山事迹引起强烈关注，地方官员屡次奏请建庙奉祀。与此同步，南宋君臣殉国厓山事迹，如所谓勤王义士伍隆起被建构进地方宗族伍氏家族史中，并获得地方精英陈白沙等人的认可。随着大忠祠建立，伍隆起得以祔祀大忠祠，伍氏族人获奉大忠祠祀事。姑且不论伍隆起其人其事是否出于附会建构，仅就明前期伍氏族谱与相关文献丝毫未曾涉及，而自明中叶起其人其事被大肆宣扬而言，伍隆起祔祀与当时社会背景密不可分。

三、全节庙之建与新会三江赵氏奉祠

全节庙本名慈元庙，奉祀杨太后，建成于弘治六年（1493），弘治十三年（1500）获赐庙额"全节"。据弘治十二年（1499）陈白沙所作《慈元庙记》载：

---

① （明）陈献章：《永恃堂记》，光绪《新宁县志》卷一七《金石略》，第 380 页下 – 381 页上。

② （明）陈献章著，孙通海点校：《陈献章集》卷五《乡贤咏·伍隆起》，第 539 页。

③ （明）陈献章：《永恃堂记》，光绪《新宁县志》卷一七《金石略》，第 380 页下 – 381 页上。

④ （明）方良永撰：《方简肃文集》卷五《厓门吊古记》，《文渊阁四库全书》第 1260 册，第 119 页上。

弘治辛亥（四年，1491）冬十月，今户部侍郎前广东右布政华容刘公大夏行部至邑，与予泛舟至厓门，吊慈元故址，始议立祠于大忠之上。邑著姓赵思仁请具土木，公许之。予赞其决曰：祠成，当为公记之。未几，公去为都御史修理黄河，委其事府通判顾君叔龙。甲寅（六年，1493）冬祠成。①

据此，慈元庙创建时间、创建过程清晰可知。而《广东新语》云："慈元殿在新会厓山上，成化中，方伯刘公大夏始建，以祀宋杨太后，上赐名全节庙。"② 事实上，弘治二年（1489），刘大夏方赴广东任右布政使，显然不可能建于成化年间。而弘治十一年（1498）七月，新会知县沈章上奏称：

比岁，布政刘大夏始议立庙于大忠祠之上，臣窃怀此心，不敢擅为。皇上植纲常，扶名教，辨华夷。乞照先年大忠祠事例，一体施行。③

慈元庙早在弘治六年已建成，而沈章奏称"窃怀此心，不敢擅为"。可见慈元庙之创建，乃地方士人陈白沙与地方官员刘大夏等擅自修建，初未获国家允准，故沈章隐瞒已建成之事实。陈白沙《慈元庙记》也承认"是役也，一朝而集，制命不由于有司，所以立大闲，愧颓俗而辅名教，人心之所不容已也"。④ 慈元庙有"植纲常，扶名教，辨华夷"礼制教化之功用，朝廷"命下所司议行之"。陈白沙去世前一年（1499），慈元庙获朝廷批准，弘治十二年（1499）夏，正值病后"尚未堪笔砚"的陈白沙即刻作《慈元庙记》，"力疾书之"，刻石立碑于庙，"相传上石时，先生亲临视刻工，故毫发无遗憾"。⑤

从向刘大夏"立祠于大忠之上"创议建慈元庙、修建，到获朝廷认可、作记立碑，陈白沙始终极为重视慈元庙。白沙门人张诩《杨太后像赞》云："夷狄乱华，天下莫救。……曹娥死孝，贞义死信。惟后之死，仁至义尽。内夏外夷，大明春秋。女中尧舜，惟后斯传。"⑥ 认为杨太后之殉国符合"内华夏外夷狄"的春秋大义，堪称"女中尧舜"。陈白沙极为重视通过慈元庙推进教化以"正风俗"。《与徐岭南》云："自今而往，一令之

---

① （明）陈献章著，孙通海点校：《陈献章集》卷一《慈元庙记》，第49页。

② （清）屈大均：《广东新语》卷一七"慈元殿"条，中华书局，1985年，第472页。

③ 《明孝宗实录》卷一三九，弘治十一年七月壬戌，第2417页。

④ （明）陈献章著，孙通海点校：《陈献章集》卷一《慈元庙记》，第49页。

⑤ （清）全祖望：《鲒埼亭集》卷三八《慈元全节庙碑跋》，《续修四库全书》第1429册，第327页。

⑥ （明）黄淳等撰：《厓山志》卷首，第15页。

下，一政之行，必求其有关于风俗者，三致意焉。是诚听讼理人之第一义也，是诚经纶天下之实地也。"① 徐岭南乃时任广东按察司金事徐纮，与陈白沙友善。《题慈元庙呈徐岭南纮》亦云："前有东山后有徐，慈元风教万年垂。岭南他日传遗事，消得江门几句诗。"② "东山"指首允建慈元庙的布政使刘大夏。寄望徐纮重视慈元庙教化作用。弘治十三年三月，陈白沙病逝，同年八月，徐纮奏请将慈元庙"秩之祀典"。③ 奏疏强调：

> 宋，中华之主也。元人侵之而天下莫能救，杨太后以一妇人乃能以身殉国。提二弱子，依二三大臣，托孤寄命，为宗社计如此。顾其没也，非但为国君死社稷、扶纲常而已，其所以谨内外、别华夷，揭日月于中天，明春秋之大义。其有功于名教甚大。④

最为时人重视的是杨太后殉国的意义在于"谨内外、别华夷，揭日月于中天，明春秋之大义"。白沙弟子张诩《全节庙碑记》亦强调杨太后之殉国乃严守"华夷之辨"，明"纲常大义"，故慈元庙获赐"全节"庙额，"祀典如祀历代帝王"⑤。礼部"行令广东布政司转属支给官钱买办，每岁于大忠祠致祭前一日致祭一次，就令彼处正官行礼，并颁定祭品仪注"。⑥ 全节庙从创建到获得赐额、列入祀典，以陈白沙为代表的地方杰出士人与刘大夏、徐纮等地方官员，积极互动，终获王朝认可，进入国家礼典序列。

在全节庙创建过程中，新会三江赵氏家族积极参与创建全节庙。弘治四年，创议立慈元庙之初，"邑著姓赵思仁请具土木，公（刘大夏）许之"。⑦ 弘治十三年，徐纮奏疏中亦言："邑民赵思仁称系故宋苗裔，请备工力。逾年栋宇既成，……乞敕该部行下有司，一体置之祀典，岁时致祭。复赵思仁之后，给衣巾以奉祠事。"⑧

赵思仁，"本名善仁，字寿卿，三江人。其祖安郡王必迎，勤王厓山"。⑨ 新会三江赵氏自称安郡王赵必迎之后，据《赵氏族谱》，三江赵氏以赵元份为开派始祖，士俶为入闽始祖，崇橐为入广始祖，良韶为三江始祖，"溯自良韶公生二子，长曰友寿公，亦

---

① （明）陈献章著，孙通海点校：《陈献章集》卷二《与徐岭南》，第 148 页。

② （明）陈献章著，孙通海点校：《陈献章集》卷六《题慈元庙呈徐岭南纮》，第 644 页。

③ 《明孝宗实录》卷一六五，弘治十三年八月甲午，第 3004 页。

④ （明）黄淳等撰：《厓山志》卷三，第 347 页。

⑤ （明）张诩：《全节庙碑记》，见《厓山志》卷四，第 421 页。

⑥ （清）阮元修：道光《广东通志》卷一四六《建置略·全节庙》，第 2433 页上。

⑦ （明）陈献章著，孙通海点校：《陈献章集》卷一《慈元庙记》，第 49 页。

⑧ （清）阮元修：道光《广东通志》卷一四六《建置略·全节庙》，第 2433 页上。

⑨ （清）林星章修：道光《新会县志》卷八《赵思仁传》，岭南美术出版社，2006 年影印本，第 288 页下。

生二子，长曰宗明公，历三世而善仁公生焉。……四代茕子，树德务滋，从游陈白沙先生之门，声闻颇达"。① 不过赵氏族谱的史料价值，须以审慎的怀疑态度并与其他材料配合起来使用。②

元末明初，黎贞家族与两支新会赵氏有姻亲关系。其一为赵必持一系，《赵氏宗谱序》言："贞祖母，侍郎（赵必持）嫡孙。（黎贞）与（赵）仲方为再表兄弟"，称赵氏为"故家右族"，针对质疑"赵氏华胄遥遥，难辨真伪"，黎贞列出了"宗治"至"士勉"十三代即赵必持一系世次。③ 其二为"宋秦悼惠王廷美十九世孙"赵伯贞一系，赵伯贞之父"仕元，历朝列大夫、临江路治中"。赵伯贞之母黎氏，"（黎）贞视先生（赵伯贞）丈人行也，且知先生之详"。④ 以《赵氏族谱》所载赵氏世系，参之元末明初黎贞关于赵氏世系记述，新会三江赵氏为宋皇室之后，当可采信。

另值得注意的是，三江赵氏与斗洞绿围伍氏姻亲关系密切。赵氏与斗洞伍氏联姻，积极参与营建全节庙的赵善仁，其母伍氏便是"斗洞伍无倦公之女"。且赵思仁与陈白沙交好。陈白沙讲学乡里，建庙立祠，推进教化，曾自言"今岁创修祠墓凡五处，财用竭矣"。⑤ 当创议修建慈元庙时，布政使刘大夏"不欲干诸有司"，那么建庙所需资金便唯有依靠地方宗族捐资。赵思仁自愿出资，为陈白沙在乡里推进教化提供支持，深得陈白沙赞许。⑥ 陈献章《与赵寿卿》言："蔡三兄弟欲求寿卿长葫田耕住，以旧于我佃，故求通一言，惟裁之，不可则止，亦无固必也。"⑦ "蔡三兄弟"似曾佃种陈白沙土地，故通过陈白沙向赵思仁请求佃种赵思仁的"长葫田"。陈白沙也有意揄扬赵氏，《与马玄真书》云：

> 赵寿卿助建丁明府祠，又舍田十二亩，以供祀事。举厓山破百数金作慈元庙，乃其素心。诸友咸为赋诗，谒世卿，文以贺之。非徒见作庙之人，实以表前令之爱于无穷。在足下宜有高作，非专为赵生也。不可不告，惟尊裁。⑧

马玄真即马广生，新会潮连乡人，"号默斋，献章之友，子国馨、侄贞，同游献章

---

① 赵锡年编：《赵氏族谱》（不分卷），民国二十六年石印本，广东省立中山图书馆藏。

② ［美］贾志扬著，赵冬梅译：《天潢贵胄：宋代宗室史》，江苏人民出版社，2005年，第15页。

③ （明）黎贞撰：《秫坡先生文集》卷五《赵氏宗谱序》，第471页下。

④ （明）黎贞撰：《秫坡先生文集》卷七《临清先生行状》，第514页下。

⑤ （明）陈献章著，孙通海点校：《陈献章集》卷二《与张廷实主事第二十七》，第171页。

⑥ （清）阮元修：道光《广东通志》卷二七四《赵思仁传》，第4412页下。

⑦ （明）陈献章著，孙通海点校：《陈献章集》卷二《与赵寿卿》，第226页。

⑧ （明）陈献章著，孙通海点校：《陈献章集》卷二《与马玄真》，第266页。

之门"。① 马氏既属白沙门人，又是地方大族。在这封书信中，陈白沙提到赵思仁出资助建丁积祠、舍田，捐资助建厓山慈元庙。

新会三江赵氏家族与绿围伍氏的姻亲关系，赵思仁与陈白沙的密切关系，均显示出新会三江赵氏家族在地方社会中具有一定的地位，这也是其能够参与厓山全节庙创建的关键所在。《赵氏族谱》载："冠带义士善仁，更名思仁，生景泰七年，白沙先生为更名寿卿。……奉旨建庙，公托亲信表兄吴璋董其事……庙成，褒奖义举，量免差役，世世送子孙衣巾，入学、陪祀。"② 赵思仁参与修建慈元庙，"托亲信表兄吴璋董其事"，引出一场官司。陈白沙《与张廷实主事书》载：

> 慈元后为国死海上，是时宋室已亡，极是俊伟明白。二百余年未有发扬其事者。顷者，东山刘先生至厓山慨然欲表其义，又不欲干诸有司，乃有里后进赵寿卿愿出二百千立庙，议选乡民吴璋董其役，可谓义举。近者，案治临县，仰取管役士民。吴璋本县误作犯人取之，遂至惊疑，不即赴官，累及其母妇知旧皆被拘系。又取赵寿卿家人收监。彼工匠等何知，遂各奔散，不受雇值。事势如此，不几于垂成而败乎！璋乃寿卿表兄，寿卿少孤，璋极力拯扶之，最所亲信。今须得察院下一明文委之，其赵寿卿亦略加奖谕，使人心无疑，事乃可济。幸留意。③

张廷实即张诩，"授户部主事。寻丁忧，累荐不起"。④ 当创议修建慈元庙时，布政使刘大夏"不欲干诸有司"，则唯有依靠地方宗族捐资。赵思仁自愿出资，深得陈白沙赞许。然而却因负责慈元庙工程的赵思仁表兄吴璋被误作犯人拘押，累及赵思仁一家，慈元庙修建陷于停顿，此事之详情已不可考。陈白沙修书张诩，希望通过其运作，促广东按察司解决此事。

慈元庙建成后获赐庙额"全节"，"赵思仁称系故宋苗裔"，获国家认可，徐纮奏请"复赵思仁之后，给衣巾以奉祠事"⑤，"褒奖义举，量免差役，世世送子孙衣巾，入学、陪祀"，赵氏后人获得奉全节庙"祠事"，免除差役、子孙获得进入县学资格等特权。

纵观全节庙的建立过程，地方精英士人积极倡导，三江赵氏慷慨捐资，陈白沙与其门人张诩等周旋于刘大夏、徐纮等地方官员之间，终使全节庙建成获得国家认可，并以"照依先圣、历代帝王事例"高规格列入国家祀典。三江赵氏积极参与全节庙的建立，

---

① （清）林星章修：道光《新会县志》卷八《马广生传》，第224页下。
② 赵锡年编：《赵氏族谱》（不分卷），民国二十六年石印本，广东省立中山图书馆藏。
③ （明）陈献章著，孙通海点校：《陈献章集》卷二《与张廷实主事第四十八》，第181页。
④ 《明史》卷二八三《张诩传》，中华书局，2013年，第7263页。
⑤ （清）阮元修：道光《广东通志》卷一四六《建置略·全节庙》，第2433页上。

获得世代典祀全节庙，"量免差役"的特权，反映出地方社会力量与国家权力的博弈。

四、厓山祠庙废兴与地方宗族

弘治以后，在地方宗族吁求、支持下，大忠祠、全节庙屡有改建、重修。正德九年（1514），新会知县徐乾重修全节庙，赵思仁之子赵汝鹏"捐资助役"。① 嘉靖间，出现大忠祠、全节庙致祭厓山与致祭圭峰山行祠之争。嘉靖九年（1530），"有司以海道险远请于巡按李美，徙建圭峰山巅"。② 圭峰山在新会县城北，大忠祠、全节庙徙建于此，使地方官就近致祭，免于往返厓山。但由此导致厓山"庙宇倾颓"③。显然此举对主持厓山大忠祠、全节庙祀事的伍氏、赵氏宗族不利。

嘉靖十年（1531），大忠祠、全节庙由每年一祭，增为春、秋两祭，共享银十两。④ 尽管规定"毋得畏避涉海，只在行祠行礼塞责"，⑤ 事实上并未恢复致祭厓山，厓山祠庙遂渐荒废。至嘉靖二十一年（1542）七月，白沙门人、顺德人以知府致仕乡居的赵善鸣"呈请修复厓山祠庙"，全节庙"改题神主，增祀死难宫嫔及诸烈妇"。大忠祠"增两庑，从祀死难诸臣"，并"改题厓山刻石，建哀歌亭"。⑥ 此次修复厓山祠庙，"生员赵崇纲捐赀成之，巡按郭周文复其家。河塘容迻捐银一百二十两，奖给优免"。⑦ 赵崇纲乃赵善仁之孙、赵汝鹏之子，⑧ 此次修复显系在地方宗族支持下进行的。在地方宗族争取下，修复厓山大忠祠、全节庙，此后"复祀厓山"。

与恢复致祭厓山同时，还建立起祭祀南宋末众多死难无名将士的忠义坛。嘉靖二十二年（1543）知县何廷仁建忠义坛于全节庙左，"祀宋死义将士"。何廷仁认为"当时从征之士，厄于厓门，相随幼帝同赴沧波"，"祭享三忠之日，而死义之士数万未有专祀及之"，致使"忠魂义魄浮游海岛，漂没沧波，二百余年漫无所归"，故参酌厉祭及祭乡贤之礼，"高筑义冢招魂以葬之。冢之前筑之以坛，坛之上建之以祠"。祭品"陈列四面"，不分尊卑，祭奠南宋末年"数万忠烈之心"。⑨

成化、弘治间，创建并致祭厓山大忠祠、全节庙，伍氏、赵氏家族分典祠事，至嘉

---

① （清）林星章修：道光《新会县志》卷四《坛庙·全节庙》，第91页上。
② （清）林星章修：道光《新会县志》卷四《坛庙·大忠祠》，第92页上。
③ （清）阮元修：道光《广东通志》卷一四六《建置略·全节庙》，第2433页上。
④ （明）戴璟修：嘉靖《广东通志初稿》卷二六《均平》，第457页上。
⑤ （清）阮元修：道光《广东通志》卷一四六《建置略·全节庙》，第2433页上。
⑥ （清）阮元修：道光《广东通志》卷一四六《建置略·大忠祠》，第2434页上。
⑦ （清）林星章修：道光《新会县志》卷四《坛庙·大忠祠》，第92页下。
⑧ 赵锡年编：《赵氏族谱》（不分卷），民国二十六年石印本，广东省立中山图书馆藏。
⑨ （清）阮元修：道光《广东通志》卷一四六《建置略·大忠祠》，第2434页下。

靖九年圭峰山建行祠、官员致祭圭峰山行祠导致厓山大忠祠、全节庙衰败，再到嘉靖二十一年毁圭峰山行祠，修复厓山大忠祠、全节庙，复祀厓山。五十多年间，围绕大忠祠、全节庙的祭祀权，地方官员、地方宗族间的博弈。就伍氏族谱、赵氏族谱所载来看，有明一代，典祠事的伍氏、赵氏家族成员多为生员，并未涌现出杰出人物，这或许正是伍氏、赵氏家族无力阻止大忠祠、全节庙徙建致祭圭峰山的原因。而赵善鸣为陈白沙门人、以知府致仕。故嘉靖二十一年，终在赵善鸣支持下，得以修复厓山大忠祠、全节庙。

伴随大忠祠、全节庙等的建立与祭祀典礼完备，追怀南宋君臣与厓山之战的诗文大量出现，汇集此类诗文的《厓山志》等被编纂刊刻。广东按察司佥事徐纮建议白沙门人张诩编辑《厓山志》，弘治十六年（1503）张诩与门人编成《厓山志》十八卷。① 此后嘉靖、万历间屡有修纂，强调辨华夷、明正统、倡忠义。嘉靖间许炯言："宋亡于夷狄，古今之大变。君臣士卒同死社稷，古今之大节。继绝举废，崇德报功，古今之大典。斯志之所以作也。"② 万历间黄淳强调宋君臣厓山殉国"遂令中华人极百王，正统万古纲维，腥膻不得污，夷狄不得猾，堂堂赫赫乎宇宙间"。③ 有研究指出，元代近百年间，有关厓山的作品不多，书写厓山高潮正起于明中叶，尤以陈白沙为著。④ 时人凭吊厓山，表现出强烈的明正统、辨华夷、倡忠义情怀，实则是对明中叶以后北方边患渐趋严重深感焦虑的反映。

五、余论

土木堡之变后，鉴于严华夷之防的现实需求，南宋君臣厓山殉国事迹受到时人空前关注。厓山大忠祠、全节庙，都着力凸显南宋殉国君臣不事夷狄之"忠""节"，反映出严华夷之防的复苏与国家礼制教化之导向。一方面，大忠祠、全节庙所彰显的忠义、华夷、正统等理念为王朝教化所需和倡导；另一方面，大忠祠、全节庙所奉祀之人物事迹被建构出与地方宗族千丝万缕的联系。大忠祠、全节庙成为国家礼制教化与地方宗族利益诉求的契合点，国家"以礼化民"与地方宗族"以礼造族"，殊归同途。国家借此向下灌输权威，将边疆社会纳入国家礼制教化之中。同时，地方宗族借此与文化正统联系起来，以提升其社会地位。

---

① （明）张诩：《厓山旧志叙》，黄淳等撰：《厓山志》卷首，第 11 页。
② （明）黄淳等撰：《厓山志》，第 5-6 页。
③ （明）黄淳等撰：《厓山志》，第 7-8 页。
④ 左鹏军：《厓山记忆与岭南精神的发生》，《华南师范大学学报（社会科学版）》2012 年第 6 期。

岭南长期被视为烟瘴海陬之地，南宋王朝驻跸并厓山殉国之事与大忠祠、全节庙等祠庙，成为地方社会凸显文化正统性的重要资源。正如黄淳所强调的："祥兴帝于此乎死国，杨太后于此乎死节，张、陆诸臣于此乎死忠"，使中华正统"腥膻不得污，夷狄不得猾"，因此即便"蟾宫仙窟，至奇至胜"之地也无法与厓山相匹敌。① 通过大忠祠、全节庙等礼制祠庙，陈白沙与其门人张诩、赵善鸣等地方宗族和文化精英，将国家正统意识形态和伦理观念地方化，同时借由国家礼制规范实现地方社会的诉求，即致力于将地方社会的发展，纳入大传统轨道的同时，为地方诉求提供合理性的根据。珠三角精英士人的这种取向（毋宁说更是一种抉择）薪火相传。至嘉靖初，在"大礼议"的宫廷政治中，方献夫、霍韬等一批来自珠三角的粤籍士大夫获胜，以正统意识形态塑造的地方文化共同体，将其乡党改造为儒化宗族，便是建立这种取向的最终实现。

成化、弘治间，以厓山大忠祠、全节庙为载体，地方官员、陈白沙等地方精英士人与伍氏、赵氏等地方宗族间积极互动，一方面迎合国家礼制教化所需，以南宋流亡君臣事迹建构珠三角地方社会的文化正统性；另一方面地方宗族争相向代表国家正统意识形态的大忠祠、全节庙靠拢，借之显耀宗族地位。国家与地方利益诉求在此契合，国家借此实现礼制教化之目的，地方宗族社会借之实现利益诉求。

作者简介：

孙廷林，广州大学历史系暨广州十三行研究基地讲师；王元林，广州大学历史系暨广州十三行研究基地教授。

---

① （明）黄淳等撰：《厓山志》卷首，第 1 页。

明代广东进士总数、时空分布及其成因考述①

刘明鑫

[提要] 明代广东进士共858人，占明代进士总数的3.49%，在两直十三省中位列第12名；总体规模虽未进入全国"进士千人俱乐部"，但放到西南和华南区域，则高居第二位，实力不俗。其在不同时段的人数及在进士总数中的占比变化，在显示自身变化特点的同时，也反映出明代广东乡试解额、考生路费资助、赋役与宗族等制度的变迁以及各地经济发展程度、文教发展水平、政治社会环境、科举氛围等客观因素的变化。其空间分布呈现出广泛但不平衡的特点，集中表现为广东十府一州皆有进士考出，但同时又高度集中在广州府的南海、番禺、顺德、东莞等四县或各府附郭县。四县合计389人，占明代广东进士总数的45.34%；各附郭县合计421人，占总数的49.07%。这与广东读书应举风气广泛盛行和各府、州、县科举实力的不均衡密切相关。

[关键词] 明代；广东进士；时空分布；科举实力

明代进士通过层层考试筛选胜出，是功名人群中的翘楚，因而成为精英人才的象征和科举实力的标识。作为一个地域、社会与政治人群，广东进士的总数与时空分布不仅

---

① 本文系第64批中国博士后科学基金面上资助项目"明代广东进士群体研究"（2018M643275）阶段性成果。

对显示广东的科举实力及其在全国的地位具有直接意义，而且对弄清华南诸省乃至全国进士总数与时空分布也有积极作用。迄今，学术界对明代广东进士总数的探讨，虽较为充分，但尚未达成确切共识①，至于其数量在各个时段的变化特点、空间分布状况及其成因，更是鲜有涉及。为推进该问题的研究，笔者拟对此做专门探讨。

一、正统七年与景泰二年广东进士人数考

通过对学术史的梳理，笔者发现，受所据文献和统计标准等因素的影响，学界关于明代广东进士的总数，至今未能达成共识，各种统计结论从"386 人"到"1 377 人"，至少有 12 种之多。其中，吴宣德《明代进士的地理分布》一书使用了明代历科《进士登科录》以及《南雍志》《皇明进士登科考》《皇明贡举考》《明清历科进士题名碑录》（以下简称"《碑录》"）等文献，又采用了"现籍地"的统计标准，故总体来说，其对明代广东进士数量的统计最为接近正确，但笔者重新对明代广东进士进行逐科逐人的考证与确认，发现仍有 2 科统计存有讹误，现考而正之：

（1）正统七年（1442）壬戌科广东进士当为 6 人。《明代进士的地理分布》一书统

---

① 关于明代广东进士总数，何炳棣《明清社会史论》（*The Ladder of Success in Imperial China: Aspects of Social Mobility*, 1368 – 1911）据（清）李周望《国朝历科题名碑录初集》统计了各直省（将南直分为江苏和安徽，将湖广分为湖北和湖南）和辽宁（辽东）等地的进士数。何氏英文原著初版于 1962 年，兹据中译本，见何炳棣著，徐泓译注：《明清社会史论》，（台北）联经出版事业股份有限公司，2013 年，第 283 页。很明显，该书遗漏了广东省的进士数，如将表内统计进士总数减去各省进士相加总数，即可得到其进士总数为 1 377 人，该数也在何炳棣随后发表的《明清东南进士与人文》（载《中国东南地区人才问题国际研讨会论文集》，浙江大学出版社，1992 年，第 218 页）中得到进一步的确认。之后，吴培玉《我国历代人才地理分布与流向》统计明代广东进士为 849 人（《人才研究》1988 年第 2 期）；司徒尚纪《广东文化地理》统计为 874 人（广东人民出版社，1993 年，第 400 页）；沈登苗《明清全国进士与人才的时空分布及其相互关系》统计为 857 人（《中国文化研究》1999 年冬之卷）；陈国生《明代人物的地理分布研究》统计为 386 人（《学术研究》1998 年第 1 期）；钱茂伟《国家、科举与社会——以明代为中心的考察》统计为 887 人，但未注明统计依据（北京图书馆出版社，2004 年，第 192 页）；方志钦、蒋祖缘主编《广东通史》统计为 905 人（广东高等教育出版社，2007 年，第 667 页）；吴宣德《明代进士的地理分布》统计为 883 人（香港中文大学出版社，2009 年，第 58 页）；郭培贵《明代东莞地区的科举群体及其历史贡献》统计为 900 人（《暨南学报》2008 年第 6 期），后在其《明代进士家族相关问题考论》（《求是学刊》2015 年第 6 期）统计为 853 人；乔好勤《岭南文献史》统计为 874 人（华中科技大学出版社，2011 年，第 218 页）；陈友乔、李建忠《明代惠州府进士初探》统计为 856 人（《广东技术师范学院学报》2014 年第 9 期）；刘春梅《明代广东进士研究》统计为 866 人（陕西师范大学硕士学位论文，2017 年 5 月）。

计该科广东进士为 2 人①；但《登科录》《皇明进士登科考》《皇明贡举考》《碑录》等载此科广东进士为卢祥、邓颙、杨政 3 人②；而该科《进士登科录》又存在讹误③，故还应包括以下 3 人：

其一，黄裳，《登科录》载其为"江西赣州府兴国县军籍"，以"韶州千户所军生"身份中广东乡试第 11 名④；但嘉靖《广东通志初稿》、万历《粤大记》等皆载其为"曲江人。其先家本兴国，祖仲礼，洪武中，以事隶韶州守御所戎籍"⑤；万历《广东通志》也载其"先家兴国。洪武中，祖仲礼以事戍曲江"⑥，而且清代所修相关方志也都有大致相同的记载。由此可知，黄裳祖父黄仲礼被征至"韶州守御千户所"服兵役，并定居下来，取得该所"戎籍"，故黄裳自然也籍属该所。又因韶州守御千户所驻地在曲江县，故其应视作广东曲江县人。

其二，薛远，《登科录》载其为"直隶庐州府无为州巢县军籍"，以"儋州学增广生"身份中广东乡试第 38 名⑦；但《寰宇通志》载其为"琼山县人"⑧；正德《琼台志》载其为"前所人，由儋州学中"⑨。这里的"前所"应指"海南前所"⑩，"在卫治前右末"⑪，卫治即在琼山县。徐溥所撰《薛公神道碑铭》也载，薛远"故家庐之无为

① 吴宣德：《明代进士的地理分布》，第 56 页。

② 《正统七年进士登科录》，宁波出版社影印天一阁藏本，2006 年，第 17、22、25 页；（明）俞宪：《皇明进士登科考》卷五，台湾学生书局，1969 年，第 246、247 页；（明）张朝瑞：《皇明贡举考》卷三，《续修四库全书》史部第 828 册，上海古籍出版社，2002 年，第 255、256 页；（清）李周望：《明清历科进士题名碑录》，（台北）华文书局，1969 年影印本，第 209、210 页。

③ 关于此科《进士登科录》所载"黄裳"与"薛远"二人籍贯讹误，承蒙师弟管宏杰提示。

④ 《正统七年进士登科录》，第 11 页。

⑤ 嘉靖《广东通志初稿》卷一二《宦绩·韶州府》，《四库全书存目丛书》史部第 189 册，齐鲁书社，1996 年，第 253 页上；万历《粤大记》卷一五《献征类》，书目文献出版社，1991 年，第 266 页。

⑥ 万历《广东通志》卷三一《郡县志十八·韶州府》，《四库全书存目丛书》史部第 197 册，第 757 页上。

⑦ 《正统七年进士登科录》，第 43 页。

⑧ （明）陈循等：《寰宇通志》卷一〇六《琼州府·科甲》，《玄览堂丛书续集 17》，（台北）正中书局，1985 年，第 544 页。

⑨ 正德《琼台志》卷三八《人物三·乡举》，《天一阁藏明代方志选刊》第 61 册，上海古籍书店，1964 年，第 785 页。

⑩ 嘉靖《广东通志》卷六〇《列传十七·人物七·本朝二》，《广州大典》第三十五辑史部方志类第 4 册，广州出版社，2015 年，第 237 页上；万历《粤大记》卷一七《献征类》，第 305 页下。

⑪ 正德《琼台志》卷一八《兵防上·海南卫》，《天一阁藏明代方志选刊》第 60 册，第 912 页。

州"。洪武间，其曾祖薛祥因屡立战功，但仅升为工部尚书，故"颇以怨言闻，上怒，置之狱，死。子靖安（祖薛能）亦以事举家琼州安置。永乐甲午十月，生公（薛远）于琼州"①。又，乾隆《琼州府志》也载其"世本无为州人，祖祥，洪武间为工部尚书，获罪；父能，坐戍海南卫，远籍焉"②。所谓"坐戍海南卫"，也即被流放到驻琼山县的海南卫服兵役。由此，薛远父亲的户籍便由南直庐州府无为州巢县变成了广东的"海南卫"。远随父祖，自然也就籍属该卫，故应为广东琼山县人。

其三，郑敬，《登科录》载其为"福建福州府福清县军籍"③；《皇明进士登科考》也载其为"福建福清县籍，广东东莞县人"④。《登科录》虽载郑敬现籍地为福建，但也载其以"广州府东莞县学生"身份中广东乡试第29名⑤，可知其乡试中式地为广东，这就在制度上确认了其广东人的身份。此外，该科《会试录》和《皇明贡举考》皆载郑敬为"广东东莞县学生"⑥，可知其学籍也在广东。郑敬学籍和乡试中式地同省的现象说明其已实际居住于东莞。同时《广州人物传》、《本朝分省人物考》、嘉靖《广东通志》、万历《粤大记》等也都将其载为"广东东莞人"⑦。故将其计入广东进士。综上，该科广东进士应为6人。

（2）景泰二年（1451）辛未科广东进士当为5人。《明代进士的地理分布》一书统计该科广东进士为4人⑧；但《景泰二年会试录》、嘉靖《广东通志初稿》、嘉靖《广东通志》、万历《粤大记》、雍正和道光《广东通志》等皆载此科广东进士为5人。⑨ 其

---

① （明）徐溥：《谦斋文录》卷四《故南京兵部尚书致仕进阶荣禄大夫薛公神道碑铭》，《景印文渊阁四库全书》第1248册，商务印书馆，1986年，第644页上。

② 乾隆《琼州府志》卷七《人物志·列传》，清乾隆刻本。

③ 《正统七年进士登科录》，第32页。

④ （明）俞宪：《皇明进士登科考》卷五，第249页。

⑤ 《正统七年进士登科录》，第32页。

⑥ 《正统七年会试录》，宁波出版社影印天一阁藏本，2007年，第20页；《皇明贡举考》卷三，第256页上。

⑦ （明）黄佐：《广州人物传》卷一五《按察副使郑公敬》（《续修四库全书》史部第549册，第567页上）、（明）过庭训：《本朝分省人物考》卷一一〇《广东广州府一》（《续修四库全书》史部第534册，第221页下）、嘉靖《广东通志》卷六〇《列传十七·人物七·本朝二》（第239页上）、万历《粤大记》卷五《科第·皇明进士科》（第76页下）。

⑧ 吴宣德：《明代进士的地理分布》，第56页。

⑨ 《景泰二年会试录》（宁波出版社影印天一阁藏本，2007年）、嘉靖《广东通志初稿》卷一九《科贡》（第348页上）、嘉靖《广东通志》卷一二《选举表下·本朝》（第281页）、万历《粤大记》卷五《科第·皇明进士科》（第77页上）、雍正《广东通志》卷三二《选举志二·进士》（第365页下）、道光《广东通志》卷六八《选举表六·进士》（第330页上）。

中，阳显嘉，《景泰二年进士登科录》和《碑录》载其为"江西吉安府吉水县军籍"①，《皇明进士登科考》《皇明贡举考》《皇明安吉进士录》《类姓登科考》等也载其为"江西吉水县人"②。但同时该科《登科录》也载阳显嘉中"广东乡试第十六名"③，可知其乡试地在广东；而比该科《登科录》更早刊印的《会试录》也载其为"广东新会人"④；与此同时，嘉靖《广东通志初稿》、嘉靖《广东通志》、万历《粤大记》、雍正和道光《广东通志》也都载阳显嘉为"广东新会人"⑤。此采信《会试录》等文献的记载，将其计入广东进士，共5人。

二、明代广东进士人数、分甲及总数考

根据"拥有广东户籍"和"经殿试获得进士功名"的统计标准，综合运用现存明代历科《进士登科录》《会试录》《广东乡试录》《进士履历便览》《同年总录》等第一手核心科举文献，《皇明进士登科考》《皇明贡举考》《类姓登科考》《碑录》等专门科举文献和正德《琼台志》、嘉靖《广东通志初稿》、嘉靖《广东通志》、万历《粤大记》、雍正和道光《广东通志》等地方志以及相关进士人物的行状、墓志铭等文献，并结合对吴宣德《明代进士的地理分布》统计结论有问题科次的讨论结果，再参考其他对明代广东进士人数的统计成果，对明代广东88科89榜进士进行逐科逐人统计，如表1所示：

---

① 《景泰二年进士登科录》，第36页；《碑录》，第237页。

② 《皇明进士登科考》卷六（第281页）、《皇明贡举考》卷四（第269页下）、《皇明安吉进士录》（明正德刻本）、《类姓登科考》（第457页）。

③ 《景泰二年进士登科录》（第36页）、《碑录》（第237页）。

④ 《景泰二年会试录》。

⑤ （嘉靖）《广东通志初稿》卷一九《科贡》（第348页上）、（嘉靖）《广东通志》卷一二《选举表下·本朝》（第281页）、（万历）《粤大记》卷五《科第·皇明进士科》（第77页上）、（雍正）《广东通志》卷三二《选举志二·进士》（第365页下）、（道光）《广东通志》卷六八《选举表六·进士》（第330页上）。

表1 明代各科广东进士人数、分甲与总数表

科次	人数	一甲	二甲	三甲
洪武四年	5	0	0	5
洪武十八年	21①	0	3	15
洪武二十一年	1	0	0	1
洪武二十四年	3	0	1	2
洪武二十七年	4	0	1	3
洪武三十年春榜	1	0	0	1
洪武三十年夏榜	0	0	0	0
建文二年	2	0	1	1
永乐二年	36	0	2	34
永乐四年	17	0	2	15
永乐九年	2	0	1	1
永乐十年	2	0	0	2
永乐十三年	17	0	3	14
永乐十六年	11	0	3	8

科次	人数	一甲	二甲	三甲
成化五年	7	0	1	6
成化八年	9	0	2	7
成化十一年	12	0	0	12
成化十四年	11	0	4	7
成化十七年	10	0	1	9
成化二十年	15	0	4	11
成化二十三年	11	1探花	5	5
弘治三年	10	1榜眼	2	7
弘治六年	10	0	6	4
弘治九年	6	0	3	3
弘治十二年	9	1状元	3	5
弘治十五年	21	0	6	15
弘治十八年	11	0	3	8
正德三年	11	0	3	8

科次	人数	一甲	二甲	三甲
嘉靖三十八年	6	0	0	6
嘉靖四十一年	9	0	4	5
嘉靖四十四年	18	0	3	15
隆庆二年	12	0	2	10
隆庆五年	16	0	3	13
万历二年	8	0	3	5
万历五年	6	0	2	4
万历八年	4	0	0	4
万历十一年	6	0	0	6
万历十四年	11	0	2	9
万历十七年	15	0	0	15
万历二十年	5	0	0	5
万历二十三年	4	0	1	3
万历二十六年	6	0	0	6

① 该科何玄晔、陈九思、郑庸共3名进士分甲不详（《皇明进士登科考》卷二，宁波出版社影印天一阁藏本，2006年）。

（续上表）

科次	人数	一甲	二甲	三甲
永乐十九年	10	0	4	6
永乐二十二年	10	0	0	10
宣德二年	1	0	0	1
宣德五年	2	0	2	0
宣德八年	2	0	1	1
正统元年	1	0	1	0
正统四年	1	0	1	0
正统七年	6	0	2	4
正统十年	3	0	1	2
正统十三年	3	0	1	2
景泰二年	5	0	2	3
景泰五年	17	0	5	12
天顺元年	15	0	4	11
天顺四年	3	0	1	2
天顺八年	9	0	2	7
成化二年	16	0	2	14

科次	人数	一甲	二甲	三甲
正德六年	8	0	3	5
正德九年	13	0	3	10
正德十二年	15	1榜眼	5	9
正德十六年	9	0	4	5
嘉靖二年	20	0	3	17
嘉靖五年	9	0	1	8
嘉靖八年	12	0	5	7
嘉靖十一年	11	1状元	1	9
嘉靖十四年	16	0	4	12
嘉靖十七年	12	0	7	5
嘉靖二十年	17	0	4	13
嘉靖二十三年	10	0	2	8
嘉靖二十六年	4	0	0	4
嘉靖二十九年	13	0	6	7
嘉靖三十二年	9	0	3	6
嘉靖三十五年	14	0	5	9

科次	人数	一甲	二甲	三甲
万历二十九年	9	0	0	9
万历三十二年	13	0	1	12
万历三十五年	7	1状元	1	5
万历三十八年	15	0	4	11
万历四十一年	12	0	1	11
万历四十四年	8	0	0	8
万历四十七年	11	1探花	2	8
天启二年	13	0	0	13
天启五年	7	0	0	7
崇祯元年	21	0	1	20
崇祯四年	16	0	3	13
崇祯七年	6	0	0	6
崇祯十年	10	0	0	10
崇祯十三年	7	0	0	7
崇祯十六年	6	0	2	4
总计	858	7	180	668

由表 1 可知，明代各科广东进士总数应为 858 人，占明代进士总数的 3. 49%①，在两直十三省中排列第 12 名②，总体规模未进入全国"进士千人俱乐部"，处于"科举中省"与"科举小省"之间的实际位置。其中，一甲进士共 7 人，占明代广东进士总数的 0. 82%；二甲进士共 180 人，占明代广东进士总数的 20. 98%；三甲进士共 668 人，占明代广东进士总数的 77. 86%；3 人甲第不详。与明代一、二、三甲进士各自分别占进士总数 1. 09%、26. 31% 和 72. 6% 相比③，明代广东一、二甲进士的占比分别要低 0. 27 和 5. 33 百分点，三甲进士占比要高 5. 26 百分点，说明广东整体考试竞争力要低于全国平均水平，在全国的会试竞争中处于不利地位。而且与明朝其他省份相比，广东拥有进士的数量则呈现出相对尴尬的特点。突出的表现就是：明代广东虽被划入科举实力最强的南卷地区，但在全国尤其是会试南卷地区的进士数排名中处于弱势地位。南卷地区包含浙江、江西、福建、湖广、广东五省和南直的应天、松江、苏州、常州、镇江、徽州、宁国、池州、太平、淮安、扬州十一府以及广德一州，浙江、江西、福建、湖广四省进士分别为 3 423 人、2 718 人、2 307 人、1 487 人，南直十一府一州进士总数为 3 294 人④，均比广东进士总数多。这除与各自人口、经济、文化、教育等因素组成的综合实力有直接关系外，也是明朝政府对各直省乡试解额实行定额调控，对会试实行分区域按规定比例录取的结果。虽然明代广东科举拥有上述劣势，但若放到整个西南和华南大区，则处于优势地位，实力不俗。

三、明代广东进士的时段变化及其成因

由表 1 所示数据可知，广东进士在明代不同时段的数量分布是不平衡的，其实际的

---

① 郭培贵教授考证和统计明代进士总数为 24 586 人（详见氏著：《明代学校科举与任官制度研究》，中国大百科全书出版社，2014 年，第 389 - 432 页）。

② 吴宣德《明代进士的地理分布》统计南直、浙江、江西、北直、福建、山东、河南、湖广、四川、山西、陕西、云南、广西、贵州十四直省进士数分别为 3 892 人、3 444 人、2 756 人、2 419 人、2 337 人、1 734 人、1 684 人、1 501 人、1 422 人、1 139 人、1 022 人、247 人、209 人、99 人，其中分别包含不应计入的"崇祯十三年特"53 人、21 人、38 人、12 人、30 人、5 人、3 人、14 人、18 人、10 人、12 人、4 人、8 人、2 人（第 58 页），各自减去后者，则分别应为 3 839 人、3 423 人、2 718 人、2 407 人、2 307 人、1 729 人、1 681 人、1 487 人、1 404 人、1 129 人、1 010 人、243 人、201 人、97 人。而本文统计广东进士为 858 人，排列全国第 12 名。

③ 据郭培贵教授统计，明代一、二、三甲进士分别为 267 人、6 469 人和 17 850 人，详见其《明代科举功名群体的历史作用》，《光明日报》，2017 年 6 月 21 日 11 版。

④ 吴宣德：《明代进士的地理分布》统计南直十一府一州进士总数为 3 337 人（第 69 页），其中包含不应计入的"崇祯十三年特"43 人（《碑录》第 1331 - 1344 页），减去后者，则应为 3 294 人。

数量变化情况，大致可以分为以下五个时期：

洪武至永乐间为起步期。该期历时 50 多年，自洪武四年（1371）辛亥至永乐二十二年（1424）甲辰 15 科进士，共考取进士 142 人，占明代广东进士总数的 16.55%，占同期全国进士总数 2871 名①的 4.95%。相对于后四个时期，其显著特点是进士人数起伏不定，波动较大，最高科次、次高科次以及最低榜次均出现在这一时段。这与明初广东复杂多变的政治、军事环境与不拘额数录取的乡试解额制度有关。洪武元年（1368），广东地方割据势力何真虽归附明朝，结束了元末广东群雄割据的局面，但此后的洪武一朝，"猺獞""俚民""海寇"以及"海獠""疍户"等组成的"杂蛮"还经常作乱，为害一方，官府也随之对其进行频繁的军事征讨。② 再者，相比后来的永乐朝，洪武建文朝乡试科均录取举人仅为 41.3 人，数量偏少。③ 受此影响，该期广东平均每榜考取进士仅为 4.63 人，洪武二十一年（1388）戊辰科、洪武三十年（1397）丁丑科春榜低至 1 人，成为明代广东考取进士人数欠低的榜次之一。洪武十八年（1385）乙丑科考取进士高达 21 人，又成为次高科次之一，应是洪武六年至十六年科举停罢时期广东科举人才大量累积之故。洪武三十年夏榜，广东无进士考中，则是当时政策干预所致。

进入永乐朝，随着军事征讨取得成效，各处"化外之民"纷纷上京朝贡或编入里甲，成为明朝的编户齐民，社会秩序暂归稳定。再者，此期乡试录取额数不受限制，所以，其科均录取举人由洪武朝的 41.3 人，激增为永乐朝的 129 人，增加了三倍多。④ 受此影响，永乐朝科（榜）均考取进士也由洪武建文朝的 4.63 人激增为 13.13 人，增加了近三倍。永乐二年（1404）甲申科甚至高达 36 人，成为明代广东历科进士中的最高者。

宣德至正统间为低谷期。该期历时 20 余年，自宣德二年（1427）丁未至正统十三年（1448）戊辰 8 科进士，共考取进士 19 人，占明代广东进士总数的 2.21%；占同期全国进士总数 948 名的 2%，较洪武至永乐时期下降了 2.95 百分点。其显著特点是各科

①　各时期全国进士总数均取自郭培贵：《明代学校科举与任官制度研究》，第 389－431 页。

②　嘉靖《广东通志》卷六六《外志三·夷情上》、卷六七《外志四·夷情中》、卷六八《外志五·夷情下》，第 417、425、466－467、480－486 页。

③　洪武至建文朝各科广东乡试录取举人人数为：洪武三年 21 人、洪武四年 1 人、洪武五年 14 人、洪武十七年 52 人、洪武二十年 57 人、洪武二十三年 55 人、洪武二十六年 33 人、洪武二十九年 87 人、建文元年 57 人、建文四年 36 人，10 科共 413 人，科均 41.3 人（详见雍正《广东通志》卷三三《选举志三·举人》，第 377－382 页）。

④　永乐朝各科广东乡试录取举人人数为：永乐元年 42 人、永乐三年 148 人、永乐六年 161 人、永乐九年 189 人、永乐十二年 99 人、永乐十五年 112 人、永乐十八年 127 人、永乐二十一年 155 人，8 科共计 1 033 人，科均 129 人（详见雍正《广东通志》卷三三《选举志三·举人》，第 382－393 页）。

广东进士数量跌入低谷，每科平均考取进士 2.38 人，成为科均数最少的时期。这与此期广东社会动乱频发有较大关系。在经历了永乐、宣德间短暂的稳定之后，正统间贼乱、寇患复起。如黄佐载："宣德间，赐诸瑶敕谕，数十年间稍得休息。其作乱则始自正统间"，其后，"寇贼四起①。又如时任广东巡抚陶鲁载："两广地方，自正统年间，被蛮贼聚众流劫厢乡，攻破城寨，烧毁房屋，杀掠人财，连年屡岁，民受荼毒。"② 正统十四年（1449），爆发黄萧养起义，时任两广总督王翱载："贼兵所至，村堡为墟。"③ 受社会动乱影响，广东一些人口处于逃亡迁徙之中，而没有逃亡的里甲人户也承受着沉重的军饷与经济负担，生活窘迫，在安全与生存问题尚未完全解决之前，自然没有较多时间与精力来读书应举，故各科考取进士最少，相应地，其在广东进士总数中占比也最低。

景泰至天顺间为恢复增长期。该期历时 10 余年，自景泰二年（1451）辛未至天顺八年（1464）甲申 5 科进士，共考取进士 49 人，占明代广东进士总数的 5.71%。其特点是各科广东进士明显增多，步入发展的正轨，每科平均考取进士 9.8 人，是宣德至正统时期的 4.12 倍；广东进士占同期全国进士总数 1 247 名的 3.93%，比宣德至正统间提高了 1.93 百分点，恢复了增长的趋势。这与此期社会危机相对缓和、社学逐渐兴起有较大关系。虽然此期各处尚有许多零星的叛乱，但时至景泰元年（1450），黄萧养"为官军所擒，械京伏诛，广州遂平"。④ 至此，影响广东乃至全国的黄萧养之乱，基本得到控制。同时，明廷明令各地建立社学。如正统元年（1436），"令各处社学提学及有司严笃勤课，不许废弛。其有向学者，考补儒学弟子员"。⑤ 天顺间，广东各地也"尝建立未遍"。⑥ 在此背景下，广东读书应举风气渐兴，各地考中进士的数量也随之增多。

成化至隆庆间为稳定增长期。该期历时 100 余年，自成化二年（1466）丙戌至隆庆五年（1571）辛未 36 科进士，共考取进士 422 人，占明代广东进士总数的 49.18%。其显著特点是不仅持续时间长，而且科均考取进士达 11.72 人，是景泰至天顺恢复增长期的 1.2 倍，是宣德至正统低谷期的 4.92 倍；广东进士总数占同期全国进士总数 11 736 名的 3.6%。此期广东考取进士的人数保持着长期稳定的增长态势，进入明代广东科举

---

① 嘉靖《广东通志》卷六七《外志四·夷情中》，第 425 页下。

② （明）陶鲁：《奏立两广总督疏》，康熙《新会县志》卷一七《艺文上·奏疏》，书目文献出版社，1991 年，第 380 页下。

③ （明）王翱《边情事》，（明）陈子龙等：《明经世文编》卷二二《王忠肃公奏疏》，中华书局，1962 年，第 170 页上。

④ 万历《粤大记》卷三《黄萧养乱广》，第 26 页上。

⑤ 嘉靖《广东通志初稿》卷一六《学校·社学附》，第 310 页。

⑥ 嘉靖《广东通志初稿》卷一六《学校·社学附》，第 310 页。

发展的鼎盛阶段，其原因主要有以下几点：

其一，明中叶以后，珠江三角洲沙田开发加速，对外贸易日盛，经济持续发展，正如南海人何维柏所说："宣（德）、成（化）、弘（治）、（正）德以来，民物殷庶，储蓄充盈，雄视他省。磋醩贩舶，篙工健卒，络绎无昼夜。海上晏然，间有窃发，旋即扫荡，不烦内境。"① 所以，广东里甲人户的经济与生活条件得以不断改善和提升，人丁增多，读书应举者也随之不断增多。

其二，成化之后，广东建立起了固定的会试举人路费银资助制度，为举人提供了赴试的经济保障。如广东南海人霍韬所说：

> 举人路费，成化以前无有给也，自张东所（张诩，成化二十年进士）抱重不轻应试，巡抚朱公檄有司劝之驾，赆之路费之银十二两，遂著为例。凡举人赴试，官给银十二两。正德己卯（十四年，1519），毛鸣冈巡按加银十六两。凡乡官赴京，有司劝照水手四名，银五十两，皆厚之道也。嘉靖辛卯（十年，1531），吴允祥巡按加举人路费银四两，总合之二十两，尤厚也。②

可知成化以后，广东官府为赴京会试的举人创立了稳定的路费银资助制度。随着时间的推移，该项资助也不断增多，这就使得广东士子有了应考的物质条件。

其三，大兴学校，推行教化。成化十年（1474），提学副使涂棐"令州县内外择地建学"③。正德十六年（1521），副使魏校大毁淫祠，改建社学，并发布敕谕："凡提督去处，令有司每乡里俱设社学，择立师范，明设教条，以教人之子弟。"④ 魏校毁淫祠、兴社学的运动，成效显著，"当是时，童蒙之习咸知揖让，间巷里闬蔼然"⑤。嘉靖间，佛山名宦冼桂奇也回忆称："是时，崇本务实，教化兴行，风俗改观，人才辈出。"⑥ 另据统计，明代广东新建和修复书院共计207所，其中，成化至隆庆间就达88所，占总数的42.51%⑦，为广东士人提供了读书进学的场所。与此同时，丘濬、湛若水、黄佐、霍

---

① （明）何维柏：《天山草堂存稿》卷四《赠彩山方公晋太仆卿序》，《四库全书存目丛书》集部第103册，齐鲁书社，1997年，第361页下。

② （明）霍韬：《渭厓文集》卷一〇《两广事宜》，《四库全书存目丛书》集部第69册，第321页。

③ 嘉靖《广东通志初稿》卷一六《学校·社学附》，第310页。

④ （明）魏校：《庄渠遗书》卷九《为申明社学事》，《景印文渊阁四库全书》第1267册，第861页下。

⑤ 嘉靖《广东通志初稿》卷一六《学校·社学附》，第311页。

⑥ 道光《佛山忠义乡志》卷一二《金石志上·四社学记》，清道光十年刻本。

⑦ 白新良：《明清书院研究》，故宫出版社，2012年，第68—114页。

韬、方献夫等岭南士绅也纷纷兴办书院，聚徒讲学，推行地方教化，这为广东营造了良好的文风。

其四，宗族建设推动家族组织的普及乃至发达。嘉靖大礼议之后，广东宗族建设运动逐渐兴盛，家族制度得以快速发展。如霍韬家族便积极建设宗祠、族田、社学与家族书院，制定一套有关家族子弟教育、食宿等方面的管理制度①。石头霍氏科举家族对子弟的教育，成效显著，霍韬七个儿子全部考取了科举功名，中举率为100%；而在其23个侄子中，也有11人考取了科举功名②，中举率也达47.83%。而宗族成员取得科举功名之后，又会通过资助子弟读书应举和宗族建设活动进行反馈，促使宗族进一步发展壮大，取得持续的科举成就。

其五，赋役制度改革，将劳役折成货币。如在均平改革方面，至迟成化年间，广东大部分地区"已经普遍实行均平法"③，地方公费用钱计算和征收，称为"均平钱"④；时至嘉靖之际，广东全面推行均平银改革⑤；之后，"政府不再着重向里甲摊派劳役，而着重从里甲征收货币税"⑥，再由政府用此税款雇人应役。由此，广东越来越多的里甲人户便从繁重的劳役中解放出来，以致有较多的时间与精力从事科举事业。

万历间至崇祯间为衰减期。该期历时60余年，自万历二年（1574）甲戌至崇祯十六年（1643）癸未24科进士，共考取进士226人，占明代广东进士总数的26.34%。相比之前而言，其特点是各科广东进士人数明显减少，每科平均为9.42人，下降2.3人；广东进士占同期全国进士总数7 784名的2.9%，下降0.7百分点。出现上述变化的原因主要有二：一是此期广东各地农民起义此起彼伏，社会动荡，战事频仍，人口减少，大大影响了广东考取进士的人数。二是虽然此期尤其是天启、崇祯间的广东乡试解额，从之前相当长一段时间的75人增加至80人乃至86人⑦，但此期广东乡试平均录取率却仅

---

① （明）霍韬：《渭厓文集》卷七《家书》，《四库全书存目丛书》集部第69册，第169 – 173页。

② 科大卫：《皇帝和祖宗：华南的国家与宗族》，第152页。

③ 刘志伟：《在国家与社会之间：明清广东里甲赋役制度研究与乡村社会》，中国人民大学出版社，2010年，第103页。

④ 嘉靖《惠州府志》卷五《户口志》，《日本藏中国罕见地方志丛刊》第13册，第63页下。

⑤ 嘉靖《广东通志初稿》卷二六《均平》，第442 – 463页。

⑥ 科大卫：《皇帝和祖宗：华南的国家与宗族》，第132页。

⑦ 郭培贵：《明代各直省乡试录取额数沿革表》，见《明代学校科举与任官制度研究》，第365 – 372页。

为 3.62%①，低于成化至嘉靖时期平均录取率 0.81 百分点②；会试平均录取率为 6.99%，低于成化至隆庆时期平均录取率 1.3 百分点③。这就一定程度影响了广东考取进士的人数。

四、明代广东进士的空间分布及其成因

关于明代广东进士的地理分布，学界也有多种统计结论，其中最具代表性者为吴宣德的结论，他认为：广州府 486 人，潮州府 155 人，琼州府 58 人，肇庆府 54 人，惠州府 45 人，高州府 39 人，廉州府 13 人，韶州府 12 人，雷州府 11 人，南雄府 7 人，罗定州 3 人。④ 之所以出现众说纷纭的局面，原因主要有二：一是明代广东进士总数差异所致空间分布的不同。二是确认空间分布的标准和依据不同。笔者依据的是上文所列文献，按照"以户籍所在地为定""户籍原属军卫者一般归入该卫所所在州县"等原则，对明代广东 858 名进士在各府（直隶州）及其所属州、县的数量做了逐一的考证和确认。兹谨把考证与确认结果列为表 2：

表 2　明代广东进士空间分布统计表⑤

名次	府州名	人数	州县名	人数	州县名	人数	州县名	人数	州县名	人数	州县名	人数
1	广州府	465	南海	156⑥	番禺	84	顺德	75	东莞	74	新会	40⑦
			香山	11	增城	7	从化	7	连州	4	清远	3
			新安	2	三水	2						

① 万历元年、四年、七年三科广东乡试应试人数分别为 2 200 余人、2 000 余人、2 200 余人，而录取数皆为 75 人（详见万历元年、四年、七年《广东乡试录》，宁波出版社影印天一阁藏本，2010 年），得到万历时期广东各科乡试平均录取率为 3.62%。

② 据郭培贵统计，成化元年至嘉靖四十年 17 科广东乡试平均录取率为 4.38%，详见《明代学校科举与任官制度研究》，第 349 页。

③ 成化二年至正德十五年间和嘉靖二年至隆庆五年间会试平均录取率分别为 8.52% 和 8.06%，二者平均为 8.29%，见郭培贵：《中国科举制度通史·明代卷》，上海人民出版社，2015 年，第 394 页。

④ 吴宣德：《明代进士的地理分布》，第 76 页。

⑤ 本表所列明代广东府、州、县仅限于考出进士者。

⑥ 南海县 156 名进士中，有 2 名为广州右卫籍、1 名为广州后卫官籍。

⑦ 新会县 40 名进士中，有 1 名为新会守御千户所军籍。

（续上表）

名次	府州名	人数	州县名	人数	州县名	人数	州县名	人数	州县名	人数	州县名	人数
2	潮州府	155	海阳	60	揭阳	34	潮阳	30	饶平	12	澄海	8
			程乡	5①	大埔	4	普宁	1	平远	1		
3	琼州府	57	琼山	41②	文昌	8	定安	2	崖州	2	万州	2
			澄迈	1	临高	1						
4	肇庆府	55	高要	20	四会	13	新兴	7	德庆州	6	高明	5
			阳江	3	阳春	1						
5	惠州府	43	归善	15③	博罗	15	海丰	6	兴宁	2	河源	2
			龙川	1	长乐	1	永安	1				
6	高州府	37	茂名	17	化州	9	吴川	4	石城	4	信宜	2
			电白	1								
7	韶州府	13	曲江	5④	乐昌	4	英德	4				
7	廉州府	13	合浦	8	石康	5						
8	雷州府	11	海康	9⑤	徐闻	2						
9	南雄府	7	保昌	6	始兴	1						
10	罗定州	2	东安	1	西宁	1						

由表 2 可知，广东进士的分布呈现以下三个显著特点：

第一，广东进士分布十分广泛，表现在十府一州皆有进士考出，分布于西起合浦，东至饶平，北起保昌、乐昌，南到崖州的广大地区。这应与明廷在广东各府、州、县、乡村普遍设立儒学、社学等教育机构，给予师生种种优厚待遇，书院讲学的兴盛以及士人读书应试风气的浓厚密不可分。如洪武二年（1369），"令天下郡县并建学校，以作养

---

① 程乡县 5 名进士中，有 1 名为程乡守御千户所军籍。

② 琼山县 41 名进士中，有 8 名为海南卫籍。

③ 归善县 15 名进士中，有 2 名为惠州卫军余。

④ 曲江县 5 名进士中，有 1 名为韶州守御千户所军籍。

⑤ 海康县 9 名进士中，有 1 名为雷州卫官籍。

士类……师生月廪食米，人六斗，有司给以鱼肉，学官月俸有差"①。在此诏令颁布以后，洪武时间，广东共设"十府学、七州学、五十九县学"，与府、州、县设置数量相等，"设学率100%"②。又如著名学者湛若水，四处讲学，创办书院，"生平所至，必建书院以祀献章"③，"道德尊崇，四方风动，虽远蛮夷，皆知向慕，相从士三千九百有余"，仅在广东各地便创办书院10余所。④

第二，广东进士分布极不平衡。就府、州一级行政建置来讲，其拥有进士数可分为三个层级。河网密布的广州、潮州二府处于第一层级，其拥有进士分别为465人和155人，雄居全省冠、亚军，二府合计拥有进士620人，占明代广东进士总数的72.26%。琼州、肇庆、惠州、高州四府处于第二层级，其各自拥有进士数相差不大，合计192名，占明代广东进士总数的22.38%。地处内陆或河网密度较小的韶州、廉州、雷州、南雄三府以及罗定州处于最低层级，共拥有进士46人，仅占明代广东进士总数的5.36%。应该说，上述分布格局，是与各府州人口规模、经济发展、教育资源等状况基本一致的，这从表3所示数据就可得到证明。

表3　明代广东各府州人口、税粮、学校与书院数统计⑤

府州（直隶州）名	人口数	占人口总数比（%）	税粮数⑥（石）	占总税粮数比（%）	学校与书院数	占学校、书院比（%）
广州	589 490	29.02	313 361	30.79	21	18.42
潮州	518 794	25.54	164 536	16.17	14	12.28
琼州	260 958	12.85	85 681	8.42	16	14.04
肇庆	217 140	10.69	161 588	15.88	13	11.4
惠州	123 227	6.07	66 417	6.53	15	13.16
高州	86 067	4.24	68 030	6.68	10	8.77

① 《明太祖实录》卷四六"洪武二年冬十月辛卯"，"中央研究院"历史语言研究所1962年校印本，第925页。

② 郭培贵：《明代学校科举与任官制度研究》，第222页。

③ （清）永瑢：《四库全书总目》卷九六《子部六》，中华书局，1965年，第810页。

④ （明）罗洪先：《（湛若水）墓表》，载（明）湛若水：《湛甘泉先生文集》卷三二《外集》，《四库全书存目丛书》集部第57册，第244页。

⑤ 广州府各州县的人口、税粮数是据嘉靖《广东通志初稿》卷二二《户口》、卷二三《田赋》（第402、406页）所载嘉靖十一年人口、税粮数而得；学校与书院数是据《明一统志》卷七九至卷八二（《景印文渊阁四库全书》第473册，第669 - 735页）所载学校与书院数而得。

⑥ 税粮数包含夏税麦和秋粮米数。

（续上表）

府州（直隶州）名	人口数	占人口总数比（％）	税粮数（石）	占总税粮数比（％）	学校与书院数	占学校、书院比（％）
韶州	90 658	4.46	51 018	5.01	8	7.02
雷州	65 977	3.25	46 214	4.54	6	5.26
廉州	54 190	2.67	25 982	2.55	4	4.39
南雄	24 699	1.22	34 928	3.43	4	4.39
罗定州			0		3	2.63
合计	2 031 200		1 017 755		114	

由表3可知，广州、潮州二府共有人口110.83万人，占统计总人口的54.56%，属于人口稠密区；税粮47.79万石，占统计总税粮的46.96%；共有学校与书院数35所，占统计学校与书院总数的30.7%。琼州、肇庆、惠州、高州四府共有人口68.74万人，占统计总人口的33.85%；税粮38.17万石，占统计总税粮的37.51%；共有学校与书院数54所，占统计学校与书院总数的47.37%。其余五府州共有人口23.55万人，占统计总人口的11.6%，属人口稀疏区；税粮15.81万石，占统计总税粮的15.53%；共有学校与书院数25所，占统计学校与书院总数的23.69%。上述比例与广、潮二府在广东进士总数中处于优势地位，琼州等四府处于中等地位，韶州等四府及罗定州处于弱势地位的基本格局大体一致。其中，广、潮二府学校与书院总数仅占广东学校与书院总数的30.7%，似与其在广东进士总数中所占72.26%的比例不太匹配，其实，这与明代各府、州、县仅设一学的儒学制度有直接关系，但若比较其各自拥有生员的规模、考试信息灵通度、教学质量以及生员的总体学养，广、潮二府高出其余各府州的幅度肯定要远高于学校数及其占比之间的差距。

由表3还可知，上述比例与三者在广东进士总数中的占比又有所差异，这说明各府州进士数及其在广东进士总数中的占比，除与上述因素直接相关外，还受到各自地理位置、交通、文化、读书应举风气等因素的影响。如广、潮二府位于珠江和韩江冲积平原，而这些地区又是沙田集中分布的区域，故地理位置优越、交通便利；同时，二府也拥有浓厚的文化和读书应举氛围，如广州府"文风日张，虽蕉阜恍林之墟，弦歌相闻，挟艺登名与中州等"①。又如潮州府，明初，"文运弘开，士渐知明理学，风俗丕变"，时至嘉靖之际，"士矜功名"，"比屋诗书弦诵之声相闻，彬彬乎文物甲于岭表"②。而其

---

① 嘉靖《广东通志》卷二〇《民物志一·风俗》，第518页上。
② 嘉靖《潮州府志》卷八《杂志·附风俗考》，书目文献出版社，1991年，第287页。

余各府，尤其雷、廉等府，士风相对不盛，如嘉靖年间，时任广东巡抚戴璟，"巡历雷、廉等郡，则见士无奋志，人鲜雄材，甚至问杜杖伏腊而不知者，盖郡县多衰鄙，充师儒之官模不模、范不范使之然也"①。

从县域分布看，其进士数量亦相差悬殊。表现为全省进士人数排名前四的县份全部集中在广州府。第一名南海县 156 人，占全省进士总数的 18.18%；第二名番禺县 84 人，第三名顺德县 75 人，第四名东莞县 74 人；如再加新会县 40 人，则五县合计 429 人，占全府进士总数的 92.26%，占到了全省进士总数的一半。而同属广州府的香山、增城、从化、连州、清远、新安、三水这 7 州县考取进士的仅 36 人，仅占全府进士总数的 7.74%。这一分布特点也与广州府各州、县人口规模大小、经济发展程度、教育文化水平、科举氛围浓厚等状况基本吻合。据笔者统计，南海、番禺、顺德、东莞、新会 5 县共有人口 43.59 万人，占统计总人口的 79.33%；税粮 21.13 万石，占统计总税粮的 71.97%。而其余 7 州县共有人口 11.36 万，占统计总人口的 20.67%；税粮 8.23 万石，占统计总税粮的 28.03%②。上述比例与二者在进士总数中所占比例的格局基本一致。

表现之二即是绝大多数附郭县的进士人数在所属府的下辖县份中拥有绝对的优势地位。南海、番禺、海阳、琼山、高要、茂名、合浦、海康、保昌这 9 个附郭县拥有的进士人数，远远高于所属府下辖其他各州县拥有的进士人数；9 县合计 401 人，占明代广东进士总数的 46.74%。这与附郭县作为一府府治从而拥有最集中的教育与文化资源有直接关系。

第三，琼岛进士人数高居全国海岛榜首。明朝在孤悬南海的琼岛（海南岛）设置琼州府，领三州、十县；共考取进士 57 人，占广东进士总数的 6.64%，位列全省第 3 名。另据统计，明代其他较大海岛考取进士的情况为：金门岛 19 人、厦门岛 9 人、平潭岛 2 人③。可见，琼岛的进士人数，远多于上述诸岛，位居全国海岛榜首，成为明代海岛科举的璀璨明珠。

五、结语

明代广东进士为 858 人，位列全国第 12 名，处于中下游位置，在科举实力最强的南卷地区，更处于最弱地位；但放到整个西南和华南大区，却高居第二位，在华南地区，更处于绝对的领先地位。若要分析广东进士绝对数在全国排名靠后的原因，其中最关键

---

① 嘉靖《广东通志初稿》卷一六《学校》，第 310 页。
② 广州府各州县的人口、税粮数是据嘉靖《广东通志初稿》卷二二《户口》、卷二三《田赋》（第 402、406 页）所载嘉靖十一年人口、税粮数而得。
③ 郭培贵：《明代科举的海上明珠》，《福建日报》，2017 年 3 月 14 日。

的应是其人口规模偏少进而导致的科举后备人才的不足。① 再者，明代广东举人整体考试竞争力较为薄弱，如广东举人考中进士的比率仅为 12.6%，远低于全国 23.85% 的比率。②

作为明代科举制度运行的产物，广东进士的时间分布必然受到制度调控的影响，如开科次数、乡试解额、会试分卷等制度的规定；同时也受到不同时段广东举人累积规模、社会秩序变化等客观因素的影响。不过，影响最大的无疑是不同时期广东各府州县科举实力的变动，而这又是由各地经济与文化教育发展水平、考生路费资助制度、赋役制度、宗族制度、科举氛围等因素的变化造成的。其空间分布在表现广东各府、州、县科举综合实力的同时，也显示出明廷通过科举对广东各地尤其是地处南部边陲琼州府的辐射力与控制力。

同时，明代广东行政区划的变动也是影响其进士时空分布一个不可忽视的因素。如广州府番禺县考取进士的总量比顺德县多，但顺德直至景泰三年（1452）才立县③；此后的 64 科会殿试中，顺德县迎头赶上，共考取进士 75 人，科均 1.17 人；而在相同时段内，番禺考取进士 74 人，科均 1.16 人。番禺县之所以在进士总量上占据优势，关键在于其立县时间远早于顺德。在行政区划稳定之后，各地科举实力的强弱要放在相同时段区间之下，才能做出比较客观的比较。如肇庆府高明县考取进士总数为 5 人，远低于高要、四会、新兴、德庆四州县，位列全府第 5 名；但高明迟至成化十一年（1475）十二月才立县④，此后一直到崇祯十六年（1643），其与四州县的行政区划没有发生大的变化；在此期间，高明县考取的进士却比四会等三州县皆多，仅比位列第一的高要县少 1 名⑤。这反映出明中后期高明县科举实力迅猛增长、高要等四州县科举实力急速下降的发展态势。

作者简介：

刘明鑫，中山大学历史学系博士后研究人员。

---

① 明代两直十三省不同时期的人口数有所不同，现以万历《明会典》卷一九《户部六·户口一》所载万历六年人口数为准（中华书局，1989 年，第 127 - 129 页），统计各自人口数，由高到低依次为：南直 1 050.2 万人、江西 585.9 万人、山东 566.4 万人、山西 531.9 万人、河南 519.4 万人、浙江 515.3 万人、陕西 450.2 万人、湖广 439.9 万人、北直 426.5 万人、四川 310.2 万人、广东 204.1 万人、福建 173.9 万人、云南 147.7 万人、广西 118.6 万人、贵州 29.1 万人。可见广东人口位列全国第 11 名，处于"人口中省"与"人口小省"之间的地位。

② 郭培贵：《明代学校科举与任官制度研究》，第 350 页。

③ （清）张廷玉：《明史》卷四五《地理志》，中华书局，1974 年点校本，第 1133 页。

④ 《明宪宗实录》卷一四八"成化十一年十二月壬辰"，第 2716 页。

⑤ 据笔者统计，在成化十四年至崇祯十六年 56 榜进士中，肇庆府高要、高明、四会、新兴、德庆州五州县考取进士人数分别为：6 人、5 人、4 人、0 人、1 人。

16—17 世纪中叶葡属印度与澳门海上贸易的发展与兴衰

张廷茂　李文光

[提要] 葡萄牙人租居澳门之后，将他们经营的欧亚航线延伸到了中国，由此，果阿—澳门航线成为澳门国际贸易航线西端的重要组成部分。由西而东，它以一定的商品交易量平衡了澳门与广州的贸易，更重要的是，由里斯本经果阿运入澳门的大量白银，成为澳门葡人在华投资的重要组成部分，成为日本白银的必要补充。由东而西，它源源不断地把西方市场需要的东方商品运入里斯本，从而使澳门葡人在西欧市场上东方商品的交易中处于有利地位。葡属印度果阿至澳门的航线成了葡萄牙欧亚国际贸易航线的重要组成部分，而该条航线的贸易关系也成了印度与中国历史关系的特殊组成部分。

[关键词] 葡属果阿；澳门；海上贸易

随着西欧海上贸易由地中海向大西洋转移，位于地中海与大西洋连接处的葡萄牙积极着手进行海外扩张。国家政权联合商人与贵族，进行了有组织、有计划的远洋航海活动。恩利克（Henrique）王子所组织的一系列航海活动，为建立世界航线奠定了基础。1488 年，迪亚士绕过非洲南端进入印度洋；1498 年，达·伽马驾船航行到印度卡利卡特（Calicut）；1500 年，葡王任命卡布雷尔（Pedro Alvares Cabral）在科钦建立殖民据点；1510 年，葡人攻占果阿（Goa）①，建立了葡属东印度总部。以果阿为据点，葡人控制了印度洋的香料贸易。1511 年，葡印总督阿布克尔克（Afonso de Albuquerque）夺占马六甲，建立起里斯本—果阿—马六甲航线，从而确立了葡萄牙在东方海域的优势地位。1557 年葡人租居澳门后，将其纳入了东西方国际贸易航线。由此，葡属印度果阿至澳门的航线成了葡萄牙欧亚国际贸易航线的重要组成部分，而该条航线的贸易关系也成了印度与中国历史关系的特殊组成部分。

一、果阿—马六甲—澳门航线的建立

1500 年，葡王曼努埃尔一世（Manuel Ⅰ）派遣一支以卡布雷尔为首、由 13 艘船组成的船队再度驶向印度。虽然这支船队只有 6 艘返回葡国，但是，葡人通过这次远航，不仅做成了一笔利润丰厚的香料生意，而且在科钦和卡利卡特建立起葡萄牙商站。第二年，一个新的商站在坎纳诺尔（Cannanore）建立起来。1505 年，葡王任命阿尔梅达（Francisco de Almeida）为葡萄牙首任印度总督，在科钦建立起葡萄牙殖民政权。随着殖民政权的建立，一系列军事防卫要塞相继在科钦、奎隆、索法拉、安杰迪瓦、坎纳诺尔和基尔瓦建立起来。1509 年，葡人在印度沿岸的第乌（Diu）击败印度洋上的穆斯林商人联合舰队，基本上打破了 700 余年来由穆斯林商人垄断印度洋香料贸易的局面。不过，要完全实现控制印度洋香料之路的目标，仅有科钦是远远不够的。

1509 年，继任葡印第二任总督后，阿布克尔克大大加快了葡萄牙东方扩张的步伐。他的目标是通过殖民化和征服建立葡萄牙在东方的霸权，从而完全控制东西方的一切贸易。为此，他提议要在亚丁、霍尔木兹和果阿建立牢固的要塞，在其他地方建立小的要塞和商站。② 1510 年，阿布克尔克率 1 500 人的军队攻占了印度西岸重镇果阿，并将总督府迁至此处。从此，果阿代替卡利卡特，成为葡人在东方一切活动的总部。果阿位于古吉拉特至马拉巴尔海航运的中心点，是印度洋沿岸的商业中心，以此为基地，葡人便实现了控制印度洋航线和垄断印度洋与欧洲贸易的目的。

控制印度洋航路只是确立东方海上优势的第一步。因为，比果阿更重要的东方贸易中心是马六甲。马六甲是座水陆相连的城市，15 世纪后期发展成为当时世界上最大的国际转口贸易港之一，也是东南亚最重要的货物集散地，在国际贸易和东西方经济、文化交流中占有举足轻重的特殊地位。1511 年 5 月，阿布克尔克以"塞凯拉事件"为由，率一支由 19 艘军舰和 1 400 人组成的舰队出征马六甲，重炮猛攻后加以占领。葡萄牙征服

---

① 果阿：一译卧亚，汉文史籍作"小西洋"。

② J. M. Braga, *The Western Pioneers and Their Discovery of Macau*, Macau, Imprensa Nacional de Macau, 1949, pp. 27 – 28.

马六甲的"主要目标是获得一个基地，使其能够控制该地区航路上的亚洲竞争者以及沿线所进行的贸易，并能够直接得到那些经济上依靠马六甲的国家的财富，进而实现对三种稀有而贵重商品的垄断：摩鹿加的丁香、班达群岛的肉豆蔻和帝汶岛的檀香木。这样便可以结束威尼斯商人在西欧市场上对这些产品的控制地位"。[1]

占据马六甲，对葡萄牙的东方扩张事业具有双重的重要性。就航海路线而言，马六甲是东西交通的交接之港、必经之路。拥有马六甲既可以把印度和阿拉伯商人排除出欧亚贸易航线，又可控制通向南中国海和印度尼西亚群岛的战略要地。就贸易关系而言，马六甲是当时亚洲贸易（特别是香料贸易）的主要商业中心。它"是一座专为商业活动而建立的城市；它比世界上其他任何城市都更适合于贸易；它是东北季风和西南季风终结和开始的转换点，……方圆数千公里以内不同国家之间的商业和贸易必须经过此地"。[2] 控制马六甲即可得到荟萃于此的所有东方产品，牢牢掌握东西方贸易的主动权。

1514 年，阿尔瓦雷斯对中国的首次商业航行获得成功。继之，葡人又于 1515 年、1517 年进行了两次对华航行，并取得了可观的贸易收入，葡王使臣还获准进京。然而西芒等人的一系列暴行，破坏了中葡贸易的发展。随着屯门之战、西草湾之战的爆发，葡人被逐出中国。之后，葡人转往浙江宁波双屿港进行走私贸易，并且开通了葡日商业航线，将原有航线延伸为里斯本—果阿—马六甲—双屿—日本贸易航线，葡中日早期贸易关系得到了发展。双屿港于 1548 年被封闭后，葡人再次来到广东海面，先后在上川岛、浪白澳建立贸易据点，继续开展葡中日贸易。

1554 年的协议实现了葡中贸易的公开化和正常化，从而使东西方之间的国际贸易具备了稳定的基础。这是葡人得以入住澳门以及澳门得以成为国际贸易枢纽的基本前提。随着葡中贸易据点从双屿港到上川岛再到浪白澳的转移，一个事实变得越来越明显：在东西方这条漫长的国际航线中，中国海岸有着不可替代的价值；在这里开辟一个可供加水补给、存栈候风的港口基地，无疑是这条国际航线得以畅通的先决条件。这正是澳门成为国际商港的客观依据。以中国丝绸与日本白银相交换为核心的贸易模式已经形成：葡国商人利用东南亚产品在中国市场上的传统优势，购得在日本市场畅销的中国货；在赚得大量白银之后，又利用中国市场对银的旺盛需求，再次获得畅销东（日本）西（马六甲以西）方市场的中国货物；在整个贸易周期中，中国市场和中国商品，始终是至关紧要的因素。

16 世纪早期，濠镜澳与其他泊口一样成为各国贡舶过往驻歇的临时停泊地。1535

---

① 　J. Villers，"Malacca Portuguesa：A Rainha do Comércio no Extremo Oriente," in *Macau*，No. 1，1987，p. 35.

② 　J. Villers，"Malacca Portuguesa：A Rainha do Comércio no Extremo Oriente," in *Macau*，No. 1，1987，p. 35.

年，南洋商人获准入濠镜澳贸易，葡人也曾混入其中。1555 年，葡人在澳门的活动始见于葡文文献的明确记载。1557 年，葡人得当地官员默许，在贸易季节后居留澳门，并开始建造房屋。1571 年，葡人在日本长崎建立贸易据点，形成了里斯本—果阿—马六甲—澳门—长崎航线。1572 年，贿赂金变成地租。1574 年，中国政府在莲花茎"设官守之"，表明中国官方已允准葡人定居澳门。①

至此，澳门由"番夷市舶交易之所"变成了由葡人经营的国际贸易港。由上川岛到浪白澳，再到濠镜澳，葡人终于在中国沿海找到了一个更安全的船舶停泊港，使他们在由欧洲到远东的漫长航行中免受热带风暴之苦，从而使远西至远东之间的这条航线畅通无阻。更为重要的是，葡人的贸易据点更接近广州。澳门是个背靠南方大都会、三面向洋的半岛，有水陆两路与广州相通。这种地理位置上的优越性，不仅保证了这个"不产米盐"之地生存所必需的各种物质供应，而且使之在贸易关系上与广州有更为密切的联系。广州—澳门贸易构成澳门贸易周期中最重要的环节；正是以中国市场为腹地、以广州港为依托，澳门—果阿贸易成了欧亚国际贸易的重要一环。

二、果阿—澳门贸易的发展

葡萄牙大商船运入澳门的货物主要有欧洲的毛制品、玻璃品、钟表、葡萄酒，印度和东南亚的香料、贵金属等；由澳门西运的货物主要有中国的丝绸、黄金、瓷器、药材、铅和漆器等。这条航线的贸易虽然不是澳门海上贸易中获利最丰厚的分支，但是，由于其地理位置上的重要性，它在澳门海上贸易的整个周期中仍然发挥着不可替代的作用：由西而东，它以一定量的贸易额平衡了广州—澳门贸易；更为重要的是，由里斯本经果阿运入澳门的大量白银，成了澳门葡人在华商业投资的重要组成部分。由东而西，它源源不断地把西方市场急需的东方产品运回里斯本，保证了葡萄牙商人在欧洲市场东方产品交易中的优势地位。

1. 由里斯本经果阿至澳门

由里斯本经果阿、马六甲至澳门，是澳门葡人所经营的亚欧贸易的第一段。关于这一段的航海，荷兰旅行家林斯霍腾（Van Linschoten）有这样的记述：

> 每年 4 月，商船从果阿前往马六甲，在那里停留一段时间，以等候季风的到来。商船从马六甲出发前往澳门，在这里停留至少 9 个月，等待季风到来，然后驶

---

① 参见张廷茂：《明清时期澳门海上贸易史》第一章，（澳门）澳亚周刊出版有限公司，2004 年。

往日本。在那里停留数月，然后乘季风返回澳门。正像出航时那样，商船再次停留澳门一段时间。因此，完成往返日本的整个航程，需要 3 年时间。①

对于航行过程中的贸易状况，外文史书亦有较为详细的记载。《历史上的澳门》一书称：

> 澳门与欧洲的贸易由王家垄断。每年，由三桅帆船和大船组成的王家船队，载着毛织品、红布、水晶、玻璃制品、英国时钟、佛兰德尔工业品、葡国酒，由里斯本启航。在沿途各港交换其他产品。船队从果阿出发前往科钦，交换那里的香料和贵金属，然后前去马六甲，交换其他香料和来自巽他的檀香木。在澳门，这些货物被换成丝，与剩下的货物一起运往日本，前去交换银块。②

博克塞教授指出：

> 每年一度的大帆船载着毛织品、红布、水晶、玻璃制品、佛兰德尔时钟、葡国酒、印度印花棉布和白布，（商船）一般在马六甲停泊，将大部分货换上香料、檀香木、暹罗的皮革品，然后自马六甲驶向澳门。③

上述记载告诉我们如下事实：第一，澳门葡人运到澳门的货物来自欧洲、印度和东南亚。可见，澳门葡人在里斯本至澳门航线进行的贸易带有明显的转口贸易性质，欧洲与中国之间的直接贸易尚不占主要地位。第二，马六甲在澳门贸易中具有突出地位。这里不仅是葡萄牙大船进入中国的必经之路，而且还是它们最重要的货物来源地。澳门海上贸易的这一特征，是由当时中外贸易的基本模式决定的。

众所周知，葡人东来之前，中国与印度洋沿岸和东南亚国家早已建立起密切的贸易关系；东南亚不仅是中国对外贸易的重点区域，而且还充当中西贸易的中继站和中转地。郑和下西洋曾多次驻足马六甲；前来此地做生意的中国商人亦为数不少。集结在那里的胡椒、香料、锡、象牙等货品，在中国市场长期以来销路一直很好；而葡船自欧洲

---

① Arthur Coke Burnell（ed.）, *The Voyage of Van Linschoten to the Indies*, London, Hakluyt Society, Vol. 1, 1885, p. 147.

② C. A. Montalto de Jesus, *Historic Macao*, Macau, Salesian Printing Press and Tipografia Mercantil, 1926, p. 65.

③ C. R. Boxer, *Fidalgos in the Far East 1550 – 1770: Fact and Fancy in the History of Macau*, The Hague, Martinus Nijhof, 1948, p. 15.

运来的货物在中国市场销路欠佳，葡商获利甚微。因此，自里斯本东来的澳葡商人，必须在沿途市场，特别是马六甲市场将其大部分货物换为中国市场所需要的当地产品，才能在广州市场上高价出手，并购足销往日本的中国货，从而使贸易周期顺利完成。

此外，由于中国金银比价远远高于欧洲，加之葡人无法以足够的欧洲产品保持贸易平衡，他们每年也运大量银子到澳门，以便在广州市场上交换中国产品。据载，1580—1600 年，澳门商船每年由果阿运入澳门的银子为 20 万克鲁扎多或 20 万～30 万里亚尔。① 葡萄牙人运来中国的货物，获利最大的是银币里亚尔，它在中国值 6 个头像银币。② 16 世纪末 17 世纪初，随着澳门与东南亚地区之间直接贸易的发展，澳门大船自果阿运入澳门的商品结构发生了明显的变化。如果说早期是胡椒、香料占据首位的话，那么到 16、17 世纪之交，白银已成为入澳商品中的首项。

表 1　大船 1600 年前后自印度运入澳门的货物一览表

货名	数量	购进价	出售价
银币和银制品	20 万～30 万克鲁扎多		
象　牙			白色直象牙：50 两/担
天鹅绒		果阿：6～7 克鲁扎多/腕尺	澳门：7～8 两/腕尺
绯红布料		果阿：5～6 克鲁扎多/腕尺	
酒	150～200 桶	果阿：40～50 克鲁扎多/桶	澳门：80～90 克鲁扎多/桶
橄榄油	6 桶	西班牙：8～12 里亚尔/罐	澳门：5～8 比索/罐

资料来源：C. R. Boxer, *The Great Ship from Amacon*, Part Ⅱ "Documents Illustvative of the Macao – Japan Trade", pp. 182 – 183.

由表 1 可见，至 17 世纪初，澳门大船自欧洲和印度运入澳门的货物，品种不多，利润也不高。但是，在澳门海外贸易周期中，里斯本与澳门的贸易仍然是不可缺少的一环，发挥着不可替代的功能：它以为数不多的货物平衡了澳门与广州的贸易；更为重要的是，由里斯本经果阿运入澳门的大量白银，成了澳门葡人在华投资中的重要组成

---

① C. R. Boxer, *The Great Ship from Amacon*: *Annals of Macao and the Old Japan Trade 1550 – 1640*, Lisboa, Centro de Estudos Histórico Ultramarino, 1969, p. 7.

② Arthur Coke Burnell（ed.）, *The Voyage of Van Linschoten to the Indies*, Vol. 1, p. 150. 按："头像银币"（teston）即正面有人头图案的欧洲中世纪的一种银币。

部分。

向澳门输送白银成为这条航线的主要任务，"香料与基督"的活动变成了"白银与基督"。1601 年（万历二十九年）奉命赴广州办案的刑部主事王临亨目睹了这种情况，他在《粤剑编》一书中写道：

> 西洋古里〔即印度西部海岸之卡利卡特〕，其国乃西洋诸番之会。三四月间入中国市杂物……余驻省时，见有三舟至，舟各赍白金三十万，投税司纳税，听其入城与百姓交易。①

此后，葡船自印度运来的白银数量不断增加。

2. 澳门经果阿至里斯本

由澳门经果阿至里斯本，是澳门商人经营的亚欧贸易周期中的最后一段。澳门大船自日本返回澳门后，卸下载回的绝大部分白银，装上广州采购好的货物向马六甲航行。所载货物除了一定量的日本银，主要有丝绸、黄金、麝香、珍珠、象牙、木刻、漆器、瓷器、生姜、药材、铅、大黄等。② 值得注意的是，在澳门大船西运印度的产品中，大部分为中国货，其中占主导地位的是丝绸，不仅有大量的生丝，还有织造精美的刺绣和锦缎。1590 年澳门出版的一本书载：

> 中国的蚕丝如此丰富，每年可以装满由印度开来澳门的船……这些丝不但在印度使用，也带到葡萄牙去。不光是生丝运到那里去，而且还有各式各样的丝织品……③

据载，1580—1590 年，每年由澳门输入果阿的中国生丝量为 3 000 担。④ 瓷器也占有重要地位，当时瓷器已具有了高度的装饰性，包括了某些专为西方市场生产的品种，如带有手柄的茶杯、大壶和盘子等。早在 1580 年时，里斯本已有几间出售中国瓷器的商店。另据载，葡人克服了巨大困难，将这些瓷器不仅运到日本和印度，而且还运到欧

---

① 王临亨：《粤剑编》卷三《志外夷》，中华书局点校本 1987 年，第 92 页。

② C. A. Montalto de Jesus, *Historic Macao*, p. 65；A. Coates, *A Macao Narrative*, Hong Kong, Haineman Education Books（Asia）Ltd, 1978, p. 39.

③ Rui Manuel Loureiro, *Um Tratado sobre o Reino da China dos Padrea Duarte Sandes e Alessandro Valignano*, Macau, 1590；Macau, Instituto Cultural de Macau, 1992, p. 43.

④ C. R. Boxer, *The Great Ship from Amacon*: *Annals of Macao and the Old Japan Trade 1550 – 1640*, p. 6.

洲一些国家。① 据旅行家 Tron 和 Lipporni 的记载，当时在新马路可以买到普通的瓷器……葡国商人甚至在法国的集市上出售中国的瓷器。②

销量大、利润高的中国商品为澳门—里斯本航线注入了活力。随着时间的推移，由澳门输入果阿，进而输入欧洲的货物种类不断增多，如表2所示：

表 2　澳门大船 1600 年左右自澳门运回果阿的货物一览表

货名	数量	广州价	果阿价	利润率	销售地点
白丝	1 000 担	80 两/担	200 两/担	150%	主要运入欧洲、印度、中东
各色绸缎	10 000 ~ 12 000 匹	细绸 5 两/匹；上等细缎 6 ~ 7 两/匹			下等绸 4 两/匹，主要销于当地
金	3 ~ 4 担			80% ~ 90%	售于土著人中间
铜及铜制品	500 ~ 600 担			100%	销于土著人中间
麝香	6 ~ 7 担			150%	用于土著人中间
水银	100 担			70% ~ 80%	
朱砂	500 担			70% ~ 80%	
糖	200 ~ 300 担			100% ~ 150%	
中国根	2 000 担			100% ~ 200%	
铜手镯	2 000 担	澳门：5 两 6 钱或 7 两/担		100%	一般售于孟加拉
樟脑	200 担				运回葡萄牙
各类瓷器	大量			100% ~ 200%	花瓶、瓷盘在暹罗、印尼销售，精细货运往印度、波斯，上等货运往欧洲

① Rui Manuel Loureiro, *Um Tratado sobre o Reino da China dos Padrea Duarte Sandes e Alessandro Valignano*, p. 44.

② 文德泉：《中葡贸易中的瓷器》，吴志良主编：《东西方文化交流》，澳门基金会，1994年，第 210 - 211 页。

（续上表）

货名	数量	广州价	果阿价	利润率	销售地点
镀金的床、桌子和墨砚盒	大量		有些镀金的床一般可售到 300 ~ 400 克鲁扎多		
染色细丝	大量	18 ~ 19 钱或 2 两/斤			
被单、床帐、帷帐以及精致的金链	不详				

资料来源：C. R. Boxer, *The Great Ship from Amacon*: *Annals of Macao and the Old Japan Trade 1550 - 1640*, Part Ⅱ "Documents Illustvative of the Macao - Japan Trade", pp. 181 - 182.

　　表 2 所列内容，有三点值得注意：第一，由澳门运往果阿的货品要比东来澳门的产品种类丰富得多；品种数目已接近同期澳门运入日本的货物。第二，在澳门至里斯本航线的商品交换中，直接运入欧洲的品种显然多于直接来自欧洲的产品。这种交换关系既体现了东亚产品在国际交往中的优越地位，也反映了西方市场对东方产品的旺盛需求。第三，在澳门西运的商品中，中国货物始终占主导地位；而这些货物的利润一般均在 100% 以上。这又从一个侧面说明，中国市场和中国商品为澳门海上贸易的繁荣奠定了物质基础。

　　澳门经果阿至里斯本的贸易，一方面为澳门带来了巨额利润，另一方面为马六甲和果阿的葡国当局提供了可观的收益。阿尔梅达（Dom João de Almeida）于 1582 年在写给菲律宾马尼拉总督的信中称：

　　　　由中国启航前往果阿的商船，每年向马六甲交纳 5 万杜卡特关税，仅此一笔即可维持那个堡垒。另外还向果阿交纳 6 万克鲁扎多。[①]

　　17 世纪初，澳门运回果阿的商品结构的一个突出变化是中国黄金和日本铜的显著增加。17 世纪 20 年代，葡人从中国运黄金到印度的贸易十分活跃。1622 年，正是由于运

---

　　① C. R. Boxer, *Fidalgos in the Far East 1550 - 1770*: *Fact and Fancy in the History of Macau*, p. 40.

载黄金，澳门葡人仅在通向印度的这一条航线上就运载了价值 750 万荷兰盾的货物。[①]
澳门葡人运回的日本铜，主要是用于果阿的王家造炮场。

三、果阿—澳门贸易的中断与恢复

17 世纪 30 年代，西欧国家在东方海域的竞争格局发生了变化，即荷兰的势力超过
了葡萄牙。马六甲的易手是这一转变的集中体现。这一转变，从本质上来说是由两国的
经济和军事实力决定的。

在马六甲，葡人始终面对着马来半岛国家的挑战，亚齐、柔佛等国对马六甲曾进行
过多次围攻，虽然未能夺取它，但是使葡人的统治力量遭到削弱。

17 世纪的荷兰被马克思称为"十七世纪标准的资本主义国家"。它从 16 世纪末期的
尼德兰革命中成长起来，迅速成为 17 世纪的海运强国，有"海上马车夫"之称。相比
之下，葡萄牙不仅国家小，而且经济发展水平也较低。凭 17 世纪葡萄牙的国力，它难
以在里斯本、果阿和马六甲之间如此长的战线上长时间地实施有效防御。马六甲的葡人
不仅要应付荷兰人的围攻，还要面对马来人国家的进攻。因此，马六甲的失控只是时间
问题。

1630 年前后，荷兰东印度公司加强了它的海上活动，特别是在马六甲海峡附近水
域，使葡人同欧洲的贸易遭受损失，尤其是减少了从葡萄牙运来果阿，并用于采购胡椒
的资金[②]，使里斯本经果阿至马六甲这条"白银之线"变得不那么畅通了。1631 年底，
澳门总督施维拉（Dom Jeronimo de Silveira）率领的一支由 6 艘船组成的船队，满载货物
行至新加坡海峡时，5 艘被荷兰船队截获，另 1 艘不久便沉没。这次事故的损失据计算
达 100 万歇勒芬。[③] 到 1636 年，荷兰人对马六甲海峡的封锁已经十分严密，以至如果有
1 艘葡船通过海峡，即被认为是神话。这一年的商船是付出了重大代价之后才以武力强
行通过的。17 世纪 30 年代末期，马六甲的葡人在经济上陷于困境，胡椒、锡、丁香及
其他货物的供应遇到困难；马六甲的经济地位大为下降。经过多年的有效围攻，马六甲
在经济上已被摧毁。最后，荷兰人于 1641 年 1 月攻占了马六甲，澳门葡人失去了这条通
向欧洲的咽喉地带，失去了对这条航线的控制。

---

① G. B. Souza, *The Survival of Empire: Portuguese Trade and Society in China and the South China Sea 1630 – 1754*, Cambridge University Press, 1986, p. 171.

② G. B. Souza, *The Survival of Empire: Portuguese Trade and Society in China and the South China Sea 1630 – 1754*, 1986, p. 75.

③ C. R. Boxer, *Fidalgos in the Far East 1550 – 1770: Fact and Fancy in the History of Macau*, p. 107.

1641 年马六甲易手后，虽然澳门葡船通过此港变得更加困难，但是，澳门商人仍能设法与果阿进行一定的商业往来。在 1645 年 1 月正式公布《荷葡停战条约》以前，经过马六甲的商船经常被荷兰人扣押并没收船货。例如，1642 年 6 月 20 日，一艘从果阿驶向澳门的葡船在马六甲以北的卡波拉卡多被截获，船上所载的价值 6 732 荷兰盾的货物成了荷兰东印度公司的财产。1643 年 6 月，从科钦驶往澳门的"圣安东尼奥"号又被截获，船只及船货都被留作公司财产。① 鉴于葡萄牙人于 1643 年 5 月也扣押了一艘驶往果阿的荷兰船只，荷兰人改变了对驶入马六甲港的葡船的处理办法。1643 年 12 月 23 日，"康塞桑"号快船自澳门驶向果阿，入泊马六甲。经过一番交涉，荷人释放了船长及其他乘员，对"康塞桑"号给予放行，船货被就地出售，货主得到债券，待荷船"沧乌"号获释后予以兑现。1644 年 1 月 6 日，一艘自澳门驶向莫斯卡特的"好望"号小船也受到同样的处理。② 为了躲避荷兰人的阻扰，葡萄牙人还利用英国船来装运货物。1644 年，至少有 3 艘英国船从苏拉特和果阿经马六甲驶往澳门和马尼拉，并经马六甲返回。对此，马六甲总督凡·弗里抱怨说：

> 如果我们容许英国人自由做这种来回买卖，这就是马六甲（和公司）的往里长的毒瘤，因为利用这种走私，果阿和澳门的葡萄牙人想要什么都能得到。③

鉴于拖延停战的做法对荷兰东印度公司已没有多大好处，1644 年 11 月 10 日，荷属印度的正选议员梅祖依可代表荷兰东印度公司，与葡萄牙总督梅内西斯在果阿签订条约。其中规定：沧乌号及其乘员获释后，凡 1643 年 2 月 22 日以后所有葡萄牙的俘虏及货物（价值 125 000 西币）都予归还。条约于 1645 年 1 月 25 日在果阿正式公布，于是，葡荷两国在东方海域实现了正式停战。

在休战期间（1645—1652 年），葡人可以不必借助英国人的商业潜力而恢复了通过马六甲海域的航行，澳门与果阿之间的商业联系有所加强。荷兰人对过往的葡船做了不少苛刻的规定。首先，按照停战协定第七款之规定，葡船必须在荷方事先许可的情况下才可航行到马六甲、巴达维亚等荷兰港口；第六款规定，葡人不得染指荷方已同土著统

---

① 维因克：《荷兰东印度公司和葡萄牙关于葡船通过马六甲海峡的决定》，《文化杂志》中文版第 13 /14 期，第 17 页。

② 维因克：《荷兰东印度公司和葡萄牙关于葡船通过马六甲海峡的决定》，《文化杂志》中文版第 13 /14 期，第 17 - 18 页。

③ 维因克：《荷兰东印度公司和葡萄牙关于葡船通过马六甲海峡的决定》，《文化杂志》中文版第 13 /14 期，第 18 页。

治者订有垄断条约的地区。① 第二，葡船经过马六甲海峡须付通行费。按照葡萄牙大使德·桑荷与巴达维亚议会于 1645 年 5 月 29 日达成的临时协议，马六甲总督对自科钦驶向澳门的"圣安多尼奥"号和双桅帆船"圣克鲁兹"号征收了 4.5% 的通行费。② 1646 年 1 月，至少有 8 艘葡船在马六甲停泊。由于正值季节性巡视的晚期，无法逐船计费，于是决定每艘船交中国黄金 4 条。③ 1646 年 4 月，荷兰东印度公司与果阿总督达成协议：每艘开往澳门的船只，若不在马六甲卸货，不论大小，均须为往返航程交黄金 4 条，王家船只免交。两个月后，马六甲总督按该协定对驶往澳门的两艘双桅船征收了通过税。1652 年 6 月，自印度驶往澳门的"圣安托尼亚"号和"圣雅辛托"号两艘葡船在马六甲及其附近海域被荷兰船截获，船只连同载货被没收为荷属印度公司的财产，由此，葡、荷两国结束了为期 8 年的停战。

在葡、荷停战阶段，尽管荷兰对葡人规定了比较苛刻的条件，但是，航行本身毕竟不受限制，因此，澳门经马六甲与果阿的贸易得到了一定程度的恢复，如表 3 所示：

表 3　1645—1651 年往返澳门与马六甲的航行

年份	澳门至马六甲	马六甲至澳门
1645	不详	3
1646	8	4
1648	5	3
1649	1	3
1650	2	2
1651	2	2

资料来源：G. B. Souza, *The Survival of Empire*：*Portuguese Trade and Society in China and the South China Sea　1630 – 1754*，p. 218

不过，由于受到清初战争的不利影响，澳门与果阿之间的航行，载货严重不足，无

---

① 维因克：《荷兰东印度公司和葡萄牙关于葡船通过马六甲海峡的决定》，《文化杂志》中文版第 13 /14 期，第 19 页。

② 维因克：《荷兰东印度公司和葡萄牙关于葡船通过马六甲海峡的决定》，《文化杂志》中文版第 13 /14 期，第 20 页。

③ 维因克：《荷兰东印度公司和葡萄牙关于葡船通过马六甲海峡的决定》，《文化杂志》中文版第 13 /14 期，第 20 页。

法恢复到以前的水平。例如，1650 年 1 月自澳门驶往印度的 2 艘小船，全部载货只有 60 担粗锌，56 担药材，一些旧铜器，一包镀金的镶嵌物，此外别无值钱的东西。"这些可怜的货物主要是广州一带连年战祸的结果。"①

1652 年以后，由于葡、荷两国重新进入交战状态，葡船通过马六甲变得困难起来；加之澳门与广州的贸易受到很大限制，澳门同果阿之间的贸易一直未有明显的起色。

四、结语

总之，里斯本—澳门航线的贸易虽然不是澳门海上贸易中获利最丰厚的分支，但是由于其地理位置的重要性，它在澳门的整个贸易周期中仍然发挥着不可替代的功能：由西而东，它以一定的商品交易量平衡了澳门与广州的贸易，更重要的是，由里斯本经果阿运入澳门的大量白银，成了澳门葡人在华投资的重要组成部分，成为日本白银的必要补充。由东而西，它源源不断地把西方市场急需的东方商品运入里斯本，从而使澳门葡人在西欧市场上东方商品的交易中处于有利地位。

作者简介：

张廷茂，暨南大学历史学系教授；李文光，暨南大学历史学系博士研究生。

---

① 维因克：《荷兰东印度公司和葡萄牙关于葡船通过马六甲海峡的决定》，《文化杂志》中文版第 13 /14 期，第 22 页。

论鸦片战争后美国在华攫取的
条约特权和商业文化权益

黄　涛

[提要]　随着传教士介入美国对华外交，中美先后签订了《望厦条约》和《天津条约》，开启了中美政治关系的不平等局面。在殖民强权的不公正国际体系下，借助不平等条约的政治庇护，美国大肆攫取在华政治特权，成为近代中美关系不和谐的一个硬伤。它不仅延迟了中国人民废除强加于中国的一系列不平等条约的正义要求，而且引发了更大规模的东西方资本殖民列强入侵中国的野蛮行为，伤害了中西文化交流的合法、合理的本质内容和互融路径。

[关键词]　望厦条约；天津条约；美国在华政治特权；中西文化交流

中国进入近代是被动的历史过程，以基督教文明为核心的资本主义强国英国挑起的第一次鸦片战争打开了晚清封闭已久的国门，中国由此沦为半殖民地半封建社会。由一系列不平等条约所构建的近代中外关系是以"条约制度"为主干的不平等关系，逐步取代了中国传统的华夷秩序。中外关系的变化、条约关系的建立，不可避免地对近代中国社会的政治、经济和思想文化产生了深刻的影响。中国权利的丧失，是西方列强的利益攫取，以及西方船坚炮利的军事胜利和资本主义文明的先进优势下的必然之果。新生的美国借助英国战胜大清的军事余威，用军事威吓和外交讹诈，胁迫清政府签订了《望厦条约》和《天津条约》，不仅巩固了英、法、俄在华已取得的所有权益，而且在很多方面都有过之而无不及，以致到清政府覆灭之时，美国已经成为西方列强中染指中国最强势的一个国家了。在这半个多世纪的中美博弈过程中，围绕着强加在中国人民头上的一系列不平等条约存与废的争斗，美国政府攫取了诸多在华的政治特权，是近代中国蒙受民族屈辱的一大历史明证。

一、鸦片战争以来美国在华攫取的条约特权

新生美国与古老中国的国家关系由平等互惠转向恃强凌弱的不平等，是美国追随欧洲列强奉行强权政治和不平等条约制度的直接产物。众所周知，第一次鸦片战争和《南京条约》的签订开启了中外关系的新纪元，到第二次鸦片战争后的《天津条约》《北京条约》，西方列强已经使用暴力在中国建立起了攫取和维护在华利益的"条约制度"。而强加于清政府和中国人民的百余个不平等条约就是"条约制度"的核心内容，它基本上囊括了列强在华的主要特权，尤其是经济特权，如同英国学者伯尔考维茨所说："它包括了商人们所要求的特权"，是"整个时期英国和中国外交与商务关系的根本基础。无论是 1876 年的《烟台条约》或 1902 年的《马凯条约》（亦称《中英续议通商行船条约》）都没作出任何基本上的变动"。[①] 这种建立在不平等国家关系基础上的"条约制度"，它的内容和框架已基本定型，此后除新增特权外，主要是在它的基础上进行扩充和具体化，并逐步将其使用范围扩展到清帝国的中枢和内地的侵略进程中，以 1901 年《辛丑条约》的签订为结束，标志"条约制度"的完备，近代中国完全陷入半殖民地的深渊。很显然，以不平等条约为核心的"条约制度"成为列强在中国行使"准统治权"的重要保障，是维护既得利益和继续攫取特权的所谓"法律"依据，有利于西方列强将近代中国纳入它们的"统治范围"。列强并非使中国"在平等的基础上"与它们建立新的关系，而是用"条约制度"把中国纳入它们的统治范围，确定中国对列强的义务。这种以不平等关系为内核的"条约制度""奠定了中国与 20 多个有共同条约关系的外国之间外交和商务关系的那些上层建筑的基础"。[②] 因此，不平等条约的存废问题成为近代中外关系史上一个特别敏感而又令人矛盾的问题。其废，必然"损害"列强利益，引起更大规模或更大力度的再侵略；其存，必然加重近代中国的社会危机和民族冲突。

英国是使近代中国蒙受巨大耻辱和灾难的罪魁祸首，它不仅开了暴力破坏中国主权的先河，并推波助澜，使中国深深陷入不平等条约的漩涡，而且顽固坚持所谓"合法"的条约特权，在中英关系史上永远留存了极不光彩的一页。首先，英国是勒订不平等条

---

①　伯尔考维茨著，江载华、陈衍译：《中国通与英国外交部》，商务印书馆，1959 年，第 21 - 22 页。

②　马士著，张汇文等译：《中华帝国对外关系史》第一卷，上海书店，2000 年，第 337 页。

约的领头羊，"谁能否认英国的刀剑曾两次，甚至三次砍掉了中国的固执，为贸易和企业打开一条出路呢？""向那不幸的北京清朝官员要求让与特权的行列中，英国公使不是站在第一名吗？"① 其次，英国从列强在华攫取的条约权益中，所占分量是首屈一指的，不仅大部分是始作俑者，而且对其他条约特权均要染指，殖民帝国的贪婪本色昭彰于世。英国最先勒索的条约权益，首先是割地与赔款。割地面积越来越大，赔款额度越来越多，相比于当时清王朝的生产总值都是天文数字，而且各种名目的赔款也是举不胜举的。在整个近代史中，英国在要求割地、赔款的数量上除逊于沙俄和日本外，无有何国堪与相比。被列为破坏中国主权完整的三大"魔鬼"，即领事裁判权、租界和协定关税，或首先由英国攫取，或肇源于它的侵夺。早在鸦片战争前的 1833 年，英国就试图通过国内立法，在华行使这一特权。② 最后，对中国人民和历届政府的废约要求和斗争，英国抱着虚与委蛇和阻挠破坏的态度，坚持维护条约特权的顽固立场。背负着不平等条约压力的清王朝曾分条分款地向西方列强提出废除要求，却根本得不到英国的任何让步。在 1919 年的巴黎和会上，当中国第一次整体地提出修改和废除不平等条约问题时，英国同其他列强一道拒绝了中国的要求，并姑息、支持日本坚持山东特权的立场。尽管历经华盛顿会议、大革命运动和蒋介石国民政府，废约目标始终没有实现，直到中华人民共和国成立，才彻底清除了西方列强在中国内地的条约权益，并在 1997 年从英国统治下成功收回香港。

除了割地、赔款外，美国几乎囊括了上述英国在所有不平等条约中的各种权益，因为有最惠国待遇的条款和清政府一视同仁的政策。在将中国陷于不平等"条约外交"的难以自拔的窘境中，美国难逃罪责。像英国一样，美国也是非常坚定地维护在华条约特权和既得利益的，对中国人民历次提出的废约要求，采取了一切可以推诿和讹诈的方式，破坏和阻挠中国人民的正义斗争。美国对中国人民废约正义行为的漠视和反对，大致可从以下几个历史进程中看出：

首先，需从美国一步步"艰难"而"和平"地获得在华权益的过程和手段上来考量，才能理解美国资产阶级是如何在乎在华的殖民利益的。当中英矛盾必须诉诸战争时，美国唯恐英国战胜而独占在华利益，也开始积极听取与华关系的各方建议。1839 年 5 月广州部分美商联名上书国会，建议美国政府委派一个商务代表来华议约，并派一支海军到广州海面，联合英、法、荷等国共同行动，认为"只要美、英、法各国派一支海军到中国沿海，不必进行流血战争，就会从中国政府中取得适当的谢罪和条约的订定"③。美国政府根据当时的中外形势，汇合各方意见"取长补短"，终于决定了第一次

---

① 伯尔考维茨著，江载华、陈衍译：《中国通与英国外交部》，第 3 页。

② 梁敬錞：《在华领事裁判权论》，商务印书馆，1930 年，第 10 页。

③ 泰勒·丹涅特著，姚曾廙译：《美国人在东亚》，商务印书馆，1959 年，第 87—88 页。

鸦片战争期间的对华政策，即尽量避免与中国发生正面冲突，同时利用英国侵华之机，谋取自身的利益。随着鸦片战争中有利于英国局面的出现，尤其是《南京条约》的签订，在美国引起了强烈反响。美国对华态度由原来十分热切地"希望美国将来能拥有如中国那样的财富、工业和资源"以及赞美"中国人的勤勉""生活艺术与农业进步"等，迅速地"对于中国的印象便突然改观，蔑视中国武力窳陋与闭关自守，认为中国已经堕落而濒于灭亡之境，昔日的光荣已成过去"。① 美国资产阶级更是迫切地希望美国政府采取行动，以求与中国签订与英国类似的条约。1842 年 4 月，美国政府派出加尼司令率领的舰队到达中国海域，名为保护美侨和禁绝鸦片走私，其实根本"无侨可保"，也"无烟可禁"，实际上就是探摸中国底细，索求在华最惠国待遇，舰队直到一年后才离开中国。加尼回国加速了美国"和平"索求订约的步伐。1843 年底，美国正式向清政府提出订约要求，"英国在中国的特权是以条约的形式庄严地得到认可的，而美国在华利益则凭皇帝的恩准。即使美国商人愿安于现状，华盛顿却有人不同意。美国曾为了从大不列颠获得独立进行过一场战斗，高傲的美利坚共和国应该有自己的条约"②。这种柔中带刺的口气，在 1844 年 5 月 10 日已抵华的美国专使顾盛口中再次出现，"顾盛奉命对清政府继续施加压力，他在致两广总督的照会中称，美国将继续派遣军舰驶赴中国海岸"③。7 月 3 日，中美《望厦条约》终于在美国使团的胁迫下正式签字。对此，顾盛认为"美国及其他国家，必须感谢英国，因为他订立了的《南京条约》，开放了中国门户。但现在，英国和其他国家，也须感谢美国，因为，我们将这门户开放得更宽阔了"④。美国总统泰勒也说"《望厦条约》已将美国对华关系，放置在一个崭新的立脚点上，万分有利于美国商务以及其他利益之发展"⑤。美国学者丹涅特也曾把《望厦条约》看作是一个"典型条约"。⑥ 因为《望厦条约》比《南京条约》"要高明得多；而且如此的高明，以致它立即变成为几个星期之后议定的法国条约取法的典型，也变成为 1847 年 3 月 29 日签订的对挪威和瑞典条约的蓝本"⑦。从以上美国在鸦片战争前后的对华政策中，我们看到了美国国家利益至上的对华外交政策。从本质上来讲，它是英国侵华的一种继续，二者目标是一致的，区别只在于他们采取方式的不同，英国是赤裸裸的武力侵夺，

① 李定一：《中美早期外交史》，北京大学出版社，1997 年，第 79 页。

② 孔华润著，张静尔译：《美国对中国的反应：中美关系的历史剖析》，复旦大学出版社，1989 年，第 10 页。

③ 李长久、施鲁佳：《中美关系二百年》，新华出版社，1984 年，第 12 页。

④ 卿汝楫：《美国侵华史》第一卷，人民出版社，1957 年，第 79 页。

⑤ 卿汝楫：《美国侵华史》第一卷，第 81 页。

⑥ 赵金鹏：《美国与鸦片战争：析鸦片战争时期美国的侵华活动》，《史学月刊》1990 年第 6 期。

⑦ 泰勒·丹涅特著，姚曾廙译：《美国人在东亚》，第 150 页。

而美国是武力炫耀和外交讹诈并用，其获益有过之而无不及。

《望厦条约》是中美不平等条约的开始，它不仅为美国扩大对华侵略提供了条约依据，更刺激了美国在华攫取权益的欲望。美国政府认识到，要进一步发展在华势力必须与清朝皇帝加强联系，尤其需要在北京设立使馆，以监督清政府履行条约。在十二年修约期未到期间，美国不但在广州大肆扩张势力，而且深入到长江下游的上海。美国比英国更早在黄浦江滩头竖起本国的国旗，而美国领事竟擅自把虹口一带的地皮划为美国租界，完全不理会中国政府的法令。美国在第二次鸦片战争中的对华政策，已发展到与英法一起进行公开侵略的地步。战争开始，美军接受英国供给一个月的军饷，将美国在中国海域的舰队随同英法军舰集中到黄浦江。[1] 1858 年，英法联军攻占天津城之前，美国借从中调停的名义，乘机援例要求利益均沾，胁迫清政府订立了《天津条约》《中美通商章程》，扩大了领事裁判权，还获得了开辟台湾商埠、内地游历、自由传教等权利。次年进京换约，英法不遵行北塘登陆进京的安排，以武力攻击大沽炮台，遭到了清军顽强抵抗。在武力无望取胜的情况下，美国首先遵从清政府意愿，从北塘登陆，获得大清官员的好感，以为"米国恭顺"。但清政府中并非全是糊涂官，也有人看破美国的真实意图，如钦差大臣桂良在奏折中说到："臣按，美人初亦与英法合从内犯，特其国在大西洋，距中国逾远，不敢轻举，当其清换约，非不欲效英俄之肆态，及见英俄已受大创，诸国皆不得逞，即思居间排解。"[2] 可见，美国在第二次鸦片战争中已采取与英法一致的侵略行为，所不同的是，英法完全采取公开武力侵略，而美国则双管齐下，既进行公开侵略，又利用中立身份，从清政府的退让中获取利益。19 世纪 60 年代，美国因内战暂时延缓了对华索取利益的步伐，也很少追随欧洲列强侵华的步调，仅利用清政府一视同仁政策和最惠国待遇而享受欧洲列强和东方资本主义强国日本在中国攫取的权益，可谓不费一枪一弹，轻松获得。即便是《辛丑条约》签订前后，美国的两面性也是很明显的，不像欧洲列强和日本那样残暴无比，轻易获得了《辛丑条约》中的一切在华权益。也正因如此，在大清官僚的心目中，美国是个"仁义"的民族、可信的"合作"伙伴。

其次，美国针对清政府"信守条约"和中国人民反对不平等条约的现状，采取尾随欧洲列强隔岸观火的举措，以便乘机坐收渔利，或借口欧美有别，暗度陈仓地推出自己的新"和约"。晚清是中国废除不平等条约斗争的准备时期，可以说是早期的修约交涉，或萌芽中的修约交涉。清政府和中国人民接受不平等的条约体系，必然要经历一个痛苦的适应过程，既要舍弃对他人不对等的天朝体制，又要承受加载在自己身上的不平等的

---

① （清）薛福成：《庸庵全集·书汉阳叶相广州之变》，转引自刘大年编：《美国侵华史》，人民出版社，1951 年，第 8 页。

② 蒋恭晟：《中美关系纪要》，中华书局，1930 年，第 64 页。

西方特权制度。其实，在两次鸦片战争之间，清政府的"信守条约"，如耆英所言，"如约者即为应允"，"违约者概行驳斥"，①从一开始就包含着两个方面的内容：一是自己守约，二是要求对方守约。至清亡终，清政府对这一内容的看法都没有改变。从总的趋向来看，清政府的守约方针主要是针对西方列强的，而且还有着暗地里摆脱条约束缚的意图。首先，历来视外国人为"狄夷"的天朝上国，亘古未有地在近代战争中败于小小英伦三岛，因战败而造成的条约关系很难适应。怀着依恋和固守天朝体制的心态，在战胜的英军撤退到中国割让予其的香港后，清王朝统治阶级集团内部普遍"拒绝接受这次战争的结局，继续批评这个（南京）条约并且敌视条约中的各项规定"，"试图尽量缩小并抗拒它们"，还有许多人试图运用权术与彼周旋，"利用解释条约的办法来收回在谈判中失掉的东西"。②但是，以英国为首的西方列强的"船坚炮利"已使大清官僚领教了西方资本主义的厉害，完全否定或不履行条约是不可能的。因此，如何暗地里阻止条约的履行，或者以"信守条约"来约束西方列强的进一步勒索就成为清廷上下必须坚持的决策，实际上就是寻求一种维护天朝体制的补救措施。因此，要将条约作为一道屏障，来阻止列强的进一步侵渔。清廷决定采用"羁縻"政策，即"暂事羁縻""徐图控驭"。③其实，在无力回天的情况下，清朝君臣唯有以这样的所谓"信守条约"方针，期望得到西方列强的"共鸣"而停止"再进入"中国。然而，西方列强就是以"进入全球"为最终目标的，遥远的东方中国同样不能例外。因此，他们不仅"急于要享受由条约所得到的一切"，而且屡屡将手伸向条约外的领域。④可见，将列强在中国攫取的权益限制在条约范围之内，成为清王朝迫切需要做到的事情，然而这也是很难的事。在第二次鸦片战争前，清政府"信守条约"基本上是针对列强各国违约的事件，主要有三类：一是禁止在五口之外通商，二是禁止到内地传教游历，三是禁止到藩属国活动。清王朝中以奕䜣为首的洋务派崛起后，同样信守"羁縻"之法，不过开始主动与外接洽。《北京条约》签订后，奕䜣、桂良和文祥等对当时中外形势作过分析，认为列强"所请尚执条约为据。是该夷并不利我土地人民，犹可以信义笼络，驯服其性"，因而主张对

① 《耆英等奏接见英使申明要约英人危言挟制欲进广东省城业经峻拒折》（道光二十五年十一月十三日庚辰），载（清）文庆等纂修，齐思和等整理：《筹办夷务始末》（道光朝）第6卷，中华书局，1964年，第2942页。

② 马士著，张汇文等译：《中华帝国对外关系史》第一卷，第427、337、375页。

③ 《耆英等奏详陈议和情形折》（道光二十二年七月壬申），载（清）文庆等纂修，齐思和等整理：《筹办夷务始末》（道光朝）第5卷，中华书局，1964年，第2206页；《程矞采奏阻止美使顾盛晋京折》（道光二十四年二月己未），《筹办夷务始末》（道光朝）第6卷，第2806页。

④ 莱特著，姚曾廙译：《中国关税沿革史》，生活·读书·新知三联书店，1958年，第88、174页。

外采取守约方针，即"按照条约，不使稍有侵越，外敦信睦，而隐示羁縻"。① 到《辛丑条约》签订前，清政府对于列强在条约分内的任何请求，都是答复甚为果决的，并三令五申地要求各级官员恪守条约，以及"开导"普通民众在与外国人交往中的遵守条约意识，杜绝教案发生，即便教案发生也是多倾向列强而平息事端。清政府这样做的目的，就是尽可能少地丧失国家权益，特别是同光新政期间，多少缓和了中外紧张气氛，为自强新政赢得了一段时间，也一定程度上提升了中国的国际地位。守护尚未丧失的国家权益，是清政府信守条约的重要任务。然而，清王朝的腐朽和落后是不能肩负起这样的历史重任的。不过，从某意义上来看，清王朝的"羁縻"政策也是一种变相的废约行动，尽管收效微薄，但在阻止列强无休止的侵夺和延缓大清灭亡上具有一定的作用。在清政府和各级官绅方面的废约进展不大的时候，中国人民发挥了极大的力量。19世纪末20世纪初的义和团运动和收回利权运动，是群众性废约斗争中较为典型的两个重大事件，为清王朝灭亡后的民国政府开始的废约斗争提供了有益的启示。其中，义和团运动向西方展示了中国人民的伟大力量，使他们认识到"中国（政府）方面实无力加以阻止瓜分"②，亦不能轻视中华民族的独立意志和反抗精神。当然，义和团运动对不平等条约的影响也是双重的，它在制约不平等条约进一步恶性发展的同时，也让列强作出更大规模的战争行为以"维护"既得利益并延伸权益。1901年签订的《辛丑条约》是"集不平等条约之大成"③，它不仅将不平等条约的绳索勒得更紧，使束缚中国的"条约制度"体系臻于完备，而且在一定程度上发展了传统国际法中反动的理论和原则。通过《辛丑条约》，中国"仅仅保存下一个主权国的寥寥几个属性"④。中国由此完全沦为了半殖民地社会，进入了"被制服的时期"。

最后，针对中国上下前赴后继的废约呼声和行动，后起而居上的美国不仅暴露了他侵略和征服的狼子野心，参加了东西方列强联合起来的侵华战争，与清政府勾结残酷地镇压了义和团运动，并在阻止中国人民的废约运动前后，还提出了更加侵渔中国人民权益的反动政策，即"门户开放"政策。自鸦片战争开始，美国主流的对华政策是不直接参加侵华战争的，趁火打劫的方式对美国更有利。美国一位记者说美国的政策是"顺便搭车的帝国主义"，"每当别人在前面打开一道门，美国人就跟着进去"。美国通过这种方式，在中国与列强之间逐步取得了特殊的地位，而且获得了靠其自己的力量难以在华

---

① 《奕䜣桂良文祥奏统计全局酌拟章程六条呈览请议遵行折》（咸丰十年十二月初三日），载贾桢等纂：《筹办夷务始末》（咸丰朝）第8卷，中华书局，1979年，第2675页。

② 瓦德西著，王光祈译：《拳乱笔记》，上海书店，2000年，第105页。

③ 王芸生：《六十年来中国与日本》第4卷，生活·读书·新知三联书店，1980年，第34页。

④ 马士、宓亨利著，姚曾廙等译：《远东国际关系史》下册，商务印书馆，1975年，第472页。

获得的特殊权益。这种特点也在美国对华政策中长期保留并发挥了影响。① 到 19 世纪末，美国已是一个经济发达的国家，它的工业生产总值已超过英国，跃居世界首位。作为新兴的政治经济大国，美国开始不甘心屈居人后，1898 年，美国对老牌殖民主义国家西班牙发动战争。美国一下子就显示了其不凡的实力，西班牙求和，不得不让出古巴和菲律宾，从此美国势力从美洲延伸到亚洲。面对欧洲列强在华划定势力范围的现状，美国不甘心丢失在华既得利益和未来权益。美国驻华公使田贝曾在 1898 年 1 月 31 日向美国国务院报告说："我们在中国有相当大的利益。我们在那里有 1 500 名传教士，他们和商人一样都要由我们保护。（中国的）瓜分将进而消灭我们的市场。太平洋在它广阔的胸怀中注定要承担比大西洋更多的商业交往。"② 美国政府一方面想维护美国的在华利益，另一方面又没有足够的力量同其他列强较量。在这种情况下，美国国务卿海约翰于 1899 年 9 月通过美国驻英、法、德、俄、日、意六国使节向这些国家的政府送出第一次"门户开放"照会。照会的要点有三：一是绝不干涉今后在中国可能取得的任何所谓势力范围或租借地内的任何通商口岸的既得利益；二是仅由中国政府征收关税并依照中国协定税则办理；三是决不另给本国臣民特惠的港口税或铁路运费的利益。11 月，海约翰又向清朝驻美公使伍廷芳呈交一份照会和私函，力图把美国说成是中国主权的维护者，对此清政府没有任何意见，后来反而感激这项政策"避免"了中国的被瓜分。第二次"门户开放"照会是海约翰于 1900 年向美国驻柏林、巴黎、伦敦、罗马、圣彼得堡、维也纳、布鲁塞尔、马德里、东京、海牙、里斯本等外交代表发出的训令，声称"美国政府的政策，是在寻求一种解决，使中国获得永久安全与和平，保持中国的领土与行政完整，保护各友邦受条约与国际法所保障的一切权利，并维护各国在中国各地区的平等公正贸易的原则"。③ 如果说第一次照会要求美国在各国在华势力范围里利益均沾，在政治上要维护清政府的统治地位和中国主权完整，那么第二次照会则明确要求列强承认保持中国领土与行政完整，以保护列强不平等条约的权益，从势力范围扩张到全中国"开放"，其侵略目的昭然若揭了。第三次"门户开放"照会发生在义和团运动失败和《辛丑条约》签订之后的 1902 年，此际清政府已经沦为帝国主义的朝廷，美国逐渐取得了列强对华的主导地位。"门户开放"对华政策，不仅没有丝毫考虑中国人民废除不平等条约的正义要求，而且以此为根本依据而固定先前列强既得利益并纵深获得更大的控制特权，表现在以下几方面：一是美国不再是追随英国等欧洲列强的"小伙伴"，而是奉行独立的帝国主义大国的对华政策；二是"门户开放"成为此后美国对华政策的指导政策，也是制约其他列强攫取超越美国在华利益的法宝；三是反映出美国对华关系中不再

---

①　王东、闫知航：《让历史昭示未来：中美关系史纲》，东方出版中心，2006 年，第 10 页。

②　陶文钊：《中美关系史（1911—1950）》，重庆出版社，1993 年，第 21 页。

③　中美关系史丛书编委会：《中美关系史论文集》，重庆出版社，1988 年，第 416 页。

追求领土扩张，而更注重商业利益，以及文化和经济影响的特点。正如"门户开放"照会的起草人、美国国务院中国问题特别顾问柔克义（William W. Rockhill, 1854—1914）后来致前驻中国公使田贝的一封信中所说："我真挚地希望我们能够充分地利用它，不仅为了我们的贸易，而且为了加强清政府，使它无法逃避履行对条约国的全部责任。我们所得到的东西无疑在目前有助于确保中华帝国的完整，但中国从它一方能够而且必须履行其国际责任。"①"门户开放"是极具强权政治的侵略政策，政治、经济和文化的要求在各个不同时期起到不同的作用，而在门户开放中得到完美的结合，从根本上讲，它是为了维护列强的不平等条约利益，而最大的利益收获者正是美国。

二、美国在华获取的商业文化权益

在英国挑起鸦片战争并大获全胜的武力余威下，借着《南京条约》开启在华攫取利益的先例，以及在对华颇具认识的美国新教传教士的大力协助下，美国开始与中国产生了直接的国家关系。自《望厦条约》开始，美国就一步步将其社会形态和价值观向中国渗透，以期实现"中国美国化"的目标。在这个过程中，美国不仅获得了其他列强在华攫取的全部权益，而且扩大了其自身在华的政治影响力。在半个世纪追随欧洲列强侵华后，美国跃居西方列强在华政治力量前列，即便是1912年清王朝覆亡后，美国在华特权和影响都是中国近代化进程中步履蹒跚的重大阻碍因素。

西方列强通过非正义的侵略战争和一系列不平等条约，一步步将中国推向半殖民地的深渊。不平等条约是保证列强在华权益的法律文件，以及规范中国方面执行条约的机制。列强通过"条约制度"攫取的在华特权主要有六大类别，即在华侨民管理权（如租界权和治外法权等）、在华经济特权（如通商口岸设立、协定关税、自由雇募、内河航行通商、陆路边境免减税、鸦片与苦力贸易、自由设厂、路矿借款担保等）、在华行政特权（如海关行政外籍税务司、海关兼管常关）、在华文化特权（如设立学校、传教权）、在华驻军权（如军舰口岸停泊、游弋保护商船、驻京使馆常留兵队等）、在华势力范围和租借地权（这是19世纪末瓜分中国之行径）等。② 近代中国被迫签订的不平等条约有数百个，而新兴的美国在主要列强当中却是迫订条约最少的殖民国家。但是仔细分析美国与晚清中国签订的《望厦条约》《天津条约》《辛丑条约》等，就会发现一些条款不是美国首次写进，就是美国在其他列强条约上的延伸、加强或具体化，加上在华攫取的最惠国待遇和领事裁判权，美国大量获得且强化了在华的政治权益和外交优势。特别是在清朝灭亡后，美国进一步成功要挟住北洋军阀政府，获得利益远超其他列强，以

---

① Marilyn Young, *The Rhetoric of Empire*, Harvard University Press, 1968, p. 131.

② 李育民：《近代中外关系与政治》，中华书局，2006年，第7–12页。

致在第一次世界大战后华盛顿会议上取得名为调和实为攫利的政治成功，自此成为对华侵略和控制最强势的帝国主义国家。对于在华政治、外交、经济、文化等权益的获得，美国同样是依靠其越来越强大的国家军事力量作为基础和支配的，同时更以之作为维护其既得利益的最终力量。这也是近代西方列强的一贯和非人道的做法。面对欧美列强的坚船利炮，落伍于西方的清政府却"以中世纪的武器、中世纪的政府、中世纪的社会来对付近代化的敌人"，不可避免的结果就是逐步落入半殖民地的深渊。在战败求和的窘境中，腐朽的清政府逐渐出让"越来越多的国家权益，以致出现了慈禧的所谓'量中华之物力结与国之欢心'"，《辛丑条约》最终把清廷变成了"洋人的朝廷"。

毫不讳言，美国自从进入近代中国的那一天开始，就得心应手地使用了政治外交与军事力量相结合的对华政策。虽然表面上，美国与华谈判签约中对武力等残酷手段表示出不屑，但真实的武力运用却无处不在，先是在军事实力弱势时跟随英法等侵略者兵舰之后，兵强马壮之后就用军力排除其他列强而独立操控清政府的政局。先看不符合近代国际法的列强驻军中国的有关条约规定：发端于中英《虎门条约》关于英国军舰可以在每个通商口岸停泊的规定，中法《黄埔条约》进而规定可以"往来游弋，保护商船"，中法《天津条约》又推及内地各开放口岸，及至《辛丑条约》已发展为解除中国在京师至海口沿线的军事防御，由列强派驻军队，以及各国使馆"常留兵队"，对中国首都进行军事控制。这一驻军中国的制度起初只是为了保护在华商业利益和其他特权，后来演变成控制晚清中国的主权和自保权，实际上就是要将中国变成西方列强的殖民地或保护国。对中国而言，这项制度严重侵夺了中国对自己国家的军事管辖权和其他主权，这是中国人民坚决不允许的，直到中华人民共和国成立之时才将帝国主义在华的军事力量和威慑影响扫荡出门。再看美国政府采取了中间人"调停"角色尾随在英法联军之后，而获得在第二次鸦片战争中的一切侵略权益。在"同光中兴"的所谓中西"合作"时期，美国政府在对待对华传播西学的问题上，就和以传播福音为最高原则的传教士发生过重大分歧。英国传教士李提摩太在《西铎》中明确提醒："西人之见华官者，每以谀言献媚曰：'贵国学问，实为各国之首'，以骄其自以为是之心，而坚其藐视新学之志，必使无以富强而后已。"李提摩太的这段话曾被梁启超在《变法不知本原之害》中引用过。梁启超认为李提摩太的说法是可信的："今夫李君亦西人也，其必非为谰言以污蔑西人，无可疑也。"① 可见，不让中国富强而使之不能与西方列强匹敌或抗衡，正是西方列强在政治外交和军事力量交相并用的最理想的结果。再看1900年八国联军侵华，美国是其中之一，也是美国首次直接参加的对华战争，而且派军规模较大。在两次鸦片战争中，美国都是在道义上支持、战场上呐喊助威或海面上尾随观战以及偶有伸手援助所

---

① 梁启超：《变法不知本原之害》，载《饮冰室合集·文集》影印本第1册，中华书局，1989年，第12页。

谓同胞。而背负着洋枪冲进中国北京并同样展开烧杀抢夺的武力行动，1900 年才是真正意义上的首次，是美国对华政治外交史上不可推诿的血淋淋的事实。

在晚清最后的十多年间，美国在华政治优势的主要内容为谋取经济利益和文化优势，这表现在坚守最惠国待遇的商业关系上和在华退款兴学上。众所周知，中美关系"第一课"就是商业关系。美国从英国殖民统治的桎梏下解放出来，成为美洲大陆第一个资本主义国家，在独立的第二年，美国商船"中国皇后"号就航抵晚清中国的唯一对外贸易口岸广州。在第一次贸易中就大获其利，美国人便看中了中国这个庞大的经济市场。鉴于国力的暂时不尽如人意，美国政府采取韬光养晦的富国策略，先不介入西方列强对东方的侵略和争夺，在 19 世纪末之前都跟随列强兵舰之后，并在软弱无力的清王朝一视同仁的对外政策下接二连三地获得了英法等列强通过战争手段攫取的各项权益。从在广州派驻管理商务的第一任驻华领事山茂召开始，至清朝灭亡终，所有中国的开放口岸都有美国派驻的领事。日俄战争后，日本于 1905 年在东北三省一次性开辟了 16 个通商口岸，创下了开辟通商口岸的最高纪录。① 自《南京条约》开辟口岸 5 个，到 1905 年的 16 个，最终近代列强通过一系列不平等条约在中国开辟的口岸共有 74 个。根据王铁崖的《中外旧约章汇编》的统计，这些口岸是：江苏的上海、镇江、苏州、南京，安徽的安庆、芜湖，江西的九江，湖北的汉口、宜昌、沙市，福建的福州、厦门，广东的广州、汕头、琼州、北海、三水、城江根墟、江门、惠州，浙江的宁波、温州、杭州，四川的重庆、万县，湖南的长沙，直隶的天津暨海口，察哈尔的张家口，山东的烟台，广西的龙州、梧州、桂林，云南的蒙自、河口、思茅、腾越，西藏的亚东、江孜、噶大克，甘肃的嘉峪关，奉天的营口、奉天府、安乐、大东沟、凤凰城、辽阳、新民屯、铁岭、通子江、法库门，吉林的吉林府、长春、宁古塔、珲春、三姓、局子街、龙井村、头道沟、百草沟，黑龙江的哈尔滨、齐齐哈尔、海拉尔、瑷珲、满洲里，新疆的伊犁、塔尔巴哈台、喀什噶尔、乌鲁木齐、哈密、古城、吐鲁番，蒙古的库伦、科布多、乌里雅苏台。除了上述明确列出地名的口岸外，中俄 1881 年《改订条约》还规定天山南北各城、蒙古各处各盟亦准贸易。上述口岸中有不少实际上并未开放，如桂林、安庆、惠州、万县等。这些通商口岸皆为西方资本主义列强对中国进行殖民扩张的产物，对中国主权和经济发展产生了影响深远的危害，美国亦是罪魁之一。也许美国很多时候都算不上祸首，但他依据《望厦条约》中确定的最惠国待遇原则可以同样获得，鉴于中国北方和西北路途遥远，美国对华贸易的触角几乎伸展到所有口岸，当然也包括口岸附近相当广阔的区域。最惠国待遇，在国际法上当为缔约双方保护本国贸易、消除歧视的合理制度，而近代中国的最惠国待遇条款却大相径庭，其特点和特质是片面的、单方面的、无

---

① 王铁崖：《中外旧约章汇编》第 2 册，生活·读书·新知三联书店，1959 年，第 340 页。

条件的，体现出一个西方列强损害并均沾中国利益的专利制度，因此，往往被帝国主义国家滥用。按照最惠国待遇的固有准则，其适用范围是限定的和非政治性的，但在强权统治、中西不平等的情况下，近代中国的最惠国条款内容极广，简直包罗万象，超过了国际惯例所容许的范围。除了航海、通商及相关的经济事项，外交代表的权益和公民待遇等应有的范围之外，"关于政治经济各方面之利益，各国亦往往藉口以最惠国条款要求利益均沾"。① 甚至还有列强以此援引获取领事裁判权，对这种事关国家主权的政治范畴，列强狡辩地宣称可以推导出"最惠国条款的运用可以产生治外法权"② 的结论。更有甚者，最惠国条款常被滥用到不平等条约所不许可的某些事项，美国驻华公使丹培曾这样说过："若有某项事业，第一次为外人所经营，而地方官不加干涉，嗣后可称为习惯，有约国人恒可援引以自保护。"③ 也就是说，只要有先例，就可滥用最惠国条款享有这一新的特权。总的来说，最惠国条款是西方列强各国之间利益均沾的重要手段，构成了列强对华关系的共同基础，"使每一国家今后都能借以为它本国取得他国以巧取豪夺的方法劫自中国的一切特权"④。1899 年 9 月开始推出的"门户开放"政策，就是美国援用或者说是滥用最惠国条款炮制出来的。所谓"门户开放"，实际上就是"机会均等，利益均沾"⑤。由是观之，最惠国条款是西方列强各国最便当、获利最大的特权制度，是近代以来强加给中国的所有不平等条约所构建的条约制度的重要环节，"中国丧失经济利益之最大、又最无限制者，亦未有过于此束缚者也"⑥。

在获取对华的文化优势上，美国政府亦是煞费苦心，其中，退款兴学就是重要的举措。20 世纪初，美国向中国退还庚款余额，用于在中国广设学堂和资助中国学生赴美留学，史称"庚款兴学"。"庚款兴学"是中美关系史和中国留学史上令人瞩目的大事，这方面的研究颇多，但是美国最早的退款兴学计划和其倡议者则鲜有人知。美国学者马丁（Martin R. Ring）认为，"对 20 世纪中美关系产生重大影响的庚款兴学无疑应该归功于卫三畏和他早期的退款兴学计划"。⑦ 呼吁退款在华兴学，是卫三畏踏上美国对华外交道路上的一项重大事件，也是他回美休假期间致力而为的中美文化交流的建设性倡议。这次返回美国，是卫三畏在华工作期间的第三次回国。卫三畏曾有五次回美，即 1844

① 郑行巽：《中国商业史》，世界书局，1932 年，第 263 页。
② 威罗贝著，王绍坊译：《外人在华特权和利益》，生活·读书·新知三联书店，1957 年，第 66 页。
③ 习敏谦：《中国国际条约义务论》第 3 编，商务印书馆，1925 年，第 19 页。
④ 泰勒·丹涅特著，姚曾廙译：《美国人在东亚》，第 96 页。
⑤ 李祥麟：《门户开放与中国》，商务印书馆，1937 年，第 4 页。
⑥ 刘彦：《被侵害之中国》，上海太平洋书店，1929 年，第 94 页。
⑦ Martin R. Ring, *Anson Burlingame, Samuel Wells Williams and China, 1861 – 1870*（《卫三畏与中国，1861—1870》），Tulane University, ph. D. , 1972, p. 57.

年 11 月—1848 年 9 月 1 日在美探亲和结婚，1849 年短暂回美，1860 年 2 月—1861 年 6 月在美休假，1875 年春—1876 年春在美休养，1876 年 10 月退休回美。① 卫三畏第三次回到美国休假，正值美国内战（1861 年 4 月 15 日至 1865 年 4 月）前夕。卫三畏在 1860 年和 1861 年先后分别向美国国务卿刘易斯·卡斯（Lewis Cass，1782—1866，美国第 22 任国务卿，任期 1857—1860 年）和总统詹姆斯·布坎南（James Buchanan，1791—1868，美国第 15 任总统，任期 1857—1861 年）提出退款兴学的建议，均未被采纳。后来，回到中国北京后，卫三畏又通过驻华公使蒲安臣（Anson Burlingame，1820—1870）向国务卿西沃德（William Henry Seward，1801—1872）提出这个建议，后虽然得到林肯总统和西沃德的支持，却因国会反对而作罢。对卫三畏本人来说，这件事也许是他最感失败的，故而很少在他的日记中提及，同样，在他的儿子卫斐列所著的《卫三畏生平及书信》中也几乎没有只言片语。这应该是个遗憾，可能他们都不太理解中国的一句古谚：失败是成功之母。卫三畏的退款兴学思想肇始于中美《天津条约》签订后的上海商务会谈。1858 年 11 月，卫三畏以美国驻华（广州）使馆头等参赞兼中文翻译的身份参与了中美天津谈判和上海谈判。赔款问题是上海谈判的重要内容之一，它起源于《望厦条约》签订后，美侨利用条约中中国地方官有保护境内美国商民生命及财产不受伤害的责任等内容，对其在华财产意外损失向中国政府提出的索赔要求。中美《天津条约》签订后，根据美国驻华公使列卫廉提议，美国政府宣布索赔委员会由两个美国人组成，一个是美国驻宁波领事查理·布莱德雷，一个是在中国海关工作的奥力味·罗伯茨。该委员会负责收集和整理美侨在华损失的情况，共有 49 宗案件，索赔总额为 48 万多元。② 在付出第一笔赔款后，卫三畏将此后的账目审查和分发钱款的工作，指派给使团的两名人员专门负责和经办。由于美国索赔的 73 万多美元数额远远超出了美国商民的实际损失，还剩余 20 多万美元。对这笔余款的处置，卫三畏首先想到的是应该把它退还给中国，但中国表示不愿再谈此事。③ 清政府这种不愿提及的痛苦心态，应该是可以理解的，这也许是中国人特有的民族心理，给出的就不再收回，无论此事本身是非对错。于是，卫三畏便设想用这笔钱在中国创办一所西方式的学校。这种想法起源于他返回美国探亲前，酝酿于回国旅途之中，成熟于在华盛顿、纽约、伊萨卡以及其他地方与老朋友见面

---

① 卫斐列著，顾钧、江莉译：《卫三畏生平及书信》，广西师范大学出版社，2004 年，第 69、92 - 94、222、278、283 页。《卫三畏生平及书信》中对第几次回美国的界说模糊难以弄清，而且卫三畏在中国期间还曾多次出行日本，这样算来他就不止五次离开中国了。因为是从中国出发到日本的，可不计日本之行时离华的次数，只在狭义上计算他从东方中国回到美国的次数。

② 卿汝楫：《美国侵华史》第一卷，第 203 - 206 页。

③ Martin R. Ring，*Anson Burlingame*，*Samuel Wells Williams and China*，*1861 - 1870*（《卫三畏与中国，1861—1870》），p. 55.

和发表演说，以及他在已经与之脱离关系的波士顿美部会总部所受到的热烈欢迎时。从历史"假如"的角度上来说，如果卫三畏的退款兴学计划在那时被付诸实施的话，美国在华办学和大学教育将会提前，而且将会使中国学生到美国留学之潮提前到来［1872 年容闳任学生监督，兼任驻美副使，奉命率学生 30 人赴美留学，长期驻美，史称"中国幼童留美运动（1872—1881）"。（先前勃朗夫妇带容闳等马礼逊学校的几个学生赴美就读，不属于清朝官方认可的留学行为）］，中美政治外交和文化交流将会是另一番情形，就像 20 世纪初美国政府计划退还庚款兴学前，美国伊利诺大学校长詹姆士（Edmund J. James）给美国总统西奥多·罗斯福（Theodore Roosevelt, Jr., 1858—1919）的一份备忘录中所言："在东方最近的发展表明，中国和美国已经注定要在社会、精神和商业方面发生愈来愈紧密的关系。……哪一个国家能够成功地教育这一代中国青年，哪一个国家便将由于付出而在精神上、知识上和商业的影响上获得最大可能的报偿。如果美国在 35 年前就成就了这件事（一度看来似乎是有可能），把中国学生的留学潮引向美国，并不断扩大这股潮流，那么，我们今天通过对中国领袖们知识上、精神上的支配，就该在各方面精心的安排上最得心应手地控制中国的发展了。"① 如果卫三畏建议的"美华学院"能够成为现实，无疑将成为美国在近代中国发展高等教育的嚆矢。不管怎样，卫三畏退款兴学思想的意义在于它提前为美国设计了教育蓝图和通过文化渗透发展在华影响力的独特途径，这种"用中国人的钱按照美国方式教育中国优秀学生的强烈愿望"被保留下来，"最终形成了归还庚子赔款余额的条款"②。

1900 年，美国参加八国联军侵略中国，胁迫清政府签定《辛丑条约》，从庚子赔款中分得白银 3 293.9 万两（合 2 444 万美元）。中国对美庚子赔款原定在 39 年中（1902—1940）分期偿还，年息 4 厘（本息共计 5 355 余万美元）。这个数目大大超过了美国实际上的损失数。1904 年美国总统西奥多·罗斯福自认为美国向中国索取赔款"实属过多"，清政府驻美大臣梁诚向国务卿海约翰（John Milton Hay, 1838—1905）交涉赔款核减之事，海约翰允为代谋。1906 年 3 月 6 日，在华有 40 年传教经历的公理会传教士明恩溥（Arthur Henderson Smith, 1845—1932）专程回美，进谒罗斯福总统。他建议总统将庚子赔款退还一部分，专门开办和津贴在中国的学校："随着每年大批的中国学生从美国各大学毕业，美国将最终赢得一批既熟悉美国又与美国精神相一致的朋友和伙

---

① 明恩溥：《今日之中国与美国》，载复旦大学历史系中国近代史教研组编：《中国近代对外关系史资料选辑（1840—1949）》上卷第二分册，上海人民出版社，1977 年，第 255－256 页；顾长声：《传教士与近代中国》，上海人民出版社，2004 年，第 316 页。

② 韩德著，项立岭等译：《中美特殊关系的形成：1914 年前的美国与中国》，复旦大学出版社，1993 年，第 416 页。

伴，没有任何其他方式能如此有效地把中国与美国在经济上政治上联系在一起。"① 1906年美国伊里诺伊大学校长詹姆士也上书罗斯福总统，建议在庚子赔款的 2 444 万美金中拨出 1 100 万美金"退给"中国，用于兴办教育："如果美国在 30 年前已经做到把中国学生的潮流引向这一个国家来，并能使这个潮流继续扩大，那么，我们现在一定能够使用最圆满巧妙的方法，控制中国的发展……这就是说：从认识与精神上支配中国领袖的发展。"② 西奥多·罗斯福总统在权衡来自詹姆士、明恩溥以及支持退还庚款的对华友好人士的建议，给国会提出了一个咨文，内称："我国宜实力援助中国厉行教育，使此巨数之国民能以渐融洽于近世之境地。援助之法，宜招导学生来美，入我国大学及其他高等学社，使修业成器，伟然成才，谅我国教育界必能体此美意，同力合德，赞助国家成斯盛举。"③ 1908 年 5 月 25 日，美国国会通过了罗斯福总统的咨文，最终采纳了这个"庚款兴学"的建议。国会议决退还庚款 10 785 286 美元，办法是从 1909 年起至 1940 年止，每年收取本利 539 588.76 美元，余数逐年退还。民间赔款多收的 1 175 835 美元先于 1904 年退还。后因第一次世界大战爆发，美国第一次退还庚款暂时停止。

直到 1924 年 5 月，美国国会参众两院又通过决议，将中国自 1917 年 10 月在第一次世界大战参战后暂停支付的庚子赔款，截至 1940 年 12 月每年本利 539 588.76 美元（共 12 545 437 美元）退还中国，款项仍逐年用于文教事业。9 月，中美组织混合中华教育文化基金董事会接受、保管并使用这项退款。这是美国第二次退还庚款。④ 美国第一次退还庚款始于 1908 年，该年 7 月 11 日，美国驻华公使柔克义（William W. Rockhill，1854—1914）向清政府发出正式声明，建议退还庚款作为遣送留学生赴美之用，并要求在北京开设一所预备学校，由美国派员监督庚款用途和培养学生标准。12 月 28 日，罗斯福总统签字同意美国政府索赔之款由原来的 24 440 778.81 美元减为 10 785 286.12 美元（其中包括众议院在讨论过程中要求增加的 200 万用以支付迄今尚未得到赔偿的私人损失的备用款额）。它与原定中国付给美国的 24 440 778.81 美元之间的差额——10 785 286.12 美元退还给中国。⑤ 退款事宜从 1909 年 1 月 1 日开始办理，并设立游美学务处和游美肄业馆。7 月 10 日，清政府颁布《遣派游美学生办法大纲》，中国政府派遣赴美留学生计划正式启动。8 月，游美学务处在史家胡同招考了第一批学生，从 630 名考生中，录取

① 杨生茂：《美国外交政策史》，人民出版社，1989 年，第 254 - 255 页。
② 郭黛姮等：《一代宗师梁思成》，中国建筑工业出版社，2006 年，第 2 页。
③ 明恩溥：《今日之中国与美国》，载复旦大学历史系中国近代史教研组：《中国近代对外关系史资料选辑（1840—1949）》上卷第二分册，第 317 页。
④ 王树槐：《庚子赔款》，（台湾）"中央研究院"近代史研究所，1974 年，第 287 - 293 页。
⑤ W. W. Willowghby, *Foreign Rights and Interests in China*, John Hopkins Press, 1927, Vol. Ⅱ, p. 1013.

了 47 人，于 10 月赴美。这便是"庚款兴学"的由来。9 月，清政府拨清华园作为校址，开始兴建校舍，1910 年 12 月，将游美肄业馆定名为"清华学堂"。其中高等科以美国大学及专门学堂为标准，实际上是一所留美预备学校。中等科和高等科学制各四年，高等科三、四年级相当于美国大学的一、二年级；毕业生可直接插班到美国大学就读三年级。1912 年 10 月更名为"清华学校"（留美预备学校），聘请了许多外国教师，英语是常用的语言，除国学课外，其他课多用英语讲课。1925 年设立大学部，开始招收四年制大学生，并开设国学研究院。1928 年更名为国立清华大学，有文、法、理 3 个学院，16 个系。目前，清华大学是中华人民共和国教育部直属高等学校，"双一流"大学，与北京大学、复旦大学、浙江大学、南京大学、中国科学技术大学、上海交通大学等校一同被公认为中国最出色的一批高等学府，尤其常和北京大学并称。

中美两国就"庚款兴学"达成一致，是因为这不仅仅符合中国的利益，而且更加符合美国的利益。美国把退还的庚款用于文教事业，既是为了输出美国的价值观，也是为了谋求美国的实业利益。在当时中国是一个弱国而美国拥有更大优势和主动权的情势之下，这种一致更多地体现出美国政府的利益和价值取向。当时中国财政紧张，而美国政府肯放弃部分赔款，用于中国的教育事业，对中国政府来说当然是一件有利的好事。而对于美国来说，退还部分庚款不仅可以缓解一度紧张的中美关系，重新赢得中国人民的好感，而更为重要的是退还庚款是有条件的，即须用于中国的教育事业，"退还的庚款用于兴办清华学校和资助学生留美，不得挪作他用"。这恰与美国的长期对华目标相吻合，即要在中国通过此种"文化投资"，培植一批亲美力量，为其谋取最大的经济和政治利益。正如 1909 年 11 月 15 日的一份领事报告中写道，中国学生来美后"将学习美国的制度，结交美国朋友，回国后便会在中国外交中亲近美国。……退还庚款是山姆大叔历来所做的事情中最有利可图的。他们将形成一支强有力的亲美力量，任何一个政府或欧洲的贸易团体都不能与之匹敌"[①]。这就体现出了美国退款兴学行动的对华政策的实质。当然也必须承认，退款办学在客观上起到了增强中国人才培养、促进中美两国人民了解和文化交流的作用。"庚款兴学"是中国近百年教育史上一次影响深远的留学活动，庚款留美后学成归国的留学生们对中国的教育、科学及工程技术等领域以及传播现代政治民主观念上都起到了十分重要的作用，从而对中国的现代化产生了积极的影响。

三、结论

总之，晚清时期美国在中国通过商业、宗教、政治、外交、军事、文化等一切可使

---

① Michael Hunt, The America Remission of the Boxer Indemnity: Reappraisal, *The Journal of Asian Studies*, Vol. 31, No. 3, May, 1972, pp. 557 – 558.

用的手段，实现其在华的殖民利益，基本满足了新生美国走向强盛的国家利益之所需。这种绝对不平等、不平衡的国家利益的获得，最主要的历史原因就是近代资本主义对中国封建主义的绝对优越性。对此，中国人民拥有深切的体会和最强的发言权：僵化的封建体制和落后的经济文化是不能阻止外来强权的入侵的，也不能促进民族国家的文明繁荣。尽管美国后来居上成为东西方列强奴役中国的最主要帝国主义国家，是让一个独立的主权国家沦为半殖民地国家的祸首之一。然而，近代中国的半殖民地化并不意味着中国的灭亡，它只是一种社会形态上的过渡，介于封建社会与资本主义社会之间。近代中国所蒙受的还不是那种"灭亡"意义上的"征服"，而是用"条约制度"行使"准统治权"的"征服"，而这样的"征服"只能造成近代中国的混合形态的社会机构，即中国沦为一个具有封建性质、半殖民地性质和近代化性质的混合机构。患难兴邦，如今中国依然是世界文明史和现世文明进程中的重要进步力量。

作者简介：

黄涛，江西师范大学历史文化学院副教授。

新见连山壮族族谱《韦氏宗支簿》考释

谭嘉伟

[**提要**] 壮族是我国目前人数最多的少数民族，在南方民族史研究中享有重要地位。壮族族谱是壮族史研究的重要工具，但近年来，学界对壮族族谱的收集整理陷入停滞。此外，相对于桂西，其他壮族分布区所留下的壮民族谱更是被长期忽视。因此，围绕今广东连山新见《韦氏宗支簿》的整理与研究，或可弥补上述之憾。通过对《韦氏宗支簿》的考释，应有助于我们对明代以来"岭南壮族的迁徙""朝廷对府江沿线少数民族的压迫"及"连山的汉壮对立与土客之争"等问题产生新的理解。

[**关键词**] 壮族族谱；明代；连山县；韦氏宗支簿

一

　　壮族是我国目前人数最多的少数民族。其衍生于"西瓯"及"骆越"，至宋、元以后始具"僮"① 之称，主要分布在今天的岭南地区。关于壮族史的研究，在过去我们并

---

　　① 限于王朝史观，传统史籍在描述南方少数民族时多加"犭"旁以蔑称之。如壮族称为"獞"，瑶族称为"猺"。考虑到民族平等原则，笔者将对下文所引史籍中出现的针对少数民族的"犭"字旁一律改为"亻"，特此说明。

不缺乏利用由官吏及文人等旁观者所撰写的如官修正史或私人文集等传统史籍进行讨论的成果。但与此同时，我们更加需要从这些壮族的立场出发，去讲述真正属于他们自己的故事。为此，以家族记叙为中心的族谱文献的进一步使用，则显得尤为必要了。

壮族之修谱，大约始自明初，这是明廷对土司制度空前强化的结果。由于当时土官承袭需征信于家世，以防冒替，故壮族土官修谱一时蔚然成风。及后随着壮族地区文教的逐步发展，土官们的修谱风尚才渐渐普及到其他壮民上。当前与壮族族谱相关的讨论已经得到充分展开，其中尤以河原正博①、谷口房男②、白耀天③、谈琪及杜树海④等人的成果较具代表性，但仍存在着一定的不足。

一方面，以往研究中用到的壮族族谱大多收集于二十世纪八九十年代。当中尤以田州岑氏、西林岑氏、南丹莫氏及忻城莫氏等族谱材料被反复利用最多。但近年来，已难见有学者对现存的壮族族谱作出进一步的发掘整理，极大地制约了壮族族谱研究的再拓展。另一方面，已有的成果中涉及的族谱均出自桂西一带，而其他壮族分布区的壮民族谱则并未得到学界的重视。事实上，由于壮族分布区内部的自然及人文地理条件千差万别，故很有由表及里、分区域讨论的必要。通过对不同地区所存留的壮族族谱的分别考释，将有助于我们揭开各个壮族地域社会所展现出来的多元历史面相。本文以广东连山新见壮族族谱《韦氏宗支簿》为中心的个案研究，便是一个基于上述考虑而作出的补白之尝试。

二

连山壮族瑶族自治县位于壮族分布地区的东部边缘，地处今广东西北部，南岭之西南麓，与湖南、广西两省交界。连山的建置始于南朝梁，称广德县，属阳山郡。隋仁寿元年（601），才具连山县之名，属熙平郡。宋绍兴六年（1136），连山县一度被废为镇，十八年（1148）复置。元代因之。明初连山县一度并入阳山县。洪武十四年（1381）复置，隶连州，属广州府。清初因之。清嘉庆二十一年（1816），裁连山县，改广东理瑶

---

① 河原正博：《広西蛮酋の始遷祖について—左·右江流域を中心として》，《南亞細亞学報》1944 年第 2 号。

② 谷口房男、白耀天：《壮族土官族谱集成》，广西民族出版社，1998 年。

③ 白耀天：《右江岑氏族谱辨伪》，载《首届句町国与壮族土司文化学术研讨会会议论文集》，2008 年；白耀天：《上林长官司岑氏土官与岑毓英的"土司后"》，《广西民族研究》1997年第 1 期。

④ 杜树海：《钦州西部的地方历史与都峒之民祖先记忆的创制》，《民族研究》2009 年第 2期；杜树海：《宋末至明初广西左江上游土酋势力的动向——从〈知思明府黄公神道碑〉看祖先叙事的创制》，《民族研究》2013 年第 2 期。

同知为连山绥瑶同知，是为连山直隶厅。① 当时连山直隶厅的辖境大概包括今连山县全境及连南涡水河以西的地带。至民国时始将当时连山县涡水河以西的部分划归连南县，因此演变为今天的格局。因为境内石灰岩地貌显著，用水困难，且山谷台地纵横交错，峰峦林立，所以连山的设县虽早在南朝梁时已经完成，但其后此地的历史并不以习于开展密集性种植农业的汉民为主导。瑶、壮等少数民族在当地的活动尤为世人所瞩目。多民族的杂居，构成了当地独特的人文地理景致。

《韦氏宗支簿》，不分卷，无页码，不署撰者。据原本复印，藏于连山壮族瑶族自治县档案馆。现按照族谱中记述的先后，将逐项内容罗列如下：

（1）《叙》文一篇，为"籍连十四世孙、恩贡生、军功六品补用教谕韦大钧"所撰，内容与"连山韦氏为韩信后裔"有关。

（2）《韦氏家乘考》文一篇，为"同郡廪膳生，军功候补教谕虞世彦"所撰，内容与"连山韦氏为韩信后裔"有关。

（3）《过韩侯岭题辞》诗一首，为"林芬"所撰，内容与"连山韦氏为韩信后裔"有关。

（4）《林公重过题壁》诗一首，为"林芬"所撰，内容与"连山韦氏为韩信后裔"有关。

（5）《望瑶山作》诗一首，为"郡伯韩凤祥"所撰，内容与"连山韦氏为韩信后裔"有关。

（6）《□□□□□山作原韵》诗一首，为"郡伯韩凤祥"所撰，内容与"连山韦氏为韩信后裔"有关。

（7）无题名。录有定居连山前，自汉至隋各朝韦姓显宦者（实与连山韦氏无关）。

（8）《荆彻论》，抄录自陆次云《峒溪纤志》，用以强调"岭南韦氏受姓于韩"的真实性。

（9）无题名。列举韦氏自明天顺八年（1464）定居连山后，始迁祖及以下共十六世族人之名讳、相互关系及生平提要，当中旁及韦氏定居连山的经过。

由于《韦氏宗支簿》中并未说明编纂年代，因此我们需要根据谱内相关信息进行判断。从《韦氏宗支簿》的书写来看，其字迹有两种。其中内容（1）到（8）均用同一种字迹写成。而内容（9）中，始迁祖及以下十一世族人的信息，与前面内容（1）到（8）是为同一种字迹。至于内容（9）中剩下的十二世到十六世族人的信息，除了之前的字迹外，还出现了另外一种字迹。这些字迹笔墨较新且相对凌乱，内容都是用以补足这些族人在民国时期的卒年，除此以外并未作其他增改。因此，笔者认为，《韦氏宗支

---

① （嘉庆）《大清一统志》卷四五九《连山直隶厅》，《续修四库全书·史部》第六二三册，上海古籍出版社，2009年，第31页。

簿》的成书应经历了纂修和续补两个阶段。在讨论族谱的成书年代时，我们也需一分为二来看待。

先看族谱的纂修年代。据《韦氏家乘考》："是时韦氏修家乘，正值郡伯修志乘，谕彦为采访，因先为韦氏作序言，并录其可以入志者。"① 所幸虞世彦的生卒年及事迹，见于同藏连山壮族瑶族自治县档案馆的《吉田石鼓里虞氏宗谱》。谱中载，其人生于清嘉庆十四年（1809），终于光绪九年（1883），曾于咸丰年间获军功教谕候补。② 这与上述《韦氏家乘考》的撰者显然是同一人。故结合《韦氏家乘考》虞世彦的题署，只要我们明确自咸丰至光绪九年（1883）连山邑志的纂修情况，就可以复原族谱的编修年代。然而，在这段时间里，现存方志只见于光绪三年（1877）重刊的（道光）《连山绥瑶厅志》。这显然不能定义为修志，故我们需要再做推敲。从民国《连山县志》中收录此前历代志乘的序文来看，咸丰八年（1858）实有一份《连山厅志》成书。该份序文由"署连山绥瑶直隶厅事山左韩凤翔"所撰。③ 按韩凤翔担任连山厅同知为咸丰六年（1856）至同治二年（1863），④ 故修志应在咸丰六年到八年（1856—1858）之间，只是因为种种原因而没有流传下来。结合前揭的时间限定，《韦氏宗支簿》的主体文本应修于咸丰六年至八年间，即1856年到1858年，至于前面提及的《韦氏宗支簿》中后人续补的部分，其记事直到民国三十五年（1946），即第十六世祖韦子萤的卒年。综合以上判断，《韦氏宗支簿》应编纂于咸丰六年至八年（1856—1858）间，后为族人匿名增补记事至民国三十五年（1946）。

三

由于壮族编修的族谱大多仿照汉族人为之，并不像瑶、畲等族通常会在谱中保留一定的自身民族认知，故其族属的迷惑性较大。因此，在壮族族谱研究中，谱主族属的考证是最为重要的前期工作。本文所关注的《韦氏宗支簿》亦不例外。在使用《韦氏宗支簿》之前，我们必须要确认韦氏一族的壮族身份。关于韦氏的族属问题，我们将利用谱中所载韦氏定居连山的经过进行考证。

连山韦氏的始迁祖韦金满，本为广西平乐府贺县（今广西贺州）人，其父亲韦有忠

---

① 《韦氏宗支簿》，连山壮族瑶族自治县档案馆藏，无页码。

② （民国）《吉田石鼓里虞氏宗谱》，连山壮族瑶族自治县档案馆藏，无页码。

③ 何一鸾修，臧承宣纂，凌锡华增修：（民国）《连山县志》卷一《旧序》，《广东历代方志集成·韶州府部》第一六册，岭南美术出版社，2009年，第393页。

④ 何一鸾修，臧承宣纂，凌锡华增修：（民国）《连山县志》卷五《职官》，《广东历代方志集成·韶州府部》第一六册，第448页。

拥有民籍。明天顺八年（1464），韦金满"凭招主李公旺赍示"，从贺县来到连山定居。① 其定居之地名为"上下营寒充村"，大约位于"昔之程山县，即今之宜善司"附近。② 至韦金满死后，连山韦氏"生齿日繁，因而各爨"，③ 并开始因土地资源的问题与当地永福乡乡民发生冲突。其争执动乱之绵长，历经二世祖韦胜海、三世祖韦国乐及四世祖韦汝应的时代而不止。先是弘治十五年（1502），"被永福乡（即今茅铺村）卅三户排年虞凤昇等争占程山田地起衅。昇等据广西贼目韦通天纠党千余人入村劫掠。上下营集众守御"④。韦氏一族携同上下营众人才击退了永福乡等人的进犯。到了弘治十七年（1504），随着连山县新任典史何宗的上任，连山韦氏与永福乡乡民的冲突加剧。根据《韦氏宗支簿》的说法，当时永福乡的张隆、罗清等人勾结典史何宗，将叛乱的罪名安在连山韦氏一族等人的身上，导致朝廷"委黄、杨二参将并谷知府督兵，于正德二年正月廿九日征剿上下营及小三江、石田、马鹿、良峒各村"⑤。韦氏所在的上下营，以及其余连山小三江、石田、马鹿、良峒等村落都受到朝廷军队的袭击。这些受到军队袭击的民众，遭遇了极大的流离和困苦，只是后来"蒙上委官抚恤"⑥，事件才算暂时平息。但是，连山韦氏与永福乡乡民仍旧纷争不断。到了正德五年（1510），"永福乡排年罗清、张隆、黎隆等，又统党入侵，我上下营相拒，至六年四月廿七始遁去"⑦。正德六年（1511）十一月，韦氏等族人才被朝廷编入了里甲户籍，并于嘉靖元年（1522）"赴县具呈，乞详督抚两院，准以陆父诞为土官，督率乡夫，遇贼堵剿"⑧。陆父诞死后，韦氏联同众人"呈请督抚两院，札给莫环为土官"。⑨ 后因继任土官莫环"镇守连、阳、怀、贺"诸境有功，被封为"武略将军"。⑩ 自此，韦氏一族才真正摆脱了弘治、正德数十年间与永福乡乡民的纠纷，立足于连山。

根据《韦氏宗支簿》的说法，始迁祖韦金满的父亲韦有忠，是广西平乐府贺县白花村中拥有民籍的村民。此处的"民籍"，显然指的是"编户齐民"，并不直接指向"汉民"。因为在许多情况下，无论汉族抑或少数民族，在纳粮当差的前提之下，均可以被国家纳入"民"的范畴。故此处的表述，并不能成为我们判断连山韦氏族属的直接依

① 《韦氏宗支簿》，无页码。
② 《韦氏宗支簿》，无页码。
③ 《韦氏宗支簿》，无页码。
④ 《韦氏宗支簿》，无页码。
⑤ 《韦氏宗支簿》，无页码。
⑥ 《韦氏宗支簿》，无页码。
⑦ 《韦氏宗支簿》，无页码。
⑧ 《韦氏宗支簿》，无页码。
⑨ 《韦氏宗支簿》，无页码。
⑩ 《韦氏宗支簿》，无页码。

据。更何况，韦金满其父韦有忠是否获得"民籍"，本身也是存在疑问的。连山韦氏，既可能是汉族，也有可能是少数民族。

在与永福乡乡民的长期土地纠纷中，韦氏暴露了自身的族属。前面已经提及，弘治十五年（1502），永福乡虞凤昇等人勾结广西贼目入侵上下营，争夺程山田地，韦氏等族人合力将其击退。弘治十七年（1504），不愿善罢甘休的永福乡乡民勾结典史何宗，请求朝廷发兵征剿韦氏等人。我们在同年的《明实录》中找到了相应的记录：

> （弘治十七年）广东连山县典史何宗奏：本县旧治为贼残破，新迁县治窄狭且频岁贼发，乞下总、镇等官调兵剿捕，修复旧治。兵部覆奏谓：宗所言，镇、巡等官皆匿不以闻，请下所司覆治。上曰：彼处县治既云为贼残据，镇、巡等官何为久不奏报，其情必有隐匿。令巡按、监察御史阅实以闻。①

根据《明实录》中典史何宗的说法，在旧县治附近，长期有"贼"在活动。这些"贼"的活动不仅使旧的县治残破不堪，更有进一步"反乱"的行为，已经威胁到了新县治的安全。这里何宗所提及的"本县旧治"，与"新迁县治"，涉及明天顺六年（1462）的连山县治迁徙事。其时，连山县治从程山迁往今连山太保旧城。②如前所示，连山韦氏自天顺八年（1464）迁入连山上下营寒充村定居，也就是程山，即旧县治附近。结合《韦氏宗支簿》及《明实录》的叙述，显然上引典史何宗所云占据县治的"贼"，即指的是以连山韦氏为首的居民群体。而典史何宗的行为，确实引起了明廷军事行动的展开。因此，只要我们明确明廷接下来发动军事征剿的对象，也就能够厘清连山韦氏的真正身份。前引《韦氏宗支簿》中清晰地记载了连山韦氏被军队征剿的情况。明正德二年（1507），除了连山韦氏所在的上下营外，还有小三江、石田、马鹿及良峒等村受到了朝廷军队的袭击。关于这些村落的情况，接下来我们将逐个对其进行考证：

上下营。如族谱所言，连山韦氏所在的寒充村位于旧县治，即宜善司附近。而寒充村是上下营的其中一部分，故包含寒充村在内的上下营应也位于旧县治，即宜善司附近。首先，据曾任两广巡抚的叶盛所撰的一份形成于明天顺五年（1461）的报告，"查连山县治一带，见有僮贼，多系广西怀、贺等处前去住种"③。由于前面提及连山县治的

---

① 《明孝宗实录》卷二一九，弘治十七年十二月丙子条，（台湾）"中央研究院"历史语言研究所，1962 年，第 4126 - 4127 页。

② 何一鸾修，臧承宣纂，凌锡华增修：（民国）《连山县志》卷二《地理志》，《广东历代方志集成·韶州府部》第一六册，第 409 页。

③ （明）叶盛撰：《叶文庄公奏疏》卷一〇《两广奏草》，《四库全书存目丛书·史部》第五八册，齐鲁书社，1996 年，第 604 页。

迁徙是明天顺六年（1462）从程山迁往今连山太保旧城一带的。因此，这里提及的"连山县治"即为"旧县治"。这意味着在旧县治附近，自明天顺年间便开始有不少壮族在此处活动。其次，宜善司，指的是宜善巡检司。据（道光）《连山绥瑶厅志》记载："（万历）十一年，于僮地立宜善乡，置宜善巡检司。"① 明万历间，连山壮族被归入朝廷的统治体系当中。为管辖这些归附的连山壮族，朝廷在连山壮族居地设宜善乡，置宜善巡检司以管辖。因此，宜善巡检司设置地的附近，自然为壮族聚居地。最后，虽在（康熙）《连山县志》及（道光）《连山绥瑶厅志》都不见"上下营"，但却均载有"古田旧县"，其属于前面提及壮族宜善乡的一部分。② 结合"旧县"之名及其属于壮族宜善乡的事实，笔者认为，这里的"古田旧县"指的应是前揭"程山"，即旧县治之所在。故"古田旧县"之称，很有可能为明代"上下营"在清代之变体。因此，综合以上三端史料的分析，我们可以做出推测：位于旧县治即宜善司设置地附近的上下营，应属于"僮地"壮族宜善乡的一部分，是为壮族村落。

小三江。在（康熙）《连山县志》及（道光）《连山绥瑶厅志》都不见"小三江"，但均载有"三江峒"，属于壮族宜善乡的一部分。③ 小三江与三江峒是否指的是同一处，我们需要再推敲。一方面，三江与三江峒，在连山为同一地。早在《天下郡国利病书》所辑明弘治年间的《连山县志》中，就提及"三江"一带是为"僮"所居。④ 当时并未有宜善乡之设置，但显然此"三江"即为日后康熙及道光连山地志中出现的壮族宜善乡属下的"三江峒"。另一方面，对连山本地人来说，小三江与三江也为同义。（光绪）《连山乡土志》中亦载有"三江村"，并指明"在城南二百里……南至大歇界与广西怀集县水下界"⑤。但在同一书中，我们还可以见到"（连山）厅属（辖境）东南至……小

① （清）姚柬之纂修：（道光）《连山绥瑶厅志》卷一《总志》，《广东历代方志集成·韶州府部》第一六册，第356页。

② （清）刘允元修，（清）彭镗纂，（清）李来章续修：（康熙）《连山县志》卷一《地舆志》，《广东历代方志集成·韶州府部》第一六册，第257页；（清）姚柬之纂修：（道光）《连山绥瑶厅志》卷一《总志》，《广东历代方志集成·韶州府部》第一六册，第360页。

③ （清）刘允元修，（清）彭镗纂，（清）李来章续修：（康熙）《连山县志》卷一《地舆志》，《广东历代方志集成·韶州府部》第一六册，第257页；（清）姚柬之纂修：（道光）《连山绥瑶厅志》卷一《总志》，《广东历代方志集成·韶州府部》第一六册，第360页。

④ （清）顾炎武撰，黄坤等点校：《天下郡国利病书》第五册，上海古籍出版社，2012年，第3206页。

⑤ （清）虞泽润撰：（光绪）《连山乡土志·地理》，《广东省立中山图书馆藏稀见方志丛刊》第二一册，国家图书馆出版社，2011年，第116页。

三江大歇界……与怀集县水下界"① 的表述。结合两条引文来看，显然这里涉及的"三江村"及"小三江"为同一地。这说明"小三江"与"三江"，对连山人来说并无区别。由此可以推测，族谱中的"小三江"与相关地志所描述的"三江"及"三江峒"，指的是同一处壮族村落，为壮族宜善乡的一部分。

石田。其名最早见于前揭《天下郡国利病书》中所辑明弘治年间的《连山县志》中，是为"僮"所居之村落。② 至于（康熙）《连山县志》③ 及（道光）《连山绥瑶厅志》④ 中则均载有"上下石田"之名，属于壮族宜善乡的一部分。由此来看，"石田"与"上下石田"，两者可能存在前后承继关系，即指的是同一处壮族村落，同属于壮族宜善乡的一部分。

马鹿。分别载于（康熙）《连山县志》及（道光）《连山绥瑶厅志》，⑤ 属于壮族宜善乡的一部分。

良峒。其名最早见于前揭《天下郡国利病书》中所辑明弘治年间的《连山县志》中，是为"僮"所居之村落。⑥ 其后分别载于（康熙）《连山县志》⑦ 及（道光）《连山绥瑶厅志》⑧，属于壮族宜善乡的一部分。

因此，回到族谱中，我们可以发现，这一次明廷的军事行动，征剿的都是连山的壮族村落，也就意味着《明实录》中典史何宗所提及的"贼"，实则指的是以连山韦氏为首，自明天顺以来就生活在旧县治附近的壮族。而关于此次事件，在《明实录》中亦有明确记载："正德二年正月兴兵剿连山僮。贼众未集，（韩）铣率民兵先至。营近贼巢，贼以夜冲营，（韩铣）势孤无援，战而死"⑨，与族谱里所提的朝廷发兵时间是完全吻

---

① （清）虞泽润撰：（光绪）《连山乡土志·地理》，《广东省立中山图书馆藏稀见方志丛刊》第二一册，第 109－110 页。

② （清）顾炎武撰，黄坤等点校：《天下郡国利病书》第五册，第 3206 页。

③ （清）刘允元修，（清）彭镗纂，（清）李来章续修：（康熙）《连山县志》卷五《地舆志》，《广东历代方志集成·韶州府部》第一六册，第 257 页。

④ （清）姚柬之纂修：（道光）《连山绥瑶厅志》卷五《总志》，《广东历代方志集成·韶州府部》第一六册，第 360 页。

⑤ （清）刘允元修，（清）彭镗纂，（清）李来章续修：（康熙）《连山县志》卷五《地舆志》，《广东历代方志集成·韶州府部》第一六册，第 257 页；（清）姚柬之纂修：（道光）《连山绥瑶厅志》卷五《总志》，《广东历代方志集成·韶州府部》第一六册，第 360 页。

⑥ （清）顾炎武撰，黄坤等点校：《天下郡国利病书》第五册，第 3206 页。

⑦ （清）刘允元修，（清）彭镗纂，（清）李来章续修：（康熙）《连山县志》卷一《地舆志》，《广东历代方志集成·韶州府部》第一六册，第 257 页。

⑧ （清）姚柬之纂修：（道光）《连山绥瑶厅志》卷一《总志》，《广东历代方志集成·韶州府部》第一六册，第 360 页。

⑨ 《明武宗实录》卷五五，正德四年闰九月戊辰条，第 1234 页。

合的。

综上，明正德二年（1507）朝廷对连山"贼"的剿杀，是以当地壮族为目标而具体展开的。作为被征剿的"贼"，即连山韦氏，其族属自然为壮族无异。

那么永福乡乡民的构成呢？根据族谱的说法，永福乡在清代被称为茅铺村。茅铺村之名，分载于（康熙）《连山县志》①及（道光）《连山绥瑶厅志》②。但由于当中对茅铺村的民族情况没有如前揭壮族宜善乡一般直接点明，因此我们需结合时人的相关记载对其做出进一步的推敲。而清康熙四十二年（1703）接任连山知县的李来章，在论及当地聚落情况时，为我们复原茅铺村的居民构成，提供了一条相当重要的线索。他在成书于康熙四十七年（1708）的《连阳八排风土记》中写道：

> 其地民仅七村，丁只二千，外此皆僮民、瑶户。③

李来章所述的"民仅七村"，并非"编户齐民之村"，而是不包含瑶、壮在内的汉人聚落。之所以做出如此判断，理由如下：其一，在李来章所处之时代，连山壮族已于明万历间被归入"民籍"，"输纳里役，与民一体"④。朝廷于其居地开设宜善乡，置宜善巡检司以统辖。⑤ 因此，被归入"民籍"的连山壮族，是可以不再称"僮"，而直接用"民"来进行描述的。但李来章仍以"僮民"称之，显然是想以此与汉族相区别。这说明李来章定义的"民仅七村"中的"民"，并没有包含这些连山壮族的意思。其二，虽然清康熙四十二年（1703）后，连山及毗邻连州之瑶族被全部纳进朝廷的统治体系当中，⑥ 自此不再有"反乱"的事态，但这些归顺朝廷的瑶族并没有被纳入"民"或"民籍"，而是被编进了李来章所提及的"瑶户"当中。连山的"瑶户"编籍具体始于何时，因史料的欠缺我们已难以探明。但"瑶户"这一特殊户籍，作为对归附瑶族的一

① （清）刘允元修，（清）彭锽纂，（清）李来章续修：（康熙）《连山县志》卷一《地舆志》，《广东历代方志集成·韶州府部》第一六册，第255页。

② （清）姚柬之纂修：（道光）《连山绥瑶厅志》卷一《总志》，《广东历代方志集成·韶州府部》第一六册，第360页。

③ （清）李来章撰：《连阳八排风土记》卷七《约束》，《四库全书存目丛书·史部》第二五六册，齐鲁书社，1996年，第316页。

④ （清）刘允元修，（清）彭锽纂，（清）李来章续修：（康熙）《连山县志》卷一《地舆志》，《广东历代方志集成·韶州府部》第一六册，第257页。

⑤ （清）姚柬之纂修：（道光）《连山绥瑶厅志》卷一《总志》，《广东历代方志集成·韶州府部》第一六册，第356页。

⑥ （清）杨楚枝等修，（清）吴光等纂：（乾隆）《连州志》卷一《八排瑶总图》，《广东历代方志集成·韶州府部》第一二册，第410页。

种安置手段，被明清两代广泛运用于围绕南岭两侧的山地社会的经略当中，其中亦包括本文所涉的连山地区。故明清时期位于南岭两侧的湖南及广东一带的地方志，都会见有"瑶户"。如（隆庆）《永州府志》①、（康熙）《连州志》②、（道光）《连山绥瑶厅志》③等。此外，提督殷化行在清康熙四十二年（1703）的一份奏疏中也曾提及连山"瑶户"的存在。这些"瑶户"土地，构成了连山瑶族土地税收的基础。④ 因此，归附的连山瑶族，即便是被纳入户籍，也不会被称为"民"，只会以"瑶"或"瑶户"出现在文献中。此外，连山瑶族的聚落，均称"某某排"或"某某冲"。因此，李来章所言的"民仅七村"，自然不会包括连山瑶族了。故（康熙）《连山县志》及（道光）《连山绥瑶厅志》中，在记述瑶族聚落时，都会单独拎出，并指明为瑶族所居，不会与"村落"并记。⑤ 综合以上判断，在上引史料中提及的"民仅七村"，即为不包连山壮族或瑶族在内的七个纯粹的"汉民所在之村"。这体现了连山知县李来章对当地民族形势的一种相当清晰而准确的认识，并非凭空泛泛而指。

而我们所关注的茅铺村，实为李来章所言的七个"民村"之一。由于《连阳八排风土记》中并未点明李来章所言的"民仅七村"具体所指，我们需要结合（康熙）《连山县志》及（道光）《连山绥瑶厅志》中收录的"村"名来进行确认。（康熙）《连山县志》卷一《地舆志》中的"村落"条载有"茅铺村、和睦村、大富村、上草村、禾村、沙田村、上吉村、宜善乡、沙坊半村"⑥ 九个大村，每个大村下面又可以分成数量不等的小村。正如前面所提及，因连山瑶族聚落均称为"某某排"或"某某冲"，连山相关地志在记载时会单独列出，并指明为瑶族所居，不会与"村落"并记。所以，上述县志

---

① （明）史朝富、（明）陈良珍纂修：（隆庆）《永州府志》卷一一《兵戎志》，《四库全书存目丛书·史部》第二〇一册，齐鲁书社，1996 年，第 694 页。

② （清）王济民修，（清）卫金章纂：（康熙）《连州志》卷三《职官志》，《广东历代方志集成·韶州府部》第一二册，第 214 页。

③ （清）姚柬之纂修：（道光）《连山绥瑶厅志》卷八《杂记》，《广东历代方志集成·韶州府部》第一六册，第 371 - 374 页。

④ （清）杨楚枝等修，（清）吴光等纂：（乾隆）《连州志》卷九《艺文》，《广东历代方志集成·韶州府部》第一二册，第 557 页。

⑤ 因为清代连山及连州之瑶族，均以"排瑶"为主。"排瑶"自称"藻敏"，以定居为特征。其聚落比较特殊，大者称"排"，"排"下有"冲"，故均称"某某排"或"某某冲"。清代，在连山境内有五大排，在连州境内则有三大排，两者以今连南涡水河相隔。连山及连州之八排，即为著名的"八排瑶"。"八排瑶"的存在，构成了今天连南瑶族自治县的瑶族人口的主体部分。

⑥ （清）刘允元修，（清）彭铠纂，（清）李来章续修：（康熙）《连山县志》卷一《地舆志》，《广东历代方志集成·韶州府部》第一六册，第 255 - 257 页。

所罗列村落，只能与汉族或者壮族有关（下面道光《连山绥瑶厅志》亦同）。又因沙坊半村"（鹿鸣）关外散处州治之西岸冲、口东村、上山各堡，独二甲十甲在沙坊"①，跨连山及连州两地，计算为"半个村落"。因此严格来说，沙坊半村并不能完全算是连山当地的村落，李来章可能没有将其归入连山"民仅七村"的范畴；而宜善乡，是前面提及连山韦氏等壮族居民的主要聚居地，则更不可能为"民仅七村"中的一员。因此，若排除掉"沙坊半村"和"宜善乡"，正好是七个村落。由于（康熙）《连山县志》出于刘允元与李来章两人之手，县志中的表述应多少会带入李来章对连山少数民族情况，也就是"民仅七村"的理解。故我们可以推测，李来章所说的连山当地的"民仅七村"，即为"茅铺村、和睦村、大富村、上草村、禾村、沙田村、上吉村"七个汉族大村。此外，在（道光）《连山绥瑶厅志》中，在罗列村落的时候，亦有"民仅七村"的类似说法，可为前揭判断提供辅证。书中称"民村七有半"，分别为"茅铺村、和睦村、大富村、上草村、禾村、沙田村、上吉村、宜善乡、沙坊半村"。② 这些村落，不仅名字与（康熙）《连山县志》所载相同，而且都是大村，每个大村均可以分成数量不等的小村。这里虽将"沙坊半村"作为"半村"列入，但宜善乡因壮族的聚集仍不作为"民村"考虑。故厅志的编纂者姚柬之才有看似谬误的、言及"民村七有半"却列出"八个半"村落名字的行为。因此，排除掉"半村"及"宜善乡"后正好也是七个村落，即"茅铺村、和睦村、大富村、上草村、禾村、沙田村、上吉村"，与上述关于李来章"民仅七村"的判断是相吻合的。故我们可以据此确认，连山地方有七个汉族大村，分别为茅铺村、和睦村、大富村、上草村、禾村、沙田村及上吉村。这些村落都不包含瑶族或壮族，也就意味着，族谱中提及的长期与连山韦氏发生土地纠纷的茅铺村村民，即永福乡乡民，都是汉民。

　　通过上述考释，我们可以就此明晰《韦氏宗支簿》是一部由连山壮族所编修的族谱。连山韦氏，本属贺县韦氏壮民中的一支。明天顺年间，始迁祖韦金满一行才从广西贺县迁往广东连山。在韦氏定居连山的历程中，交织着土客矛盾及汉壮矛盾。作为壮族的韦氏，在这个过程中留下了痛苦的历史记忆。此外，韦氏一族更深刻地意识到壮族身份对自身话语表达方面的不利。因此，在族谱中，编纂者有意识地隐去了来连始祖的真实族属。

---

①　（清）刘允元修，（清）彭镗纂，（清）李来章续修：（康熙）《连山县志》卷一《地舆志》，《广东历代方志集成·韶州府部》第一六册，第257页。

②　（清）姚柬之纂修：（道光）《连山绥瑶厅志》卷一《总志》，《广东历代方志集成·韶州府部》第一六册，第360页。

四

壮族韦氏从贺县迁入连山，是当时历史背景下不少广西壮族跨境迁入广东的具体反映。按照明人的理解，广东及广西虽同为岭南之地，但在自然地理及人文地理上却有着巨大的差异。如地理情势及民族分布就是最好的一例。时人指出：

> 两广同为岭南地，其地势土俗大段不同。广西山岭畸岖，林薄深阻，其中皆瑶、僮窟穴，编民错居其间。广东十府，惟肇、高、廉三府地方与之犬牙相入，雷州惟遂溪县，广州府惟连州与之相附近。其余皆滨大海，地势平易，无有山林险阻。自洪武、永乐以来，朝廷惟命总兵官镇守广西，而广东一方惟以备海洋倭寇为急，未闻有瑶寇侵犯也。①

岭南学者丘濬认为，与广东平原较多且居民聚落多濒临大海相比，广西的地势因山林的阻隔，显得颇为支离破碎。而且，少数民族如壮族及瑶族等主要分布在广西，与广东无涉。从统治者的角度来说，这种两广之间的情势分别，造就了两地的政治经略重点的不同。即对广西以维护深居内陆山林的少数民族的稳定为主，对广东以防御横行东南亚的海盗集团为主。但至明宣德以后，情况开始发生改变。不少广西的壮族开始在广东居民的招揽下越境佃种土地，称为"佃农"。因此，曾在明天顺年间担任两广巡抚的叶盛认为："两广先年止有广西瑶、僮，久为民患，因有征蛮将军挂印镇守。后因宣德以来，广东官民不为后虑，招引广西僮蛮，越境佃种空闲田地，自此渐生流贼，勾引出没。"② 此外，《大明会典》中亦载："弘治六年，令广东高、雷、廉、肇四府，但有招接僮人过江佃种无主荒田者，招主、窝主俱发云南边卫充军。"③ 这说明，壮族的跨境东迁是明宣德以后的普遍现象，而壮族居民的跨境流动又集中在前引丘濬所说的两广政区之间的犬牙交错地带当中。如本文所涉在政区上隶连州属广州府毗邻广西的连山，便是

---

① （明）丘濬撰：《重编琼台稿》卷二一《广东备御瑶寇事宜》，《文津阁四库全书·集部》第四一七册，商务印书馆，2005年，第147页。

② （明）叶盛撰：《叶文庄公奏疏》卷一二《两广奏草》，《四库全书存目丛书·史部》第五八册，第617页。

③ （明）申时行等修，（明）赵用贤等纂：《大明会典》卷一三二《兵部十五·镇戍七》，《续修四库全书·史部》第七九一册，上海古籍出版社，2002年，第340－341页。

这些东迁壮族的其中一个落脚点。① 由于韦氏始迁祖韦金满一行是在明天顺年间从广西贺县迁入广东连山的，故他们应该也是前面提及的这些明宣德后从广西跨境流动到广东的壮族中的一员。

而壮族韦氏从贺县迁出至广东连山，实为不堪明廷对府江高压管控的无奈之举。贺县素称"瑶、僮出没之冲"②，其地属平乐府，若向西出发，可以到达府江。明代的府江，"桂林抵梧州驿道也"③，大约即今天广西的桂江，跨桂林、平乐、梧州三府，这是当时瑶、壮等少数民族的主要活动区域之一。④ 而桂、平、梧三府之中的平乐府，尤为"府江扼要之区"。如曾任广西布政使司左参议的田汝成在论及府江少数民族用兵事宜时就曾说："欲治府江，则恭城、平乐、怀集、贺县、修仁、荔浦、永安、五屯，茶、力二山之间，皆宜一岁之前屯兵积粟，以能者主之，熟其向导，探其塞场，扰其耕耘，贼必惊且拒营巢负险。然后益以列兵诸道并入，环而供（攻）之，庶可灭也。"⑤ 这意味着控制府江的关键，在于对府江中游平乐府少数民族的军事弹压。如壮族韦氏迁出的贺县，则是平乐府属下的一个关键节点。

由于府江处两广毗邻的丘陵过渡带，上可溯漓水沟连湘鄂，连接长江水系，下可注入西江，接广东省会。因此，其于沟通岭南与中原上的政治地理意义不言而喻。故在朝廷眼中，尽管府江一直存在着瑶、壮等山居少数民族的广泛活动，但仍被视为"内地"，与柳、庆等府或左右江为异。如明弘治九年（1496），邓廷瓒曾请于府江中游平乐府昭平等地增设土官，但被朝廷驳回，理由是"昭平堡系内地，若增土官，恐贻后患。况府江一带，近已设按察司副使一员，整饬兵备，土官不必差遣，止令每岁各出土兵一千听调"⑥。在卫所设置数量上，府江一带亦远多于主要以土兵驻守的桂西。在明代的大部分时间里，朝廷一直没有放松过对府江流域的军事控制。因此，一旦出现少数民族"反乱"的事态，朝廷会毫不犹豫、不计代价地对其实施镇压。

明初建省于府江上游之桂林。后太祖封朱守谦为靖江王，亦国于此。从明洪武四年（1371）起，在府江桂、平、梧三府间，开始设置大量卫所，依次包括梧州府守御千户

　　① （明）叶盛撰：《叶文庄公奏疏》卷一〇《两广奏草》，《四库全书存目丛书·史部》第五八册，第604页。

　　② （明）杨芳撰：《殿粤要纂》卷二《贺县图说》，《北京图书馆古籍珍本丛刊·史部》第四一册，书目文献出版社，1998年，第790页。

　　③ 《明史》卷二一二《李锡传》，中华书局，1974年，第5622页。

　　④ （明）陈全之撰，顾静点校：《蓬窗日录》卷一《寰宇一》，上海书店出版社，2009年，第45页。

　　⑤ （明）田汝成撰：《炎徼纪闻》卷二《断藤峡》，《四库提要著录丛书·史部》第一八九册，北京出版社，2012年，第503页。

　　⑥ 《明史》卷三一七《广西土司一》，第8213页。

所、平乐守御千户所、富川守御千户所、贺县守御千户所、怀集守御千户所。① 藩、省之建与卫所之设，可视为明廷经略岭南，尝试加强府江控制的努力。仁、宣以后，国家正值多事之秋。北有也先之患，闽、浙苦于邓茂七及叶宗留之乱，两粤、湘黔之间均有少数民族起事。故锐意立治的宪宗继位后，广西有大藤峡之征。大藤峡处柳、浔、平乐三府之间，深山密林，与府江互为表里，均为瑶、壮等山居民族的活动区域。时人称："大抵自藤峡径府江约三百余里，以力山为中界，诸贼往往相通，互为死党。"② 从统治者的角度来看，他们的活动直接影响着府江及浔江两大水上交通要道的安全。故成化二年（1466），朝廷遣赵辅、韩雍等先后用兵府江一带及大藤峡。③ 及后，韩雍立五屯屯田千户所于浔、府两江之交，以控扼两地。④ 明成化五年（1469），出于便于军事统制之由，明廷决定开总府于梧州。⑤ 梧州位于府江下游，素以"两广轮辐，八桂门户，水陆要冲，民夷总节"而见称。⑥ 自设总督以后，梧州统两广之事权，与藩、省之所在桂林持府江之两端，互为表里。这意味着，作为连接桂、梧间的重要孔道，府江的政治地位随之再度提升。两岸少数民族任何威胁到府江交通的行为，都是朝廷不能容忍的。先是弘治八年（1495）闵珪、欧磐镇压府江永安壮族之起事，⑦ 然后是正德十年（1515）陈金定府江少数民族之乱。⑧ 但府江两岸少数民族的活动依然频繁，更有劫掠来往商船的行为出现。故隆庆六年（1572），殷正茂等以剿杀古田之余威，承朝廷旨意再以兵讨府江。⑨ 而自殷正茂之后，府江再无大征。尤其是位于府江中游的平乐府，已鲜见"蛮患"。⑩ 故《明史》载："（平乐）自数经大征后，刊山通道，展为周行。而又增置楼船，缮修校垒，居民行旅皆帖席，瑶、僮亦骎骎驯习于文治云。"⑪ 而韦氏迁出的属平乐府的

---

① 郭红、靳润成：《中国行政区划通史》（明代卷），复旦大学出版社，2007 年，第 449 – 464 页。

② （明）田汝成撰：《炎徼纪闻》卷二《断藤峡》，《四库提要著录丛书·史部》第一八九册，第 503 页。

③ 《明史》卷一七八《韩雍传》，第 4732 – 4734 页。

④ （明）陈全之撰，顾静点校：《蓬窗日录》卷一《寰宇一》，第 44 页。

⑤ （明）韩雍撰：《韩襄毅集》卷一《总府开设记》，（明）陈子龙选辑：《明经世文编》第一册，中华书局，1962 年，第 435 – 436 页。

⑥ （明）陈全之撰，顾静点校：《蓬窗日录》卷一《寰宇一》，第 45 页。

⑦ 《明史》卷一六六《欧磐传》，第 4495 页。

⑧ 《明史》卷一八七《陈金传》，第 4963 页。

⑨ （明）郭应聘撰：《西南纪事》卷二《讨平府江》，《四库全书存目丛书·史部》第四九册，齐鲁书社，1996 年，第 392 – 396 页。

⑩ （明）杨芳撰：《殿粤要纂》卷二《平乐府图说》，《北京图书馆古籍珍本丛刊·史部》第四一册，1998 年，第 781 页。

⑪ 《明史》卷三一七《广西土司一》，第 8215 – 8216 页。

贺县，更是"自兵征后，建城设官，民称安堵"①，即当地的汉民不再面临瑶、壮等族的"威胁"，这显然是明代朝廷对府江长期高压管控，导致两岸少数民族遭受极大痛苦的结果。直到明万历八年（1580）以后，因东南倭寇之患愈演愈烈，两广总督府始从梧州东移，先后迁驻肇庆及广州，②朝廷对府江的控制才有稍稍放松的迹象。当然，这是后话了。因此，从上述史料中，我们可以确切看到明代朝廷是如何对府江一带进行严密控制的。

至于连山，则位于南岭之西南麓，远离府江干流。作为一个更为穷僻、人迹更加罕至的山区，连山虽近湟水（即今连江），为昔日伏波将军路博德征南越所途经之地，属湘粤交通走廊中的一环，但其与府江流域的地位不可同日而语。湟水交通有其先天的缺憾，虽可通航运，但其自湖南折岭隘连接湘江和连江的陆路段则不仅行程漫长，而且须翻山越岭，路程上的险要迭出，让商旅多视为畏途。因此，随着唐相张九龄开出"五轨坦途"的大庾岭，以及岭南的经济重心向珠江三角洲的转移和粤北人口的大量南迁后，湟水交通的政治及经济地位，早已大不如前。③其于岭南政治控制上的意义，显然难及府江，故明代朝廷并未将连江视为经略的重点。如前引《明实录》中，朝廷对典史何宗所奏连山旧县治为壮族所占据时感到震惊，并对地方官的"久不奏报"感到不满。这一方面有地方官企图匿去施政过失的意图存在，但另一方面，我们也可以从中看出明代朝廷对连山一带的长期忽视，与对待府江地区的态度完全是天壤之别。需要明确的是，明代的岭南是长期处于动乱状态的，我们不能忽视这一时期朝廷对岭南的管控仅能触及几条重要交通干线的事实。而除此之外的大部分地区，仍然是处于"政教不及"的状态。因此，远离这些交通干线，成为当时岭南少数民族的一种重要的生存策略。故不难理解，壮族韦氏为何要从广西平乐府贺县跨省来到南岭萌渚岭之东南麓的连山定居。这是当时少数民族为逃离国家对岭南交通干线高压控制做出的典型选择。（见图1）

①　（明）杨芳撰：《殿粤要纂》卷二《贺县图说》，《北京图书馆古籍珍本丛刊·史部》第四一册，第790页。

②　参见吴宏岐、韩虎泰：《明代两广总督府址变迁考》，《中国历史地理论丛》2013年第2期。

③　关于历史时期上过岭交通的变迁，可参见沈之兴、吴仲明：《论古代粤北交通及其对经济的影响》，《广东社会科学》1991年第6期；蔡良军：《唐宋岭南联系内地交通线路的变迁与该地区经济重心的转移》，《中国社会经济史研究》1992年第3期。

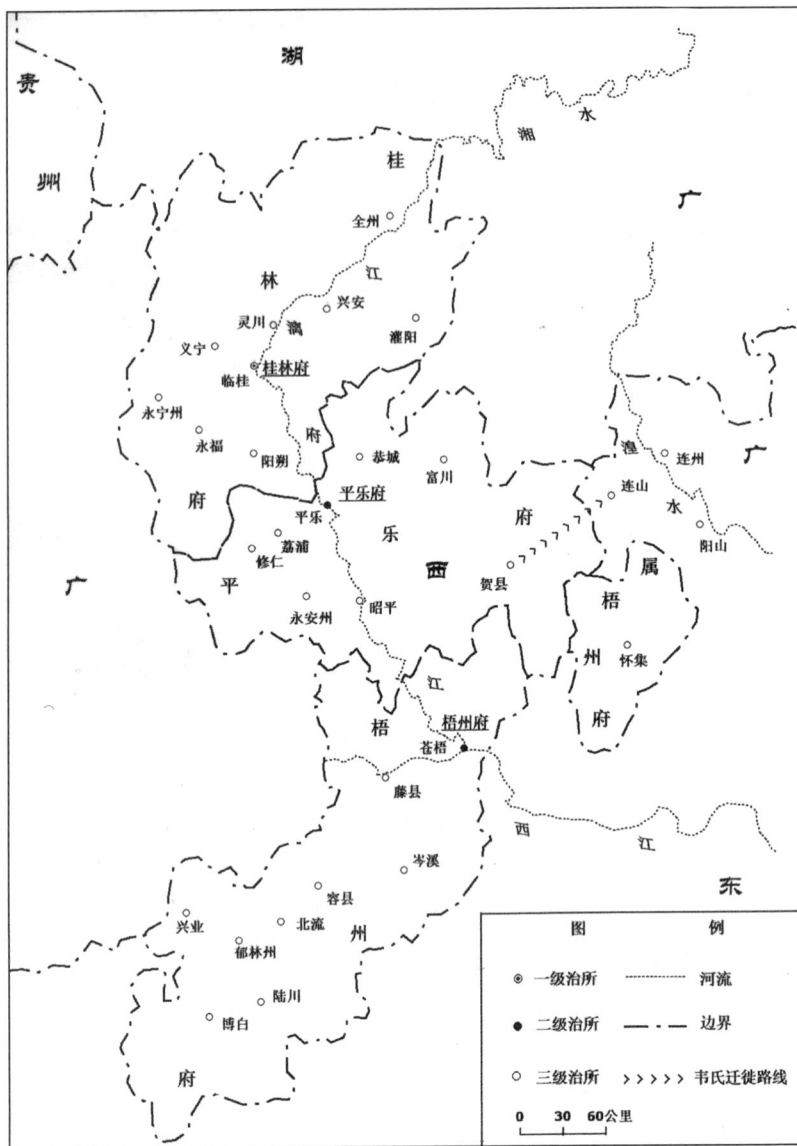

图 1　明代韦氏东迁连山示意图

注：（1）图 1 绘制所使用的底图为《中国历史地图集》第七册《明时期·广西》。政区断限为明万历十年（1582）。（2）为便于读者理解，图例参照《中国历史地图集》的处理方式。一级治所即指的是以布政使司治所为代表的省会；二级治所指的是省属府州的驻点；三级治所指的是府属州县的驻点。（3）图中出现的"永宁州"，即古田县。据《明史·地理志》：永宁州，本为元代古县，洪武十四年（1381）改为古田县，至隆庆五年（1571）后始升为永宁州。①

---

① 《明史》卷四五《地理六》，第 1150 页。

五

前面已经提到，在定居连山伊始，与当地汉族土著的土地纷争中，韦氏一族深深地感受到了壮族身份的不利，族谱的编纂者在描述始迁祖事迹时下意识地隐去了自身的族属。但这远远不够，为了真正地"创造"一个汉人身份，连山韦氏实行了"自称韩信后人"这一种做法。如在《韦氏宗支簿》中的《叙》中就称连山韦氏为淮阴侯韩信之后，"当未央宫遇祸，陈平出奇计，匿其幼子，致于夜郎，寄养南越赵佗王。盖佗素重淮阴侯也"。① 与此同时，韦氏更利用当地的士绅网络，以及官僚去对这一说法进行附和，从而进一步强调自身的"汉人"身份以及"显赫"家世。如当地乡绅虞世彦，就强调了"韩信后人托姓于韦"这一说法的真实性，撰《韦氏家乘考》，附于谱内。② 此外，时任连山厅同知的韩凤祥，同以"淮阴俎豆亦常存"和之，载于谱中。③ 这些行为均反映了连山韦氏逐步淡化其壮族身份的努力，亦即我们时常所述的汉化。

而"韩信后人托姓于韦"之祖先叙事，泛传于岭南的韦姓土官当中，并不是连山韦氏所独创的。据《粤述》："粤西瑶僮种数各殊。相传为盘瓠苗裔，桂林等府俱有盘王庙，瑶僮祀为始祖。其土官多韦姓，乃韩信子孙也，云方吕后擒信时，舍人负其幼子，求救于萧何。何泣下，谓中土不可居，乃作书属南粤尉佗抚之，子孙因以韦为姓……第汉法蹑秦之惨酷，彼高祖时萧何敢与佗通书耶，存此以质博雅者。"④ 岭南少数民族的韦姓土官，多称自己为汉代韩信之后人。相传当韩信受制于吕后时，其后人为萧何所匿，藏于南越赵佗处。韩氏因而改韩为韦，是为岭南韦姓土官之始祖。先不论从今天的眼光来看这种表述之荒诞。就连当时收集此说的《粤述》的撰者闵叙对此也是存疑的。事实上，这是元明以来岭南土官制度蓬勃发展之结果。正如前文所述，因明代以来的土官承袭须征信于家世，这就给少数民族对自身祖先的伪饰留下了广阔的空间。如清代曾任广西镇安知府的赵翼，就曾讽刺过当地的土官均称自己从宋狄青征侬智高的将校之后的现象，"何必梁公为远祖，不妨季布是黥奴"⑤。岭南土州的各岑姓，多有为获取利益而自称为东汉汉人名将岑彭之后者，时称"土州诸岑姓不一，皆称岑彭之后。有为子弟乞附博士籍者，自云先代上应列宿画像云台，遥遥华胄，不知何自而起"⑥。此外，广西钦州

---

① 《韦氏宗支簿》，无页码。

② 《韦氏宗支簿》，无页码。

③ 《韦氏宗支簿》，无页码。

④ （清）闵叙辑：《粤述》，《丛书集成初编》第三一二二册，中华书局，1985 年，第 27 页。

⑤ （清）赵翼著，李学颖等点校：《瓯北集》（上册）卷一三《昆仑关咏古》，上海古籍出版社，1997 年，第 271 页。

⑥ （明）魏濬撰：《西事珥》卷八《姓氏之典》，《四库全书存目丛书·史部》第二四七册，齐鲁书社，1996 年，第 821 页。

一带的土官，也有曾征南越的马援后裔的故事流传。据《南越笔记》："钦州之长皆黄姓，其祖曰黄万定者，青州人，初从马援征交趾有功，留守边境。后子孙分守七峒，至宋皆为长官司。元时以贴浪峒长黄世华有讨贼功，赐金牌印信。洪武初年收之，仍为峒长。其在时休峒者，祖曰禤纯旺，亦马援战士。永乐初，时罗峒长以事被革，移纯旺孙贵成守之。"① 土官们争相攀附汉姓显贵，各种始祖故事因而流传，成为当时岭南社会的一个瞩目现象。

需要特别指出的是，在岭南的少数民族中，这些故事的制造和流传，并不是土官的专利。如唐相李德裕在宣宗继位后被流放崖州，明正德间就有当地少数民族自称为德裕之后人，且有诰敕为据。据《漱石闲谈》载："李赞皇之南迁也，卒于崖州。子孙遂为僚，俗数百人，自相婚配。正德间吴人顾朝楚为儋州同知，以事至崖，召见其族。状与苗僚无异耳。缀银环索垂至地，言语亦不相通，德裕诰敕尚在。"② 虽然，这类型记载的真伪已难以逐一考证，但结合本为壮族的连山韦氏托为汉族的韩信后人的行为，我们发现与其将这些记载视为史实，倒不如将其理解为一种宋元以来的岭南少数民族为应对日益强化的国家管控而编造出来的故事更为妥当。

韦氏的行为是连山壮族生存状况的一个缩影。入清后，与壮族韦氏一同历经汉族土著及官方压迫的连山壮族出现了一个较大的改变。（康熙）《连山县志》记载了当地壮族当时一个颇令人玩味的现象：

> 考之旧志，（僮）异言异服，跋扈难驯与瑶并记。但自今观之，守法奉公，颇有读书，礼仪廉耻与民一体，殆习染变更所由来渐矣。然犹名之曰僮，亦循其旧云。③

从明代以来，连山壮族开始了所谓"汉化"的过程，不只是衣着及生活习惯方面的改变，更重要的是汉字在壮族之间的传入。如成书于乾隆年间，代表有清一代的民族识别水平的《皇清职贡图》，对连山壮族"视若无睹"。（道光）《连山绥瑶厅志》中更进一步称壮族已"薙发去环，服礼教、习儒书、与齐民齿。今无僮类矣"④。此外，（光

① （清）李调元撰，林子雄点校：《南越笔记》卷七《马人》，《清代广东笔记五种》，广东人民出版社，2006 年，第 276－277 页。

② （明）王兆云撰：《漱石闲谈》卷下《李赞皇后》，《四库全书存目丛书·子部》第二四八册，第 349 页。

③ （清）刘允元修，（清）彭铠纂，（清）李来章续修：（康熙）《连山县志》卷二《风俗志》，《广东历代方志集成·韶州府部》第一六册，第 265 页。

④ （清）姚柬之纂修：（道光）《连山绥瑶厅志》卷一《总志》，《广东历代方志集成·韶州府部》第一六册，第 356 页。

绪）《连山乡土志》亦称："邑旧有僮民，今已服礼教，与齐民齿。"① 从"瑶、僮杂处"再到"连山无僮"，这与当地壮族自身的民族认同的改变，汉化程度的不断加深是息息相关的。因此，虽然今天连山被划为广东省内为数不多的少数民族自治县，但当地的壮族在服饰、文化及语言方面大多已与汉族无异。当然，这是后话了。

六

通过对新见广东连山壮族族谱《韦氏宗支簿》的考释，我们可得出以下的结论：

在明人眼中，两广虽同为岭南地，但情势大不相同。其中，瑶、壮等少数民族主要分布在广西地区，本与广东无涉。但至明宣德后，情况发生变化。许多广西少数民族，尤其是壮族，开始从广西迁往广东并集中在两广政区的犬牙交错地带，其中就包括本文所关注的连山韦氏。

连山韦氏，本属贺县韦氏壮民的一支。明天顺年间，始迁祖韦金满从广西贺县迁往广东连山定居，这可能是韦氏一行不堪明廷对岭南府江少数民族高压管控的无奈之举。贺县属于府江的一部分，明代府江是沟通岭南及长江水系的重要交通路线，具有相当的政治地位。为了保障府江的畅通，明廷不惜代价，数度对府江沿岸的少数民族发兵剿杀。相对来说，连山较贺县更加穷僻，且其所处的湘粤交通走廊因其自然地理上先天的缺憾，故一直未引起朝廷的注意。因此，为了逃离明廷对府江交通干线的严密控制，韦氏才选择迁入连山定居。

但是，来自贺县的壮族韦氏定居连山之后，并未能获得意想中的安宁。因为作为外来者的他们，要面临与当地汉族在土地资源上的竞争。民族矛盾与土客之争相互交织，构成了韦氏定居连山后家族历史的主要脉络。在这个过程中，韦氏一族逐渐意识到壮族身份在话语表达上的屈辱与不利，因此，在日后的族谱编修中，编纂者选择以托韩信为祖的方式来塑造"汉人身份"。韦氏一族的这种行为，是连山壮族生存状态的一种缩影。明代以来，连山壮族在当地社会及官方的压力下逐渐改变了自身的民族认同，而这种民族认同的改变又影响了当地人乃至朝廷对连山壮族的认识。因此，入清以后，连山壮族逐渐消失在相关的史籍记载中。

作者简介：

谭嘉伟，复旦大学历史地理研究中心博士研究生。

---

① （清）虞泽润撰：（光绪）《连山乡土志·人类》，第97页。

变动中的紧张：甲午前后中国人的"世界"意象①

余　露

[提要] 同治末年以来，古已有之的"世界"渐渐落实到指称全球，并随着洋务运动的深入不断强化，促使国人眼光向外，注重全球范围内国家间的实力比较，充满了强烈的紧张性。其中日本的影响举足轻重。中日甲午一战，胜负显然，更加剧此种紧张，鸦片战争以来的强弱意识全面升级深化，固有的华夷、文野之辨愈加无力。"世界"话语快速上升，渐成时代中心话题，主观认定与自由伸缩接踵而来。看似客观的"世界"，其实是主观构想的变动场景，体现了国人在面对强大的西方时，努力学习西方、试图成为西方的急切与紧张，也制约着近代中国安放自我与认识他人的基本取向。

[关键词] 甲午战争；"世界"；国家；竞争

传统的"天下"观念到近代无法维系，中国一步步被纳入欧美主导的"世界"体系之中。与之相关，原本只有虚化含义的"世界"一词，落实到全球地域指称，并被赋予种种新的意象，寄托国人崇尚西方的价值判断和学习西方、融入西方的迫切追求。"世界"的这一变化，既是中外形势变迁的产物，又反过来影响对外观念乃至对自身发

① 本文为国家社会科学基金青年项目"近代中国'世界'观念研究"（18CZS035）阶段性成果。

展方向的思考。① 其过程则是缓慢的、持久的，在洋务运动时期已渐露苗头，同时在与"天下""万国""地球"等词虚实互用的新旧杂陈中，体现出变革时期"天下"与"世界"两种体系的相互纠缠。② 金观涛、刘青峰利用数据库检索注意到，"世界"的使用频率从 1895 年左右开始快速上升，在 1899 年首次超过了"万国"。③ 指称的变化，不仅涉及语言，更关乎观念，并有其现实基础。探讨"世界"在洋务运动后中外形势的急剧变迁之下具有了新的含义之后，有着怎样的进一步发展，又产生了什么意义，带来什么影响，与哪些因素相关，不仅可以历史地还原、立体地再现这一重要观念的演化过程，更能深化对近代中国对内对外相互观念的认识，思考其中的利弊得失。

一、甲午前中日之"世界"运用的异同与关联

甲午一战，中国惨败于"蕞尔小国"，朝野震动，李鸿章因此备受物议。美国传教士林乐知却认为胜败乃兵家常事，微瑕不掩全瑜，为李鸿章打抱不平，进而感慨"中国略知外事，实与日本同时，假使亦于此三十年中有进而无退，日本方敬畏之不暇"，"无奈自视过高，而以蛮夷待欧美"，才会"凌夷以至今日"。④ 诚然，中日两国的大门几乎同时被西方列强打开，而日本学习西方之全面、深入与迅速，实非中国所能及。⑤ 洋务运动开始时，仅措手于洋枪洋炮等器物层面，还要顶着"夷夏大防"的高压线。而日本自明治维新后，"结交欧美"，"无一不取法于泰西"，"乃至目营心醉口讲指画，争出其所储金帛以购远物，而于己国之所有，弃之如遗，不复齿数，可谓骛外也已"。不过在黄遵宪看来，虽然"骛外"，毕竟利大于弊，日本若非如此，则"至今仍一洪荒草昧未

---

① 关于"世界"作为一种重要观念的影响与意义，可参见罗志田：《天下与世界：清末士人关于人类社会认知的转变——侧重梁启超的观念》，《中国社会科学》2007 年第 5 期；罗志田：《走向世界的近代中国——近代国人世界观的思想谱系》，《文化纵横》2010 年第 3 期；桑兵：《华洋变形的不同世界》，《学术研究》2011 年第 3 期。

② 余露：《虚实互用：洋务运动时期的"天下""地球"与"世界"》，《中山大学学报》2017 年第 4 期。

③ 金观涛、刘青峰：《从"天下"、"万国"到"世界"——兼谈中国民族主义的起源》，《观念史研究：中国现代重要政治术语的形成》，法律出版社，2009 年。将"世界"作为中国现代重要政治术语，表明他们已经意识到"世界"不仅仅是一个客观的地域指称和描述。

④ 蔡尔康等撰，张英宇点，张玄浩校：《李鸿章历聘欧美记》，岳麓书社，1986 年，第 34 - 36 页。

⑤ 相关研究可参见李少军：《甲午战争前中国西学比较研究》，湖北人民出版社，2007 年。

开之国耳"。① 傅云龙则更批评其"效西如不及，当变而变，不当变亦变"，"欲知彼而不知己，是之谓骛外"。②

"骛外"一词的确抓住了明治日本的关键。或可作为表征之一的是，日本对"世界"颇为现代的运用也走在中国的前头。一般认为日本最早刊行的世界地图，是以利玛窦地图为原型、诞生于 1645 年的《万国总图》，此时尚未见"世界"之名，不过还是冲破了其固有的以中国、日本、印度为中心的"三国世界观"，认识到三国之外的西洋世界，"慕夏"观念发生根本变化。③ 赵德宇依据开国百年纪念文化事业会编《锁国时代日本人的海外知识——世界地理·西洋史文献解题》所制作的"江户时代世界史地文献年表"显示，早在 17、18 世纪的兰学和幕末洋学期间，日本就出现了以"世界"命名的各种地图。④ 这里面可能有相当部分是原图没有名称，后来追加成的"世界"。此类倒述在"世界"问题上处处可见，中日皆然。不过日本近代意义上的"世界"运用，还是较中国为早。可以确证的是，《海国图志》的 60 卷本和增补的百卷本分别于 1851年、1854 年传入日本，数年之内出现 20 余种翻印或翻译的选本，杉木达在 1854 年译印的《海国图志美理哥国总记和解跋》中称其"于世界地理茫无所知的幕末人士"功不可没。⑤ 同年，平山谦二郎在阅读了罗森所撰《南京纪事》和《治安策》后用汉文回信，说道：

> 全世界中各国布棋，贤君英主，必不乏其人矣。先着鞭以奉行天道者，谁也？
> 方今世界形势一变，各国君主当为天地立心、为生民立命之秋也。向乔寓合众国火
> 轮而周游乎四海，有亲观焉者乎？若不然，请足迹到处，必以此道说各国君主，是

① （清）黄遵宪：《日本国志》卷四《邻交志》，陈铮编：《黄遵宪全集》，中华书局，2005年，第 932 页。

② 傅云龙撰，王晓秋标点，史鹏校订：《游历日本图经馀纪》，岳麓书社，1985 年，第191 页。

③ 关于利玛窦地图在日本的影响，参见江静：《利玛窦世界地图在日本》，《浙江大学学报》2003 年第 33 卷第 5 期。

④ 赵德宇：《西学东渐与中日两国的对应——中日西学比较研究·附录》，世界知识出版社，2001 年。

⑤ 杉木達：《美理哥國總記和解》上册《跋》，常惺篗，1854 年，转引自王晓秋：《魏源〈海国图志〉在日本的传播和影响》，王晓秋：《改良与革命：晚清民初史事新探》，北京大学出版社，2012 年。王文详细考证了《海国图志》在日本的翻印情况，探讨了其影响，并引有盐谷宕阴在《翻刻海国图志序》中的感慨："呜呼！忠智之士，忧国著书，不为其君所用，而反被琛于他邦。吾不独为默深悲矣，而并为清帝悲之。"

继孔孟之志于千万年后，以扩于全世界中者也。①

这两处的"世界"，近代形态已相当明显。后者见于罗森《日本日记》，金观涛、刘青峰将其认定为中国方面最早的近代意义上的"世界"，② 或许是误将其当作罗森本人的文字。不过，虽有误会，若转变视角，虽不是出自中国人之手，却是较早见于中国人之眼的（何况还是用中文写成），仍然值得注意。"世界"与"天下""万国""地球"等多个词语新旧杂陈，观念交织，正是这一时期中日两国的共性。

再往后，在日文和西文的对应中，"世界"的地域指向和人文特征得到进一步规范化的明确。1874 年刊行的《广益英倭字典》中，world 对应"世界、地球、人间、天、世事、國、全世界、暮シ、諸人"等义项，③ "暮シ"意为生计、生活。推敲其含义可以发现，world 既表示地球这样的明确地域，又包含其中的人类活动及国家意识，其首个对译词"世界"在上述义项的背景中越来越成为日本一个重要的概念。1881 年永峰秀树训译的《华英字典》中 world 之对应大体延续此种思路，④ 此后日本的各类英华、英和字典基本不出此格局。

日本人将英和字典的输入与习学视为输入西学的重要一环。1883 年，井上哲次郎为德国传教士罗存德于 1866 年在香港出版的《英华字典》（增订版）作序时称，"西学之行于我邦，未曾有盛于今日也，而英学实为之最矣，盖英之文运，天下殆无比此"。在井上看来，要学英学，必须要有字典，过去虽有若干种，但均不如罗存德所编之字典，只是该字典价格昂贵不易寻得，所以才有此增订印行。他最后说道："今夫修英学、磨智识者益多，则我邦之文运，骎骎乎进，遂至与英国东西对立，分镳并驰，亦未可知也。"⑤ 输入西学，前提是认可彼邦"天下无比此"，归宿则是要与之相当，"东西对立"。

近代中国的知识与制度转型，东洋因素如影随形，对中国人思想世界的塑造颇为广泛。⑥ "世界"是其中相对隐晦却又复杂深沉且具有全局色彩的一个。除了时间上的早和范围上的广，还有使用层级上的高，日本明治天皇于 1868 年颁布的五条誓文中的最

①　（清）罗森撰，王晓秋标点，史鹏校订：《日本日记》，岳麓书社，1985 年，第 36 页。

②　金观涛、刘青峰：《观念史研究：中国现代重要政治术语的形成》，第 558－559 页。

③　《广益英倭字典》，Kanazawa in Kaga，1874 年，第 952 页。

④　永峰秀树训译：《華英字典》，（东京）竹云书屋发兑，1881 年。

⑤　罗布存德原著，井上哲次郎订增：《訂增英華字典》，藤本氏藏版，1883 年。罗布存德即罗存德。

⑥　相关论述可参见桑兵：《近代中国的知识与制度转型·总说》，经济科学出版社，2012 年。

后一条即为"智識ヲ世界二求メ"，① 已经是基本国策中的正式表述。

反观此时的中国，在相当长时间内，近代意义的"世界"还只是一个相对民间的词语，既不够普及，也不够正式。虽然取法外洋逐渐实践开来，但层面尚浅，认识亦有所保留。同治末年，针对法人毕路安对日本"十余年来，不惟国政多所更张，即民间风俗亦多改从西法"的称赞，张德彝还辩驳道"天下各国政教，咸有所本，固当不失本来面目。至火器车船等，因西国多以战争为心，在他国自不得已而仿行之。其他似不必然，因无事更改也"②。此时中国的"世界"也只是在虚实之间偶尔出现指称全球的新用法，且多与西洋事物相关。此后，中日两国的学习西方以不同的速度继续深入扩大，"世界"的此种使用亦随之明确和加强，其中日本的影响后来居上，大有超越西洋之势。

1887 年 5 月 2 日，《申报》刊登《东妇改装》，称日本自崇尚西法后，男女衣冠莫不仿效西人，"外国妇人见之，惊为世界上尽是同类，不禁起敬，而日本女子亦遂喜于效颦矣"③。6 月 11 日的《东报汇译》则称"长崎县私立卫生会社杂志内译外国新闻一条，统计世界盲者不下百万人"④，是为较早的全球统计中的"世界"，源头虽在西洋，媒介却是日本。1889 年 11 月 22 日，又刊登"古今无比世界独步东洋奇伎开演"的广告，⑤ 12 月 14 日的《东报汇译》则有"世界上第一大腹贾"⑥ 的说法，是为较早的"世界第一"。1892 年 3 月和 1893 年 9 月，还出现了"美国阁龙世界博览会""北美西加哥世界博览会"的说法。⑦

外力激发的洋务运动开展约三十年后，时人心态发生显著变化。1890 年 8 月，有人"闻英人在重庆通商，中国业已允准，所拟条约俟两国批准互换，即可开办"，投书《申报》表达欢喜之情，认为"泰西各国之贫富，视乎商务之盛衰，国家视商务独重"，感慨"昔时中国闭关自守，几不知九州以外复有世界"。⑧ 商务较之火器车船，当然更进一步，已经进入张德彝从前认为的"无事更改"的范畴。

面对已经足够强大的西方列强及其展现出的强劲态势，同处东亚、同为后发国家、同样处于应对变局地位的中日两国，不难找到结合点。早先黎庶昌便鉴于"西洋今日各以富强相竞，内施诈力，外假公法，与共维持"的情势，提出"东联日本，西备俄罗

---

① 《御誓文之御写》，《太政官日誌》第 1 卷，1868 年 2 月，第 32 - 33 页。

② 张德彝撰，左步青标点，米江农校订：《随使法国记》，岳麓书社，1985 年，第 360 页。

③ 《东妇改装》，《申报》，1887 年 5 月 2 日，第 2 页。

④ 《东报汇译》，《申报》，1887 年 6 月 11 日，第 9 页。

⑤ 《古今无比世界独步东洋奇伎开演》，《申报》，1889 年 11 月 22 日，第 5 页。

⑥ 《东报汇译》，《申报》，1889 年 12 月 14 日，第 2 页。

⑦ 《蛉洲问俗》，《申报》，1892 年 3 月 23 日，第 3 页；《蛉州琐缀》，《申报》，1893 年 9 月 30 日，第 2 页。

⑧ 《闻重庆通商喜而书此》，《申报》，1890 年 8 月 15 日，第 1 页。

斯，而于英法等大邦择交一二，结为亲与之国，内修战备以御外侮，扩充商贾以利财源"。① 1891 年 7 月，中日民间人士继兴亚会及亚细亚协会后，又发起东邦协会，其宗旨明确指出：

> 一言以蔽之，方今察世界状态，西人东渐之势，如水之滚滚，昼夜不舍，此际我国果在何地位欤？非为东道主人欤？我邦既为东道主人，则太平洋权利宜悉我属，非欤？是今日所以创建东邦协会，非欤？②

西方如火如荼的东渐，构成了"世界状态"的基本面，成为后发国家思考前途命运的重要背景，并暗中规定了发展方向。

形势变迁，固有的夷夏观念必然受到冲击。汤寿潜在仍然题名为"夷势"的文章中认为"大抵中国之锢病，总坐自视太高，视夷太卑"，邹衍九州之说以及舜时十二州之分，使得"华夷之界斩然"。但是"势无强弱，以人为强弱。自弱，虽华不能加强；自强，虽夷不能加弱"。如今"华夷之界已铲除"，不必措意。而且"势，无定者也。始既视夷太卑，终必视夷太高，至于视夷太高，而夷之视我且不值一映，将不留余地以处我矣！"③

"夷夏大防"松动，推崇西法也就顺理成章，1892 年，宋恕向李鸿章进献其所作《六字课斋卑议》时说道：

> 夫易服更制，一切从西，策之上也；参用西法，徐俟默移，策之中也；不肯变通，但责今实，策之下也。上者欲言而未敢，下者谐俗而羞言；兹所言者，皆不上不下，居策之中，视今日之政，则已为甚高，较西国之法，则犹未免卑，故命曰"卑议"。④

"一切从西"以及"参用西法"之"西法"，显然已经不是枪炮制作所能范围，大有追随日本一路"骛外"而去之势。本质上还是因为时人逐渐意识到西洋今非昔比，"往者中国之法与无法遇，故中国常有以自胜；今也彼亦以其法与吾法遇，而吾法乃颊

① 黎庶昌撰，喻岳衡等标点，钟叔河校：《西洋杂志》，岳麓书社，1985 年，第 540 页。

② 《盛会重兴》，《申报》，1891 年 7 月 29 日，第 1 页。

③ 汤震：《夷势》，"中央研究院"近代史研究所编：《近代中国对西方及列强认识资料汇编》第 3 辑第 2 分册，（台湾）"中央研究院"近代史研究所，1986 年，第 513-514 页。

④ 《上李中堂书》（1892 年 5 月 30 日），胡珠生编：《宋恕集》，中华书局，1993 年，第 503 页。

堕蠢朽瞠乎其后也，则彼法日胜而吾法日消矣"①。以至于梁启超曾感慨："古人所患者，离乎夷狄，而未合乎中国；今之所患者，离乎中国，而未合乎夷狄。"②

强弱的话语在讲究道德伦常、世道人心的中国传统之下，还很难一下子占据主流。黄庆澄1893年东游日本时，见到华商张某，"问东人交谊若何"，张某答云"三十年前，华人旅居者备乘优待，其遇见我国文人学士尤致敬尽礼，今则此风稍替矣"。又道"倭俗素质朴，未通商前人人安分守业，几乎道不拾遗；近则内地之人，尚有不失庐山真面目者，其各口岸人口庞杂，俗渐浇诈，盗窃之事亦间有所闻"。黄氏由此感慨"世风不古，中外类然"，③还曾说道"东人论学，动辄曰集万国之长。庆澄尝观其学校，途径之阔，诚未可厚非。然过于夸大，往往多似是而非语"。④

不过，黄氏的这些感慨与保留，只能与时代主流渐行渐远，尤其在发生甲午战争这样的"皇古以来未有之奇窘"⑤之后。虽然也有人担忧"人人读西书习西法为当务之急，是明明以中国世界忽变而为西国世界矣"，认为"见异思迁，莫此为甚"，⑥但抵不过越来越明显的强弱态势的压迫。汪康年等发起成立中国公会，章程中即申明"本会应专讲求中国之所以贫弱、西国之所以富强，深思熟究，俾共明晓"⑦。

二、甲午战争后强弱意识的升级与夷夏观念的松动

光绪前期，伴随着来自东西洋的强劲风潮，"世界"地域指称逐渐落实，且成为一种观念，更加丰富生动地被用来描述乃至思考一种新的中外局面。这一过程与国力强弱意识的深化升级不无关联。

中外对比的强弱意识萌发于洋务运动初期。1867年李鸿章还在私下抱怨"中土大夫不深悉彼己强弱之故"⑧。到1878年，起复不久的张树声进京觐见，在慈禧太后问如何应对洋人时答道"总贵我能自强，庶免彼族要挟"，而"自强之策，不外从前总署所陈

① 《原强》，王栻主编：《严复集》（第1册），中华书局，1986年，第11-12页。
② 《变法通议·学校总论》，梁启超著，张品兴编：《梁启超全集》，北京出版社，1999年，第20页。
③ （清）黄庆澄撰，王晓秋标点，史鹏校订：《东游日记》，岳麓书社，1985年，第323页。
④ （清）黄庆澄撰，王晓秋标点，史鹏校订：《东游日记》，第341页。
⑤ 《中国为天下至富之国说》，《秦中书局汇报》第9册，1898年4月。
⑥ 《论中西之学宜并取兼收》，《申报》，1895年8月17日，第1页。
⑦ 《中国公会章程》，汪康年著，汪林茂编校：《汪康年文集》，浙江古籍出版社，2011年，第2页。
⑧ （清）李鸿章：《复陈筱舫侍御》，中国史学会主编：《中国近代史资料丛刊·洋务运动》（三），上海人民出版社、上海书店出版社，2000年，第591页。

海防六条"，并申论：

> 中国声明文物，高出万国之上，自强之道，除练兵、造船、简器数端外，原不必一一效法西人。然中国礼义政教奉行日久，事事皆成具文；西人富国强兵，精益求精，事事必求实际，此外国所以日强中国所以日弱也。①

十余年的光阴，中土大夫已经渐渐感受到强弱差别，同时又谨守就事论事的界限，限定在兵船数端，总体上依然保持堂堂华夏的优越感。此时仍然有士大夫"限于方域，囿于见闻，语及环球各国交际之通例、富强之本计，或鄙夷而不屑道"。② 或许是有感于国际交涉的实例，或许是外人的言论刺激，走出国门的崔国因最有切肤之感，他于1891年说道："惟两强相遇，则有理者可以求伸；以弱遇强，虽有理而无益也。此谋国者之所以贵自强也。"③"有理而无益"乃是十分沉痛的几个字，显示出强力的不可抵挡。

强弱意识的升级深化，影响到国人对全局的思考，从而让"世界"更加充满紧张感，主要还是在甲午战争以后。马勇指出，甲午战争后，国人的反应不是探讨战争失败的主客观原因与背景，而是企求一种根本解决方案，甚至觉得战败源于清政府几十年来基本国策的战略错误，批评洋务新政治标不治本，不足以从根本上解决中国问题。④ 注重实效的激越批判，根源在于充分意识到强弱悬殊下的不利态势而试图有所改变。

战争刚刚结束，康有为即上书光绪称："今之为治，当以开创之势治天下，不当以守成之势治天下；当以列国并立之势治天下，不当以一统垂裳之势治天下。盖开创则更新百度，守成则率由旧章。列国并立则争雄角智，一统垂裳则拱手无为。"进而主张"万国所学，皆宜讲求"。⑤ 这已经是战略性的大转变，远非过去的华夷体系所能梦见。梁启超1896年在《〈西学书目表〉序例》中明确说"国家欲自强，以多译西书为本，学者欲自立，以多译西书为功"，劝人对已有之约三百种西书，"择其精要而读之，于世

---

① （清）张树声：《戊寅年召对恭纪》，载中国史学会主编：《中国近代史资料丛书·洋务运动》（三），第609页。

② （清）崔国因著，刘发清、胡贯中点注：《出使美日秘日记》，黄山书社，1988年，第46页。

③ （清）崔国因著，刘发清、胡贯中点注：《出使美日秘日记》，第259页。崔氏出使期间逐渐形成以强弱定优劣的思维，越来越感到自强的重要，日记中不止一次感慨"甚矣，立国之贵自强也"，甚至慨叹"当今之世，有理而无势，实不能以理屈人也"，见该书第366、390页等处。

④ 马勇：《甲午战败与中国精英阶层的激进与困厄》，载李世涛主编：《知识分子立场：激进与保守之间的动荡》，时代文艺出版社，2000年，第106页。

⑤ 《上清帝第二书》，姜义华、张荣华编校：《康有为全集》（第2集），中国人民大学出版社，2007年，第37、42页。

界蓄变之迹，国土迁异之原，可以粗有所闻矣"。① 在他看来，对于女子们也该"使其人而知有万古，有五洲，与夫生人所以相处之道，万国所以强弱之理"。② 1897 年梁启超为《经世文新编》作序时又说"无器不变，亦无智不新，至今遂成一新世界焉"，称赞该书"多通达时务之言，其于化陋邦而为新国有旨哉"。③

同年，孙中山在与宫崎寅藏、平山周的谈话中说道：

> 方今世界文明日益增进，国皆自主，人尽独立，独我汉种每况愈下，滨于死亡。……呜呼！今举我国土之大，人民之众，而为俎上之肉，饿虎取而食之，以振其蛮力，雄视世界。……余为世界之一平民，而人道之拥护者，犹且不可忍然于此，况身生于其国土之中，尝直接而受其苦痛者哉！……余固信为支那苍生，为亚洲黄种，为世界人道，而兴起革命军，天必助之。④

这里展示的是一个变动不居、破旧立新而又充满弱肉强食危机感的"世界"，已非地域指称所能尽意。虽革命与改良的旨趣不同，但人强我弱之下呼唤根本变革的思路却是一致的。

1898 年，郑观应在《答邱凤源孝廉论盛世危言公法》中写道："公法知难笔舌争，富均力敌始通行。只因律例分繁简，遂使中西失重轻。化弱为强明理势，用彝治夏转升平。"⑤ 中西既已失轻重，化弱为强就必须用彝治夏，取径已很显然。其在《大舞台曲》中唱道"世界竞争大舞台，以优胜劣霸图恢"。⑥ 《乙未感事》则感慨"世界循环若转轮，天涯何处避赢秦。鹰瞵虎视来欧种，蚕食鲸吞伺亚人"，"世界如棋一局输，谁教边境祸堪虞"。⑦ 在在可见强弱之感。

激越如谭嗣同者，最能典型体现强烈反差。起初，他还颇为赞同李大亮所说的"中国如本根，外夷如枝叶"，"天下之患，不在外夷，在中国也"，不满于"今之谈者，以

---

① 《〈西学书目表〉序例》，梁启超著，张品兴编：《梁启超全集》，第 82 页。

② 《变法通议·论女学》，梁启超著，张品兴编：《梁启超全集》，第 31 页。

③ 《〈经世文新编〉序》，梁启超著，张品兴编：《梁启超全集》，第 122 – 123 页。

④ 《与宫崎寅藏平山周的谈话》（1897 年 8 月中下旬），广东省社会科学院历史研究室、中国社会科学院近代史研究所中华民国史研究室、中山大学历史系孙中山研究室合编：《孙中山全集》（第 1 卷），中华书局，1981 年，第 172 – 174 页。

⑤ 《答邱凤源孝廉论盛世危言公法》，夏东元编：《郑观应集》（下册），上海人民出版社，1988 年，第 1318 页。

⑥ 《大舞台曲》，夏东元编：《郑观应集》（下册），第 1332 页。

⑦ 《乙未感事》，夏东元编：《郑观应集》（下册），第 1360 – 1361 页。

为患莫大乎外夷，而荒中国之大计以殉之"。① 在早年所作《治言》中，谭氏还认为天地之主张毕竟是纲维，故"夷狄之富，不足以我虚；夷狄之强，不足以我孤；夷狄之愤盈而暴兴，不足以我徂；夷狄之阴狡而亟肆，不足以我图"。后来谭嗣同则称该篇为"最少作"，"于中外是非得失，全未缕悉，妄率胸臆，务为尊己卑人一切迂疏虚骄之论，今知悔矣"。② 富强的"夷狄"终于让他放弃了"尊己卑人"，甚至有感于中西强弱之此消彼长而宣称"夫华夏夷狄者，内外之词也，居乎内，即不得不谓外此者之为夷。苟平心论之，实我夷而彼犹不失为夏"，③ 说是走到反面似乎也并不为过。1898 年，他还对"洋务"之名深致不满：

> 自中外开通以后，因俗间呼海为洋，于是有洋务之名。凡一切来自他国者，与本国所有而少新颖者，悉以洋字冠之。浸淫既久，遂失其本义，而流为弹抵詈辱之名，其实了无所谓洋务，皆中国应办之实事。为抵御他国计在此，即不为他国，亦不能竟废此也。④

洋务运动从名到实都不能让谭氏感到满足，"为抵御他国计"与"中国应办之实事"渐有趋同之势，难舍难分，外因已经在内因里打下深深的烙印。此种认识，与甲午战争后强弱意识升级背景下"世界"话语的上升密不可分。

强弱的现实较量之下，具有文化和伦理判断的夷夏观念松动开来。在论说这一层时，地理的辨析还是重要方式，揭示出客观地理与观念认知的微妙关系。戊戌后，梁启超自陈"昔之梦梦然不知有大地，以中国为世界上独一无二之国者，今则忽然开目，憬然知中国以外，尚有如许多国，而顽陋倨傲之意见，可以顿释矣"。⑤ 而旨在"启民智"的南学会第一、第二次讲义也以"世界以人为贵"和"世界之国只以数十计"作为论述的出发点。⑥ 可见，从"天下""万国"到"世界"的转变不仅仅是换了个名词而已。

正是这一时期，日本的"世界"意象再次通过报刊传递给中国而加强其地域指向。1897 年 11 月《实学报》刊登译自《大阪朝日新闻》的两则短文《加奈陀之学校（矮氏

① 《石菊影庐笔识·思篇》，蔡尚思、方行编：《谭嗣同全集》（增订本），中华书局，1981年，第 145 页。

② 《治言》，蔡尚思、方行编：《谭嗣同全集》（增订本），第 231 – 236 页。

③ 《上欧阳中鹄书》，蔡尚思、方行编：《谭嗣同全集》（增订本），第 165 页。

④ 《壮飞楼治事十篇·治事篇第一·释名》，蔡尚思、方行编：《谭嗣同全集》（增订本），第 435 页。

⑤ 《戊戌政变记》，梁启超著，张品兴编：《梁启超全集》，第 193 页。

⑥ 《南学会第一、二次讲义》，黄遵宪撰，吴振清、徐勇、王家祥编校整理：《黄遵宪集》，天津人民出版社，2003 年，第 404 页。

谈话）》和《德国帆船》，前者说加奈陀教育发达，"屈指世界中文明之国，必日本乃得与之比肩，盖日本在世界为第一，加奈陀即在其次"；后者则有"世界之商船总数""今世界无比之巨舶"等语，① 充满排序比较的意味。12 月则有译自《东京日日新报》的《世界之砂糖产出及消费数》和译自《东京日日新闻》的《本年世界之产金见积数》，② 为世界范围的物产统计。次年，《菁华报》在"中外近事"栏目下刊登《世界最大煤矿》短文，③《湘报》第 138 号转载该文，置于"各国新闻"条目下。《集成报》第 27 期"各国近事"栏目下出现《世界轮帆各船计数》一文，称"凡全地球之上，合海内外统计之，共得轮船总一万一千二百七十艘"云云，④ "世界"与"全地球"之等量代换已经显然。再过一年，《湖北商务报》出现多条题名"世界"的物产统计或形势概览，其中既有译自日本者，也有译自自行组织者的，有的范围囊括全球，有的只是全球范围内几个国家的统计。⑤ 到世纪之交的 1900 年，《商务报》出现译自日本《实业报》的《世界各国棉花情况》一文，⑥《清议报》则有《世界铁路之增加》《世界产铜之数》《世界产酒数》等短文。⑦

具有东洋背景的统计语境中的"世界"以及"世界之最"，相对于之前偶一见之的"地球第一"和"世界之最"，有两个方面的推进：一是范围更加宽泛，除了枪船炮等最有关战争胜负的器械，还有其他各种物产，甚至深入日常生活的细枝末节；二是统计的语境让高下的判断更有依据（虽然未必完全精确），而非之前笼统模糊的一时感慨。

---

① 《加奈陀之学校（矮氏谈话）》（译大阪朝日新闻）、《德国帆船》（译大阪朝日新闻），《实学报》第 9 册，1897 年 11 月。

② 《世界之砂糖产出及消费数》（译东京日日新报），《实学报》第 10 册，1897 年 12 月；《本年世界之产金见积数》（译东京日日新闻），《实学报》第 11 册，1897 年 12 月。

③ 《中外近事·世界最大煤矿》，《菁华报》1898 年第 2 期，第 11 页。

④ 《各国近事·世界轮帆各船计数》，《集成报》，1898 年第 27 期。

⑤ 《商务表·世界产金额增加表》，《湖北商务报》，1899 年第 26 期；《世界海运进步之形（译时事新报，东十月）》《客年金产出额及其用途》，《湖北商务报》，1899 年第 34 期；《商务表·一千八百九十九年全世界各国产金清额表》，《湖北商务报》，1899 年第 36 期。该报第 17 期《译东报：世界象牙卖买·（译大阪朝日新闻·东七月）》，有"日本素不产象，故人皆以象牙为不易得之物。然世界之广，我所绝无之物，彼或充溢于市场矣"及"西班牙国王掌握世界海运利权之时"之语。

⑥ 《商情·世界各国棉花情况》，《商务报》，1900 年第 13 期。

⑦ 《世界铁路之增加》，《清议报》，1900 年第 36 期；《世界产铜之数》，《清议报》，1900 年第 50 期；《世界产酒数》，《清议报》，1900 年第 57 期。

而各类统计中包含的明显比较和排列色彩，[1] 这应当与列强并立局势下，后发者争先恐后的意识不无关系。小而易变的日本尤其如此，大而稳定的中国终于也不得不如此。正是在此种背景下，“世界”作为地域指称再次得到加强，基本完成其转变，此后此种用法逐渐普遍。这也让“世界”这个看似客观的地域指称被注入了紧张的比较意识。

“世界”话语的快速上升，凸显出如何看待国力强弱的分歧。早在甲午战争前，广州广雅书院山长朱一新不满于康有为“炫于外夷一日之富强”而用夷变夏，认为“百工制器是艺也，非理也”，“今以艺之未极其精，而欲变吾制度以徇之，且变吾义理以徇之，何异救刖而牵其足，拯溺而入于渊”。[2] 后来，御史文悌在弹劾康有为的奏折中说“惟中国此日讲求西法，所贵使中国之人明西法，为中国用以强中国，非欲将中国一切典章文物废弃摧烧，全变西法，使中国之人默化潜移，尽为西洋之人，然后为强也”[3]。吏部主事王仁俊更明确宣称“我中国以名教立国者也，强弱势也，因国弱而忘君父之伦，践土食毛者万不容作是想”。[4] 他们都承认当下的“弱”，却并不认为已经到了生死攸关的地步。他们也不拒绝为了“强”而有所变革，却坚持制度义理、典章文物是不可触碰的底线。而观其用语，也都是“外夷”“西洋”之类，全不类维新人士动辄“世界”。

叶德辉的意见或许更能触及根本。南学会第五次讲义明确提出“诸君既知地圆，便从此可破中外之见矣”。[5] 叶德辉显然不能接受，他在读了皮嘉佑所作《醒世歌》后，对其中“若把地球来参详，中国并不在中央”和“地球本是浑圆物，谁居中央谁四傍”等句表示不满，致函皮父皮锡瑞，反驳道“无中外独无中西乎？”并质问“若以国之强弱、大小，定中外、夷夏之局，则春秋时周德衰矣，何以存天王之名？”[6] 他提出“中外华夷之界，不必以口舌争，亦不得以强弱论也”[7]，在与友人的书信中，他又说道：

---

① 桑兵就清末新政后学界的情况指出，近代以来，习惯于自我比较的中国人越来越放眼世界，观念上由后顾变为前瞻。清末新政虽未能缩小与世界的差距，但在进入世界体系的同时，增强了具体领域的可比度。进步人士在亡国灭种危机下，更加注重用世界眼光考察本民族的国际地位，以横向比较的强烈反差激励自我，警醒社会（桑兵：《晚清学堂学生与社会变迁》，学林出版社，1995 年，第 160 – 161 页）。这种比较在 19 世纪末已经出现，日本的影响十分显然。

② 《朱侍御答康有为第四书》，（清）苏舆编：《翼教丛编》，上海书店出版社，2002 年，第 10 – 11 页。

③ 《文仲恭侍御严劾康有为折》，（清）苏舆编：《翼教丛编》，第 30 页。

④ 《王干臣吏部〈实学平议〉》，（清）苏舆编：《翼教丛编》，第 58 页。

⑤ 《南学会讲义·论学者不当骄人——第五次讲义》，蔡尚思、方行编：《谭嗣同全集》（增订本），第 401 页。

⑥ 《叶吏部与南学会皮鹿门孝廉书》，（清）苏舆编：《翼教丛编》，第 167 页。

⑦ 《叶吏部〈非幼学通议〉》，（清）苏舆编：《翼教丛编》，第 136 页。

夫强邻逼处，势利之口亦乌足凭？甲申之役，法败而中胜，则中国进于文明；甲午之役，中溃而日兴，则中国沦于半教。驴鸣狗吠，讵日知时？蚕食鲸吞，无非肉弱。非我族类，仇视宜然。独怪今之谈时务者，若祖若父本中土之臣民，若子若孙皆神明之嫡脉，而亦幸灾乐祸，人云亦云，问之此心，天良胡在？①

已有论者指出，这充分体现叶德辉对甲午战争后国人对战争的反思更倾向于赞扬日本而不是谴责日本的愤激，根源则是不赞成以战争之胜负来分别先进与否的强力逻辑。② 罗志田指出，正是这种以强弱分夷夏的认知造成了后来一些中国人自认野蛮，其中不无西潮的影响。③

自认野蛮不代表自甘野蛮，终究还是想要变得强大以至文明。罗志田认为，时务学堂时期的梁启超于《读〈孟子〉界说》中提及西人"进种改良"之说，学堂学生易鼐撰写被叶德辉称为"迎合长官"的《中国以弱为强论》，④ 提出合种通教的建议，是早期中国人解决"进入世界"的设想。⑤ 叶德辉对此极为敏感，认为合种、通教诸说乃康梁之大谬，较之民权、平等、改制等尤甚，"此等异端邪说，实有害于风俗人心，苟非博观彼教新旧之书，几不知康、梁用心之所在"。⑥

大约同时，唐才常在开宗明义的《通种说》中主张与欧洲人通婚，以改良中国人种，"人之必合种而后善者，乃天然之理也"。他列举种种理由论述道：

> 佛家之理，虽云一世界有一佛主化，及云众生是佛，佛即是众生；……夫星球恒河天，尚将以灵魂通之，而岂同堕尘球之躯壳，必界中外、严种族，始自怙其骄悍之习矣。……地学家谓世界生人，至今不过五千年，与孟子所谓尧舜之时，草木畅茂，禽兽繁殖者吻合。……夫人世界之有，不过五千余年，而其中之由简而繁，由粗而精，由蛮野而文明者，已若是之纷纭蕃变，不可遏抑。则又安能谓西人之制

① 《叶吏部答友人书》，（清）苏舆编：《翼教丛编》，第 175 页。

② 张晶萍：《守望斯文：叶德辉的生命历程和思想世界》，中国社会科学出版社，2011 年，第 86－87 页。

③ 罗志田：《再造文明之梦——胡适传》，四川人民出版社，1995 年，第 24 页。

④ 在给皮锡瑞的信中，叶德辉认为该文"所论并非出于本心，乃袭《时务》议论中之残唾，参以癸巳年《申报》宋存礼所上合肥相国书，识者每鄙其学之陋，不当讶其论之新"（《叶吏部与南学会皮鹿门孝廉书》，苏舆编：《翼教丛编》，第 168 页）。宋存礼即宋恕。

⑤ 罗志田：《理想与现实：清季民初世界主义与民族主义的关联互动》，罗志田：《近代读书人的思想世界与治学取向》，北京大学出版社，2009 年，第 57－58 页。罗志田已经注意到"世界"的外在性，即实际上是西方所主导的体系，中国并不在其中，所以才需要进入其中。

⑥ 《叶吏部与俞恪士观察书》，（清）苏舆编：《翼教丛编》，第 177 页。

作度数后于中国，必不足以陵驾中国，而铲吾种类耶？……今夫世俗之子，荣古而虐今，贵耳而贱目，尊旧而卑新，比比然矣。西人则以新学、新国、新世界相夸耀，而鄙吾支那为旧国、为老国、为天弃之国。①

该文的主张，较之梁启超、易鼐的说法更加细致明确，尤需注意的是其中形形色色的"世界"，佛教、西人因素俱在，且与"新"的关联甚紧。实际上，佛教"世界"各自独立又层层分际的特征，使其在近代的转变运用中灵活自如。此外，唐氏在《命使根原》中也是很轻松地从"佛家言大地山河了了到眼，又有三千世界，恒河沙数世界，每世界一佛主之"转换到"吾华世界"述说中国的。②

在《通种说》的姊妹篇《强种说》中，唐氏最后总结说"然吾为中国画强种之策，则仍有望于命世之英，先举以上所言之番俗，荡涤而潚除之，以存于世界日进文明之会"，并特意说明"世界日进文明，举全球大段言，不以中国不文明而阻其运也。苟中国至此而犹不文明，则自速其种之亡耳"，③ 大有"世界"前进不我待的紧迫感。在一些人看来，"世界日进文明"，中国必须赶紧参与以免被"全球大段"甩下，这才是最大的时代主题。

由此，即便对于甲午战争的敌人日本，赞扬比谴责更有意义。后来杨度甚至认为"外界之风潮不急，则内界之团力不生"，故中国之获得新生，"萌于甲午一役"，中日邦交在甲午战争之后反而更密切，就是因为"白人之势力弥漫全球，我黄人不能不相提携、相结合，以与争竞而求自立之道"。④ 这正是强弱主导下华夷之辨荡然无存的表现。

杨度此说并非孤例。1898 年 4 月 28 日《申报》刊登的《兴亚论》，便有鉴于"日本维新变法以后，格物制造灿然更新，得列于泰西平等之国"，主张国人集中心力"近效日本以为兴亚之机，并当连结日本以成兴亚之局"，以求在"地球之变局，即地球之开运"的情况下，实现"环球世界为吾黄种成一统之治"。⑤ 日本经过维新变法"得列泰西平等之国"，言下之意，在"环球世界"中，中国尚未与泰西平等。稍早之前，南学会的讲义中描述暹罗地位之升降也具有这种等级观念，称其国"昔薛叔耘《钦使日记》中，已称为宇内第三等国，今其国君游历泰西各国，共倡实学，各国爱之重之，国

① 《通种说》，中华书局编辑部编，刘泱泱审订：《唐才常集》（增订本），中华书局，2013年，第 222 – 226 页。

② 《使学要言·命使根原》，中华书局编辑部编，刘泱泱审订：《唐才常集》（增订本），第135 页。

③ 《强种说》，中华书局编辑部编，刘泱泱审订：《唐才常集》（增订本），第 228 页。

④ 《支那教育问题》，杨度撰，刘晴波主编：《杨度集》，湖南人民出版社，1986 年，第 52 页。

⑤ 《兴亚论》，《申报》，1898 年 4 月 28 日，第 9 页。

势由此更见兴盛，且将升为第二等国矣"①。"游历泰西，共倡实学"，还需"各国爱之重之"才能升等，可见，此时的中国、日本、泰西已经俨然成为变局中的地球上的三个层次，在那个充满了竞争的"环球世界"中，以西为师，悬西为的，是改变地位的不二法门，日本已经作出榜样，如暹罗者境况也在改变，中国亦当如此。

1900 年，梁启超为中国之积弱追根溯源，原因之一为"自数千年来，同处于一小天下之中，视吾国之外，无他国焉"，由此生出二弊，"一则骄傲而不愿与他国交通，二则怯懦而不欲与他国争竞"，在"今日交通自由竞争最烈之世界"中，必然无法维系，而需有以改变，② 进而鼓舞国人积极交通，勇于争竞。国人有此认识，先行一步的日本人更是警惕非常。同年《清议报》以"中国人种侵略世界"为题刊登译自竹越兴三郎著《支那论》第四编，该文主旨在于说明中国人乃是"世界最易繁殖之人种也"，"今日欧洲之文明，徐输入中国"，"彼等直追白晳人种之迹，而发起膨胀于世界"。译者在文末表示"阅者读此篇亦可窥外人妒中国之一斑矣。吾人有此绝大招忌之物，惹外人之凶暴压力"，激励国人"振奋自保"。③ 强弱观念之下等级分明，意识紧张，"世界"并不单纯，也并不安宁。

三、"世界"的主观认定和自由伸缩

强弱相形的大背景下，"世界"并不是一个单纯的地域指称，而是充满争竞的色彩，关涉中国在其中的安放和对未来的展望。最有意思的是，这个看似包含广泛的"世界"并非一定指称全球，而带有极强的主观认定和自由伸缩的特征，是否在"世界"之内，还需视具体情况而定。这个"世界"常常并不包含中国，中国自外于"世界"，中国与"世界"的两分就此产生。这也是今日习见的"走向世界""中国与世界"等观念的根源所在。

1899 年，梁启超在《论支那宗教改革》中将康有为的哲学分为二端，"一曰关于支那者，二曰关于世界者是也"。他先只论其一"关于支那者"，"关于世界者"则留待他日，④ 中国与"世界"两分已经初见端倪。此种两分，更多是思维方式上的分别看待，并非事实上的截然无关。实际上，梁氏相当注意二者的联系，认为中国乃"今日世界之

---

① 《南学会讲义·论中国情形危急——第一次讲义》，蔡尚思、方行编：《谭嗣同全集》（增订本），第 398 页。

② 《中国积弱溯源论》，梁启超著，张品兴编：《梁启超全集》，第 413 页。

③ 竹越兴三郎：《中国人种侵略世界》，《清议报》，1900 年第 40 期。

④ 《论支那宗教改革》，梁启超著，张品兴编：《梁启超全集》，第 263 页。

大问题，为万国之所注目者"。① 在《答客难》中，他先比较 "世界主义" 与 "国家主义" 的差别：前者 "无义战，非攻" "属于理想" "属于将来"，后者 "尚武敌忾" "属于事实" "属于现在"，接着指出 "吾中国人之国家主义，则虽谓之世界主义可也"，理由是 "今日世界之事，无有大于中国之强弱兴亡者。天下万国大政治家所来往于胸中之第一大问题，即支那问题是也。故支那问题，即不啻世界问题；支那人言国家主义，即不啻言世界主义"。②

"世界" 与 "国" 紧密相连，透露出一个重大转变。中国本是以文化相尚，文化优先于政治，文野之判压倒强弱之别，国家在文化面前甚至是第二位的事情。近代以来 "世界" 话语兴起的同时，作为强弱单位的 "国" 的概念突显起来，从而习惯于以物质的、经济的、政治的标准来分别文野，区分先进后进。王赓武指出，辛亥革命之后，国家的概念逐渐加强，文化的意识被冲淡，国家成了时代的主题，即便是讲文化也是从国家强弱存亡的角度来讲，国家成了文化的基准。③ 许纪霖亦注意到 "到了近代，超越的天下价值祛魅，国家理性成为最高原则"。④ 这与 "世界" 话语的快速上升与充分渲染不无关联，其趋势早就萌发于 19 世纪末期，甲午之战不无推助之功。⑤ 照后来陈独秀的追述，他是到甲午战争中国被日本打败，以及庚子年八国联军入侵后，"才晓得，世界上的人，原来是分做一国一国的，此疆彼界，各不相下。我们中国，也是世界万国中之一国，我也是中国之一人"。⑥ 1898 年有人在《中国官音白话报》上 "论人在世界上共有五种事体"，其中一项即为 "于地方国家有关系"。⑦ 梁启超在 1900 年的《呵旁观者文》中宣称："人也者，对于一家而有一家之责任，对于一国而有一国之责任，对于世界而有世界之责任。一家之人各各自放弃其责任，则家必落；一国之人各各自放弃其责任，则国必亡；全世界人人各各自放弃其责任，则世界必毁。" 并批评旁观者中的浑沌

① 《论支那独立之实力与日本东方政策》，梁启超著，张品兴编：《梁启超全集》，第 316 页。

② 《答客难》，梁启超著，张品兴编：《梁启超全集》，第 357 – 358 页。

③ 王赓武著：《离乡别土——境外看中华》，（台湾）"中央研究院" 历史语言研究所，2007 年，第 39 – 40 页。

④ 许纪霖：《现代中国的家国天下与自我认同》，《复旦学报》2015 年第 5 期。

⑤ 陈廷湘发现，甲午战争后的近二十年，中国有识之士对外部世界的见解发生了根本性的变化，古代天下观已经大体消退无余，几乎完全为世界竞争进化观所取代，国家意识达到空间的高度。他们将人类世界视为遵循森林原则的天然竞技场，并就此将中国的危机意识推向极致，完全进入了世界各国相互竞争的新图式，并就此图式鸟瞰中国的态势。参见陈廷湘、周鼎：《天下·世界·国家：近代中国对外观念演变史论》，前言第 2 页，第 182、190 页。

⑥ 《说国家》，任建树、张统模、吴信忠编：《陈独秀著作选》（第 1 卷），上海人民出版社，1993 年，第 55 页。

⑦ 《论人在世界上共有五种事体》，《中国官音白话报》，1898 年第 12 期。

派"不知有所谓世界，不知有所谓国"。①

不论是强调在"世界"眼光下思考国家事务，还是注目于由国家所构成的"世界"，都内在地决定了"世界"以及"世界形势"的主要内容。所谓"世界形势"，往往无非是各国之实力与彼此之关系，尤其是国际间的竞争关系。1899 年《亚东时报》译自《东京日日新闻》的《论近日世界形势》重在说明"有事之日，列国以军火相争，无事之日，列国以工商相争。而见其影响于大势变迁者，商战甚于兵战"②。而同年《申报》上的《论日本商务》，"世界大势"主要是指英日等国在国际贸易上的消长。③

进入 20 世纪之后，"国"与"世界"的联系更加紧密，竞争意识更浓。1901 年 10 月《南洋七日报》刊登"论说"《论世界上之一国》，文如其题，开篇便指出："合千万民而成一国，则一国即千万民相和之共积也；合千万国而成世界，则世界即千万国相和之共积也。"将国与世界相联系，并且以国观世界，认为国中有一人驾驭千万民，世界中也有一国驾驭千万国。接着又从历史说起，"洪荒之世界，无所谓民也，无所谓国也"，也就没有竞争之事，后来国家出现，彼此之间分分合合，为"中古以降之世界"。"至于近世，殆步步与中古以上合，又推而至于其后，数愈散理愈繁，世界上几有不堪设想者，而欲其仍结千万民千万国成一大团体，恐不可得。盖至首末两端相会于一点，即无所谓世界之说也。"④ 言下之意，无国不成世界，无国家间之竞争亦不成世界。

激烈竞争的落脚点，还是本国的生死安危。1900 年，《清议报》刊登添田寿一所著《清国与世界之安危》，认为外交重于内政，"盖内政有时可改革，而外交则一误难挽，悔莫可追"。并指出中国已经继土耳其之后成为"世界外交中心点"，"夫保全清国者，非特为同种同文之人与东洋之平和而已，抑亦人类之幸福，关系世界将来之最大问题也。故谓支那之安危即世界之安危亦无不可"。⑤ 中日两国，重视外交，又都以中国为世界之焦点，颇可见时人之关切。

1901 年，梁启超在《中国史叙论》第八节"时代之区分"中提出了著名的"三时代论"：以上世史为"中国之中国"时代，"即中国民族自发达、自竞争、自团结之时代也"；以中世史为"亚洲之中国"时代，"即中国民族与亚洲各民族交涉繁赜，竞争最烈之时代也"；以近世史为"世界之中国"时代，"即中国民族合同全亚洲民族，与西人交涉竞争之时代也"。⑥ 由此，梁启超为李鸿章作传时说道："李鸿章有生以来，实

① 《呵旁观者文》，梁启超著，张品兴编：《梁启超全集》，第 444 页。
② 《论近日世界形势（录东京日日新闻）》，《亚东时报》，1899 年第 12 期。
③ 《论日本商务》，《申报》，1899 年 10 月 24 日，第 1 页。
④ 《论世界上之一国》，《南洋七日报》，1901 年 10 月 6 日第 4 期。
⑤ 添田寿一：《清国与世界之安危》，《清议报》，1900 年第 35 期。
⑥ 《中国史叙论》，梁启超著，张品兴编：《梁启超全集》，第 453－454 页。

为中国与世界始有关系之时代。亦为中国与世界交涉最艰之时代。"不论是感慨李鸿章之外交术"在中国诚为第一流"，"置之世界，则瞠乎其后"，还是推崇其不仅为"数千年中国历史上一人物"，更堪称"十九世纪世界史上一人物"，[①] 均为此种思路之体现，且又暗示"世界"在中国之上。

同年，梁启超回忆《清议报》的历史并论报馆之责任，认为"清议报时代，实为中国与世界最有关系之时代"，所以"请先言中国"，"请更言世界"，分别从中国和世界两个角度分述中外重大史事。最后总结"二十世纪世界之大问题有三"："一为处分中国之问题，二为扩张民权之问题，三为调和经济革命（因贫富不均所起之革命，日本人译为经济革命）之问题。其第一题各国直接于中国者也。其第二题中国所自当从事者也。其第三题各国间接于中国，而亦中国所自当从事者也。"此三大问题，虽名曰"世界"，实则中国存亡进退之大事，而又与各国关系密切者，各国直接间接的作用，都成为"中国所自当从事"的依据。在"世界之中国"的时代，中国与西人交涉竞争，中西分立，而西人又是"世界"的主导。中国与"世界"，就这样暧昧不明，似分未分，一而二，二而一。在此，梁氏还提出：

> 有一人之报，有一党之报，有一国之报，有世界之报。以一人或一公司之利益为目的者，一人之报也；以一党之利益为目的者，一党之报也；以国民之利益为目的者，一国之报也；以全世界人类之利益为目的者，世界之报也。中国昔虽有一人报，而无一党报、一国报、世界报。日本今有一人报、一党报、一国报，而无世界报。若前之《时务报》《知新报》者，殆脱一人报之范围，而进入于一党报之范围也。

并祝愿《清议报》"全脱离一党报之范围，而进入于一国报之范围，且更努力渐进以达于世界报之范围"。[②] 不难看出，所谓世界报并非只是客观上涵盖全球，而带有一种后来所谓世界主义的价值取向。"世界"作为更高的存在，与党、国构成递进关系。

梁启超"世界之中国"的提法在当时并非绝响。稍后，黄节（署笔名黄纯熙）旗帜鲜明提出"世界之国家主义"，所谓"团国家而成一世界之国家"。在他看来，"世界之竞争也，其始必优胜而劣败，强存而弱亡，迨夫文明进于极点，则优者既胜而使劣者俱优，强者既存而使弱者俱强"，以竞争而进于无争，即是"世界之国家结果"。因此特

---

① 《中国四十年来大事记》（即《李鸿章传》），梁启超著，张品兴编：《梁启超全集》，第515、543、549 页。

② 梁启超：《本馆第一百册祝辞并论报馆之责任及本馆之经历》，张枬、王忍之编：《辛亥革命前十年间时论选集》第 1 卷上册，生活·读书·新知三联书店，1977 年，第 42－52 页。

别指出其所谓的"世界之国家"不同于"宗教家言天国、言大同、言一切众生，所谓博爱主义、世界主义者"。因为"求个人之平等，不如求个国之平等"，而"求个国之平等，则宜造乎不平等之国家，欲造乎不平等之国家，则宜造吾世界之国家"。①

"世界之中国"以及"世界之国家主义"的"世界"似乎包含有一种形容词的意味，这在当时的中日两国十分普遍。1902年，日英联盟成立，日本人就此论述所谓"世界的外交主义"称：

> 今日之国家，以外交手段为优胜劣败之中心点，今日之外交手段，以世界的外交主义为优胜券。故国于世界者，必不可无世界的外交。我日本之利害的关系区域，原未弥蔓于世界，然既与世界的英国缔造同盟，岂可仅注意于极东一局，不四顾全球，细察其对手国之情势，以与白种鏖战于二十世纪运动场乎？

该文所谓"世界的外交主义"是伴随民族帝国主义而发生的，当说到斯拉夫人有"世界主义之特质，不能自我满足于小天地"时，其"世界主义"明显为对外之扩张。②蔡元培也认为日英联盟之成立"当为世界主义之发端，而黄白二种激剧之竞争且由是而潜化"，同时激励国人"破黄白之级，通欧亚之邮，以世界主义扩民族主义之狭见"。③蒋智由在爱国女学校开学演讲中所提出的由身家主义、国家主义"放而大之"而成的"世界主义"则体现人类平等的期望。④

可见，早期的"世界主义"即是在此意义上的一种松散结合，并未凝固成后来的内涵。大体而论，讲西方列强时，重在指出其世界范围内的军事和经济扩张，带有殖民主义的意味，多就已有之事实而言，其中不无日本人的影响；讲中国时，则重在呼吁积极进行对外交往，参与世界活动，或是表达天下大同、各国平等的愿望，多就将来之理想而言。其中既有中日两国理想信念的差异，又都反映了"世界"的主观认定性，折射出曾经的泱泱大国在弱势之下的窘境。

非但中国与"世界"若即若离，同一思路下，美国和日本也常常出入于那个竞争的"世界"。在《论帝国主义之发达及二十世纪世界之前途》中，作者指出美国原本信守共和不侵略主义，近年来却"吞古巴，并夏威，败西班牙，服小吕宋"，抛弃华盛顿开

---

① 黄纯熙：《世界之国家主义》，邓实辑：《光绪癸卯政艺丛书》，沈云龙主编：《近代中国史料丛刊》续编第28辑，（台北）文海出版社，1976年，第104－108页。

② 《世界的外交（日本新闻）》，《游学译编》第2册，1902年12月。

③ 《日英联盟》（1902年3月13日），高平叔编：《蔡元培全集》（第1卷），中华书局，1984年，第160－161页。

④ 蒋智由：《爱国女学校开学演说》，朱有瓛主编：《中国近代学制史料》（第2辑下册），华东师范大学出版社，1989年，第614页。

国之祖法，"以与列强竞争于世界舞台之上"。① 而作为"世界后起之秀，而东方先进之雄"的日本，② 更是由于"甲午战胜以后"，才"赫然列于世界大国之林"的。③ 由此日本常常成为时人学习的渠道乃至榜样。黄炎培晚年追忆其就读南洋公学特班时蔡元培之教学情况称：

> 　　师之言曰：今后学人须具有世界知识，世界日在进化，事物日在发明，学说日新月异，读欧文书价贵，非一般人之力所克胜。日本移译西书至富，而书价贱，能读日文书，则无异于能遍读世界新书……犹忆第一次辩论题为"世界进化，道德随而增进乎？抑否乎？"……斯时吾师之教人，其主旨何在乎？盖在启发青年求知欲，使广其吸收，由小己观念进之于国家，而招之为世界。④

虽为日后之追记，但从行文看，颇能反映当时情况。无疑，所谓"世界知识"，乃是西洋新知，西洋是根源，日本为学生中的先进，中国则尚在其后。1902 年 3 月 15 日，蔡元培起草《师范学会章程》，以"保持我国固有之文明，而吸采世界新出之理论，以为荣养之资，冀达粹美之域"为作用，⑤ 同样也是置我国于"世界"之外而学习吸收其新知。

无独有偶，杨度为"世界竞争之中心点"的中国所设计的蓝图便是"一跃而与日本齐，再跃而于西洋各国齐，由此而追他日之日本，他日之西洋，长此焉以至于无穷"，要"一洗数千年之昏暗，而为民族历史生未有之光荣，于世界历史占最优之地位"，就必须"考求他国文明所自来，而发起歆羡之心、嫉妒之心，以与争荣于二十世纪之文明史"。⑥ 三个阶级分明如是，"世界"场景的外在感和中国道路的外来性如是。此诚如梁启超所言"今者中国改革之动力，非发自内而发自外"，乃"哥伦布开辟新陆以来、麦志伦周航全球以后，世界之风潮，由西而东，愈接愈厉"的结果。⑦ 面对"世界风潮之所簸荡、所冲激，已能使得吾国一变其数千年来之旧状"，梁启超甚至感到振奋，称

---

① 《论帝国主义之发达及二十世纪世界之前途》，张枬、王忍之编：《辛亥革命前十年间时论选集》（第 1 卷上册），第 55 页。

② 《论民族竞争之大势》，梁启超著，张品兴编：《梁启超全集》，第 895 页。

③ 《英日同盟论》，梁启超著，夏晓虹辑：《〈饮冰室合集〉集外文》上册，北京大学出版社，2005 年，第 80 页。

④ 《黄炎培记蔡元培先生教学情况》，朱有瓛主编：《中国近代学制史料》（第 1 辑下册），华东师范大学出版社，1986 年，第 537 – 538 页。

⑤ 高平叔撰著：《蔡元培年谱长编》（上册），人民教育出版社，1996 年，第 234 页。

⑥ 杨度：《〈游学译编〉叙》，《游学译编》第 1 册，1902 年 11 月。

⑦ 中国之新民（梁启超）：《敬告当道者》，《新民丛报》第 18 期，1902 年 10 月 16 日。

"进步乎，进步乎，当在今日矣"。① 甚至清廷高级官员亦如是说，1902 年，出使英国的载振途经日本期间，在中国公馆的学生欢迎会上演说"为学大旨"即称"世界之变迁到今日而极，凡中国从前所谓训故词章，各种旧学皆无所用于世"。②

同年，"热心东亚，生平宗旨一以拯救同种、普渡男女为己任"的日本教育家下田歌子在华族女学校演说，自称其家"数世皆通汉学"，故其少时，只从事于中国经籍子史之学，长而游学西洋，方才"得识文明之教化"，后"因世界大势相迫日甚，恨国中女学不昌，终不能成一国完全之教育，故极力提倡"。③ 极为神似的是，梁启超在评论南洋公学学生退学事件时也说，若学生"终无半点国民思想"，便是"今日世界摩激之风潮，固不许尔尔；今日我国民进步之程度，固不许尔尔"。④ 前者是自外于"世界"，去西洋才得见文明，因"世界大势"之逼迫而奋力前进，后者也是置身"世界"之外，以"世界摩激之风潮"为前进的推动力，可谓异曲同工。

并非巧合，空间维度的"世界"可伸可缩的强烈主观认定色彩，还属日本人有贺长雄说得最为明确。他在《世界大势通观》中先说"夫人游于海外，当始归时，必云有一种之感触曰：无他，世界大势，滔滔乎进于一定之方向，能乘之者盛，后之者衰"。然后就所谓"世界大势"特别辨析："世人动辄云世界万国，故如地球上有无数邦家"，地球上的国家其实并不满百，去掉一些殖民地，只剩四十六国。"此四十六国，即为现在之世界生活者，视察其情势，得通观世界之大势矣。"这里明确"世界大势"的重心所在，"世界"的范围随之松动，客观中生出许多主观。接下来，又将诸国分为三种，其一是社会生活发达而未为国家生活者，如中国、朝鲜、暹罗、波斯、阿富汗、突厥等，虽然也算是国家，但是基于种族而成立，对外则不能平等相待；其二是为国家生活而未入国际团结者，如南美二十共和国、欧洲诸小文明国等，对内则以国家意识相凝聚，对外则平等相待；其三是既成国际团结之形者，如英法德俄等国，从互相保护彼此人民往来和通商贸易自由，到联合而成一个团体，三者之实力及文明程度递增。字里行间，并不掩饰对第三类的向往。在文章最后更说道，日本虽已进入第二阶段，但若"不与世界激烈竞争，又不注意此竞争之结果"，则难免不为"世界大势"所容，还是要从第二状态进至第三状态，这才是真正的"世界"。⑤

"世界"的自由伸缩，除了与中国的分分合合之外，还体现在可以根据语境用来指称和区别不同的地方。早在 1879 年，由津田仙、柳泽信大、大并镰吉同译的《英华和译字典》中，world 义项之下就特意将"the old world"解释为旧地，即亚细亚、欧罗巴

---

① 梁启超：《新民说》，张枬、王忍之编：《辛亥革命前十年间时论选集》（第 1 卷上册），第 149 页。

② 载振：《英轺日记》卷一二，清光绪铅印本，1902 年，第 7－8 页。

③ 《寄书》，《大陆》第 1 期，1902 年 12 月 9 日。

④ 《南洋公学学生退学事件》，梁启超著，夏晓虹辑：《〈饮冰室合集〉集外文》，第 134 页。

⑤ 有贺长雄：《世界大势通观》，《政学报》第 2 期，1902 年 4 月。

及亚非利加，将"the new world"解释为亚美利加。① 后来 1883 年的《订增英华字典》和 1886 年的《英和和英字汇大全》均延续此种分别。② 梁启超 1899 年在文章中特意说明"前者哥仑布之开美洲，谓为新世界"。③ 1902 年在《论民族竞争之大势》的注释中说"欧人常称西半球为新世界"，④ 同年在解释其文中"旧世界与新世界之通商渐盛"一语时，又特意注明旧世界指欧洲，新世界指美洲，⑤ 范围略有差别。"新世界"除了抽象笼统的指称外，还有着美洲这一具体实指，并且与"旧地""旧世界"相对。⑥ 这种情况既是以"世界"传统用法的灵活为基础，又与日本的影响紧密相关，从而展现出新的形象。

空间维度的"世界"并非客观静止，而是主观认定的，可以自由伸缩的，且有新旧之别，充满竞争的紧张之感。不同的语境下，中国常常出入其中，透露出面向世界、走向世界的设计和努力。早在 1899 年，梁启超曾借赞扬诸葛亮提出"世界外之世界"的概念："于群雄扰攘四海鼎沸之顷，泊然置其一身于世界外之世界，而放炯眼以照世界，知自己之为何人，知世界之为何状，己与世界有如何之关系，知己在世界当处如何之位置。"并说"寻常人能入世界而不能出；高流者能出世界而不能入；最高流者，既入之，复出之，既出之，复入之，即出即入，非出非入"，⑦ 所论不无见地。只是后来的历史恰恰表明，近代中国在很长的时间内正扮演着"能入世界而不能出"的寻常者。之所以能入而不能出，实是因为国人充分意识到那个与自己若即若离的"世界"的紧张性，只能一路向前，满心争竞。甲午战争大败的强烈震动，激发出前所未有的强弱相形下的危机感，从而促使充满紧张意象的"世界"渐渐汇聚成浩浩荡荡、势不可挡的潮流，描绘出国人焦虑与希望并存的心理图景。

作者简介：

余露，湖南大学岳麓书院副教授。

---

① 中村敬宇校正，津田仙、柳澤信大、大井鎌吉同译：《英華和譯字典》，（东京）山内鐵，1879 年，第 1686 页。

② 罗布存德原著，井上哲次郎订增：《訂增英華字典》，第 1202 页；市川義夫纂译，鳩田三郎校订：《英和和英字彙大全》，（东京）如云阁，1886 年，第 745 页。

③ 《论近世国民竞争之大势及中国前途》，梁启超著，张品兴编：《梁启超全集》，第 310 页。

④ 《论民族竞争之大势》，梁启超著，张品兴编：《梁启超全集》，第 892 页。

⑤ 《生计学学说沿革小史》，梁启超著，张品兴编：《梁启超全集》，第 989 页。

⑥ 有时"新世界"就是新地点，没有明确的指向，如《萃报》1897 年第 13 期"中事新闻"栏目录自《国闻日报》的《觅新世界》一文。这种用法体现出传统用法的延续。

⑦ 《世界外之世界》，梁启超著，张品兴编：《梁启超全集》，第 380 页。

晚清景德镇外销瓷贸易研究

——以景粤贸易为中心

胡　宸

[**提要**] 瓷器外销是景德镇繁荣的重要秘诀，然学界对瓷商将瓷器由景德镇贩运至外销口岸的过程则知之甚少。景德镇瓷商江梦九的《进粤东路程书》为我们提供了一个很好的切入视点，在赴广州贸易的路途中，景德镇商人需面对险恶环境、盗匪及官吏勒索等诸多考验。途中运输成本所占比重最大，关税、厘金等对瓷商的阻力则相对较小，商人往往通过偷税、漏税的手段以降低成本。继而，为考察这一时期景粤瓷器贸易的规模，本文对晚清景德镇的瓷业产值进行了重估。由于前人对景德镇瓷器贸易总额与九江关出口额数字不加区分，晚清景德镇陶瓷业的生产能力被大大低估。结合对江梦九贸易活动与晚清景德镇瓷器产值的考察，本文认为有必要对清乾隆以后景德镇瓷器外销跌入低谷，景德镇陷入衰落的观点采取更为审慎的态度。

[**关键词**] 景德镇；外销瓷；路程书；瓷商；产值

景德镇位于江西东北部，属饶州府浮梁县，镇以"瓷都"闻名天下，明人罗玘曾评价说："天下自景德之陶盛而诸陶废，天下民用日仰于景德。"① 外销瓷的生产是景德镇

---

① （明）罗玘：《圭峰集》卷一九《浮梁黄处士墓表》，《影印文渊阁四库全书》集部198，台湾商务印书馆，1986年，第256页。

繁荣昌盛的重要秘诀之一，而学界关于景德镇瓷器贸易的研究也主要集中在这一方面，取得了丰硕的成果。① 然而，在这些成果基础上，仍有一些问题值得深入探讨和挖掘。一方面，现有研究多以西方档案与外销瓷实物为材料进行分析，较少涉及中国瓷商的具体活动，因而难以触及瓷商贸易成本及其与政府、地方社会之互动等重要问题。笔者所见，仅有薛翘、刘劲峰借助对赣南出土文物的考察，发现明末清初景德镇外销瓷器线路发生了由梅关向赣东南的转移，进而指出这一转变可能与走私贸易的盛行和博易地点的更易有关。② 王振忠借助徽商路程书，考察了徽商在广州的瓷、茶贸易情况。③ 另一方面，学界普遍认为景德镇瓷器外销在乾隆之后跌入低谷，这也使得景德镇制瓷业与大多数传统手工业一样，在近代迎来了无可避免的衰败。④ 然而，一个无法忽略的事实是：景德镇一直到民国十几年还维持着井然有序的大规模跨区域贸易，而晚清活跃在景德镇的众多商帮之中，又"以广东帮之销路为最大"⑤。这提示我们有必要反思对晚清景德镇瓷器外销情况的认识。本文拟以景德镇瓷商江梦九的《进粤东路程书》为切入点，考

① 参见吉田光邦：《景德镇の陶磁生産と貿易》，收入薮内清、吉田光邦主编：《明清时代の科学技術史》，京都大学人文科学研究所，1970 年，第 529－580 页；叶文程：《试谈元代景德镇青花瓷的外销》，《景德镇陶瓷》1987 年第 4 期；叶文程：《元以后景德镇青花瓷器的外销》，《景德镇陶瓷》1990 年第 3 期；叶文程：《元代景德镇湖田窑枢府器的对外输出》，《景德镇陶瓷》1991 年第 3 期；白焜：《晚明至清乾隆时期景德镇外销瓷研究》，《福建文博》1995 年第 1 期；彭涛：《元代景德镇青花瓷器的外销及相关问题》，《南方文物》2003 年第 2 期；熊寰：《中日古瓷国际竞市研究——以景德镇和肥前瓷器为例》，《中山大学学报（社会科学版）》2012 年第 1 期；彭明翰：《明清景德镇外销瓷与制瓷技术外传》，文物出版社，2017 年。

② 薛翘、刘劲峰：《从赣南出土文物看明清之际景德镇瓷器外销路线的变迁》，《南方文物》1993 年第 3 期。

③ 王振忠：《瓷商之路：跋徽州商编路程〈水陆平安〉抄本》，《历史地理》2011 年第 25 辑。王文集中介绍了商路沿途之市镇墟集、物产风情、治安、徽商在广州之瓷茶贸易等内容，但并未论及沿途瓷商活动与所需经费，可与本文参看。

④ 相关观点，参见江西省轻工业厅陶瓷研究所编：《景德镇陶瓷史稿》，生活·读书·新知三联书店，1959 年；隗瀛涛主编：《中国近代不同类型城市综合研究》，四川大学出版社，1998 年，第 128－135 页；张弛：《论景德镇瓷业的衰落》，《广西民族学院学报（哲学社会科学版）》2003 年第 S1 期；罗苏文：《景德镇：中国瓷业的近代印迹——商品瓷与职业化经营的变迁》，《史林》2007 年第 1 期；罗苏文：《近代景德镇瓷业经营环境与瓷都演变》，载上海中山学社编：《近代中国》第十七辑，上海社会科学院出版社，2007 年，第 279－322 页；何一民主编：《近代中国衰落城市研究》，巴蜀书社，2007 年，第 177－189 页。《中国资本主义发展史》肯定了景德镇在太平天国战后至 20 世纪 20 年代的恢复与发展，但对具体情况则所述甚少。许涤新、吴承明主编：《中国资本主义发展史第二卷：旧民主主义革命时期的中国资本主义》，人民出版社，1985 年，第 951 页。

⑤ 江西省政府统计处编：《景德镇瓷业调查报告》，1948 年，第 55 页。

察瓷商在景粤贸易过程中的具体活动与成本情况，以此弥补学界对于瓷器外销过程中，由景德镇至外销口岸这一环节了解的缺失。继而通过对晚清景德镇瓷器产值相关数据的辨析与厘清，重新审视这一时期景德镇陶瓷贸易之实况。

一、福星伴道：《进粤东路程书》与景粤陶瓷贸易实况

《进粤东路程书》现藏于景德镇市图书馆，封面题书名并有"福星伴道"字样，另有所有者题名"江右江梦九"。本书系自景德镇至广州之路程记录，共记地名 292 个，起景德镇鹅颈滩，终粤东省（即广州府），涉及路程中的拜神，雇佣船工、挑夫及厘金赋税等诸多内容。江梦九（1870—1958）为清末民初景德镇著名瓷商，江西东乡县人，8 岁赴景德镇学习看色（挑选瓷器），在业内颇有名气，曾受聘为广东商帮广同兴瓷行的买办总管。"广同兴是有名的大字号瓷行，每年经江梦九之手购买的瓷器达数万银元之巨。"[①] 江梦九为赴粤贸易瓷器而抄录此书，其抄录时间当在光绪中期。本节将借助此书，描绘商人们奔走于这条"陶瓷之路"的几个重要时刻，从日常生活史的角度为晚清景德镇陶瓷贸易还原若干生动的历史细节。

对比本书与其他经赣江入粤贸易路程书所记之路线，虽在小地名上各有不同，但总体并无太大差异。关于此路线，前人多有论述，此处无须赘言，[②] 我们将视线集中到《进粤东路程书》中所见瓷器贸易旅途上的具体事务当中。首先是起运。书中所记路程起于鹅颈滩，鹅颈滩位于阊江与南河交汇之处，为景德镇瓷器外运之集中点。清人郑廷贵《陶阳竹枝词》中记其繁忙景象曰："鹅颈滩头水一湾，驳船禾秆积如山。瓷件荧成船载去，愿郎迟去莫迟还。"注云："客商贩瓷，细者装桶，粗者荧草，故船载车运，藉以免破损。"[③] 瓷器易碎，坚固的包装是其长途运输必不可少的条件。瓷器包装由专门的荧草行负责，不同价值的瓷器采取不同手段进行包装，"细者装桶，粗者荧草"，其中又有细分。正因于此，瓷器包装款式也成为政府征税的重要标准，下文将详述之。

瓷器自鹅颈滩登船，一路皆以水路为主，瓷商用船，需"由船行通知船帮，再由船帮安排"。船上人员，配有长行水手，即一路随船之船员；火头，即烧火做饭之打杂工人，以及船老板。必要时还需雇佣纤夫。长途运输所使用之船只主要为罗荡船、鹏子船与扶梢船。其中"罗荡船、鹏子船……船头船尾尖而翘起，船狭身长，舱板高。杂木

---

① 朱绍熹、冯志华：《社会贤达江梦九》，景德镇市政协文史资料研究委员会编：《景德镇文史资料》第 11 辑，1995 年，第 302 页。

② 参考王振忠：《徽州社会文化史探微》，上海社会科学院出版社，2002 年，第 408 – 445 页。

③ （道光）《浮梁县志》卷二一，《中国地方志集成·江西府县志辑》（7），江苏古籍出版社，1996 年，第 481 页下 b。

底，竹叶篷，前舱设有桅杆。载重量最小 10～20 吨，最大 50～60 吨，航行阻力较小，驾驶方便灵活，顺风张帆行驶”①。而扶梢船的使用见于道光二十八年（1848）立于景德镇苏湖会馆之“严禁船户船行舞弊”碑，② 它与罗荡船、鹞子船一起承担了运销瓷器之重任。据《中国省别全志》大正二年③的调查，景镇码头停靠船舶 1 650 只，④ 由此可以窥见清末民初景德镇瓷业贸易之繁荣。

起运之后即踏上漫长行程，每逢路途凶险处，敬神必不可少。《进粤东路程书》中关于敬神之记载有四处，第一处为康山忠烈大庙：

> 此地即鄱阳湖，又名康山。……在此立有忠烈大庙，槐柳封为大将军。至此要买香烛、头牲敬神。叩天顺风，一日可过；倘风不顺，日期无定。客宜敬神。⑤

鄱阳湖“周围数百余里，其阔何可尽言”，湖中水情复杂，常有风波之灾，给往来行船带来许多困难，⑥ 而康山忠烈大庙为此处最为著名之庙宇，故多有商人于此敬神，祈求“叩天顺风”。《至广东水路程》径直将忠烈大庙之香火钱称为“过湖神福”⑦，直白地表露出商人祈求早日安全渡过此湖的心声。

后三处敬神之所皆与赣江十八滩有关。十八滩，是指赣江上游万安县与赣州府间十八处险滩。十八滩滩名各书所记略有不同，但并不妨碍人人到此皆为其险恶而胆寒。《进粤东路程书》于进入十八滩之前记诗曰：“十八滩头十八名，唯有惶恐最惊人。人生不为图名利，谁肯过舟到此行。”生动展现了商人经此之心态，故在进入和离开十八滩时，皆有拜神之需要。以万安五云驿至浩驿段大王庙为例，书中记：

> 顺水大王公在此登岸。如上水，至此请头公，每人给钱乙［一］千二百文。……

---

① 李文彬：《船行和船帮》，景德镇市政协文史资料研究委员会编：《景德镇文史资料》第 11 辑，1995 年，第 158 – 159 页。

② 江西省历史学会景德镇制瓷业历史调查组编印：《景德镇制瓷业历史调查资料选辑》，第 14 – 15 页。

③ 大正是日本大正天皇在位期间使用的年号，使用时间从 1912 年至 1926 年止。大正二年为公元 1913 年。

④ 东亚同文会编：《中国省别全志》第 11 卷，南天书局，1988 年，第 84 页。

⑤ 此处及下文未出注者，皆出自《进粤东路程书》，不另作说明。

⑥ 如《申报》（上海版），1890 年 5 月 8 日第二版《风灾续闻》，记运景德镇瓷器之船在鄱阳湖漂没事。

⑦ 《至广东水路程》，转引自王振忠：《瓷商之路：跋徽州商编路程〈水陆平安〉抄本》，第 330 页。

在此要买头牲、香烛物件，至大王庙敬神便是。

大王庙者，（同治）《万安县志》载：

> 大王庙，在县南六十里，创于康熙元年（1662），今以庙名其地。按，庙中所祀大王，谢姓……主黄、运二河，位视海岳。……旁一本朝服色神像，乃总河尚书朱公，讳之锡，义乌人。治河多惠政，人传其为神……今江河诸祠庙多祀之。……（康熙）四十一年（1702），南赣镇总兵杨钧重修，大学士大庾戴莲士匾以"危者使平"。①

大王庙专管庇佑江河，在河流险要处十分常见，"危者使平"充分表达了人们来此拜祀之心愿，大王公之名亦由此而来。《子良诗存》卷十五《龙头庙题壁》注曰："庙在龙南县城北二十里，庙前危滩，舟人到滩必谒庙而后过，过必请滩师，谓之大王公。"②可见大王公是赣南地区称呼滩师的一种常见叫法。滩师亦称头公，是一种特殊地理、商业环境催生出的特殊职业。因水情过于险恶，外地人行舟至此，需雇请当地熟悉水情之滩师护送过滩，方可保人货平安。③"顺水大王公在此登岸"指自赣州顺流而下过十八滩后，滩师完成任务在此登岸，如要逆流而上，则亦须在此处雇请滩师。其他路程书亦多记此事，如道光二十四年（1844）《水陆平安》"五云驿"条下曰："顺水大王公至此上岸，客给酒钱五六十文，今多有大王庙上岸……上水在此雇倩头工，与工钱乙[一]千式百文之规。通舡每名给神福钱壹百文。"④两本路程书成书前后相隔40年左右，而滩师工钱与神福钱前后一致，可见滩师之活动在此时有严格的组织与管理，绝非个人行为。

自景镇赴粤，有天堑之险，亦有人心之恶，敬神虽可保无风波之灾，却难防盗匪之害。"江省襟江带湖，水泽绵邈，通各省之舟楫，集远境之商民"⑤，商旅往来如织，难免有鸡鸣狗盗之事。自赣江入粤一路，各路程书中于防盗事多有记载，《进粤东路程书》

---

① （同治）《万安县志》卷七，《中国地方志集成·江西府县志辑》（68），江苏古籍出版社，1996年，第626－627页。

② （清）冯询：《子良诗存》卷一五，《续修四库全书》第1526册，上海古籍出版社，2002年，第250页。

③ 据《万安交通志》，至1941年，万安尚有滩师八十余人。转引自李桂平：《赣江十八滩》，生活·读书·新知三联书店，2014年，第175页。

④ 转引自王振忠：《瓷商之路：跋徽州商编路程〈水陆平安〉抄本》，第331页。

⑤ （清）凌燽：《西江视臬纪事》卷四，《续修四库全书》第882册，上海古籍出版社，2002年，第137页。

中着重标出者，一是丰城与南昌交界之大、小江口（即大、小港口），二是樟树至峡江段之人和塘，恰好是易于遇盗的两类场所。

大、小江口对应的是分巡河道的交界点。加强河道巡查是官方为保护来往赣江商旅船只，所采取的重要措施之一。[①] 乾隆年间，江西按察使司便多次在案件多发河段设巡船，道光时更是设立了遍及江西全省的分段巡查河道制度。但分段巡查的弊端，就是两段交接处难免成为巡查之盲点，这也是为什么丰城与南昌交界之大、小江口易于遇盗之缘由。至于人和塘，则完全是另一番景象。《西江政要》中讲到几处河盗重点出没的地方："惟自新淦县之长牌、仁和（即人和塘），并清江县之樟树镇，以及卑府丰城县所辖之拖船埠，南昌县所辖之市汊五处，人烟稠密，易于藏奸……寔为河匪出没之所。"[②] 盗窃案件不仅发生在人烟罕至之河段，更常发生于那些人口稠密之埠口，因其地人数众多，流动性强，难以稽查。由材料可知，人和塘是其代表之一。

官府的巡查给往来商旅提供安全保障的同时，相应也带来许多麻烦，《西江政要》河道巡查的有关规定中反复强调不许借端滋事，勒索商民，可见实际执行中此类事件当不在少数。《进粤东路程书》中于"仙管沙"条下记：

> 该卡实乃诈索。若商往粤办有洋货，必要紧记在佛（山）挂号，至此必定细查，倘有错漏等错，罚钱无有定数。所有经过此处者，谁不恶矣！

官吏的勒索与盗贼一样，都是商人行旅过程中需要打起十二分精神应对的人事纠葛。

自鹅颈滩起运始，瓷商需面对险恶的自然环境与难缠的盗贼、蠹吏侵扰，需要借助神灵、滩师、官府等力量才能克服重重困难到达终点，得到帮助的同时，自然难免需要支出一定的费用。《进粤东路程书》中记载了名目繁多的费用支出，其中究竟哪项支出所占比重最大，瓷商在贸易过程中，到底能获得多少利润？下文中我们将尝试给出答案。

二、皆为利往：《进粤东路程书》所见景粤瓷业贸易成本分析

梁淼泰曾详尽估算过景德镇民窑的生产成本，[③] 为我们认识景德镇瓷业提供了极大

---

① 清代保障水上商旅安全之措施，可参见龚汝富：《清代保障商旅安全的法律机制——以〈西江政要〉为例》，《清史研究》2004 年第 4 期。

② 《西江政要》，《晚清四部丛刊第五编》第 54 册，文听阁图书有限公司，2011 年，第 91 - 92 页。

③ 梁淼泰：《明清景德镇城市经济研究》，江西人民出版社，1991 年，第 171 - 187 页。

的帮助，但对于瓷商贸易所需之成本，却鲜有研究涉及。本节拟以《进粤东路程书》所记开销为依据，考察景粤瓷业贸易所需之成本，以求为相关研究提供参考。

《进粤东路程书》所记之开销大致可分为两类：一为赋税支出，如厘金、关税等；二是运输支出，如雇佣船工、挑夫之费用。书中未能包括途中全部支出（如广东境内之支出便无记载），已列出的各项支出又标准不一，因此难以对总成本得出一个精确数字，但通过排比已有数据，依然可以考察各项支出在其中所占的大致比重，从而分析哪些支出对瓷器贸易成本有较大影响。以下将《进粤东路程书》中所涉及之费用，结合《水陆平安》中的相关材料，整理成表1，以便讨论。

表1 《进粤东路程书》运输支出费用表

万安县	请头公，每人给钱乙〔一〕千二百文
万安县杨梅矶①	请人（纤夫）廿四个每人付钱廿四文，另头公酒钱百文
万安县新庙前	头公在此登岸，每人付酒钱百文
赣州府	母舡回收仪钱乙〔一〕千，众伙酒钱每人一百文，伙头酒钱二百，付舡行用银三分，请人雇船每只工钱二百文，客身钱一千文。南安驳舡有九八扣银，要用完契实边扣算，每元得边二丝。外包封钱每乙〔一〕千得钱廿文二伸边扣算
赣州府②	舡上长行水手，每名与酒钱五六十文，短纤每名与酒钱贰三十文，火头与钱壹百文，舡老板与酒钱三百文
南康县南埜驿③	舡重若倩短纤，每名约钱壹百文，新田、大学二处，每名五六十文。
大庾县横浦驿④	轿之价，昂贵之日约钱乙〔一〕千余文，平贱之时约钱五六百文。路上轿夫求取茶钱，每人与钱三四文。当值炎热之天，或再与茶钱数文。路上倘有修桥结路者，与钱二文。轿夫到行，问取酒钱，每人与钱十文

① 《水陆平安》此条在"天柱滩下"，又有泡筒钱："舡只俱有定规，上首水深，水势甚流，河中置有篾缆一条，系于石上，浮标水面，扯此缆而上，名为泡筒，每只与钱廿四文。"转引自王振忠：《瓷商之路：跋徽州商编路程〈水陆平安〉抄本》，第331页。
② 《水陆平安》，转引自王振忠：《瓷商之路：跋徽州商编路程〈水陆平安〉抄本》，第334-335页。
③ 《水陆平安》，转引自王振忠：《瓷商之路：跋徽州商编路程〈水陆平安〉抄本》，第334-335页。
④ 《水陆平安》，转引自王振忠：《瓷商之路：跋徽州商编路程〈水陆平安〉抄本》，第334-335页。

（续上表）

南康县五洋滩	挑夫起货上岸力钱：洋篮每只给钱十文，趸篮每只给钱六文，顺子每件给钱三文。寓行堆货……租钱每百斤给钱十六文，夫头每百斤三文。每只洋篮小票钱五文，不篮三文，顺子□每件二文五。发夫篾每百皮给钱卅六文，篮/桶重□加扛大/中根给钱廿四/十六。每大桶给众伙酒钱卅文，小伙酒钱二百，至雄要给酒钱六七百文（办事不妥分文不与可也）。南安篾匠例：全/半身洋篮钱百文/五十文，全/半身小篮钱五十文/廿文，全/半身盖口篓卅六文/廿文，子头给钱十二文，小桶全身钱百四十文。新洋篮：趸篮九十，盖口篓八十，子篓四十
南雄州中站①	轿夫茶钱每二十四
南雄州	南雄篾匠例：全身小桶钱百文，半身洋篮钱卅六文，半身小篮钱十六文，半身盖口篓钱十六文，顺子给钱十二文，买篓每只钱卅六文。每大桶行租银乙〔一〕钱正，发货下河每大桶力银五分，瓷桶加盖茶每只钱五文，行内先生笔资银五管行伙伴每大厘，桶给银三厘。下船码头挑夫每人给钱五十文

对比《进粤东路程书》与《水陆平安》，两书所记略有参差，但出入不大，且在记述同一支出时，数据统一性较高，可见《进粤东路程书》中关于运输支出的记录是相对完整、可靠的。从材料中看，运输支出主要可分为三部分，一是与行船相关的费用；二是登岸后投行堆货的相关费用；三是陆运的相关费用。在涉及的费用之中，以请头公的相关支出为最高，这又一次验证了十八滩之艰险。比较而言，投行堆货的费用相对较少。书中所记投行之处有二，一在南安府，一在南雄州，正是大庾岭之两端，盖因货物众多，难以一次性全部越过岭去，因此有牙行提供堆货服务。投行堆货价格较低，侧面反映出这条商路来往货物之多。陆运相对而言在几项中支出最多，其中比重最大的是南安与南雄支付篾匠的两笔费用。此"篾匠例"，我们怀疑即雇佣挑夫的费用，第一是因为若长途运输后需要雇请篾匠对包装进行再加固，没有必要在相距如此近的地方连续雇请两次；第二在于这两处"篾匠例"分属大庾岭两端，其价钱差异符合北上货物偏多的实际情况，② 因此可能指的是自两端越岭的不同价格。至于"篾匠例"之称，盖与篓行

---

① 《水陆平安》在此又有与"中伙人"钱，"每名与八十文或壹百文"。转引自王振忠：《瓷商之路：跋徽州商编路程〈水陆平安〉抄本》，第 335 页。

② 王振忠：《瓷商之路：跋徽州商编路程〈水陆平安〉抄本》，第 333 页。

类似。笋夫挑运称笋行，① 瓷器以篾包装，故称篾匠。

表2　《进粤东路程书》赋税支出费用表

浮梁县鹅颈滩	厘金三分
浮梁县官庄滩	另捐输贰分，不入拾分之内
鄱阳县古县渡	完厘三分
饶州府	完厘贰分
鄱阳县高门卡	划子钱贰十四文
万安县良口	清河查捐局：小桶钱七文，洋篮钱四文，不篮、顺子钱二文
万安县储潭	每舡打进口票钱二百七十文②
赣州府	茶钱二百文；麻疯花四行给钱九十二；亭子钱每舡廿；守夜钱贰十四；保正钱百卅文。赣州虹关毛平每两加银乙［一］钱七分；单差加银八钱四分；火工银每两加银乙［一］分六，舡头每只给银乙［一］钱二分；京费六分。虹关正税：小桶每只银七分，洋篮每只艮［银］八分九厘，迠篮每只银五分，顺子每件作四连半，每百连银乙［一］钱三分。苍口银每苍银八分正，□五十件为一苍照算。
韶州府	太平关税例：每两加平银一钱一分，正税大桶/篮每只一钱三分二，中桶/篮税银每只八分一厘六，小桶/篮五分四厘四。封口香炉、反古□盆每件作三件。

由上表可知，赋税支出主要分为三部分，一是厘金；二是关税；三是其他杂费。其中杂费名目虽多，但每笔数目皆较小，故所占比重并不大；而厘金为按比例抽取，其额度在表中难以体现。因此从材料中看，赋税支出中最主要的部分为赣关与太平关两处榷关关税。赣关"凡商船货物，分上水下水，视其贵贱，按斤、件、担、篓"科税，太平关亦同。③ 由表中可见，瓷器征税单位主要为篮、桶与顺子，篮又可分为洋篮与迠篮。与此不同，（光绪）《江西通志》卷八十七载有另一套赣关瓷器征税标准：

---

① 笋行情况，参见彭泽益主编：《中国工商行会史料集》，中华书局，1995年，第515－525页。

② 《水陆平安》作"贰百四十文"，转引自王振忠：《瓷商之路：跋徽州商编路程〈水陆平安〉抄本》，第334页。

③ 祁美琴：《清代榷关制度研究》，内蒙古大学出版社，2004年，第70页。

细瓷器百连一钱三分一厘三毫……则瓷器大桶篓七分零四毫……则大瓷坛十个六分……则粗瓷器百连三分九厘四毫……则瓷器小桶篮三分五厘二毫……临关例……瓷器废钱等每仓八分……瓷器每大小桶篮俱一分。①

这种不同，显示出规章制度与实际操作间的差距。作为规制的《江西通志》，试图以瓷器质量优劣为标准，就瓷器税作出细致划分，以达到更为理想的收税状况。但在实际操作中，因为瓷器品种过于繁多，每种瓷器又按质量优劣可分为数等，这无疑会给榷关工作人员的辨识带来极大的麻烦，最后只能以其包装形式来抽取税款，而忽略细瓷与粗瓷的区分。正如上文起运部分所说，瓷器的包装形式一定程度上能反映瓷器的价值，但瓷器种类的复杂性也给了商人在包装上做手脚的便利，从而使他们能够利用与守关官员信息不对等的优势进行避税、漏税。这一点在厘金征收中体现得更为明显，详见下文。

清人黄赞汤在《请预防失业民夫疏》中说：

臣查外国所需内地货物，惟福建黑茶、安徽绿茶、浙江湖丝三项最大，每年出口价值至四千余万两之多，其中脚费约计二千余万两。②

据黄氏统计，脚费几乎占出口价值之一半，可见运输成本是商人贸易过程中最主要的支出。《进粤东路程书》中所反映的成本比重，亦印证了黄氏的观点。相对来说，各项赋税支出在瓷商贸易成本中并不算多。梁淼泰指出窑户一年可盈利约130两，③ 此利润已足可观，但瓷商之利润又远在其上。据《清国窑业视察报告》载，景德镇瓷器运到广州，价格可以提高两倍之多。④ 如此高的回报，足以补偿在运输过程中的开销，必然使商人们趋之若鹜，乐此不疲。

以上就景粤瓷业贸易路途中的各种支出进行了分析，但因厘金按比例抽取，其征收数额在路程书中无法体现。有不少学者认为，厘金是严重阻碍近代工商业发展的重要因素，⑤ 若忽略了厘金问题，我们的分析定会大打折扣，因此本节最后结合其他相关材料

① （光绪）《江西通志》卷八七，《中国地方志集成·省志辑·江西》（5），凤凰出版社，2009 年，第 360 页上 a。

② （同治）《庐陵县志》卷四七，《中国方志全书·华中地方》（954），成文出版社，1989 年，第 3578 页。

③ 梁淼泰：《明清景德镇城市经济研究》，第 186 页。

④ 北村弥一郎：《清国窑业视察报告》，（东京）农商务省商工局，1909 年，第 123–127 页。

⑤ 如杨华山：《晚清厘金与中国早期现代化》，人民出版社，2011 年。

集中就瓷器厘金问题展开讨论。

江西之厘金始于咸丰五年（1855），至光绪二十九年（1903）经江西巡抚柯逢时奏请，将瓷器等大宗货物改收统捐，[①] 相关文件汇编为《江西统捐章程》一书。其中收录光绪二十八年（1902）《会议景德镇瓷厘分帮加成改办统捐详》一文，详细记述了瓷器厘金征收中遇到的问题：

> 各卡厘捐、正纳、补完，并计最旺之年不过值百抽七，若遇衰年，竟有征不及五者。推原其故，实由原定抽章未能估本合算，又未区别花色，商人因得避就取巧，以支混入帮，以帮混入包篓。且包篓名色不一，篮桶轻重悬殊，卡员不能强令改装，别帮包篓篮归于支桶而复旧章，惟有按货补抽。不虞补章混乱，司巡苛索，百弊丛生……弊在卡尚易杜，弊在商则难稽。盖瓷之花色器之名目，万绪千头，不能遍察，若欲釐定至公至允章程……必以估计成本为断。[②]

瓷器为江西特产之大宗货物，然而厘金收入却并不理想，究其原因，在于"未能估本合算"。厘金之征收，本是于货品成本之中抽取一定比例，然而瓷器花色名目千头万绪，各种花色价值不一，在卡员不能遍查的情况下，便会被商人钻了空子，少报成本。商人之手段，在于"以支混入帮，以帮混入包篓"。支、帮、包是瓷器包装的几种计量单位，也是计价单位。支，即一支（子）草，是最基本的单位，其所包括的瓷器数量因瓷器品种而异，如蓝边二大碗 30 只为一支（子）草；蓝边汤碗 50 只为一支（子）草。[③] 二支（子）草瓷器包扎在一起称一帮，四支（子）草瓷器包扎在一起称四支（子）包，以此类推，又有六支（子）包、九支（子）包、十支（子）捆等。一支（子）草瓷器，其品种、数量虽可能有差异，但价值基本相同，故相关费用的征收皆以此为准。这就给了商人两种途径作弊：其一，即改变支、帮、包、篓的既定数量。如蓝边二大碗 30 只为一支（子）草，商人却实装 60 只，如此一帮便可多出几乎一支的数量。其二，则是利用"包篓名色不一，篮桶轻重悬殊"混淆视听。以支、帮、包为计价单位，便会出现在实际包装时，一支、一帮、一包的大小、重量相差很大的现象，从而也就出现了各种各样的包装形式。我们在《进粤东路程书》中见到的，就有迋篮、洋篮、不篮、盖口篓、子篓、顺子、小桶等。面对如此复杂的状况，征税人员只能根据商人所报的支帮数量与实际的包装形式来估算，难以顾及每篮、篓、桶的重量，商人想要多装一些是很方便的事情。尤其是包装形式并非一成不变，如《进粤东路程书》"南安

① 详见罗玉东：《中国厘金史》，商务印书馆，2010 年，第 284－297 页。

② 《会议景德镇瓷厘分帮加成改办统捐详》，《江西官报》，1905 年第 17 期，奏牍二。

③ 石奎济、石玮编著：《景德镇陶瓷词典》，江西人民出版社，2014 年，第 438 页。

篾匠例"下有"新洋篮"一类，这些新式洋篮的出现必然给关卡巡查人员带来极大的麻烦。

因为数量巨大，花色品种众多，商人的这些作弊行为在实际操作中极难被发现，这使得即使遇到厘卡官员的不法勒索，商人亦极容易通过这些作弊行为把成本降下来。即使商人的作弊行为被发现，因瓷器包装一旦拆开则难以重装，故卡员亦只能"按货补抽"，何况商人还有"临卡起旱，过卡上船"①的本领，这些都使得瓷器厘金一直难以增长。为此江西巡抚柯逢时才想出厘金统捐之办法，试图从源头解决问题：

> 凡商贩到镇必先投行，后归字号。应令行户随时将所投何商，归何字号缮单，赴总厂请领门牌，始准向窑户交易。无门牌者即以私论。并饬各字号设立旬报，派员专管，每遇帮客办瓷，由号开具清单赴厂报捐，请领护照。如敢隐瞒，以多捏少，与旬报不符，查出从重究罚。②

这一规定在多大程度上得以实施，对瓷业贸易产生了何种影响，非本文所能涉及，然此规定之制定从侧面说明了之前瓷器厘金征收之窘迫。厘金征收中必然存在种种弊端，但我们似乎不应过于强调其消极作用，③从本文所论述之瓷业贸易个案看，厘金的收取并未能对其造成严重的阻碍。

三、被误解的数据：晚清景德镇瓷业重估

晚清景德镇至广东陶瓷贸易销路最大，这提示我们应对晚清景德镇瓷器外销情况的认识进行反思，但数据的缺失使我们难以从更为宏观的角度去认识《进粤东路程书》为我们展示的具体个案。这一缺陷可部分通过考察当时景德镇陶瓷贸易总额得到弥补。学者多认为太平天国运动的打击以及外国资本的侵入使景德镇瓷业走向衰落，若确实如此，则《进粤东路程书》之个案将是日暮途穷的景德镇瓷业的一片晚霞。本节旨在通过对晚清景德镇瓷业产值进行估算，来重新定位当时景粤陶瓷贸易的实际状况。

太平天国的战火给景德镇带来了巨大的打击，也被认为是使景德镇走向衰落的"最后一根稻草"。若想了解近代景德镇的瓷业，这无疑是一个好的切入点。同治九年（1870）六月，江西巡抚刘坤一上疏言及太平天国战后景镇窑业状况曰：

> 查景德镇地方迭遭兵燹，官、民窑厂停歇十有余年。同治四年，始经前署监督蔡锦青开厂烧造，老匠、良工散亡殆尽，配制、颜料多半失传。新匠不惟技艺远逊

---

① 《会议景德镇瓷厘分帮加成改办统捐详》，《江西官报》，1905年第17期，奏牍二。
② 《会议景德镇瓷厘分帮加成改办统捐详》，《江西官报》，1905年第17期，奏牍二。
③ 相关研究可参见侯鹏：《晚清浙江丝茧厘金与地方丝茧市场》，《史林》2009年第5期。

前人，即人数亦较前减少。①

疏中言及战乱的影响可谓灾难性。金武祥的日记有助我们进一步了解战后的景德镇。金武祥于同治四年（1865）十二月初八，即重开御窑厂的同一年，经过景德镇。在他笔下：

> 景镇离浮梁县城二十里，城内自经兵燹，止居民百余家，衙署无存，守土官均住景镇。镇产瓷器计八十余窑，每窑须五百余人。街道绵亘十余里，为天下四大镇之一……（同治五年正月）十一日阴，出街玩瓷器，遇江济生，同行。景镇街道纷歧以一百零八条巷，虽生长是镇者，路多未熟。②

乾隆时全镇民窑有"二三百区"③，至此时仅八十余，由此看来战乱确实破坏了景德镇瓷业生产，但破坏程度并没有数字显示的那样严重。此时瓷窑的容量约为乾隆时的两倍多，④ 换算一下，可知此时的民窑产量大概比乾隆时减少了四分之一。从金武祥的描述中我们亦可以看到，景镇受战争影响远较浮梁县城为小，依然保有连本地人都"路多未熟"的纷歧街道，以致"守土官均住景镇"。同时，日记中多处出现购瓷及瓷行之记载⑤，可见此时景德镇的瓷业生产已趋于活跃。

刘坤一因造办处奏事处传旨景德镇所进御瓷⑥一万余件"均烧造粗糙，不堪应用"，令主管窑务之九江关监督景福"照数赔补，迅即解京"，⑦ 故上疏欲请同治皇帝免除赔补。其说实欲减轻地方负担，难免有夸大困难之嫌。相较而言，金武祥的亲眼所见当更

---

① （清）刘坤一：《刘坤一遗集》奏疏卷之六，中华书局，1959 年，第 220 页。

② （清）金武祥：《金淮生日记》，《晚清四部丛刊第六编》59，文听阁图书有限公司，2011 年，第 105－106、110 页。

③ （清）唐英：《陶冶图编次》，（道光）《浮梁县志》卷八，《中国地方志集成·江西府县志辑》（7），江苏古籍出版社，1996 年，第 176 页下 a。

④ 熊寥：《中国古代制瓷工程技术史》，山西教育出版社，2014 年，第 632、683 页。

⑤ 如，同治四年十二月廿四日至神巷悦东号瓷行；同治五年正月十七日阴至东司岭、江家巷、黄家洲等处买瓷器；同治五年正月二十日阴微雨至塘塝埂熊和泰瓷行；同治五年正月廿一日阴至老巷口买瓷。参见（清）金武祥：《金淮生日记》，《晚清四部丛刊第六编》59，第 107、111 页。

⑥ 明代设御窑厂于景德镇，专门生产御用官窑，清代延续了这一制度。详见王光尧：《中国古代官窑制度》，紫禁城出版社，2004 年，第 128－211 页；陆明华：《明清景德镇督陶官及其制度的考察》，载《文化遗产研究集刊》（第二辑），复旦大学出版社，2001 年，第 213－242 页。

⑦ （清）刘坤一：《刘坤一遗集》奏疏卷之六，第 220 页。

值得信赖。景德镇在战争中虽受重创，但其恢复能力似乎比学者们普遍估计的要强不少。了解此时景德镇陶瓷产值究竟有多少，有助于我们更深入地认识这一问题。

梁淼泰曾对清代景德镇民窑瓷器产值有过估计。他在广泛征引柯逢时、北村弥一郎、黄炎培等人观点后得出结论："不论晚清还是民国年间景瓷最盛之年，其产值都未达到银500万两。"[1] 如果仅从梁先生所引材料来看，这一结论无疑是可靠的，但文献中同时还存在一些其他的估计数据：

> 景德镇瓷器年产约二十万公担，往昔盛时，瓷品输出远及欧美，每年总值常在千万两以上，清同光以后，历年由九江关输出最高额为民国十八年（1929），亦达127 000公担，约值五百六十万元……兹据瓷业中人估计，每年瓷器出省，约在7 500 000元左右。[2]
>
> 景德镇之营业，繁盛之时，年达千余万元。[3]
>
> 景德镇之瓷，名闻世界，欧战以后，（1918年）出口最高额至二千七八百万元。[4]

如果以上三则材料数据可信的话，那么晚清民国景德镇瓷业产值要远高于梁先生的估计。同时，若将黄炎培之说与1938年统计数据相映照，则会得出一个惊人的结论：1894—1918年，短短二十四年时间，景德镇陶瓷产值经历了从数十万到二千七八百万的一个飞跃。此时陶瓷生产工具及技术未有多少革新，虽有欧战后新市场的出现，但这种飞跃依然违背常理。若想解释这一问题，还须重新考察各项数据的来源。

上引《江西省贸易概况》中提到了"总产值"与"九江关输出额"这两种数据，其中"九江关输出额"正与梁先生所引文献数据相合。事实上，正是由于将九江关输出额误会为景德镇瓷器总产值，才造成了数据的差异与混乱。

1935年出版的《江西之瓷业》中绘有《七十年来江西瓷器输出数量及指数表》（见表3），梁淼泰注意到表中一令人费解的现象，即同治三年景镇瓷器出口一度达到66 178担，而此后除光绪二十二年至二十五年（1896—1899）曾达到5万担左右外，其余年份均约两三万担，光绪五年更是低至5 046担。他将这一现象同柯逢时、黄炎培之说法相

---

[1]　梁淼泰：《明清景德镇城市经济研究》，第157－158页。梁先生取北村弥一郎所记光绪末年银钱比例，即银1两约折1.5元上下，进行换算。为便于比较，本文其他数据亦皆取此比例进行换算。

[2]　《江西省贸易概况》，江西省政府建设厅，1938年，第16页。

[3]　黎浩亭：《景德镇陶瓷概况》，正中书局，1937年，第6页。

[4]　《战时的江西经济》，《江西统计月刊》1938年第1卷第20期。

互印证，得出"光绪二十年以前，景镇瓷业似仍处恢复阶段"的结论。[①] 然而，这并不能完全解释此现象，为什么同治三年战火尚未完全平息之时瓷器出口数量反而远高于战乱平息之后，而出口最低值又出现在光绪五年呢？

表3 1863—1907年江西瓷器输出数量表

单位：担

年别	数量	年别	数量	年别	数量
同治二年（1863）	29 100	光绪四年（1878）	6 079	光绪十九年（1893）	33 593
同治三年（1864）	66 178	光绪五年（1879）	5 046	光绪二十年（1894）	38 989
同治四年（1865）	32 281	光绪六年（1880）	12 141	光绪二十一年（1895）	34 625
同治五年（1866）	18 150	光绪七年（1881）	12 592	光绪二十二年（1896）	46 315
同治六年（1867）	9 951	光绪八年（1882）	18 617	光绪二十三年（1897）	49 274
同治七年（1868）	5 531	光绪九年（1883）	19 482	光绪二十四年（1898）	48 646
同治八年（1869）	10 795	光绪十年（1884）	13 081	光绪二十五年（1899）	53 567
同治九年（1870）	9 974	光绪十一年（1885）	16 463	光绪二十六年（1900）	28 036
同治十年（1871）	9 050	光绪十二年（1886）	20 685	光绪二十七年（1901）	25 423
同治十一年（1872）	7 653	光绪十三年（1887）	21 133	光绪二十八年（1902）	54 513
同治十二年（1873）	10 165	光绪十四年（1888）	24 126	光绪二十九年（1903）	51 513
同治十三年（1874）	12 327	光绪十五年（1889）	24 152	光绪三十年（1904）	36 614
光绪元年（1875）	10 569	光绪十六年（1890）	26 786	光绪三十一年（1905）	45 704
光绪二年（1876）	14 157	光绪十七年（1891）	26 213	光绪三十二年（1906）	59 874
光绪三年（1877）	11 342	光绪十八年（1892）	32 210	光绪三十三年（1907）	67 652

资料来源：吴希白：《江西之瓷业》，江西省政府秘书处统计室，1935年，第2—5页。

其实，这些数据反映的并非景镇瓷业产值之变化，而是九江海关管理状况之变化。《九江港史》利用招商局档案，对九江关的瓷器出口进行了考察：

> 19世纪70年代，九江海关税务司对瓷器出口稽查很严，手续苛繁，征税无度。

---

① 梁淼泰：《明清景德镇城市经济研究》，第157页。

检验时须将原包装拆散，分粗瓷和细瓷抽税，发现混装即予重罚。因瓷品原包装拆散后破损增加，故经营瓷器的商人视为畏途，改从陆路外运，致使"九江关出口瓷器日形短少"。1878 年、1879 年下降至五（千）至六千担。后来，九江关道洪绪票报南洋通商大臣，请求对瓷器出口"不必拆开细验"，不论粗细瓷器，统一征税，被批准。1880 年九江港遂取消对瓷器拆开细验的规定，瓷器出口量趋于回升。①

九江关税务司严苛稽查的年份恰可与表中这一看似令人费解之现象相印证，充分说明并非景德镇瓷业在这一时期十分衰落，而是九江关数据难以反映真实的景德镇瓷业销售状况。由于海关稽查严苛，大量瓷器选择绕道由陆路运输，柯逢时之奏章已言及此事：

> 至于征榷，则税重而厘轻。江西瓷厘不及原价十分之一，而洋关纳税则权其轻重，别其精粗，辨其花色，几逾十倍。故商人办运皆取道内地，绕越海关，独与他货异辙。②

由此可知，时人十分清楚瓷器贸易中存在大量不经过九江关而"取道内地"的货物。经九江海关输出之瓷器，仅仅是景德镇瓷业产值的一小部分，而即使经过九江关的瓷器，也并非全部为海关所统计，因为"瓷器由帆船运输出省者，为数不少"③，而海关仅统计轮船而不统计帆船。通过上述分析我们可以确知，绝不能将九江关之数据等同为晚清民国景德镇瓷业之产值，后者要远高于前者。也就是说，这一时期景德镇瓷业之产值要高于 500 万两，而不是未能达到。柯逢时等人之说其实皆当是九江海关之出口贸易额，而非景德镇瓷器总产值。④ 那么，景德镇瓷业之产值"年达千余万元"的相关数据又是从何而来，是否可靠呢？我们可以《江西省贸易概况》的数据来源为例。此书于 1938 年由江西省政府建设厅编印，其统计采取了"向各同业公会中人或熟习各业情形者分别商讨，大概估计一输出或输入之数字，并就近四年来九江关每年输出输入之平均数相核对"⑤ 的办法，所列数据既有总产值，亦有九江海关输出值，还有对出省产值之估计，可谓十分全面。因此，其数据虽未必为一确数，但应当相对可靠。材料中所说年产

---

① 孙述诚主编：《九江港史》，人民交通出版社，1991 年，第 97－98 页。
② （清）刘锦藻：《清朝续文献通考》卷三八三，浙江古籍出版社，2000 年，第 11302 页。
③ 《江西省贸易概况》，第 16 页。
④ 北村弥一郎是一个例外，他基于自身对景德镇瓷窑生产力的估算，提出景德镇年产值在 400 万元左右。北村弥一郎：《清国窑业视察报告》，第 46 页。
⑤ 《江西省贸易概况》，第 15 页。

千万两以上的具体时间点虽无法确定，但综合来看，年产 800 万两左右对晚清民国的景德镇来说应该问题不大。

知晓了晚清民国景德镇瓷业相对可靠的产值，便可以重新定位晚清景德镇瓷业之状况。与乾隆时相比，经过太平天国战火洗礼的景德镇瓷业产值下降了约四分之一。但到战乱初定的同治三年（1864），单九江关出口瓷器便已达 66 178 担，可见此时瓷业贸易已获相当之恢复，故金武祥到镇时，市面已颇为繁荣。其后景镇瓷业产值稳步提升，"常在千万两以上"，这一势头一直延续至民国。窑数的变化正与这一趋势相吻合。光绪十七年（1891），景德镇已有柴窑三十几座，槎窑八十几座，到了民国十九年，柴窑最盛 112 座，槎窑 7 座。① 总之，咸同年间景德镇瓷业生产因战争原因有所下降，但远非衰落，一旦战事结束，瓷业生产便重新活跃起来。遇到特别的机遇，比如欧战爆发，年产甚至能够达到将近三千万元。由此看来，江梦九在《进粤东路程书》中记录的景粤陶瓷贸易，展现的非但不是残阳晚钟，反而是一派富有生机活力之景象。

四、结论

晚清景德镇陶瓷贸易以广州"销路为最大"，瓷商江梦九的《进粤东路程书》为我们记录了这一繁荣"瓷路"上的诸多细节，正是一批又一批江梦九这样的商人甘冒风波、盗匪之险，往来奔波于景粤之间，才造就了景德镇陶瓷之盛名。借助此书，本文还得以分析瓷商往来景粤间的贸易成本，其中运输支出是其主要部分，而关税、厘金等对瓷商造成的阻力则相对较小，且商人也有各种手段减少官员勒索所造成的损失。为宏观把握晚清景德镇的瓷器贸易情况，本文厘清了景德镇瓷器贸易总额与九江关出口额的差别，修正了前人对晚清景镇陶瓷业生产与修复能力的低估，从整体上对晚清景德镇的瓷业图景进行了重绘。众所周知，外销瓷是景粤瓷器贸易的大宗，这条瓷路在晚清的繁忙或冷清，是景德镇瓷器外销状况的直观反映，结合对江梦九贸易活动与晚清景德镇瓷器产值的考察，我们有必要对乾隆以后景德镇瓷器外销跌入低谷的观点采取更为审慎的态度。

作者简介：

胡宸，中山大学历史学系博士研究生。

---

① 柴窑在容量与烧造质量上皆高于槎窑。江西省历史学会景德镇制瓷业历史调查组：《景德镇制瓷业历史调查资料选辑》，内部资料，1963 年，第 37 页。

西医影响下的近代广州公共卫生与健康运动

杨金璐　　许光秋　　张维缜

[**提要**] 晚清民国时期，在西方传教士医生的影响下，广州社会精英认识到公共卫生的重要性，开始呼吁政府和公众改善公共卫生状况。与此同时，在西方医疗传教士的帮助下，广州各界推动了广州公共卫生与健康运动，广州的传染病得以控制。在这一过程中，广州卫生行政得以建立并走在全国的前列，为广州市民的健康提供了重要的公共保障。广州的卫生近代化，国人的主动性起了最主要的作用。

[**关键词**] 广州；公共卫生与健康运动；嘉约翰；卫生近代化

在晚清和民国早期，中国的恶劣卫生状况已成为一个严重的社会问题。对此，不少学术专著和文章已有所论述，但它们并未着重于广州，近代广州的公共卫生与健康运动还没有得到充分的研究。[①] 本文着重研究在西方预防医学与方法的鼓舞下，在西方传教

---

① 参见 Carol Benedict，*Bubonic Plague in Nineteenth – Century China*，Stanford University，1996；Ka – che Yip，*Health and National Reconstruction in Nationalist China：The Development of Modern Health Services*，1928 – 1937，Association for Asian Studies，1995；Zheng Yangwen，*The Social Life of Opium in China*，Cambridge University Press，2005；余新忠：《清代江南的瘟疫与社会：一项医疗社会史的研究》，中国人民大学出版社，2003 年；张大庆：《中国近代疾病社会史（1912—1937）》，山东教育出版社，2006 年；余新忠等：《清以来的疾病、医疗和卫生：以社会文化史为视角的探索》，生活·读书·新知三联书店，2009 年。

士医生的推动下，广州的精英与医生们，在 19 世纪和 20 世纪的广州，如何与广州政府合作，发起公共卫生与健康运动，倡导卫生的近代化。

一、广州社会精英的现代公共卫生思想

近代卫生旨在通过政府与公众的努力来改善公共卫生状况，它包括环境卫生、食品卫生、清洁饮用水、卫生知识推广、现代医学推广及传染病管控等内容。19 世纪的中国人普遍缺乏公共卫生及相关环境清洁的观念和法规，鲜有人关心环境问题。结果，各种粪秽、杂物和生活垃圾充斥所有狭窄街道，污水因缺乏排水系统而在城市肆意横流。公共卫生系统的缺乏导致瘟疫与疾病大规模扩散，人口死亡率居高不下。许多中国人身体羸弱，被西方人嘲笑为"东亚病夫"。[①]

刚到中国的时候，西方人对中国的城市与农村卫生状况感到极不舒服，因为这里的环境肮脏，饮用水不清洁，人们缺少卫生习惯，还时常会暴发传染病。

就像中国的其他城市一样，广州的卫生状况也令人担忧。西方传教士医生认为，广州地处热带边界，4.5 平方英里土地上有 100 多万居民，完全缺乏现代城市应该具备的公共卫生条件。广州没有专门负责清扫街道与水沟的公共部门，店主们也只是偶尔打扫一下自家门前的区域。当部分水沟被清理后，并没人会关心是否要修一条通往河流的排水管道。在很多小巷的两边，显露地表的水沟塞满了垃圾和污水，上面漂着泡沫，表明化学反应正在下面进行。[②]

在广州，西方传教士医生开始建立现代诊所和医院，开办医学院校，奠定了中国现代医学的基础。美国伯驾（Peter Parker）医生于 1835 年在这里建立了中国第一家西式医院眼科医局，1855 年后改名为博济医院。美国嘉约翰（John Kerr）医生分别于 1869 年和 1898 年建立了中国第一所医学专科学校华南医学校和中国第一家精神病院广州惠爱医癫院。美国女医生玛丽·奈尔斯（Mary Niles）和玛丽·富尔顿（Mary Fulton）分别于 1885 年和 1899 年合作创办了一家妇婴诊所和中国第一家女子医学院——夏葛女子医学院。西方传教士医生在将现代医学引进广州的过程中扮演了重要角色，开启了此后中国医学变革的序幕。他们不仅为无数患者治疗，为中国培养了第一代西医大夫，还编译医学书籍 50 多种。[③]

关于公共卫生书籍方面，嘉约翰医生的《卫生要旨》于 1875 年出版，是近代中国

① 黄子方：《中国卫生刍议》，《中华医学杂志》1927 年第 13 卷第 5 期。

② 关于西方传教士医生的评论，参见 John G. Kerr, "Visical Calculus in Canton Province, China, Including the Report of a Personal Experience in 1894 Operations," *China Medical Missionary Journal*, Issue 8, 1894, pp. 104 – 116.

③ 关于西方传教士在广州建立的医学机构的全面研究，参见 Guangqiu Xu, *American Doctors in Canton: Modernization in China, 1835 – 1935*, Transaction Publishers, Rutgers University, 2011.

最早的一部现代公共卫生学著作。该书除介绍一般日常卫生知识外，还突出了国家和社会在公共卫生中的责任与角色。① 《卫生要旨》在广州影响颇大，梁启超赞扬了嘉约翰的《卫生要旨》及其他卫生书籍。他在 1896 年发表的《读西学书法》一文中写道："近译如《卫生要旨》《化学卫生论》《居住卫生论》《幼童卫生论》等书，凡自爱之君子，不可以不读也。"② 梁呼吁那些关心自己生命的、追求身体健康的人，必须读近期出版的翻译书籍中提及的卫生方法，以养成卫生的个人习惯，改善自己的健康状况。

由于西方医生对现代公众卫生的呼吁以及对现代医院的深刻印象，广州精英们开始倡导现代公共卫生以维持国人健康，鼓励国人接受西方预防医学和方法，以及现代卫生习惯和文化。

郑观应在 19 世纪 80 年代开始萌发现代卫生思想。首先，他批评了中国人不卫生的习惯和不卫生的居住条件，并强调了政府的环境卫生责任。他认为，中国人已经知道了饮食对于健康的意义，但很少关注新鲜空气和阳光对人体健康的重要性。他指出，很多中国人总是紧紧关闭他们房子的窗户，致使他们只能接触到少量的光线和新鲜空气。此外，因为中国人不关心他们房屋之外的卫生环境，导致垃圾、杂物充斥城镇的大街小巷，并且没有自来水和排水系统。③ 他还称中国农村地区的农民与家畜共同生活在狭小、拥挤的房子里，垃圾、杂物和污垢到处都是，周边的废品、垃圾、杂物、腐烂的食物和死亡的家畜导致很多在那里生活的人都生病了。在这样的条件下，据郑所说，瘟疫爆发并横扫很多地方，致使成千上万的人死亡，比战死和饿死的人还要多，这已经成了中国高死亡率的重要原因。他还鼓励当地政府介入卫生事务。1884 年，郑在建议广州地方官改善当地卫生条件时写道：

粤东地属南交，炎蒸酷烈。每值夏秋之际，奇疴暴疫，传染为灾，此非尽天气之时行，亦由地方不洁所致。盖城厢内外……然此固足为地方之灾，实亦有地方者之责。诚得当道者为之提倡申卫生之要旨，谕饬南、番两县，暨各段保甲、巡缉委员，严勒各街坊董事、地保等务将各街堆积一律清除……④

郑观应是首个将健康与街道清洁联系起来，并敦促政府官员接管卫生事务的中国人。他在书中提到的新词"卫生"具有新意义，现代卫生观念开始在中国精英们中间出现。

---

① 嘉约翰口译，淅右布衣海琴氏校正：《卫生要旨》，广州博济医局，光绪九年（1883）。
② 梁启超：《饮冰室合集》第 1 卷，中华书局，1989 年，第 120 页。
③ （清）郑观应：《郑观应集》第 1 卷，上海人民出版社，1982 年，第 660 页。
④ （清）郑观应：《郑观应集》第 2 卷，上海人民出版社，1982 年，第 350 页。

梁启超也倡导实行西方卫生方法。他认为，与中国人不同，西方人很重视环境清洁、食品卫生等公共卫生与清洁问题。梁呼吁那些关心自己生命的人们学习西方卫生方法和采用卫生的个人习惯，以改善自己的健康状况。① 梁还阐明了政府在公共卫生领域中的角色。他认为政府对医学科学和公共卫生的支持是促成西方强国繁荣昌盛的一个重要因素。②

在对个人卫生与国家的思考中，尽管其解决方法是个人的行为，但梁声称卫生问题是一个国家问题。他说，从吃、喝和安排日常生活的角度来看，个人卫生不是政府的责任，而是市民的责任；但当个人卫生被置于民族危机之中与国家存亡直接相关的时候，它就变成了一个国家问题，就会产生一种对民族生存的威胁。梁将中国人口的锐减与欧洲人口的激增进行比较，断言羸弱的中国人亟须西方卫生学来保护中华民族免受他族摧残，中国人必须改善自身的体能与智能，避免民族灭亡。③ 在社会达尔文主义的影响下，梁启超更关心的是民族生存问题，而非仅仅是个人的生命，他倡导注重个人卫生以实现民族生存。

作为一名西医，孙中山一直都在倡导现代卫生。孙将流行性传染病与饥荒、洪灾及生命财产的不安全并视为 19 世纪中国人遭受的四大苦难。④

孙鼓励中国人多吃蔬菜，少吃肉类和油腻食物，并放弃"吐痰、放屁、留长指甲、不洗牙齿"和在公共场所打喷嚏，以及乱扔垃圾和长期不洗澡等不卫生习惯。他相信，只要中国人能意识到现代卫生的重要性，并积极推进卫生运动，他们就会成为世界上的一个强盛民族。⑤

孙还以广州为例，抨击了腐败官僚在面对城市糟糕的卫生状况时的不作为。他写道，由于清帝国的所有城镇中没有自来水，市民只能喝河水或井水。19 世纪 90 年代，曾有一家公司试图在广州开设自来水厂为当地市民供应纯净水，但这项计划终因一名广州高官对该公司的高额索贿而夭折。孙建议中国的所有大城市都必须为市民供应纯净水。⑥

康有为批评了中国人的生活环境。康在 1897 年出版的有关日文书籍的附注目录《日本书目志》一书中宣称，唐代以来的中国城市开始没落，道路开始变坏，污秽到处

---

① 熊月之：《西学东渐与晚清社会》，上海人民出版社，1994 年，第 492 页。

② Ralph Croizier, *Traditional Medicine in Modern China: Science, Nationalism, and the Tensions of Cultural Change*, Harvard University Press, 1968, pp. 59 – 63.

③ 梁启超：《饮冰室合集》第 2 卷，中华书局，1989 年，第 120 – 126 页。

④ 孙中山：《孙中山全集》第 1 卷，中华书局，1981 年，第 89 页。

⑤ 孙中山：《孙中山全集》第 9 卷，中华书局，1986 年，第 248 – 249 页。

⑥ 孙中山：《孙中山全集》第 1 卷，第 93 – 106 页。

都是，疫病肆虐，人体健康恶化，寿命变短。[1] 他对 19 世纪末北京的不卫生状况嗤之以鼻，"京中无厕所，则随地所至，更加秽耳"[2]。

广州的医生精英们也积极推广现代公共卫生与健康运动。梁慎余从博济医院的南华医学校毕业后，于 1908 年创办了月刊《医学卫生报》。其在该报第 1 期的一篇文章中写道，很多中国人不关心个人卫生：努力工作，没有休息，吃饭没有规律，喝不干净的水，很少洗衣服，居住在没有新鲜空气的房子里。梁慎余还声称，就环境卫生而言，由于中国没有卫生法规，垃圾杂物随意堆积在街道上，也没有地下排水系统，人的粪便在街道上随处可见，这些都导致了疾病的扩散。他写道，在西方国家，人们关心公共卫生和个人卫生，因为他们接受了良好的教育，西方政府还设立了主管环境卫生的官员。他还声称，很多中国人立志要复兴中国，但他们如此赢弱和不健康，以致只能为国家牺牲自我，而不能救中国。他主张，现代卫生不仅包括饮食、照顾身体，还包括公共卫生，公共卫生可以造就健康、多智的国民，进而创造一个强大的国家。[3]

嘉约翰医生的学生梁培基强调现代卫生教育的重要性。他在 1908 年的一篇文章中写道，独立团体应给予公众以更多的卫生演讲，政府需要促进公共卫生演讲，如果有必要，应强制推行义务教育法以帮助公众理解清洁政策。他主张，因为中国人意识不到公共清洁的重要性，有必要采取强制措施保持公共场所的清洁，现代卫生可以使人们更加健康，远离疾病，并复兴中华民族，就像促进工业化一样，引进现代卫生也会使中国得到世界上其他国家的平等对待。他认为，公共卫生宣传非常重要，因为它会帮助人们理解官方的清洁法规。[4]

1918 年，梁培基在讨论医学与卫生对国家的影响时写道，健康的国民对于建立一个强大的国家十分必要，现代卫生会培育健康的国民，而医学科学是现代卫生的来源。他认为，医学与国家之间关系紧密，良好的医学可以使国家强大，而低水平的医学则会使国家赢弱。在他看来，中国人必须学习现代医学和卫生知识，培养个人卫生习惯，促进公共卫生工作；否则，中国就不会变得强大。梁培基认为，近代日本的崛起就是一个很好的例证，医学科学在 19 世纪日本的改革运动中起到了先锋作用。[5]

广州的医生精英们当时还创办了中国最早的一批现代卫生杂志，用以普及现代卫生

---

[1] （清）康有为著，姜义华等编校：《康有为全集》第 3 集，上海古籍出版社，1992 年，第 599 – 601 页。

[2] （清）康有为：《议院政府无干予民俗说》，沈云龙等编校：《近代中国史料丛刊》第 38 卷，文海出版社，1988 年，第 8 页。

[3] 《医学卫生报》，1908 年第 1 期。

[4] 《医学卫生报》，1908 年第 8 期。

[5] 《光华卫生报》，1918 年第 1 期。

知识。广州的《医学卫生报》和上海的《卫生白话报》是中国最早的两份公共卫生杂志，在 20 世纪初向国民介绍现代卫生知识的过程中扮演了重要角色。该杂志旨在寻求治疗和康复方法，介绍西方有关医疗实践的法律法规，发布医学科学的新实验，以帮助民众理解公共卫生与个人卫生的原则。为说服民众放弃不符合卫生生活方式的社会风俗，促进良好的健康实践，《医学卫生报》以平实的语言发表了很多文章，以吸引公众而非医学专家的注意力。① 后来，中国出现了越来越多的公共卫生杂志，到 20 世纪 30 年代已有 60 种这样的杂志。与上海一样，广州在促进公共卫生和个人卫生教育方面处于领先地位。

二、西医与广州传染病的控制

在西方传教士医生的帮助和推动下，开明、进步的社会精英们、政府官员们、医学院的毕业生以及在国外接受过培训的医生们，开始采取西式公共卫生措施，在广州积极提倡现代卫生、健康习惯，促进卫生环境改善。广州成为 19 世纪末 20 世纪初近代卫生运动的一个重要发祥地之一。

传染病控制是现代公共健康运动的一项重要内容。早在公元前 200 年的古代中国就已经有了不同形式的接种疫苗来抵御疾病，但效果并不稳定。1796 年，英国医生霍华德·詹纳（Edward Jenner）发现了天花疫苗。1805 年春天，一名葡萄牙人携带疫苗从马尼拉抵达澳门。同一年，英国东印度公司的高级医生亚历山大·皮尔森（Alexander Pierson）将种痘法引进中国，还培训了几名中国助手，他们在皮尔森离开中国后继续为中国人种痘。②

1815 年，有商人开设了一家诊所，为穷人接种，使广州成为中国第一个使用詹纳接种方法的城市。当美国医生在广州行医的时候，他们进行接种牛痘工作。嘉约翰医生于 1859 年在广州博济医院设立了一个接种部门，不仅每周免费为穷人接种，还特别提供新鲜优质疫苗给予中国南方的一些城市。1860 年，该接种部门为大约 700 名儿童接种了疫苗，还向中国的沿海港口、日本和暹罗分派淋巴液。嘉约翰医生曾抱怨，这些工作缺少政府和公众支持，公众对接种不重视，实行接种的医生无法保存病毒，只能依赖从英国

---

① 《医学卫生报》，1908 年第 1 期。

② A. Pearson, "Report submitted to the Board of the National Vaccine Establishment, respecting the introduction of the practice of vaccine inoculation into China, AD 1805," *Chinese Repository*, Issue 2, April 1833, pp. 35–41.

运来的新鲜疫苗。①

广州博济医院和博医会（Medical Missionary Society）的诊所合作开展接种工作，广州博济医院是当时中国唯一一家可以随时为当地医疗人员和机构提供疫苗的医院。

广东政府将接种作为一种治疗天花的办法，开始重视。两广总督张树声于 1881 年下令建立了一个新接种站，并分派 40 人前往广东 72 个地区教授接种。由于政府的支持，1887 年仅有一名感染天花的人被送往博济医院。这名病人被迅速隔离，送上一艘小船后，由船长负责照顾他，嘉约翰医生也前往协助治疗。②

辛亥革命后，疫苗接种变得更加流行，绝大多数广州人视之为一件完全有必要的事。据说，当时广东每年有大约 10 万名儿童接受接种。1912 年，一家牛痘培育机构在广州成立，在当地政府的监管下开展工作，并成为一家市属企业。③ 1926 年，广州拥有50 个接种站。粗略估计，每年有 5 万到 6 万人接种，从而使脑膜炎死亡人数大为降低。④

由于广州人拥有接种经验，他们很容易就接受了西方的詹纳接种方法。更重要的是，很多广州中医生重新解释和改进了这种新方法，使它更易于被广州人接受。广州博济医院在广东，尤其在广州的接种运动中扮演了重要角色。当广州的中西医生将詹纳接种方法引进到其他省份后，对中国抵御天花的运动产生了深刻影响。

广州由于气候潮湿，也深受鼠疫之苦。19 世纪时腺鼠疫不断逼近广州，并最终在1894 年初侵入城区。⑤ 这场流行性鼠疫早在 2 月的时候就已经开始，但直到 3 月 14 日才被一份华文报纸报道，始为公众所知。这场鼠疫最早开始于城中心肮脏拥挤的回族住宅区。由于这场鼠疫传播速度非常快，导致很多人死亡。当很多广州市民慌不择路地逃向其他城市和农村地区的时候，也把鼠疫带到了这些地方。⑥

在抵御鼠疫期间，一些广州人起初试图利用迷信方法战胜它。1895 年，博济医院的格雷夫斯医生根据自己的观察详细地描述了市民的迷信行为：

---

① Medical Missionary Society in China, *Report of the Medical Missionary Society in China for the Year 1860*, Friend of China Press, 1861, pp. 5 – 6.

② Tso To – Ming, "Sketches of Dr. Kerr," First Report of the Refuge for the Insane, Volume 38, pp. 18 – 22, Presbyterian Church Board of Foreign Missions, *China Letters*, 1837 – 1900（microfilm）, Presbyterian Historical Society, Philadelphia, Pennsylvania.

③ J. Oscar Thompson, "To Editor of the Chinese Medical Journal," *China Medial Journal*, Volume 26, Issue 3, May 1912, p. 208.

④ W. W. Peter, *Broadcasting Health in China*, The American Presbyterian Mission Press, 1926, p. 66.

⑤ 广东人民出版社编：《点石斋画报》，广东人民出版社，1983 年，第 32 页。

⑥ 冼维逊：《鼠疫流行史》，广东省卫生防疫站，1989 年，第 203 页。

在广州爆发这场"黑死病"期间，1894 年，游行队伍抬着神龛日以继夜地在街上敲锣打鼓。中国人经常放鞭炮来驱赶想象中的病魔，每当病人神志不清的时候，就想象有恶魔附体，请法师用念咒和舞剑的办法来驱赶它。①

当一些人使用迷信方法的时候，广州慈善人士则努力指导救灾工作，并组织市民抵御鼠疫。他们采取必要措施，建立特殊济贫院，使用中国古典疗法治疗瘟疫患者，但进展缓慢。由于鼠疫患者没有与他们的家人隔离，鼠疫继续蔓延，并在 5 月达到高潮，中国传统疗法的失败对中国人的心理造成了很大影响。广州慈善人士、市民领袖们决定采取西方的现代隔离方法。他们在广州西郊建立了一家临时性的鼠疫医院。这是一间建于水面一堆竹子之上的大型临时房舍，通风良好，清洁卫生。但由于结构松散，每当有人在上面走动的时候，就会发出很大的声响。② 6 月，广州本地中医生们开始使用一些有助于治疗鼠疫患者的中药。③ 据《北华捷报》（North China Herald）的一篇文章报道："中医们似乎可以更好地控制鼠疫，他们救了很多人的性命。"④ 由于西方预防疾病医学和科学方法给中医们留下深刻印象，中医们在使用传统中医疗法的同时，也开始采用一些现代预防疗法来治疗病患。他们所做的兼顾中西疗法的努力有利于控制腺鼠疫的蔓延。从 7 月底开始，尽管仍有零星案例报道，鼠疫最终还是慢慢消失了。这场鼠疫的死亡率很高，尽管没有精确的统计数据，但据估计，广州 150 万人口中死亡人数多达 10 万或 15 万。⑤

鼠疫过后，意识到疾病预防的重要性，官员们开始关注传染病防治措施，并实施了一些新的预防政策来加强环境卫生。1901 年 6 月，广州官府令居民清除街道上的所有垃圾、杂物，派专人检查街道清洁度，还向居民征收清理费。⑥ 警察署开始强制实施卫生法规，禁止居民在街上乱丢垃圾、小便和燃烧物品，店铺必须将所有垃圾都扔进垃圾桶，不能扔到街上。警察署派警察到街上去检查居民和商户，并惩罚那些违反卫生法规的人。⑦ 广州因此成为 20 世纪初期中国首个使用警察强制推行卫生法规的城市。

---

① R. H. Graves, *Forty Years in China or China in Transition*, Woodward, 1895, Scholarly Resource at Wilmington, Delaware, 1972, pp. 234 – 235.

② Mary Niles, "Plague in Canton," *China Medical Missionary Journal*, Issue 8, 1894, pp. 116 – 119.

③ 梁龙章：《辩证求真》，维新印务局，1905 年，第 6 页。

④ "The Southern Plague," *The North China Herald*, June 15, 1894.

⑤ John G. Kerr, "The Bubonic Plague," *China Medical Missionary Journal*, Issue 4, 1894, pp. 178 – 180.

⑥ 《广州新闻》，《申报》，1901 年 6 月 1 日。

⑦ 《广东省》，《中国日报》，1904 年 4 月 12 日。

　　麻风病在中国有数千年历史。中国南方广泛流行的麻风病是由当地极其炎热和潮湿的亚热带气候导致的。缺少足够的医疗救治，也无疑是麻风病传播的因素。① 不少民众认为麻风病是品行不端、犯罪的结果。由于麻风病人可怕的外表和异样的身体，使人感到不舒服，加上害怕被感染，民众认为麻风病人与健康人群应该隔离开来。由于没有找到防治麻风病的科学方法，此时唯一可以阻止传染的方法依旧是隔离。为此，麻风病人收容所成为为饱受折磨和孤立的麻风病人提供庇护和生存的地方。②

　　英国传教士医生首先意识到了中国麻风病人的问题。合信（Benjamin Hobson）医生在19世纪60年代行医的同时也在研究麻风病。他认为麻风病是一种遗传病，潮湿地区尤其盛行。③ 当时在广州的英国领事牧师约翰·亨利·格雷（John Henry Gray）在他1875年出版的《广州漫记》（Walk in the City of Canton）一书中，详细记录了广州的各类建筑和机构，还涉及麻风病人收容所刚开始的情况。他指出，麻风病人收容所由政府支持，但日常事务由两名常住麻风病人负责。④ 1897年，詹姆斯·坎特利（James Cant-lie）医生和他的学生孙中山来到广州的一间麻风病人收容所，并开展了调查，调查显示1873年"广州附近有两个麻风病人收容所"。⑤

　　美国传教士医生从19世纪晚期开始密切观察麻风病人。1886年6月，玛莎·诺伊斯（Martha Noyes）小姐嫁给了嘉约翰医生，她的工作从真光书院（True Light Seminary）转移到了她开办的博济医院附属学校。此后，她在一名学生的帮助下，在广州大东门外建立了一个麻风村。麻风村的工作进展迅速，由安德鲁·贝蒂（Rev. Andrew Beattie）负责男性麻风病人的工作，而玛丽·奈尔斯（Mary Niles）负责女性麻风病人的工作。1897年，坎特利医生曾写道："广州东门外1到2英里处有一个麻风村。"⑥

　　1902年，贝蒂报告称，在爱丁堡麻风布道团（Leper Mission of Edinburgh）的资助下，麻风村新建了一个小礼堂，7月份投入使用，当时大约有100名麻风病人参加了开

---

　　① 　关于中国麻风病史的研究，参见 Angela Ki Che Leung, *Leprosy in China：A History*, Columbia University Press, 2009。

　　② 　英国传教士贝利（Wellesley C. Bailey）于1874年建立了麻风布道团，这是一个国际性的麻风病人收容所。

　　③ 　*Medical Times and Gazette*, Issue 2, 1860, pp. 558 – 559.

　　④ 　John Henry Gray, *Walks in the City of Canton*, De Souza, 1875, pp. 688 – 690.

　　⑤ 　James Cantlie, *Report the Conditions under which Leprosy Occurs in China*, *Indo – China*, *Malaya*, *the Archipelago and Oceania*, Macmillan, 1897, p. 65.

　　⑥ 　James Cantlie, *Report the Conditions under which Leprosy Occurs in China*, *Indo – China*, *Malaya*, *the Archipelago and Oceania*, Macmillan, 1897, pp. 57 – 65.

244

幕式。① 传教士托马斯（R. D. Thomas）见证了这个麻风村的存在，据他记载，广州附近珠江岸边有一个麻风村，通过向进出广州的船只征收"麻风病通行费"来维持运营。②

1905 年 5 月 6 日，一座专为未感染的麻风病人子女修建的房屋投入使用。美国总领事朱利叶斯·莱（Julius Lay）在正式创办开幕式上发表了演讲。有 10 名儿童住在这座由爱丁堡麻风布道团资助的房子里。1910 年，美国基督教长老会在广州城外的麻风村附近开办了另一家收容未感染儿童的中心，由威廉·诺伊斯（William Noyes）、博伊德（H. W. Boyd）医生和玛丽·奈尔斯医生负责日常管理。③ 1907 年，该麻风村被命名为麻风院，拥有 "382 名麻风病人，附近是一家新建成的麻风病收容所，有 76 间病房，可以容纳大约 200 名病人"。这座新建成的建筑是政府财产，委托阿道夫（Adolph Razlag）医生管理 1 年。④

博济医院当时采取将麻风病人隔离在医院独立病房的办法对其进行治疗，效果良好。1902 年 5 月，维也纳大学的毕业生阿道夫医生对一位四个月来一直忍受痛苦的年轻病人进行观察治疗，结果相当成功，当这名病人再次造访医院的时候，已经完全康复了。阿道夫医生称，很多麻风病人都是可以被治愈的。他非常认可自己的无私工作，以科学为基础，大都自掏腰包。对此，阿道夫医生写道：

> 对麻风病的治疗（有症状的、系统的、预防性的）是一项综合而复杂的工作。大体而言，它包括内外药物疗法（消毒液、补养药等），电镀、血清疗法、沐浴以及水蛭疗法等。⑤

1915 年，博济医院为几名麻风病人进行了系统性的大风子油等混合液体（chaulmoogra oil mixture）的注射，并于次年开设了一间麻风门诊，定于每周四的早上进行会诊。1918 年，凯德伯里（Cadbury）医生对作为医院门诊病人的麻风病人进行了为期一年的治疗。他在病人的臀部深深地注射进大枫子油、间苯二酚和樟脑油等混合液体，这种办法已在菲律宾、火奴鲁鲁应用过。1920 年，凯德伯里在发表于《中国医学杂志》（*The*

---

① The Presbyterian Mission, *History of the South China Mission of the American Presbyterian Church*, *1845 – 1920*, The Presbyterian Mission Press, 1927, p. 121.

② R. D. Thomas, *A Trip on the West River*, Baptist Publication Society, 1903, pp. 5 – 6.

③ The Presbyterian Mission, *History of the South China Mission of the American Presbyterian Church*, 1845 – 1920, pp. 121 – 122.

④ Adolf Razag, *Leprosy in South China: Its Present Condition and Treatment with Special Suggestions*, (press unknown), 1907, p. 12.

⑤ Adolf Razag, *Leprosy in South China: Its Present Condition and Treatment with Special Suggestions*, p. 27.

China Medical Journal）上的《治疗麻风病的新方法》（*New Methods in the Treatment of Leprosy*）一文中声称：

> 我们必须说明，如前所述，尽管在很多麻风病例当中，他们有明确的治疗价值，但除非患者在疗养院内得到看护，被给予适当食物，经常沐浴，注意个人卫生，否则将很难完全被治愈。在不具备这些条件的地方，每周注射只能为患者提供力所能及的改善。①

博济医院每年大约治疗 100 名麻风病人，这是中国首个成功的麻风病诊所。

除美国医疗传教士创办的麻风病院外，其他西方传教士也在广东建立了麻风病院。1907 年，法国天主教传教士 P. 柯马娣（P. Comrardy）在广州以东 90 英里处开办了石龙麻风病院，可以住 70 名病人，是当时中国最大的麻风病院。1915 年，在当地政府的财政支持下，石龙麻风病院规模得以扩大，可以住 600 多名病人。1907 年，德国传教士约翰·E. 库内（John E. Kuhne）在广州以东 100 英里的石龙建立了另一家麻风病院。② 由于广东的麻风病人比其他省多，所以它在 20 世纪 20 年代就有 13 家麻风病院，而福建有 9 家，江苏有 6 家，中国 2/3 的麻风病例集中在这三个省。③

意识到麻风病院在现代卫生运动中的重要意义，广州市政府开始参与支持对麻风病人的看护工作。1920 年，随着广州政府机构改组，对广州东门外郊区的麻风病院的行政管理从警察局移至广州卫生局。1931 年，该麻风病院的规模有所扩大，并被命名为东郊麻风病院。另一家麻风病院也于 20 世纪 20 年代被广州市政府接管。④

为抑制麻风病的传播，广州政府在 1933 年 8 月发起了一场反麻风运动，57 名麻风病人被逮捕并送往石龙麻风病院。⑤ 1935 年，第二届全国麻风会议在广州举行，并通过了决议，让政府投入更多资金用于麻风病的治疗与研究，选派中国医生去西方国家学习麻风病的治疗方法。⑥

西方传教士医生在为广州地区天花、鼠疫、麻风等疾病提供科学的诊疗方法方面扮

---

① Wm. W. Cadbury, "New Methods in the Treatment of Leprosy," *China Medical Journal*, Volume 34, Issue 5, September 1920, pp. 479 – 481.

② John E. Kuhne, "The Leper Asylum at Tungkun," *China Medical Missionary Journal*, Issue 1, 1907.

③ James E. Lee, "China and Leprosy," *Chinese Recorder*, Volume 57, May 1926, pp. 856 – 861.

④ 收容 600 名麻风病人的石龙麻风病院的负债也由广州市卫生局承担。小潭麻风病院此时有 300 名病人，从 1921 年开始，此后数年，广州市卫生局都给予其财政补贴。参见：《广州市卫生局 1926 年报告》，《市政公报》，1926 年，广州市档案馆，档案号：7 – 579。

⑤ 《麻风季刊》1933 年第 7 卷第 3 期。

⑥ 《麻风季刊》1935 年第 10 卷第 1 期。

演了重要角色。由于受到西方因素的启发，广州民间与政府在消除这些疾病过程中发挥了积极的能动作用，这是广州公共卫生健康现代化的重要一步。

三、广州卫生行政的建立及作用

19 世纪末之前，清政府没有医疗管理，只有相关的医药法律条文，如禁止"江湖郎中"行医、禁止使用毒药杀人、禁止生产毒酒和毒药、禁止销售不洁饮水等。1905 年 9 月，清政府在巡警部下设立卫生司来监管公共卫生工作，"卫生"一词在中国历史上第一次被中央政府作为一个官方词汇采纳。1909 年，清政府发布了关于街道清洁和食物卫生的具体法规。1912 年中华民国成立后，北京政府在内务部下设立卫生署，负责全国公共卫生工作。1915 年 10 月 10 日，北京政府发布了关于医药销售人员的管理法规，这是中华民国第一份医疗管理法规。[①] 20 世纪初，很多省份的公共卫生工作进展缓慢。由于缺少专门的卫生部门，省警察厅经常承担一些基本的卫生职能。

由于广州是中国首个引进西医的城市，20 世纪初已有 20 家西式医院，受到近代公共卫生的启发，广东省巡警厅于 1906 年设立了卫生科，这是中国最早的省属公共卫生行政部门，它的设立促进了广东近代卫生运动的发展。[②] 辛亥革命的成功导致清王朝的灭亡，也推动了中国公共卫生运动的开展。广东省于 1912 年在广州建立了独立于巡警厅的卫生厅，这是中国首个省属一级的独立卫生行政部门。毕业于爱丁堡大学的李淑芬医生被任命为广东省卫生专员，并由 5 名接受过外国培训的中国医生作为助手。[③] 在发布一些关于医药与公共卫生的法规之后，卫生厅和警察厅于 1913 年开始在广东各主要城市采取措施，每年发起一场强制清洁，预防传染病的扩散运动。[④]

在 1920 年以前，中国没有一个市卫生局，卫生行政工作主要由市警察局负责。广州人是首批接受新卫生思想并迅速付诸实践的中国人群之一。1920 年，广州设立自治市，这是中国首个现代形式的市政府。广州市政府设立了公共安全、社会工作、工程、卫生等 6 个部门。为此，中国首个市级卫生行政部门成立了，公共卫生工作得以在坚实的基础上开展。接受过西方培训的胡宣明博士被任命为广州市卫生局首任局长，他于 1910 年在美国学习医学，并获得公共卫生博士学位，是一名公共卫生专家。在参观过西方国家的公共卫生设施之后，他倡导在中国设立政府公共卫生办公室。他认为，由于中国人

① 熊月之：《西学东渐与晚清社会》，第 490 页。

② 广州市地方志编纂委员会编：《广州市志》卷十五《体育卫生志》，广州出版社，1997 年，第 487 页。

③ Ch'ien Tuan - sheng, *The Government and Politics of China*, *1921 - 1949*, Stanford University Press, 1970, p. 67.

④ 《本省各大城市清洁实施计划》，1913 年，广州市档案馆，档案号：7 - 503；《广东省长李耀汉令》，《广东公报》，1918 年 3 月 11 日，广州市档案馆，档案号：政字第 1701 号。

缺乏公共卫生知识，不理解公共卫生的重要性，中国的公共卫生工作远远落后于西方国家，因而中国政府必须要发展公共卫生计划。①

由于受到西医的影响，广州容易接受一些有益于健康的近代观念，受过西方培训的广州医学精英们建立了一个市属卫生机构以实现广州的公共卫生近代化。广州成为中国首个拥有政府卫生机构的城市，广州市卫生行政部门的建立对中国产生了很大影响。虽然天津于1906年成立了卫生局，但它是一个区域性的卫生机构，而非市属机构，它不仅在天津，还在周边城市强制执行卫生法规。而上海直到1928年才成立卫生局，南京则在1932年成立卫生局，北平在1934年成立卫生局。20世纪30年代，更多市属公共卫生行政机构在中国各地成立了。②

广州是中国首个开展公共卫生工作的城市。广州市卫生局下设卫生与预防两个部门，还有负责公共卫生教育与数据统计工作的两名官员。卫生局的活动主要根据1921年发布的处理卫生事务的市政法规开展。卫生局在不同地区建立了6个公共卫生站，覆盖全市所有的区域。这些站点具有宣传普通卫生信息、接种疫苗、搜集数据、调查卫生状况、登记出生和死亡人口及其他职责的功能。③ 为实施公共卫生法规，广州市卫生局于1925年组织了一支公共卫生巡警队在街上巡逻，堪为公共卫生警察的典范。④ 为了保护居民的卫生与健康，广州市政府增加了卫生经费。到1925年，广州市政府在卫生工作上的年度预算已达到32.5万元，远高于上海的27万元和北京的16万元。⑤ 广州的卫生行政机构在强制执行公共卫生法规、采取近代卫生措施和技术、普及卫生教育和管理医学工作中扮演了重要角色。

为促进健康，预防疾病，有必要扫除无知，其中一个任务就是普及公共卫生教育，促使人们把健康教育视作社区健康计划中的一项重要任务。自1921年起，市卫生局经常组织一些民间团体、公私立医院、协会努力宣传健康信息与开展公共卫生教育活动以教育人们去改正不卫生的习惯。博济医院、夏葛女子医学院、公医医学校、光华医学院和两广浸信会医院经常派医生为学生、政府职员发表公共、个人卫生演讲，并散发关于婴幼儿保健和预防白喉的传单。⑥ 曾任广东国防司令，中国国民党第一届中央候补执行委员的李宗黄（1887—1987）高度赞扬了广州民间的公共卫生教育工作。他在1922年评论道：

---

① 胡宣明：《中国公共卫生建设》，东亚图书馆，1928年，第5页。

② 《卫生部统计室卫生图表统计》，中国第二历史档案馆，档案号：327－93。

③ 《广州市卫生局章程》，1921年2月，广州市档案馆，档案号：7－569。

④ 《公共卫生警察队成立声明》，《广州民国日报》，1925年10月30日。

⑤ 伍连德：《中国公共卫生之经费问题》，《中华医学杂志》1929年第15卷第4期。

⑥ 两广浸信会医院：《两广浸信会医院三十周年特刊》1947年第4期；还可参见：《广州卫生》1935年第1期。

……实于国民健康。最有裨益。为中国独一无二之完美卫生教育团体。①

美国医生也帮助广州卫生行政部门改善公共卫生教育工作。据李廷安医生讲，W. C. 凯德伯里医生就曾在广州为市民热心提供关于公共卫生的"有价值的信息"。凯德伯里医生认为"应把急性胃肠炎和痢疾视为致人死亡的重要杀手，新生儿破伤风是在婴儿刚出生一个月内死亡的一个重要杀手"。此后，广州市卫生局采纳了他关于防治疾病的一些建议。②

广州人在1886年开始修建街道，市民们自己打扫街道卫生，不需要政府支持。1903年，广东巡警总局设立卫生科，开始聘请清道夫打扫城市街道。1921年拆除城墙之后，广州拓宽了一些老街道，修建了更多街道，排水系统也得以完善，污水可以通过排水管道排进珠江。③

在20世纪初，环境卫生作为中国城市公共卫生计划的一个重要方面，也成为现代市政管理的一个重要组成部分。首任广州市卫生局局长胡宣明博士投入很多资源到公共卫生工作中，专门成立了一个负责环境卫生事务的机构。随着该部门的成立，街道清洁就成了广州市卫生局的一项常规职能。由于卫生法规在环境清洁中非常重要，到1924年，广州市已经发布了一系列环境卫生法规。它们包括建造公厕、清扫公厕、禁止店员向街道扔垃圾，洗衣店、理发店、电影院、旅馆和餐厅要保持门前街道的清洁等。1925年12月，广州市政府发布了关于禁止在学校、餐厅、医院、旅馆、茶室等公共场所吐痰的法令，对违反这些法令的人罚款5元。这是中国城市第一条禁止吐痰的法令。紧接着1926年卫生局关于街道清洁工作的报告更是令人鼓舞的。④

20世纪20年代初广州的街道清洁运动非常成功。1922年，黄炎培在其《一岁之广州市》一书中对广州的公共卫生进行了深入评论。他说：

> 查阅广州市政公报后，凡文告规章之类，以属卫生者为最多……广州市特聘专门人材，主持此项行政……足于卫生行政史上放一异彩……广州市街道之清洁，就余往日所见于国内各地者，实罕甚匹。⑤

由于受到西方卫生观念和预防医学的启发，在西方国家接受过培训的广州医学专家

---

① 李宗黄：《新广东观察记》，商务印书馆，1922年，第39页。

② 李廷安：《广州公共卫生报告》，《中华医学杂志》1925年第11卷第4期。

③ 李宗黄：《模范之广州市》，商务印书馆，1929年，第136－137页。

④ 《广州市政公报》，广州市档案馆，档案号：政字2131－41；《广州市政公报》，广州市档案馆，档案号：政字571－69；《广州卫生局1926年工作报告》，《市政公报》，1926年，广州市档案馆，档案号：7－579。

⑤ 黄炎培：《一岁之广州》，商务印书馆，1922年，第60－61页。

们建立了一套现代环境卫生行政体系。它不仅有助于在广州建立一个更好、更清洁的环境，还有助于控制和减少传染病的传播。1935 年，广州市政当局花费当年财政预算的一半用于清扫街道和清除垃圾等活动。广州的环境清洁为中国其他城市树立了一个典范。

1928 年，国民政府卫生部发布了关于街道清洁和垃圾清扫的法规，但这些活动大都仅限于城市地区。只有在南京、上海（尤其在公共租界）、北京、天津、青岛和广州这样的大城市里，卫生工作才得以在专门基金的支持下开展。①

预防民众感染传染病是公共卫生计划的一个重要方面。广州市政府在使用科学方法控制鼠疫蔓延中扮演了重要角色。为预防灾难性鼠疫的发生，市卫生局从 1920 年成立之后，每年都开展轰轰烈烈的灭鼠运动。同时广州市政当局采取了严格的疫病防治措施。当斑疹伤寒、黄热病、白喉或猩红热病例被报告给卫生局后，卫生局就会马上采取措施把病人送往政府管理的传染病医院。如果有人死亡，卫生当局就务必要对死者之前的住所进行正当消毒，并把他们的物品烧掉。到 1924 年，广州市政当局已经发布了关于隔离检疫的疫病防治法规。②

1924 年 5 月，广州市的一些医院报告有 30 例鼠疫感染病人。广州卫生当局立即派医生、护士和公共卫生宣传队到人流量大的地方张贴海报，鼓励人们保护自己的健康。他们还散发了很多传单，鼓励市民担起抑制疾病的责任，并养更多的猫来灭老鼠。③ 在政府于 5 月底强制实行管控疾病的严格法规后，疫病被有效控制。1925 年后，卫生当局每年都会在所有公共卫生中心、公众聚集场所、学校、工厂和医院举办两次系统性的天花预防运动。④

霍乱是一种急性腹泻性疾病，它会引发严重的消化系统症状，并往往由霍乱弧菌所致。20 世纪 20 年代，卫生局对伤寒症和痢疾采取了防治措施，因为这两种疾病与霍乱有关。霍乱病例在广州相当少，但当一场流行性霍乱于 1932 年 5 月蔓延到全国 23 个省和 312 座城市的时候，广州发现了 10 万病例，6 月份死了 3 400 人。⑤

广州政府分步骤采取防治措施，努力探讨科学有效的霍乱治疗方法。卫生局发信给西医和中医，请他们参加辨别霍乱病因和治疗的会议。一些广州医生提出了不同的药方，并将它们刊登在报纸上，甚至广东都督陈济棠都宣称辨别出了一种可以治疗霍乱的

① 内政部：《内政年鉴》（G），商务印书馆，1935 年，第 45 - 47 页。

② 《举行大清洁，调查鼠疫表》，《市政公报》，1924 年 6 月，广州市档案馆，档案号：7 - 574。

③ 《广州发现鼠疫病例》，《广州民国日报》，1924 年 5 月 12 日；《发现鼠疫后，商店冷清，诊所爆满》，《广州民国日报》，1924 年 5 月 16 日；《广州民国日报》，1924 年 5 月 19 日；《卫生局发现疫症一例》，《广州民国日报》，1924 年 7 月 21 日。

④ 《广州公共卫生局 1926 年工作报告》，《市政公报》，1926 年，广州市档案馆，档案号：7 - 579。

⑤ 《预防霍乱之简明方法》，《越华报》，1932 年 6 月 14 日。

药方。卫生局重视西方的科学治疗方法，给西医学会写信说："鉴于西医近年来取得的重大进步，你们应该知道治疗霍乱的新方法。"广州人使用中西医结合药方来治疗霍乱。霍乱最终在 1932 年 7 月被有效控制。① 显然，广州政府采取的科学防治措施是阻止 1932 年广州霍乱蔓延的一个主要原因。此后，广州每年夏天都会开展一场反霍乱的卫生运动。

20 世纪头 20 年，北京政府虽然发布了食品卫生条例，并设立了公共卫生警察，但都形同虚设。广州是中国首个将食品卫生与环境卫生区分开的城市。②

菜市场清洁卫生是广州政府重视的又一个问题。1920 年，广州第一家现代肉菜市场——禹山市场在广州市中心建立起来，由政府负责管理，宽敞清洁的大楼容纳了众多肉菜业主。与街边商店不同，卫生局会派督察员常驻这家肉菜市场监管食品卫生。到 20 世纪 30 年代，很多公立和私立的现代肉菜市场在广州纷纷建立。

肉类检验是食品卫生中的一个重要组成部分。但直到 20 世纪 20 年代，中国都没有建立一套肉类检验体系，对公众健康造成了威胁，还限制了肉类的出口，因为西方国家拒绝进口中国未经检疫的肉类产品。从 1928 年开始，1 名官方兽医和 3 名兽医助理负责对广州东、西、南 3 个屠宰场的牲畜和肉类进行检验。③

广州的卫生行政引领了中国市级卫生行政，中国著名公共卫生专家李廷安医生于 1925 年写道：

> 广州成为中国城市公共卫生工作的领导者……广州是中国一座组织管理良好的城市，把卫生工作与其他市政工作平等对待，并专门建立了一栋用于指导卫生工作的办公大楼。④

四、结论

公共卫生与健康现代化是中国近代化的一个重要组成部分，广州在这场近代公共卫

---

① 《本市霍乱症最近调查》，《越华报》，1932 年 6 月 26 日；《陈总司令制送霍乱丸》，《越华报》，1932 年 6 月 28 日第 6 版；广州市地方志编纂委员会编：《广州市志》卷十五《体育卫生志》，1997 年，第 330 页；广东省地方史志编纂委员会编：《广东省志·卫生志》，广东人民出版社，2003 年，第 167 页。

② 《市卫生局取缔摆买清凉饮料及生冷食品》，《市政公报》，1921 年 5 月，广州市档案馆，档案号：7-572；《拟定清凉饮料及生冷食物规则》，《市政公报》，1921 年 7 月，广州市档案馆，档案号：7-569。

③ 李春荣：《肉类检验之必要问题》，《广州卫生》1935 年第 1 期。

④ 李廷安：《广州公共卫生报告》，《中华医学杂志》1925 年第 11 卷第 4 期。

生运动中走在全国前面。由于受到西方医学和预防方法的启发，进步的广州改革家、社会精英、广州医院医学校的毕业生和接受过外国培训的医生们开始重视卫生问题。他们倡导现代卫生，以改善国人健康，力劝国人培养卫生习惯，创造清洁环境，并采纳西式卫生医疗系统。广州建立了中国首个市卫生局，广州政府采取了西式卫生措施，开始强制执行卫生法规，成为中国首个强制推行卫生法规的地方政府，也是晚清民国初期中国最清洁的城市之一，成为中国其他城市学习的范例，并一直都是近代卫生运动中最具活力的城市。

虽然西方医学与传教士医生在近代广州的公共卫生与健康运动起了一定作用，但是广州人在其中也扮演着重要角色。这场运动也是西方预防医学与中国预防医学相结合的一个结果。广州传统中医生重新解释和改进了接种办法，促使广州防治天花运动取得成功。进步的广州精英和中医们同时采用中国传统办法和西方预防措施来防治传染病，这种中西医结合的办法在某种程度上有效控制了疾病的蔓延，这也证明中西交往过程中，中国并非是被动的一方，很多情况下都是积极主动的，这也表明了中国自主性的一面。

作者简介：

杨金璐，暨南大学历史系硕士研究生；许光秋，暨南大学历史系教授；张维缜，暨南大学历史系副教授。

师惟善与晚清华中地区西医业之肇始

芦　笛

[提要]　近代华中地区的西医发展事业由英国卫斯理循道会派到中国的医学传教士师惟善开创。他在 1864 年中叶到 1870 年底之间以汉口为基地，开展慈善性质的医疗服务并筹建新式的医院建筑，共诊治六万余人，积累了医学实践经验和新的认知。由于他本人拥有高度的宗教热情，其医疗活动也因此始终裹挟着传教意识，而其医院实际上也成为基督教在华中传播的一个重要据点。与其在华医疗和传教活动伴行的是他对著述的热衷，其论述主题广泛且多涉及中国，尤关注中药材及相关知识。借助其积极经营的资金和物资来源网络，师惟善的医疗、传教和著述活动得到了一定的经济与物质保障。然而他在汉口，置身中西文化的复杂遭遇之中，未能放下其固有的优越感，由此也使其言行呈现出慈善与偏颇并存的面相。

[关键词]　汉口；师惟善；传教士；晚清；医院

师惟善（Frederick P. Smith, 1833—1888）是英国卫斯理循道会（The Wesleyan Methodist Missionary Society）派到中国的第一位医学传教士。① 该会于 1813 年 10 月 6 日在英国利兹成立，时仅为地方性教会组织，至 1818 年扩展为全国性教会组织，其宗旨是通过

---

①　John Pritchard, *Methodists and Their Missionary Societies 1760 – 1900*, Routledge, 2016, p. 85.

激励和联合各地分会与会众，以更加系统而有效地支持和扩大循道会在国外的传教工作。① 该会首位来华传教士为 1851 年 1 月 20 日抵达香港并于同年 12 月转赴广州的俾士（George Piercy，1829—1913）。② 师惟善居汉口六年（1864—1870），是将西医传入今武汉乃至华中地区的先驱，其所创立的普爱医院亦延续至今。③ 不仅如此，他在华期间还参与传教，并积极学习和研究中国医药、地理、语言文字等，著述之中尤以其于 1871 年同时在上海和伦敦出版的论述中国药物和博物知识的专著为知名。④ 目前学界对其在华的大致经历虽不陌生，但是相关论述都较为赅简，⑤ 间有讹误，⑥ 在挖掘和利用其本

---

① George G. Findlay & William W. Holdsworth, *The History of the Wesleyan Methodist Missionary Society*, Volume 1, The Epworth Press, 1921, pp. 21 – 30, 45 – 55; John Pritchard, *Methodists and Their Missionary Societies 1760 – 1900*, Routledge, 2016, pp. xvii, 23 – 31, 80. 该会所奉之循道宗（Methodism）由掀起于 18 世纪 30 年代末的英国福音复兴运动的主要领袖之一约翰·卫斯理（John Wesley, 1703—1791）创立，参见 Hughes O. Old, *The Reading and Preaching of the Scriptures in the Worship of the Christian Church*, Volume 5, William B. Eerdmans Publishing Company, 2004, p. 113. 该会英文名 "The Wesleyan Methodist Missionary Society" 定于该会于 1819 年 5 月 3 日在伦敦举办的第二次会议，而在该会于 1818 年 5 月 4 日在伦敦举办的首次会议上，其会名中的 "Wesleyan" 前有 "General" 一词，参见 Anonymous, *The First Report of the General Wesleyan Methodist Missionary Society*, Printed for the Missionary Society, 1818, p. viii; Anonymous, *The Report of the Wesleyan Methodist Missionary Society*, Printed for the Missionary Society, 1820, p. ix.

② William Moister, *A History of Wesleyan Missions, in All Parts of the World*, Elliot Stock, 1871, pp. 517 – 520; John Rose, *A Church Born to Suffer*: *Being an Account of the First Hundred Years of the Methodist Church in South China, 1851 – 1951*, Cargate Press, 1951, pp. 25 – 26.

③ 王默、王耘、高爽：《汉口循道会与普爱医院的创建和发展》，《武汉文史资料》2005 年第 6 期。

④ Frederick P. Smith, *Contributions towards the Materia Medica & Natural History of China*, American Presbyterian Mission Press, Trübner & Co. , 1871.

⑤ 例见 William T. Rowe, *Hankow*: *Conflict and Community in a Chinese City, 1796 – 1895*, Stanford University Press, 1989, pp. 20, 27, 102, 230；湖北省地方志编纂委员会：《湖北省志人物志稿》第 4 卷，光明日报出版社，1989 年，第 1819 页；陈新谦、张天禄：《中国近代药学史》，人民卫生出版社，1992 年，第 42 页；武汉市普爱医院：《普爱医院志（1864—2002）》，武汉市普爱医院，2002 年，第 1 – 2 页；刘亚娟：《武汉基督教新教医疗事业研究——以汉口普爱医院为个案》，湖北大学硕士学位论文，2006 年，第 5 – 6 页。不一一赘举。也有少量文章较好地专门介绍了师惟善的在华经历，简洁流畅，但与本文在材料运用和研究视角不尽相同，参见刘菲雯：《晚清湖北的西医先行者——施维善》，《中华医史杂志》2017 年第 4 期；刘欢楠、袁媛：《晚清来华医学传教士师惟善初探》，《科学与管理》2018 年第 1 期。

⑥ 如将师惟善的中英文名误写作 "师维善" 和 "Deter Smith" "J. Porter Smith" 等，参见吴新陶：《湖北西药商业发展史略》，《中国药学杂志》1987 年第 3 期；陶飞亚：《传教士中医观的变迁》，《历史研究》2010 年第 5 期。又如前引《普爱医院志（1864—2002）》误将其卒年记为 "1881 年"。

人的著作及相关外文资料方面仍留有较大空间，这与其在华中地区的近代西医传播史上的地位不相称，同时也未能充分展示其在晚清中外知识交流中的贡献与不足。本文结合师惟善来华前的经历与来华缘起，主要根据其在华期间撰写的文字资料，特别是完整涵盖其医疗业绩的六份医院年度报告，考察其在汉口开创的教会医疗事业，同时兼论其在医疗以外的著述等活动，以及其在华期间的感受和思想面貌。

一、以汉口为中心开展医疗服务

师惟善从英国汤顿的卫斯理中学（Wesley College）毕业后，于 1852 年入读伦敦国王学院（King's College, London）医学系，这可视为其学医和行医生涯的一个起点。他在 1853 年成为医学系二年级里唯一的奖学金获得者，并获药剂师学会（伦敦）颁发的金质奖章；1855 年从医学系毕业，获医学学士学位，[①] 同年被选为该校医学系的成员（associate），[②] 并成为皇家外科学院（Royal College of Surgeons）成员（member），[③] 且获伦敦国王学院颁发的植物学与药物学金质奖章和药剂师学会颁发的植物学金质奖章。[④] 之后他广游欧洲，继而在英格兰谢普顿马利特（Shepton Mallet）的埃弗克里奇（Evercreech）开始行医。[⑤] 在 1870 年底因健康问题开始离开汉口准备返英后，他定居于谢普顿马利特，在此行医直至去世。[⑥] 1872 年，他被选为伦敦国王学院的荣誉会士（honorary fellow），[⑦] 1873 年成为皇家地理学会（Royal Geographical Society）会员，[⑧]

---

① Anonymous, "News and Topics of the Day," *Association Medical Journal*, Vol. 3, No. 154, 1855, pp. 1118 – 1123; University of London, *University of London: The Calendar for the Year* 1869, Taylor and Francis, 1869, p. 175.

② King's College, London, *The Calendar of King's College, London: for 1857 – 58*, R. Clay, Printer, 1857, pp. 187, 298.

③ Royal College of Surgeons, *Calendar of the Royal College of Surgeons of England*, Taylor and Francis, 1874, p. 243.

④ Anonymous, "Obituary: Frederick Porter Smith," *The Pharmaceutical Journal and Transactions*, Vol. 18, 1888, p. 859. 师惟善于 1853 年获药剂师学会所颁金质奖章之事，系据其所著《汉口医学传教团医院五次年度报告》（*The Five Annual Reports of the Hankow Medical Mission Hospital*）封面信息。

⑤ William A. Tatchell, *Medical Missions in China in Connexion with the Wesleyan Methodist Church*, Robert Culley, 1909, p. 79.

⑥ E. R. Kelly, *Kelly's Directory of Somersetshire, with the City of Bristol*, Kelly and Co., 1883, p. 308; Arthur L. Humphreys, *The Somerset Roll: An Experimental List of Worthies, Unworthies and Villains Born in the County*, Strangeways, 1897, p. 91.

⑦ Anonymous, "Medical News," *The Medical Times and Gazette*, Vol. 1, 1872, pp. 746 – 747.

⑧ Anonymous, "List of Council, Officers, Honorary and Honorary Corresponding Members, and Fellows," *The Journal of the Royal Geographical Society*, Vol. 44, 1874, pp. 15 – 98.

1874 年又成为英国药学会（Pharmaceutical Society of Great Britain）荣誉和通信会员。①
师惟善的来华，与英国循道会传教士郭修理（Josiah Cox, 1828—1906）密切相关。

郭修理于 1853 年 3 月 12 日抵达香港，随后前往广州与俾士一起传教，② 1860 年 3
月因健康不佳返英，但在次年 10 月 24 日再度返回香港。为了开拓传教事业，他于 1861
年 12 月离开广州，次年 1 月抵达拜上帝的太平天国首都天京（今南京），在传教意愿受
挫后便返回上海，③ 1862 年 2 月转至汉口，并遇到了已于 1861 年 6 月 21 日抵达汉口的
英国伦敦会传教士杨格非（Griffith John, 1831—1912）。④ 杨格非不仅友好地接待了郭修
理，为后者提供了数周的临时住所，还应询介绍了一位辅导其汉语官话的中国人。更重
要的是，杨格非还劝说郭修理就地开展传教活动，并带领后者登上汉口的龟山鸟瞰长江
与汉水及汉口市貌，指出武汉三镇的地理枢纽地位及其对于传教事业的战略意义。⑤ 郭
修理很快便在距离伦敦会传教建筑区约一英里处租房，并在 3 月 31 日给差会写信，希
望能派 6 名传教士前来协助巩固和扩大传教事业，而其中一名应能从事医疗工作。与此
同时，他在得到差会同意后，于 1862 年 9 月 22 日以 135 英镑的价格在汉口购买了一块
地，成为循道会日后在汉口乃至华中开辟教区并开展传教、教育和医疗活动的一个基
地。⑥ 在此背景下，有志于来华服务的师惟善便被英国卫斯理循道会派往中国。1863 年
12 月 10 日，师惟善偕妻子从英国乘坐"布洛克汉"（Brockham）号船前往中国，⑦ 1864

①　Anonymous, "Election of Honorary Members," *The Pharmaceutical Journal and Transactions*,
Vol. 4, 1874, p. 895. 此外，师惟善也是皇家亚洲文会北华支会（上海）的通信会员，其入会时间
当在其在华期间，但具体年份尚待查证，参见 Anonymous, *The Medical Directory for 1878*, London,
J. and A. Churchill, 1878, p. 657.

②　汤开建、张照：《英国循道公会澳门档案中的早期传教士活动》，《中国文化研究》2004
年第 3 期。

③　Josiah Cox, "A Missionary Visit to Nanking and the 'Shield King'," *The Wesleyan Missionary
Notices*, Vol. 9, 1862, pp. 61 – 66.

④　Alexander Wylie, *Memorials of Protestant Missionaries to the Chinese*, American Presbyterian Mis-
sion Press, 1867, pp. 220, 237.

⑤　Anonymous, "A Pioneer Missionary in China: The Rev. Josiah Cox," *The Bulletin of the
W. M. M. S.*, Vol. 106, No. 27, 1906, pp. 1 – 3; Griffith John, *A Voice from China*, James Clarke & Co.,
1907, pp. 205 – 206; George G. Findlay & William W. Holdsworth, *The History of the Wesleyan Methodist
Missionary Society*, Volume 5, The Epworth Press, 1924, pp. 462 – 464.

⑥　William Moister, *A History of Wesleyan Missions, in All Parts of the World*, Elliot Stock, 1871,
pp. 528 – 529; William Scarborough, "Our Central China Mission," *The Wesleyan – Methodist Magazine*,
Vol. 100, 1877, pp. 202 – 209.

⑦　John Corderoy, *Wesleyan Mission to China: Report of the Annual Public Breakfast Meeting, Held
April 30th*, 1864, Printed by William Nichols, 1864, p. 5.

年 4 月 26 日至上海，同年 5 月 17 日抵达汉口。① 目前伦敦大学亚非学院（SOAS, University of London）图书馆特藏室所藏循道会档案中保留着 15 封出自师惟善之手的书信，时间跨度为 1863 年 10 月 21 日到 1869 年 10 月 7 日，其中除了前两封分别写于伦敦的芬斯伯里（Finsbury）和上海外，其余皆写于汉口。② 他在上海写信的时间为 1864 年 5 月 4 日，说明其在赴汉口前曾在上海短期逗留。遗憾的是由于保存不佳，加之信件本身字迹又非常潦草，部分甚至存在缺损，因此信件的具体内容颇难辨识，实为憾事。

到达汉口后，师惟善受到了郭修理的热情接待，同时也开始跟一名中国人学习汉语，并在 5 月下旬就为陆续来到自己住处的大量病人与伤员施诊。由此也促使其考虑开设一家诊所。师惟善于 1864 年 6 月在汉口大通巷附近的循道会传教建筑区内设立了一所医院，1864 年 7 月 1 日正式开张。③ 这一日也正是他撰写的第一份医院年度报告中统计时间范围的起始日期。医院设立 8 天后，他竖起一块牌匾，上面刻着表示院名的 4 个汉字"普爱医院"。同年 7 月底，他另租下两间小屋以安置住院病人。④ 医院在设立之初条件较为简陋，但是工作量却与日俱增。例如他曾在 1864 年 6 月 28 日写于汉口的信中透

---

① Alexander Wylie, *Memorials of Protestant Missionaries to the Chinese*, p. 270. 伟烈亚力（Alexander Wylie, 1815—1887）在该书中将师惟善抵达汉口的日期记为 1864 年 5 月 16 日，但据师惟善自己在信中所述，该日期当为 1864 年 5 月 17 日，参见 Frederick P. Smith, "China: Extract of a Letter from F. Porter Smith, M. D., Dated Hankow, June 28th, 1864," *The Wesleyan Missionary Notices*, Vol. 11, 1864, pp. 176 – 177。除此之外也有一些文献正确记载了该日期，例见 William A. Tatchell, *Medical Missions in China in Connexion with the Wesleyan Methodist Church*, Robert Culley, 1909, p. 80。

② 这些信件分别写于 1863 年 10 月 21 日（Finsbury, London）、1864 年 5 月 4 日（上海）、1864 年 6 月 20 日（汉口）、1864 年 9 月 30 日（汉口）、1865 年 3 月 19 日（汉口）、1865 年 3 月 31 日（汉口）、1865 年 11 月 15 日（汉口）、1866 年 5 月 16 日（汉口）、1867 年 3 月 16 日（汉口）、1868 年 9 月 6 日（汉口）、1868 年 12 月 3 日（汉口）、1868 年 12 月 20 日（汉口）、1869 年 3 月 10 日（汉口）、1869 年 7 月 11 日（汉口），及 1869 年 10 月 7 日（汉口）。信件所在循道会档案范围为 FBW China Correspondence 1, Box 487（1851—1867），File 1862—1865；FBW China Correspondence 2, Box 487（1851—1867），File 1866 & 1867；FBW China Correspondence 2, Box 488（1868—1876），File 1868 & 1869.

③ Frederick P. Smith, *The Five Annual Reports of the Hankow Medical Mission Hospital*, Printed at the "North – China Herald" Office, 1869, pp. 1 – 2, 35.

④ William Scarborough, "Our Central China Mission," *The Wesleyan – Methodist Magazine*, Vol. 100, 1877, pp. 202 – 209；William A. Tatchell, *Medical Missions in China in Connexion with the Wesleyan Methodist Church*, pp. 85, 88. 普爱医院的英文名为 "Hospital of Universal Love"，又写作 "Hankow Medical Mission Hospital"。

露，自己昨日为多达 300 人开了处方并分发了药品。① 当然，该医院并不是每天都会开门，而是固定在每周的周一、周三和周五接待病人，② 其中周一和周五面向男性，周三面向女性和儿童。③ 起初，师惟善在与本地病人的交流中需要借助郭修理的口译，随着对汉语的逐步掌握，他很快便能独立与病人沟通了。④ 与此同时，郭修理也于 1865 年从汉口移至江西九江传教。⑤ 由于上门求诊的病人越来越多而既有的医疗条件难以满足，因此师惟善谋划建设新的医用建筑。1866 年 4 月 27 日，耗资一千银两（taels）的高大西式建筑在汉正街落成，仍位于循道会教区内；整个建筑长 78 英尺，宽 30 英尺；内部分为前后两个大小相同的区域，其中后部为一个能够容纳 12 位男性住院病人的病室，而前部则分为一个大的用于候诊和配药的房间，以及两个小的能够收纳 8 位女性或其他需要隔离的住院病人的小病室；前后两个区域均配有独立的厨房和办公室。新建筑启用后，门诊时间也从过去的一周 3 天改为一周 6 天，即周一、周二、周四和周五诊治男性病人，周三和周六诊治女性和儿童。一些本地人也在医院服务，包括颇受师惟善赏识的配药师"颜中"（据"Ngan Tsoong"音译）。⑥ 师惟善自己也意识到，普爱医院是近代华中地区第一家西医院。⑦ 而这栋新落成的建筑也使之摆脱了之前简陋的诊所性质的医疗规模，可谓该地区最早的功能与结构较为完备与规范的西医院。⑧

1866 年下半年，师惟善还在武昌的循道会传教建筑区内设立了一家附属于普爱医院

---

① Frederick P. Smith, "China: Extract of a Letter from F. Porter Smith, M. D., Dated Hankow, June 28th, 1864," *The Wesleyan Missionary Notices*, Vol. 11, 1864, pp. 176 – 177.

② George Osborn, *Wesleyan Mission to China: Report of the Annual Public Breakfast Meeting, Held April 29th, 1865*, Printed by William Nichols, 1865, p. 5.

③ Frederick P. Smith, *The Five Annual Reports of the Hankow Medical Mission Hospital*, p. 1.

④ William A. Tatchell, *Medical Missions in China in Connexion with the Wesleyan Methodist Church*, pp. 83 – 84.

⑤ 郭修理之后曾分别在 1866 年底和 1872 年 4 月 21 日两次回到武汉（其中前一次并未久留武汉，而是很快又随友人赶往日本），最终因健康状况恶化而于 1875 年从武汉返回英国，参见 Anonymous, "Wesleyan Mission," *The Chinese Recorder and Missionary Journal*, Vol. 7, No. 6, 1876, p. 428; Anonymous, "A Pioneer Missionary in China: The Rev. Josiah Cox," pp. 1 – 3.

⑥ Frederick P. Smith, *The Five Annual Reports of the Hankow Medical Mission Hospital*, pp. 20 – 21, 29.

⑦ Frederick P. Smith, *The Five Annual Reports of the Hankow Medical Mission Hospital*, p. 63.

⑧ Harold Balme, *China and Modern Medicine, a Study in Medical Mission Development*, United Council for Missionary Education, 1921, pp. 53 – 54.

的诊所，此后每周二都会从汉口前往那里施诊一次，偶有间断。① 师惟善掌管普爱医院至 1870 年 12 月便将医院移交给 1870 年 5 月 7 日抵达汉口并协助自己的医生哈代（E. P. Hardey）管理，而自己则开始准备返回英国。② 普爱医院为改善当地及周边民众的健康作出了重要贡献，师惟善的工作也为当时英国卫斯理循道会在华传教士所称道。③ 从统计数字来看，在 1864 年 7 月 1 日到 1870 年 6 月 30 日间，普爱医院共诊治 58 925 人，其中门诊病人 58 439 位，住院病人 486 位（见表 1）。而在 1870 年 7 月到 12 月间，该医院共诊治 4 446 人，其中门诊病人 4 398 位，住院病人 48 位。④ 其诊治病人数量相当可观。由于汉口"九省通衢"的地理枢纽地位，经师惟善诊治的病人来自五湖四海和各个阶层（从达官贵族到村民和乞丐）。其医术也受到期许或得到肯定，例如湖北学台就曾将自己 15 岁的女儿从武昌送到医院附近住下以接受治疗；又如一位四等军官被师惟善治好后，曾身穿正装亲自带领随从前往医院拜访以示敬意。⑤ 在性别比例上，门诊和住院病人中的男性数量皆远多于女性。总体上看，这主要应与师惟善系男性，而中国社会中的男女之防思想在很大程度上阻碍了女病人无拘束地求诊于男医生，或与男病人混杂在一起在医院看病，即成为所谓"女病难医"现象的一部分。⑥ 此亦师惟善把男女病人分别安排在每周不同日期施诊的原因。具体而言，如住院病人中女性数量显著低于男性，则有时是由于医院资源有限，而病房过多地被男性病人占用所致。⑦ 当然，普爱医院在开张最初就重视收治女性，主要是为了向当地人展示女性与男性在所有神圣的和

---

① Frederick P. Smith, *The Five Annual Reports of the Hankow Medical Mission Hospital*, pp. 34 – 35; Frederick P. Smith, *The Sixth Annual Report of the Hankow Medical Mission Hospital*, p. 3; William A. Tatchell, *Medical Missions in China in Connexion with the Wesleyan Methodist Church*, p. 245.

② Frederick P. Smith, *The Sixth Annual Report of the Hankow Medical Mission Hospital*, p. 4; E. P. Hardey, *The Seventh Report of the Hankow Medical Mission Hospital*, Printed at the Hankow Printing Office, 1872, p. 1. 哈代（Hardey）于 1875 年 1 月底返英，同年 2 月 5 日乘坐法国邮轮"老虎"（Tigre）号从上海启程，参见 Anonymous, "Missionary News: Hankow," *The Chinese Recorder and Missionary Journal*, Vol. 6, No. 1, 1875, p. 79。

③ William Scarborough, "Medical Missions," *The Chinese Recorder and Missionary Journal*, Vol. 5, No. 3, 1874, pp. 137 – 152.

④ E. P. Hardey, *The Seventh Report of the Hankow Medical Mission Hospital*, p. 2. 这 6 个月的统计包含部分来自武昌诊所的数据。

⑤ Frederick P. Smith, *The Five Annual Reports of the Hankow Medical Mission Hospital*, pp. 3, 36.

⑥ （清）吴道源：《女科切要》，上海科学技术出版社，1990 年，第 1 页。另参见王秀云：《不就男医：清末民初的传道医学中的性别身体政治》，《"中央研究院"近代史研究所集刊》2008 年第 59 期。

⑦ Frederick P. Smith, *The Five Annual Reports of the Hankow Medical Mission Hospital*, p. 65.

人际之间的关系中皆处于平等地位。①

表1　普爱医院诊治病人数量（1864年7月1日—1870年6月30日）②

时间范围	门诊病人			住院病人			病人总数
	男	女	合计	男	女	合计	
1864/7/1—1865/6/30	16 032	2 700	18 732	30	2	32	18 764
1865/7/1—1866/6/30	6 895	2 004	8 899	34	8	42	8 941
1866/7/1—1867/6/30	8 132	3 301	11 433	101	23	124	11 557
1867/7/1—1868/6/30	4 295	2 270	6 565	84	12	96	6 661
1868/7/1—1869/6/30	4 416	2 420	6 836	96	3	99	6 935
1869/7/1—1870/6/30	3 983	1 991	5 974	84	9	93	6 067
六年合计	43 753	14 686	58 439	429	57	486	58 925

由表1可知，普爱医院各年诊治病人数量存在浮动，其原因主要与医生身体状况、社会治安，以及医院管理与建设三个方面有关。例如，1865年中叶到1866年中叶之间，医院因师惟善健康不佳及城中动乱而关闭6周，后在捻军扰城期间也处于闭门状态。这一年间，自医院开张以来即出现的大量几乎无恙的、装病的、假装戒了鸦片烟的以及纯粹行乞的人涌入医院，但他们既不愿在院内聆听布道，也不愿遵守规章制度，为医院正常运作造成了显著的负担；更有人将医院内发放给病人的竹牌（用于有秩序地将病人从门厅引入诊室）拿到街上售卖，经反复劝告仍无动于衷。于是师惟善自1865年10月20日起关闭医院1周，其间在征询其他在汉口的传教士的意见后，决定向所有初次求诊的男性病人每人收取50个大铜钱（large cash）以购票入内（票背面可记录病人的疾病及

---

① Frederick P. Smith, *The Five Annual Reports of the Hankow Medical Mission Hospital*, p. 1.

② 相关数据，参见 Frederick P. Smith, *The Five Annual Reports of the Hankow Medical Mission Hospital*, pp. 1, 18, 35, 54, 64; Frederick P. Smith, *The Sixth Annual Report of the Hankow Medical Mission Hospital*, Printed at the "North - China Herald" Office, 1870, p. 4. 尽管师惟善所撰第三次到第六次医院年度报告（涵盖时段为1866年7月1日到1869年6月30日）中的病人统计数据可能包含武昌诊所的病人数，但是明确提到这一点的仅为其第五次医院年度报告（涵盖时段为1868年7月1日到1869年6月30日），参见 Frederick P. Smith, *The Five Annual Reports of the Hankow Medical Mission Hospital*, p. 65。

药方等信息），而女性、儿童、急诊以及需做手术的病人仍免费收治，贫困病人则会在一天门诊结束后受免费照料。在师惟善看来，此举并非为了获利，而是通过经济手段使医院避免人力和时间浪费，有利于将医生精力和医疗资源集中到真正的救治对象上。由此引发的现象之一即求诊病人数量的显著下降。① 1868 年 3 月到 5 月间，医院又因师惟善生病而关闭 3 个月。② 师惟善最终也是因为患疾而返英的，比他自己计划在汉口居留的时间缩短了两年；虽其所患何病不得而知，但与长年高强度工作以致积劳成疾应有密切关系，而汉口夏冬气候之严酷给他带来的不适也可能是另一个重要因素。③

表 2　普爱医院诊治的主要伤病类型（1864 年 7 月 1 日—1870 年 6 月 30 日)④

伤病类型	病人数量						
	时段 I	时段 II	时段 III	时段 IV	时段 V	时段 VI	合计
眼病	3 769	1 416	1 768	1 168	1 045	684	9 850
黏膜炎和支气管炎	2 876	1 667	2 587	957	719	603	9 409
皮肤病	2 624	741	867	468	1 118	1 441	7 259
风湿病	2 506	810	1 329	875	565	639	6 724
溃疡	2 100	630	895	387	430	206	4 648

---

①　Frederick P. Smith, *The Five Annual Reports of the Hankow Medical Mission Hospital*, pp. 15 – 18, 33.

②　Frederick P. Smith, *The Five Annual Reports of the Hankow Medical Mission Hospital*, p. 53.

③　William A. Tatchell, *Medical Missions in China in Connexion with the Wesleyan Methodist Church*, pp. 102 – 104. 塔切尔（William A. Tatchell）称师惟善妻儿比师惟善本人早一年回到英国，而实际可能更早。据一份 1869 年 8 月发表的在华新教传教士名录来看，师惟善妻子当时已不在汉口，可能已经踏上了返英之路，或者因故前往了中国其他地方，参见 Anonymous, "The Protestant Missionaries of China," *The Chinese Recorder and Missionary Journal*, Vol. 2, No. 3, 1869, pp. 57 – 60。

④　相关数据参见 Frederick P. Smith, *The Five Annual Reports of the Hankow Medical Mission Hospital*, pp. 4 – 5, 22 – 24, 36 – 38, 55 – 56, 65 – 67; Frederick P. Smith, *The Sixth Annual Report of the Hankow Medical Mission Hospital*, pp. 5 – 8。值得一提的是，在师惟善所撰六次医院年度报告中，其基于伤病类型所做的统计虽然显示病人总数在 1864 年 7 月 1 日到 1870 年 6 月 30 日间分别为 18 764、8 941、11 557、6 661、6 935 和 6 067 人，与本文表 1 一致，但是经笔者重新逐年核算各类型病人细目总和，则 6 年间诊治的病人总数应当分别为 18 781、8 942、11 555、6 375、6 968 和 6 039 人。虽然两套数据差异不大，但孰更真确则实难验证，兹附识于此。

（续上表）

伤病类型	病人数量						
	时段 I	时段 II	时段 III	时段 IV	时段 V	时段 VI	合计
消化不良	820	470	581	520	843	521	3 755
腹泻	320	441	264	104	65	84	1 278
痢疾	180	197	170	123	162	81	913
热病	71	111	244	133	137	173	869
吸食鸦片	138	454	0	27	129	102	850
全身虚弱	351	74	140	58	76	33	732
神经系统疾病	182	153	141	0	120	110	706
哮喘	323	96	78	67	87	27	678
梅毒	210	83	135	68	74	102	672
耳病	158	120	183	65	51	65	642
水肿	300	69	56	69	91	52	637
脓肿	0	185	167	92	110	82	636
肛门病	170	92	175	46	49	65	597
白带	0	60	183	172	64	74	553
月经不调	0	76	87	127	140	92	522
淋病	268	85	67	26	23	17	486
肿瘤	130	113	103	41	55	29	471
口病	0	23	243	56	54	50	426
关节病	130	101	63	43	49	38	424
肌肉拉伤	0	57	130	56	63	23	329
心脏病	173	26	20	29	23	32	303
女性身体不调	200	0	0	0	0	0	200
痨病	110	60	0	0	0	0	170
挫伤	120	0	0	0	19	25	164

注：本表时段 I—VI 分别表示的时间范围依次为：1864/7/1—1865/6/30、1865/7/1—1866/

6/30、1866/7/1—1867/6/30、1867/7/1—1868/6/30、1868/7/1—1869/6/30，及 1869/7/1—1870/6/30。本表所谓主要伤病，指的是在上述任何一个时段中病人数量超过一百人的伤病。其中，水肿（Dropsy）项统计包含肾（Renal）、心（Cardiac）和鼻黏膜（Catarrhal）水肿；腹泻（Diarrhoea）项统计含霍乱样（Choleraic）腹泻和消化不良性腹泻（Lientery）。

　　作为一名医生，师惟善自然对病人所患疾病的类型十分关注。在其所撰的六次医院年度报告中（涵盖时段为 1864 年 7 月 1 日到 1870 年 6 月 30 日），大部分内容即有关疾病的统计和描述。从六年统计总和来看，师惟善在报告中共记录了约 131 种疾病或损伤，范围相当广泛，涉及药物治疗和外科手术。其中，眼病居首位，患者总计多达 9 850 人；而黏膜炎和支气管炎、皮肤病、风湿病、溃疡、消化不良和腹泻患者也依次都超过千人（见表 2）。在其实施的手术中，除了水肿或积水引流、脓肿开创、肿瘤切除等之外，的确也有涉及眼睛的翼状胬肉、眼睑外翻、倒睫、病眼摘除、白内障摘除等手术。大量手术的成功也使得师惟善自信他们自己的外科优于中国的外科。① 回顾历史，欧美来华医生自 19 世纪早期以来即凭借外科手术在医疗事业上取得相当成功，其中又以眼科为最。这方面的早期显著人物即美部会医学传教士伯驾（Peter Parker, 1804—1888），其于 1835 年 11 月 4 日在广州开设了一家眼科医局（Ophthalmic Hospital）。② 登门造访伯驾的病人之中不乏不抱希望或久经中医治疗而不见效者；而被其治愈的病人，从贫民到达官，均毫不吝惜真诚的赞美。③ 在这方面，文化因素在纯粹的医术之外也无疑具有潜在贡献。例如，眼睛在中国医学和文化中极受重视，《黄帝内经·灵枢》云："五脏六腑之精气，皆上注于目而为之精。"④ 可以想象，当欧美医生治愈中国眼病患者时，后者的内心很可能蕴含着超越身体康复所带来的感激之情。身体和心理上的双重体

---

① Frederick P. Smith, *The Five Annual Reports of the Hankow Medical Mission Hospital*, pp. 4, 25 – 26.

② Harold Balme, *China and Modern Medicine, a Study in Medical Mission Development*, pp. 39 – 44. 眼科治疗在伯驾的在华医疗事业中占有较大权重，对此可参照伯驾对其眼科医院自开业至 1837 年 12 月 31 日间就诊病人的统计，参见 Peter Parker, "Ophthalmic Hospital at Canton: Seventh Report, Being that for the Term Ending on the 31st of December, 1837," *The Chinese Repository*, Vol. 6, No. 9, 1838, pp. 433 – 445。关于伯驾的在华活动和博济医院（前身即眼科医局，更名于 1859 年）的历史，参见 William W. Cadbury and Mary H. Jones, *At the Point of a Lancet: One Hundred Years of the Canton Hospital, 1835 – 1935*, Kelly and Walsh, Ltd., 1935; Edward V. Gulick, *Peter Parker and the Opening of China*, Harvard University Press, 1973。

③ 伯驾的诊疗记录中清楚地反映了这一点，例见 Peter Parker, "Ophthalmic Hospital at Canton: The Sixth Quarterly Report, for the Term Ending on the 4th of May, 1837," *The Chinese Repository*, Vol. 6, No. 1, 1837, pp. 34 – 40。

④ （清）张志聪集注：《黄帝内经·灵枢》，上海科学技术出版社，1990 年，第 82 页。

验，对于动摇所谓华夷之辨、夷夏之防等社会心理自然是最直接而有力的。

值得一提的是，师惟善不仅治疗和记录疾病，还注重思考病因。例如，眼病在他看来是所有东方国家中非常突出的一类病，而根据他自己在汉口的观察和思考，其病因有五点：光线强烈；经常有来自北方的沙尘风；人们未蓄有能够为眼睛遮挡阳光的长发，而在夏天也不在头顶戴任何遮阳物品；眼睛轻微感染时不注意清洁；身体营养状况较差。又如，对于在汉口同样较为常见的呼吸器官疾病和皮肤病，他认为前者是由于大量房子环境潮湿造成的，尤其是众多不牢固的屋棚因漏雨而致潮湿；而后者则是由于当地人洗浴不使用肥皂，而是用少量接近沸腾的水（导致皮肤粗糙而糟糕），以及过于热衷使用各种膏药封住伤口以致加重皮肤溃疡。居住环境的潮湿在他眼中也是汉口风湿病较多的原因之一，而其他本土因素如饮食中素食比重过大、主粮中氮素含量贫乏以及红肉稀缺也都会加重风湿病病情。[①] 此外，师惟善还根据自己的实践对一些既有的欧洲医学观点提出质疑或批评，例如他观察到白内障病人在华相对稀少，但是不认为该病的病因是法国医家瑞福里－巴里斯（Joseph－Henri Reveillé－Parise，1782—1852）在 1823 年所说的吸食鸦片，因为他没有在汉口的鸦片吸食者中观察到白内障病人。[②] 总之，师惟善对汉口病人病因的思考虽不能说是完全正确无误，但其视阈不局限于病人身体与医学，而是扩大到了生活习惯、地理、气候、人居环境等多方面文化和自然因素，不仅难能可贵，而且有助于今日的史家理解和探讨部分疾病的地方性特征。师惟善在汉口显然并非简单地将自己在英国所学到医学知识应用于当地的病人，而是通过医疗活动积累一手经验和新的认知，在著作中与欧洲医学学术互动。

二、宗教意识和经济与物质考量

师惟善在汉口提供的医疗服务，从一开始就是与传教意图相配合的。不仅如此，医疗服务涉及的药品、器械、场地、建筑等也使之一直关注经济与物质保障。他在 1864 年 6 月底就准备好了印刷出来的医院日历（hospital－calendars），其版式主体虽是各月日期，但是右侧的汉字显示了其所提供服务的免费与慈善性质及其与基督教福音的关联，而顶部的汉字则表明这是一本医院日历，其下一行汉字则记录了日历分发地点，即汉口的循道会传教站和伦敦会教堂。这些医院日历自次月初开始在病人群体中发放。与此同时，由于其药品储备按照当时的消耗速度将维持不了多久，他便在同年 6 月底将一份药品名单寄给差会，请求后者立刻向"医学援助会"（Medical Aid Society）求助，并

---

① Frederick P. Smith, *The Five Annual Reports of the Hankow Medical Mission Hospital*, pp. 6－8.

② Frederick P. Smith, *The Five Annual Reports of the Hankow Medical Mission Hospital*, p. 73.

嘱咐要将药品小心装进锡罐并用硬木封箱，再立刻从陆路寄来。① 医院日历的发放隐性地传播了福音，而充足的药品实际上也具有这样的作用，因为师惟善相信中国人若对西方人在华的医学和传教工作产生高度认同，那么就直接为他们接受基督教真理铺平了道路。② 而且，他在 1864 年曾收下一个中国学生，既教其神学，也培训其西医技艺以作为自己的助手；他在工作开始前和工作中，也都会向病人布道，传递身体痊愈与灵魂得救之间的密切关系；而医院里的中国仆人与雇员也经常参加院里的晨祷与晚祷，部分还接受了施洗。③ 新医院大楼启用后，接待室早晚各有一遍祷告，住院病人均在受邀之列（但参加与否则听其便）；当病人待在医院时，会有 1865 年 4 月 3 日抵达汉口的英国卫斯理循道会传教士斯卡伯勒（William Scarborough, 1841—1894）和当地一名叫作"楚先生"（Chu - Shean - Sen）的中国牧师与之交谈布道。对于病人所患的一些特殊疾病，师惟善总会从因果报应角度，指出它们与特别的罪恶行为之间的联系；而病人的各种苦难也会被他联系到基督教关于原罪和本罪的学说。此外，医院里还象征性地有偿出售包含《圣经》内容的小册子，以便满足那些渴望获得更多圣灵教导的人们。④ 由此足见汉口的普爱医院作为基督教传播阵地的另一面相。上述宗教与疾病之间的联系并不见于师惟善求学伦敦国王学院期间所接触的医学教育之中，⑤ 而是服务于师惟善的医学传教目的，那些中国病人也不能从师惟善口中得到真正的欧美新医学知识。我们不能简单以欧美医学传教士来华或其数量之多少来衡量其在传播欧美新医学知识方面的贡献。

---

① Frederick P. Smith, "Wesleyan Missionary Society: China," *The Wesleyan - Methodist Magazine*, Vol. 4, 1868, pp. 1031 - 1032; Frederick P. Smith, *The Five Annual Reports of the Hankow Medical Mission Hospital*, p. 2. 医学援助会由爱尔兰植物学家哈维（William H. Harvey, 1811—1866）创建，旨在为传教士提供有用的药品以治疗当时已"取得极大进步的野蛮人"（greatly improved savages）的疾病，参见 William H. Harvey, "Second Letter from Dr. W. H. Harvey," *The Wesleyan Missionary Notices*, Vol. 3, No. 29, 1856, pp. 69 - 72; Anonymous, "Obituary: The Late William Henry Harvey, M. D., F. R. S. & L. S., M. R. I. A.," *The Gardeners' Chronicle and Agricultural Gazette*, No. 23, 1866, pp. 537 - 538。

② Frederick P. Smith, *The Five Annual Reports of the Hankow Medical Mission Hospital*, p. ix.

③ Josiah Cox, "Abstract of the Report: China: Hankow," *The Wesleyan Missionary Notices*, Vol. 12, Nos. 138 - 139, 1865, pp. 94 - 95.

④ Frederick P. Smith, *The Five Annual Reports of the Hankow Medical Mission Hospital*, pp. 10, 31; Alexander Wylie, *Memorials of Protestant Missionaries to the Chinese*, p. 273.

⑤ 关于伦敦国王学院在 1850 年代上半叶及稍早的医学教育课程情况，可参见 John Forbes Royle, *Medical Education: Being a Lecture Delivered at King's College*, London, John W. Parker, 1845; Robert Bentley Todd, *On the Resources of King's College*, London, For Medical Education, John W. Parker and Son, 1852; King's College, London, *Prospectus of King's College, London: Academical Year, 1854 - 5*, Richard Clay, 1854, pp. 13 - 20.

师惟善本人也重视通过借助团体的力量以推进医疗与传教事业。1864 年下半年，他就与郭修理一起加入了由 1847 年 8 月 26 日抵华的英国传教士伟烈亚力（Alexander Wylie, 1815—1887）作为在华代理人的"英国及海外圣经公会"（British and Foreign Bible Society）的一个分支委员会，其中师惟善当选书记（Secretary）。① 这不仅说明师惟善热衷传教事务，而且说明他在在华传教士之中较受推重，且与基督教其他宗派的传教士之间也存在活跃的互动。此外，在 1864 年中叶到 1865 年中叶间，以及 1865 年中叶到 1866 年中叶间这两个时段内，汉口分别成立了"汉口医学传教会"（Hankow Medical Missionary Society）和"本地合作委员会"（Local Committee of Co – operation），他在二者中也均担任书记一职。二者的成立自有其现实考虑，例如汉口医学传教会就表示接受捐赠或订阅师惟善的医院年度报告，以扩大普爱医院运营规模及在武昌或其他地区建立其分支诊所。② 前述武昌诊所的设立，以及卫斯理循道会于 1866 年 5 月在九江开设的诊所③应即其成果之一。而在 1868 年中叶到 1869 年中叶间，师惟善针对中国人中间流行的"愚蠢的、罪恶的或不健康的习俗或习惯"而印行或张贴了数千页的小册子和传单，其资金就是源于外国或本土人士订阅其医院年度报告的费用。④ 他所谓的习俗或习惯虽很可能与医学有关，但也不自觉地流露出其宗教情节和居高临下的优越感。

一些外界捐赠也确曾不断送达师惟善及其医院，这在他于 1867 年撰写的医院年度报告中就曾提及；同时他还称自己不久前出版的有关普爱医院三年以来运营等方面的报告受到了当时汉口海关英籍税务司的资助。⑤ 不少病人出于感激等原因也会向医院捐钱

---

① Josiah Cox, "Abstract of the Report: China: Hankow," pp. 94 – 95. 伟烈亚力原系伦敦会传教士，后于 1862 年脱离伦敦会，加入英国及海外圣经公会，并在次年成为后者的在华代理人，参见 Alexander Wylie, *Memorials of Protestant Missionaries to the Chinese*, p. 173。

② 汉口医学传教会成员共 7 人，包括英国伦敦会传教士杨格非（Griffith John, 1831—1912）、英国循道会传教士斯卡伯勒（William Scarborough, 1841—1894）、师惟善，以及尚待详考的 R. Maxwell（任财务主管）、J. A. Crawford、F. Carny 和 James Aitken 4 人。本地合作委员会成员共 7 人，包括英国圣公会传教士麦克克拉奇（Thomas McClatchie, 1813—1885；1845 年抵华）、英国循道会传教士斯卡伯勒（William Scarborough, 1841—1894）、师惟善，以及尚待详考的 P. Gicquel、J. A. Crawford、F. Carnie 和 J. Campbell4 人。以上成员与信息见于师惟善所撰第一和第二次医院年度报告（分别涵盖 1864 年 7 月 1 日至 1865 年 6 月 30 日和 1865 年 7 月 1 日至 1866 年 6 月 30 日这两个时段）的正文前一页；本地合作委员会的宗旨未见史料记载，但以理推之应与医疗与传教事业的本土化有关，参见 Frederick P. Smith, *The Five Annual Reports of the Hankow Medical Mission Hospital*, pp. xvi, 14。

③ Frederick P. Smith, *The Five Annual Reports of the Hankow Medical Mission Hospital*, p. 31.

④ Frederick P. Smith, *The Five Annual Reports of the Hankow Medical Mission Hospital*, p. 78.

⑤ Frederick P. Smith, *The Five Annual Reports of the Hankow Medical Mission Hospital*, p. 34.

或物，以示谢意。① 据一份关于该医院在 1869 年 7 月 1 日到 1870 年 6 月 30 日间的整一年内收到的捐款详情和收支状况的记录显示，当年除了英国卫斯理循道会给予的一笔资金外，共收到 56 份捐款，合计 325 银两（Taels）和 267 美元（$），总体上大部分来自于欧美在华领事和海关工作人员［如英国驻汉口领事凯恩（George W. Caine）、美国驻汉口领事约翰逊（Richard M. Johnson）和汉口海关英籍职员霍布森（Herbert E. Hobson）］、传教士［如英国卫斯理循道会传教士希尔（David Hill）和伦敦会传教士布莱森（Thomas Bryson）］、商人［如英国商人汉璧礼（Thomas Hanbury）］、船长［如劳埃德（Captain Lloyd）］、军官［如陆军中尉凯伍（Lieut. Cave）］、英国教会捐款（British Church Offertory）等，少部分来自中国官员［如匿名的"道台"（Taotai）］和民众［如"吴大老爷"（Wu Ta - lau - ye）］。② 从地域上看，即使仅以少量注明的地理信息观之，也可知捐款在中国的来源除了汉口当地，还有来自九江和上海者。当然，除了捐款，医院在同一年还收到捐赠的图画、期刊、旧衣物和旧家庭日用织品、瓶子，以及各种各样对医院有用的物品。③ 上述捐赠情形无疑展示了以普爱医院为中心的资金和物资汇集网络，其形成的基础是医疗活动，而宗教因素同样裹挟其中。

此外，自从师惟善对男性就医病人采取收费措施后，医院因此也开始有了收入。例如在 1865 年 10 月 27 日到 1867 年 6 月 30 日间，医院就通过此途径入账 220 两银子，以及数额远超于此的铜钱。④ 至于医院支出，前及 1870 年中叶以前一年间的医院收支状况显示，医院支出用于印刷、工资、英国药品，以及一些日常费用。总的来看，师惟善在提供医疗服务的同时，无疑也具有长远眼光，因为专业的技艺固然重要，但唯有得到一定的经济和物质保障方才是在中国植根西医的持久与发展之道，而这对于相伴生的传教事业而言同样别具意义。

三、另眼看待中医药和中国人

在汉口开展西医医疗服务，尤其是在史无前例的情况下，师惟善始终自觉或不自觉地在比较视野下关注着中国本土的医药学术与实践，同时又肩负着培养本土病人信任西医的任务。在普爱医院开放的第一年里，他就在汉口发现当地有几个不收费的中医诊

---

① Frederick P. Smith, *The Five Annual Reports of the Hankow Medical Mission Hospital*, pp. 20, 34, 54, 68.

② Frederick P. Smith, *The Sixth Annual Report of the Hankow Medical Mission Hospital*, pp. 34 – 35.

③ Frederick P. Smith, *The Sixth Annual Report of the Hankow Medical Mission Hospital*, p. 33.

④ Frederick P. Smith, *The Five Annual Reports of the Hankow Medical Mission Hospital*, p. 34.

所，但是由于经济条件所限，大量病人据说只能服用不值钱且药效也不怎样的药物；而前来普爱医院求诊的中国病人之中，也曾发生过大口吞服洗眼液、小心翼翼地吃掉用纸包裹的（可能用于外敷的）药粉等因医患沟通问题而造成的尴尬。随着时间的推移，虽然有人对医院发放的西药之药效表示质疑，但也有不少人主动向医院购买药品。1865 年中叶到 1866 年中叶间，师惟善特地向病人和民众普及自己所熟悉的"卫生科学"（sanitary science）的重要性。对于一些在此期间及以后前来参观医院的本土医生，他也会尽力向其"启蒙"西医原理并给出建议。在他看来，卫生科学完全为中国人所忽视，而这是有关中国人的最糟糕的事实之一，否则中国人就能成为一个高度文明而有成就的种族；巧合的是，中国人与以往一样拥有着迟钝的道德感、矮小的体格、发育不全的思维。① 在 1870 年底，他更是声称当时的中国人已是脱离了从神农到李时珍的（医学）传统的退化了的种族（degenerate race）。② 显然，师惟善虽然对西医药抱有相当的自信，但对相异的（医疗）文化缺乏同情之了解和平等与尊重的态度，以至于话语之中不时流露出轻蔑和不实之词。

这种情形固然与他本人的职业偏见和心态有关，但也不能说没有受到当时欧美社会对中国人的一些顽固的负面看法的影响。③ 具体到细节上，则时常可见师惟善在西方文化视角下对中国本土医疗等方面的经验知识予以不同程度的贬低。与此同时，由中西医学与文化之相遇而引发的观念、言辞和实际行动等方面的对话和矛盾也不时见诸其笔下。例如，在其 1866 年下半叶所撰第二次医院年度报告中，他大力呼吁所有在华医学传教士采取措施并参考西方医学科学（Western medical science），为各阶层的中国病人提供适宜的日常饮食参考，同时也嘲讽中国本土医生在嘱咐病人饮食忌宜时表现出了可笑的惊怪和专横；出于本土化的考虑，他也认为弄清楚中国菜肴中的成分及其消化性，对于指导具有消化不良等症状的病人的饮食是有价值的。在解释求诊病人数量的增加时，部分原因被他归结为病人对外国治病方法有了更多的了解和感激；而当其外科手术结果颇不理想时，他仍坚信自己所掌握的外科科学和技艺（science and art of surgery）明显优于中国人的外科，同时抱怨自己在术后不仅可能需要解释不理想的手术结果，而且可能会被病人的朋友视作刽子手或下毒药者，而中国人又因不愿承认西方外科的优越性而积极寻找失败的手术案例，借以打击未来病人的信心。在天花预防方面，中国人虽然在春夏季节广泛、无偿地种痘，但是他对一些儿童的检查表明其中相当一部分都是接种失败的；在他看来，中国本土种痘术成功率不高的事实虽已受到本土上层人士的承认，

① Frederick P. Smith, *The Five Annual Reports of the Hankow Medical Mission Hospital*, pp. 3, 8 – 9, 17, 20 – 21, 27, 34.

② Frederick P. Smith, *Contributions towards the Materia Medica & Natural History of China*, p. v.

③ Fan Fa – ti, *British Naturalists in Qing China*, Harvard University Press, 2004, pp. 61 – 90.

但是他们却依然难以接受作为外国人的师惟善的效果更胜一筹的种痘方法。由此，师惟善进一步嘲讽和批评了天朝子民（celestials）对待西方学问的傲慢，并指出在绝大多数情况下，他们只有到了江湖医生束手无策的时候才会求诊于自己这个外国医生，以致拖延了治愈周期或机会。① 师惟善所描述的这些现象、情绪和观点虽未必皆基于实情或杜撰，但无疑也凸显了其中西比较视野实际上存在高低、优劣，以及进步与落后之分，伴随着强烈的价值判断。

师惟善的情绪和判断也与当时一些中国人的言行和反应有关，这在上述部分情形中已有所反映，而类似的例子还有不少。例如，当病人们被催促前来医院就诊或做手术时，他们甚至会怀疑其动机不纯。当他在医院传教时，有些中国人会直接抱怨传教士来华，或者令他气恼地坚称自己国家的宗教之佳。至 1868 年中叶到 1869 年中叶间，社会上甚至散播着一些谣言和传单，控诉外国人绑架本地儿童用以食用、取脑制药，以及取眼珠制作显微镜；外国的糖果和圣饼也被认为暗含毒药。这虽然使他感到恼火，但他也试图从《本草纲目》以人体成分入药的角度来解读这种恶意中伤背后的文化因素。以此观之，他对中国人的迷信与心胸狭隘，以及中医之保守的批评，则亦非不可理解。上述种种隔膜与矛盾，在很大程度上凸显了西医在汉口创业初期所遭遇的来自中国传统社会和文化的压力。他的中文姓名中的"师"和"惟善"即体现了他努力降低自己在中国社会中的异质性的意图："师"既是其英文原姓"Smith"的省略音译，也是较常见的中国姓，更与中国本土社会尊师重道的传统存在微妙联系；"惟善"则与其英文姓名完全无关，而是刻意制造和展示其纯粹的善良品格，便于增加自己的亲和力。出于医生的职责和基督教教义的影响，师惟善对自己在汉口见到的一些社会状况也有着较强的道义感。例如，他在观察到吸食鸦片现象在汉口日益严重后，曾强烈呼吁西方人士叩问良知并停止鸦片贸易，同时自己尝试治疗鸦片烟瘾者，如根据《英国药典》（British Pharma-copoeia）配制治烟瘾的药方，并取得了一些效果。又如，他也曾谴责当时中国社会上的杀婴、溺女、男女不平等等在他看来是"无知"的行为和现象，并记录和赞扬了位于武昌的致力于保护女婴的"溺女会"。②

然而，中国本土社会同样又具有一定的多元性和包容性，这在大量各阶层人士愿意前来医院就诊的现象中就可以看出。受师惟善印行的中文版医院报告的影响，1866 年中叶到 1867 年中叶间甚至有两位本地中医从业者前来医院接受诊治；而在随后的一年里，连师惟善本人也坦承自己与本地中医通过谈话、演示和互赠书籍等途径增加了思想上的

---

① Frederick P. Smith, *The Five Annual Reports of the Hankow Medical Mission Hospital*, pp. 22, 24 – 25, 27 – 29.

② Frederick P. Smith, *The Five Annual Reports of the Hankow Medical Mission Hospital*, pp. 28 – 29, 45 – 52, 70.

交流，并认可中医治病经验的价值和众多中药的效果。① 到了 1870 年中叶以前的一年里，虽然社会上针对传教工作的偏见依然存在，但他自述与汉口本地的顶尖医生、种痘员和药商已有了"有趣"的交流；后者甚至以本土药方向他交换欧洲药物。② 在此值得一提的是，相对于中医而言，师惟善对中药的批评较少。他虽然对西药的效果非常自信，但随着对中药的了解，相关的兴趣也日渐浓厚。在其后期的医院年度报告中，他称赞或提到过不少中药材，如治疗绦虫病的绝佳药物使君子，治疗消化道病症的山楂和陈皮、治疗麻风病的大风子，以及净水的明矾等。而普爱医院里也实际使用过马钱子粉、高良姜、麦麸、皂矾、半夏等。③ 师惟善对中药的浓厚兴趣还直接反映在他的多种著作之中，只不过这种兴趣主要是基于实用主义的立场。

四、著述活动

师惟善一生中勤于著述，发表或出版过不少文章（含刊登出的信件）和书籍。他在华期间的文章主要发表在福州的《教务杂志》（*The Chinese Recorder and Missionary Journal*）上，主题相当广泛，涉及俄罗斯东方习俗、中国俚语、宗教信仰、红茶、佛手柑、丧葬习俗等方面；④ 此外在香港的《中日释疑》（*Notes and Queries on China and Japan*）等杂志上也有一些关于中国女性经期面点朱砂之风俗、扬子江名源等方面的文章。⑤ 他

① Frederick P. Smith, *The Five Annual Reports of the Hankow Medical Mission Hospital*, pp. 35 - 36, 54, 63, 68, 78.

② Frederick P. Smith, *The Sixth Annual Report of the Hankow Medical Mission Hospital*, pp. 5, 9.

③ Frederick P. Smith, *The Five Annual Reports of the Hankow Medical Mission Hospital*, pp. 28, 60, 64; Frederick P. Smith, *The Sixth Annual Report of the Hankow Medical Mission Hospital*, pp. 14 - 16, 25; Frederick P. Smith, *Contributions towards the Materia Medica & Natural History of China*, pp. 10, 42, 122, 149.

④ 例见 Frederick P. Smith, "On Chinese Slang," *The Chinese Recorder and Missionary Journal*, Vol. 1, No. 7, 1868, pp. 136 - 137; Frederick P. Smith, "The Orientalism of Russia," *The Chinese Recorder and Missionary Journal*, Vol. 2, No. 1, 1869, p. 20; Frederick P. Smith, "Creeds in China," *The Chinese Recorder and Missionary Journal*, Vol. 2, No. 5, 1869, p. 108; Frederick P. Smith, "Concerning New Black Tea," *The Chinese Recorder and Missionary Journal*, Vol. 2, No. 11, 1870, p. 316; Frederick P. Smith, "The Horned Citron," *The Chinese Recorder and Missionary Journal*, Vol. 3, No. 2, 1870, p. 51; Frederick P. Smith, "Burying Straw Effigies with the Death," *The Chinese Recorder and Missionary Journal*, Vol. 3, No. 7, 1870, pp. 190 - 191。

⑤ 例见 Frederick P. Smith, "A Medical Query," *Notes and Queries on China and Japan*, Vol. 3, 1869, p. 94; Frederick P. Smith, "Etymology of the Yang Tsze Kiang," *Notes and Queries on China and Japan*, Vol. 4, 1870, p. 76。

在来华前或离华期间及以后亦曾发表一些文章，如伦敦的《英国医学杂志》（The British Medical Journal）上关于抗刺激剂的文章、上海的《皇家亚洲文会北华支会会刊》（Journal of the North – China Branch of the Royal Asiatic Society）上关于中国化学制品的文章，伦敦的《医学时报与公报》（The Medical Times and Gazette）上关于中国麻风病、虫草、茶叶、天花等的文章，《伦敦皇家地理学会会刊》（Proceedings of the Royal Geographical Society of London）上关于中文地理名称翻译与转写的文章，伦敦的《自然》（Nature）杂志上关于中文名发音的文章，① 其中有些还被其他刊物转载。② 从中不难看出，师惟善的学术兴趣广泛，其文章中使用的语言虽是英语，但论述的地域范围仍主要集中在中国。此外，师惟善还出版过篇幅不一的中英文书籍，其中以英文书写的有如下几种：

（1）六份医院年度报告，其中前五次曾以《与卫斯理传道会有关的汉口医学传教团医院的五次年度报告》（The Five Annual Reports of the Hankow Medical Mission Hospital, in Connection with the Wesleyan Missionary Society）为题，于 1869 年由上海的北华捷报馆（"North – China Herald" Office）出版，正文 80 页，另有引言 12 页和索引 3 页；1870 年重印时，内容未变。③ 第六次年度报告于 1870 年仍由上海的北华捷报馆出版，35 页。值

---

① 例见 Frederick P. Smith, "Counterirritants," The British Medical Journal, Vol. 2, No. 86, 1858, p. 714; Frederick P. Smith, "Chinese Chemical Manufactures," Journal of the North – China Branch of the Royal Asiatic Society, No. 6, 1871, pp. 139 – 147; Frederick P. Smith, "Mercurial Treatment of Leprosy," The Medical Times and Gazette, Vol. 1, 1871, p. 551; Frederick P. Smith, "Chinese Blistering Flies," The Medical Times and Gazette, Vol. 1, 1871, pp. 689 – 690; Frederick P. Smith, "Preparation and Properties of the Various Kinds of Chinese Tea (to be continued)," The Medical Times and Gazette, Vol. 2, 1871, pp. 95 – 96; Frederick P. Smith, "Preparation and Properties of the Various Kinds of Chinese Tea," The Medical Times and Gazette, Vol. 2, 1871, p. 157; Frederick P. Smith, "Small – Pox in China," The Medical Times and Gazette, Vol. 2, 1871, p. 277; Frederick P. Smith, "The Translation and Transliteration of Chinese Geographical Names," Proceedings of the Royal Geographical Society of London, Vol. 21, No. 6, 1877, pp. 580 – 582; Frederick P. Smith, "The Pronunciation of Chinese Names," Nature, Vol. 31, No. 791, 1884, p. 173。

② 例见 Frederick P. Smith, "Chinese Chemical Manufactures," The American Chemist, Vol. 4, No. 2, 1873, pp. 56 – 59。

③ 此重印本仍由北华捷报馆印刷，今英国图书馆（British Library）藏有该重印本（馆藏号：General Reference Collection 4765. aaa. 22）；经笔者检查，此重印本仅在初版封面前添加了一页封面（封面出版日期显示为 1870 年）而已。前五次和第六次医院年度报告已在前文中引用，故不另出注。

得一提的是，前五次年度报告实际上自 1865 年以来皆单独出版过，① 至 1869 年出版五年合订本。此外，师惟善还在 1867 年所撰第三次医院年度报告中称，一份关于普爱医院过去三年的运营情况、其与基督教传播的紧密关系，以及其开支概况与收到本地捐赠详情的报告已经印刷发行。② 该报告原书已难查考，但推测之，很可能为前三次医院年度报告的合订本。

（2）《中国的河流》（*The Rivers of China*），仅 6 页，出版单位不详，文末落款日期为 1869 年 9 月 14 日，地点是汉口。③ 全书在参考《河防通议》《汉阳县志》等典籍和作者经历的基础上，从中国历史上的水患、水道记载和大禹治水的故事说起，继而转到汉口、武昌和汉阳因地势低而屡遭长江水淹之事，特别是自己在汉口亲见的 1866 年 1 月到 8 月 10 日间长江水位持续上涨的现象，并从长江上游河流地理的角度分析了其中原因；接着提到在汉口汇入长江的汉河（襄河），指出船只自元末明初以来即可安全在汉口停泊，并以此造就了汉口作为一个商业中心的地位。显然，此书的立足点主要是汉口的自然与经济地理。

（3）《中英对照中国、日本、韩国、安南、暹罗、缅甸、海峡及邻近国家地点、人物、部落和教派名称词汇表》（*A Vocabulary of Proper Names*，*in Chinese and English*，*of Places*，*Persons*，*Tribes*，*and Sects*，*in China*，*Japan*，*Corea*，*Annam*，*Siam*，*Burmah*，*the Straits and Adjacent Countries*），正文 68 页，另有自序 2 页，索引 9 页，1870 年由上海的美华书馆［（American）Presbyterian Mission Press］出版。④ 该书出版时，序末落款时间为 1870 年 3 月 31 日，地点为汉口，但实际成书与作序时间则更早一些。因为师惟善早在 1869 年 11 月 16 日便在汉口给福州出版《教务杂志》的编辑写了一封信，请求后者刊登自己为这本小书所作的序，以便读者了解该书的特点；此序顺利于次月在该杂志上

---

① William Scarborough, "Brief Sketch of the Hankow Wesleyan Mission," *The Chinese Recorder and Missionary Journal*, Vol. 7, No. 6, 1876, pp. 419 – 422；Henri Cordier, *A Catalogue of the Library of the North China Branch of the Royal Asiatic Society*, Printed at the "Shanghai Mercury" Office, 1881, p. 54. 例如其第一次和第二次医院年度报告分别出版后，曾受到医学期刊关注，参见 Anonymous, "Books Received," *The Medical Times and Gazette*, Vol. 1, 1866, pp. 406 – 407；Anonymous, "New Books, with Short Critiques," *The Medical Times and Gazette*, Vol. 1, 1867, pp. 184 – 185。

② Frederick P. Smith, *The Five Annual Reports of the Hankow Medical Mission Hospital*, p. 34.

③ Frederick P. Smith, *The Rivers of China*, 1869. 该书在今英国图书馆有藏（馆藏号：General Reference Collection 10057. bbb. 11）。

④ Frederick P. Smith, *A Vocabulary of Proper Names*, *in Chinese and English*, *of Places*, *Persons*, *Tribes*, *and Sects*, *in China*, *Japan*, *Corea*, *Annam*, *Siam*, *Burmah*, *the Straits and Adjacent Countries*, Presbyterian Mission Press, 1870.

发表。① 该书词汇按汉语词汇首字发音转写后的英文字母顺序排列。为了编纂该词汇表，师惟善参考了马可·波罗的作品，以及后来的欧美人士如马礼逊（Robert Morrison，1782—1834）、卫三畏（Samuel W. Williams，1812—1884）、丹尼斯（Nicholas B. Dennys，？—1900）的文章或著作。据序中所述，师惟善编纂该书是想简洁而妥善地处理那些时常困扰读者和译者的中华帝国及其周边地区地名之中不常见的别名，并期待其词汇表能够作为汉语字典的补编而得到中外人士的优先参考。同时，为了强调自己的医者身份，他在序中还附带指出自己在词条中会偶尔提及药物（如正文"高丽国"词目中就提到了人参）。

（4）《中国药物学和博物学新释》（*Contributions towards the Materia Medica & Natural History of China*），正文 236 页，另有自序 3 页，勘误表 1 页，1871 年由上海的美华书馆和伦敦的特吕布纳公司（Trübner & Co.）联合出版。该书自序的落款时间为 1870 年 11 月 30 日，地点为汉口；实际成稿时间可能更早，因为在前引师惟善于 1869 年 11 月 16 日写给《教务杂志》编辑的信中，他也顺便提到该书，并自信后者很快就将出版。早在 1868 年 11 月 23 日，师惟善便在汉口给《教务杂志》编辑去信，介绍了自己这部书的书名、结构和写作进度，透露当时已完成自序和部分正文（已描述约 600 种药物），并预先向读者宣传订购事宜；此外，他还坦承自己因条件所限而无法大量参考英、美、法、俄等作者的相关文献，故特地在信末附言，希望读者能够把与该书主题相关的著作或文章寄给自己供短期参考，并特别列出两种分别用拉丁文和法文撰写而自己尤愿借阅或购买的书。② 该书的出版得到了时任中国海关总税务司的爱尔兰人赫德（Robert Hart，1835—1911）的慷慨协助，其书正文前的献辞也是献给赫德的。③

据师惟善自序，该书是他自己利用两年内的闲暇时间，在翻阅中国的药物和博物学书籍以及搜集中国本土最佳药物的过程中写成，缘起于增补合信（Benjamin Hobson，1816—1873）于 1858 年在上海出版的医学名录的需求。④ 书中所收录的药物按照拉丁字母顺序排列，而不是中国本草典籍中常见的以自然类别归类。就书中引用材料方面，中文资料包括中国古代本草、园艺和字书类文献，其中尤为师惟善所重视和引用的是明代

① Frederick P. Smith, "Chinese Proper Names—A New Work," *The Chinese Recorder and Missionary Journal*, Vol. 2, No. 7, 1869, p. 201.

② Frederick P. Smith, "Correspondence: A New Work on Chinese Medicine," *The Chinese Recorder and Missionary Journal*, Vol. 1, No. 8, 1869, p. 166.

③ 赫德在 1863 到 1911 年间担任中国海关总税务司一职，参见 Hans van de Ven, *Breaking with the Past: The Maritime Customs Service and the Global Origins of Modernity in China*, Columbia University Press, 2014, pp. 64 – 102。

④ 合信为英国伦敦会传教士，其原书系英汉对照医学词汇表（共 74 页），参见 Benjamin Hobson, *A Medical Vocabulary in English and Chinese*, Shanghai Mission Press, 1858。

李时珍的《本草纲目》；外文资料则包括众多欧美和俄罗斯博物学家或汉学家在中国大陆和香港以及海外出版的有关中国或海外（如印度）药物或植物的文章或书籍，以及中国海关的英文出版物；书中尚有零星的由师惟善在自己的在华生活中获得的信息（如药价）。另外，汉口的一位"霍布森"先生（Mr. Hobson）还曾送给师惟善一些药材标本。① 师惟善将近代欧美生物和化学知识通过中药基原鉴定、增补少量西药［如被称为"弱水"的乙醚（Ether）］等方式与中国古代药物知识相融合，体现了书名中强调的对中国药物学和博物学的"贡献"（Contributions）。② 该书副标题，即"供医学传教士和本地医学生使用"，则道出了师惟善为该书所设定的主要读者群。在自序中，他表示自己希望该书能够发挥一些实用价值，即向旅行者、中国内地的军队营地或炮艇、教会医院，以及置身国外的中国苦力推荐那些效果最佳的可获取的中国药品，或者外国药物的替代品。不过，虽然他参考了海关出版物并受到了赫德的帮助，但是在当时的海关人员看来，其著作还不是很便于使用，③ 由此也推动了海关日后按照自身的需求编制自己的中药名录。④ 师惟善的这部书出版后颇受赞誉，虽然有评论指出书中存在一些问题（如植物学名缺少命名人），但质量优于法国药学家德布（Jean Odon Debeaux，1826—1910）于 1865 年在巴黎出版的《论中国药物和药学》（*Essai sur La Pharmacie et La Matière Médicale des Chinois*），不仅包含后者所没有的表示药物的汉字和拉丁译音，而且内容也更为丰富。⑤

---

① 这位人物很可能即本文之前提到的汉口海关的英籍职员霍布森（Herbert E. Hobson，1844—1922），其于 1869 年初开始在汉口海关任职，参见 Order The Inspector General of Customs, *Customs' Gazette*（*No. III. —July – September*，1869），Printed at the Customs' Press, 1869, pp. 94, 96。

② 关于该书中"弱水"条的记载，参见 Frederick P. Smith, *Contributions towards the Materia Medica & Natural History of China*, p. 94。

③ R. Braun and James A. Tipp, *List of Medicines Exported from Hankow and the Other Yangtze Ports*, Statistical Department of the Inspectorate General of Customs, 1909, p. 5. 其中原因未予明言，但结合海关后来编制的中药名录来看，应当是由于师惟善原书信息相对繁杂且不涉海关货物进出管理，而海关人员需要的是以各通商口岸为单位编制的简明标注中药拉丁拼音、中文名称、学名、经济价值、产地、进出口岸等信息的表格式参考资料。

④ R. Braun, *List of Medicines Exported from Hankow and the Other Yangtze Ports*, Statistical Department of the Inspectorate General of Customs, 1888；Order of the Inspector General of Customs, *List of Chinese Medicines*, Statistical Department of the Inspectorate General of Customs, 1889；R. Braun and James A. Tipp, *List of Medicines Exported from Hankow and the Other Yangtze Ports*, Statistical Department of the Inspectorate General of Customs, 1909.

⑤ Anonymous, "Review," *The Pharmaceutical Journal*, No. 21, 1871, pp. 18 – 19. 俄罗斯汉学家贝勒（Emil Bretschneider，1833—1901）也曾对师惟善此书中的植物学名规范颇有微辞，参见 Emil Bretschneider, *Botanicon Sinicum*：*Notes on Chinese Botany from Native and Western Sources*, Volume 1，Trübner & Co.，1882, pp. 128 – 130。

英国植物学家翰拔里（Daniel Hanbury，1825—1875）曾参照师惟善此书，搜集了306 种书中记载的中药材的标本，并将它们于 1871 年 10 月 4 日送给了英国药学会（伦敦）。① 师惟善回到英国后，也将自己为撰写此书而在中国搜集到并分装在小盒子中的中药材标本送给了伦敦的药物博物馆（Pharmaceutical Museum），它们很快就引起其他药学研究机构的关注。② 这两份中药材标本后来也受到了药学家的研究。③ 至 20 世纪初，美国美以美会医学传教士师图尔（George A. Stuart，1859—1911）为师惟善的这部书做了大幅增订，于 1911 年以"中国药物学：植物界"（*Chinese Materia Medica：Vegetable Kingdom*）为书名在上海的美华书馆出版了该增订本（共 558 页）。④

师惟善的中文书籍包括以下两种，今或不存：

（1）《保免拦除》，17 页，木刻，1867 年出版于汉口，内容与疾病防控有关。师惟善曾在 1867 年所撰第 3 次医院年度报告中提到将要出版一种关于疾病预防与检查的中文小书，内容吸收了近代欧洲护理学先驱南丁格尔（Florence Nightingale，1820—1910）的《护理札记》（*Notes on Nursing*，初版于 1859 年）；这本小书很可能即《保免拦除》。⑤ 以此观之，师惟善在欧洲近代护理学向中国的早期传播中也作出了一定的贡献。

（2）《医院录要》两种，皆为 12 页，均为木刻，分别于 1867 和 1869 年在汉口出版，内容分别取自相应的普爱医院年度报告的英文本。⑥ 师惟善在其第一次到第三次医院年度报告中也提到了正在着手编制或已印刷发行的医院报告的中文本，应即《医院录要》。该中文小册子起到宣传医院的作用，也确曾吸引病人前来求诊。⑦

------

① Anonymous，"Pharmaceutical Meeting，" *The Pharmaceutical Journal and Transactions*，Vol. 2，1871，p. 287.

② Anonymous，"Loan of Specimens，" *The Pharmaceutical Journal and Transactions*，Vol. 4，1873，p. 444；E. G. E.，"Edward Morell Holmes，" *Journal of the American Pharmaceutical Association*，Vol. 12，No. 3，1923，pp. 191 – 195.

③ 例见 Edward M. Holmes，"Tu – Chung Bark，" *The Bulletin of Pharmacy*，Vol. 5，1891，pp. 137 – 138；Emil Bretschneider，*Botanicon Sinicum：Notes on Chinese Botany from Native and Western Sources*，Volume 3，Kelly and Walsh，1895，p. 375；Edward M. Holmes，"New Drugs Introduced during the Lasy Fifty Years，" *Journal of the American Pharmaceutical Association*，Vol. 12，No. 8，1923，pp. 712 – 721.

④ George A. Stuart，*Chinese Materia Medica：Vegetable Kingdom*，Shanghai：American Presbyterian Mission Press，1911.

⑤ Frederick P. Smith，*The Five Annual Reports of the Hankow Medical Mission Hospital*，p. 45. 师惟善将南丁格尔的书记为"On Nursing"，经查后者著述情况，此当为"*Notes on Nursing*"一书书名的简称，参见 Florence Nightingale，*Notes on Nursing*，Harrison & Sons，1859。

⑥ William Scarborough，"Brief Sketch of the Hankow Wesleyan Mission，" pp. 419 – 422.

⑦ Frederick P. Smith，*The Five Annual Reports of the Hankow Medical Mission Hospital*，pp. 13，17，36.

以上可知，师惟善出版的书籍皆作于其在华期间，包括能够作为其一生中的学术代表作的 1871 年出版的关于中国药物和博物知识的书。这些书籍的主题皆与中国有着千丝万缕的关系，其论述侧重于医药和自然，这既符合他的医者身份，也折射出他的学术旨趣之重心。当然，师惟善在汉口的繁忙医疗工作之外，仍能从有限的闲暇之中挤出时间从事著述，不可谓不勤勉。他的出版物无疑是推动中外知识交流的重要媒介，而其中夹杂的他的一些观点（如上文所述）则又无可避免地散播了中西方之间的双向偏见。

五、结语

师惟善并非第一个来华的欧美医生或医学传教士。早在 19 世纪上半叶，英国外科医生皮尔逊（Alexander Pearson，1780—1874）、美部会医学传教士伯驾（Peter Parker）、英国伦敦会医学传教士合信（Benjamin Hobson）和雒魏林（William Lockhart，1811—1896）等一系列人物就已抵达中国。然而，师惟善是第一个由英国卫斯理循道会派到中国的医学传教士。自从于 1864 年 5 月 17 日抵达汉口后不久，他便成为第一个在华中地区开展医疗服务的欧美医生或医学传教士。至其于 1870 年 12 月开始离开汉口，次年 1 月至上海并准备返回英国，[①] 前后共在华服务六年有余。他在 1869 年指出，从 19 世纪初到当时，已有约 50 名合格的欧美医生来华服务。皮尔逊等来华先驱的经历不仅使他受到激励，而且被他用中文印刷出来并向汉口的本地人赠阅，以宣传外国医学慈善事业在中国的历史。[②] 不容忽视的是，他能够率先在汉口建立西医服务与传播的据点，固然与郭修理于 1862 年在汉口构想的循道会传教计划存在密切联系，但是更深的背景则是迟至 1858 年 6 月一系列《天津条约》之签订，外国传教士方才获得从沿海通商口岸推进至内地传教的特权。[③] 至 1866 年 9 月 1 日，伦敦会在汉口建立的医院也开始对外提供医疗服务了。[④] 观之西医在近代中国和华中地区的发展史，师惟善可谓是 19 世纪来华欧美医生中的迟到的先驱。

---

① 师惟善离开汉口后，至 1871 年 1 月已身在上海，并曾于该月 25 日在位于上海的皇家亚洲文会北华支会（North China Branch of the Royal Asiatic Society）宣读一篇论文，参见 Frederick P. Smith, "Chinese Chemical Manufactures," *Journal of the North – China Branch of the Royal Asiatic Society*, No. 6, 1871, pp. 139 – 147。

② Frederick P. Smith, *The Five Annual Reports of the Hankow Medical Mission Hospital*, pp. vii – ix, 34.

③ 王潇楠：《勿忘国耻——近代中国不平等条约中的传教条款透视》，《世界宗教文化》2001 年第 2 期。

④ Arthur G. Reid, *First Report of the Hankow Hospital*, *in Connection with the London Missionary Society*, Hankow Printing Press, 1869, pp. 1 – 2.

虽然一些欧美来华人士，如苏格兰外科医生郭雷枢（Thomas R. Colledge，1796 – 1879），在 19 世纪上半叶便建议把医疗和传教分离开来，① 但是师惟善却一直拥有很高的宗教热情，其在医疗和出版活动中都曾努力参与传教。他曾直言其座右铭是"中华为主"（China for God），并称普爱医院的建立并非想作为陷阱以捕获病弱者，而是为了教导他人道与同情是基督仁慈之道中必不可少的部分。② 当然，这也促使他在为中国人治病方面作出了重要贡献，其慈善性质的医院在他在汉口期间共诊治多达六万余人，而且给予女性和儿童以特别关注。汉口既是他应用自己在英国所接受的医学训练的地方，也是他积累医学实践经验和获取新知的地方。为了使其医疗乃至传教活动能够长久维持，他也自始就积极与在华欧美人士和团体互动，撰写出版物供付费订阅，并向汉口本地及其他地区寻求经济和物质保障。不过，尽管师惟善在汉口居留六年有余，撰写了大量与中国有关的文章和著作，但是其医学、文化甚至种族优越感，加之本土社会的一些不当反应，使得他对中国人与中医的看法总体上仍是偏见多于理解。他对中药及相关经验知识兴趣浓厚，但是这种关注实际上是来华欧美人士积极寻找新的有效药物或西药替代品的一个缩影，③ 而他的相关著作之后也对这种努力产生了积极影响。④ 总之，通观师惟善在汉口的经历和多维面相，无疑可见其为中国人劳心尽力，但是执着与偏颇并存、博爱与狭隘相间、开放与隔膜杂糅，常给人以他者的印象，而自身亦难掩其异乡人的气质。所幸，人去而楼在，师惟善在汉口开创的西医事业得以延续并发展至今。

作者简介：

芦笛，伦敦大学学院历史学博士。

---

① Thomas R. Colledge, "Suggestions with regard to Employing Medical Practitioners as Missionaries to China," *The Chinese Repository*, Vol. 4, No. 8, 1835, pp. 386 – 389.

② Frederick P. Smith, *The Five Annual Reports of the Hankow Medical Mission Hospital*, p. 79.

③ 例见 Benjamin Hobson, *Report of the Hospital at Canton*, *for 1853 – 54*, Press of S. Wells Williams, 1854, pp. 9 – 10; George King, "A Cheap Substitute for Pepsin," *The China Medical Missionary Journal*, Vol. 5, No. 1, 1891, pp. 24 – 25.

④ 例见 James B. Neal, "Inorganic Native Drugs of Chinanfu," *The China Medical Missionary Journal*, Vol. 5, No. 4, 1891, pp. 193 – 204.

20 世纪初期菲律宾留美学生项目探析①

施雪琴　王　晗

[提要]　文化殖民是美国新殖民主义的重要内容与特征之一。美国殖民菲律宾时期，大力推行新殖民主义政策，实施了以美式公立教育为中心的一系列文化教育政策，旨在将菲律宾打造为美国的"榜样殖民地"，留美学生项目是其文化教育政策的重要组成部分。该项目从 1903 年设立，持续约四十年，为菲律宾培养了近千名的各类人才。一方面，留美学生回国后服务于菲律宾社会，不少留学生成为菲律宾的社会精英，并在诸多领域中作出了杰出的贡献，客观上推动了菲律宾的现代化进程。另一方面，留学生项目是美国强化其殖民统治的重要工具，扩大了美国对菲律宾政治、文化与社会的影响，使菲律宾更加依附于美国。

[关键词]　美国新殖民政策；公立教育；留美学生项目；美菲关系

美菲殖民政府时期，推广以英文为媒介的公立教育是美国在菲律宾传播美国文化的主要手段，也是美国实施其新殖民主义的重要方式。美国占领菲律宾初期，美菲殖民当局除了积极地推行公立教育外，还出台了"Pensionado"计划。"Pensionado"一词来源

①　本文系 2016 年度教育部人文社会科学重点研究基地重大项目"'一带一路'背景下中国与东南亚人文交流研究"（16JJDGJW009）的阶段性成果。

于西班牙语，专指接受私人或政府资助的人员。1903 年，美菲殖民政府在菲律宾实施了"Pensionado Program"，即"留美学生项目"，该项目为菲律宾公费留学生项目的肇始，它是美国在菲律宾推行以"美国化"与"英语化"为特征的教育政策的重要组成部分之一。[1]

美治菲律宾时期，美国的一系列殖民政策对菲律宾社会造成了极大的影响，一定程度上改变了菲律宾人的原有知识体系和对自我的认知，留美学生项目便是其中重要的环节之一。菲律宾留美学生回国后，在菲律宾社会中扮演着重要的作用，他们多数成为菲律宾政府部门、学界及企业界的精英，不仅在各行各业做出了骄人的成绩，[2] 更在客观上促进了菲律宾的国家现代化，对推动美菲关系发展也产生了不可低估的影响。但目前国内外学界对美菲殖民政府时期教育文化政策的研究均没有对留美学生项目给予较多关

---

[1] 目前，国内学界几乎没有涉及到菲律宾留美学生项目的研究。国外涉及留学生项目的主要文献资料包括：菲律宾委员会及总督的年度报告中有留学生计划的相关内容，尤其是海岛事务局的报告（*Report of The Chief of the Bureau of Insular Affairs to the Secretary of War*）记载了每年菲律宾留学生在美国的概况；留学生在美国期间创办的杂志《菲律宾人》（*The Filipino*）和《菲律宾先驱报》（*The Philippine Herald*）也记载了留学生在美国的情况。国外学界大多是将留学生项目置于美菲时期殖民教育文化政策的背景下进行考察，对该项目的系统性、专门性研究较少。具体可参见：Kathleen Camille Saldana Andal, "*The Filipino Pensionado Experience: Educational Opportunity at the University of Illinois at Urbana – Champaign, 1904 – 1925,*" Master Thesis, University of Illinois at Urbana – Champaign, 2002; Alexander A. Calata, "The Role of Education in Americanizing Filipinos," in Hazel M. McFerson, *Mixed Blessing: The Impact of the American Colonial Experience on Politics and Society in the Philippines*, Greenwood Press, 2002, pp. 89 – 97; Lewis E. Gleeck, Jr, *American Institutions in the Philippines, 1898 – 1941*, R. P. GARCIA Publishing Co., 1976; J. Matthew Knake, "Education Means Liberty: Filipino Students, Pensionados and U. S. Colonial Education," *Western Illinois Historical Review*, Vol. VI, Spring 2014, pp. 1 – 13; Noel V. Teodoro, "Pensionados and Workers: The Filipinos in the United States, 1903 – 1956," *Asian and Pacific Migration Journal*, Vol. 8, Nos. 1 – 2, 1999, pp. 157 – 178.

[2] Artemio R. Guillermo, *Historical Dictionary of the Philippines*, The Scarecrow Press, Inc., 2012, p. 339.

注与研究，① 尤其是这些菲律宾留学生的具体情况及其带来的深远影响更是鲜为人知。因此，本文拟在考察美国新殖民主义的教育文化战略背景下，结合菲律宾委员会和海岛事务局的档案来探讨留美学生项目出台的背景、具体的运作情况及其对菲律宾社会产生的影响。

一、美国新殖民政策在菲律宾的实践与特征

19 世纪末，随着内战的结束和经济实力的快速提升，美国迫切需要开辟新的市场、投资场所和原料产地，美国开始逐渐向外扩张。美国是反抗英国的殖民统治而获得独立的新兴国家，然而独立建国后即发动对外殖民扩张显然有悖于美国的立国精神，② 为粉饰其对外扩张的行径，美国为其征服与统治菲律宾群岛披上带有浓厚道德理想主义色彩的外衣，以区别于欧洲老牌殖民主义国家的统治方式。因此，20 世纪上半叶，美国在菲律宾和亚洲一些地区的殖民扩张行为，带有强烈的新殖民主义色彩与特征，正如新殖民主义研究学者威廉·波默罗伊（William Pomeroy）指出："在美菲关系中，最能清晰地看到今天已为人所知的新殖民主义的概念和趋势的演变。"③

总体而言，美国在菲律宾的政治政策始终围绕建立"菲律宾人的菲律宾"，以让菲

① 关于美国对菲律宾的教育影响可参见：Nepoleon J. Casambre, "The Impact of American Education in The Philippines," *Education Perspectives*, Vol. 21, No. 4, 1982；Renato Constantino, *The Miseducation of the Filipino*, Malaya Books Inc. , 1966；William W. Elwang, "The Ameican Educational Experiment in the Philippines," *Our World*, December, 1924；Eng Kiat Koh, "American Educational Policy in the Philippines and the British in Malaya, 1898 – 1935," *Compative Education Review*, Vol. 9, No. 2, 1965；Roland Sintos Coloma, *Empire and Education*: *Filipino Schooling Under United States Rule*, 1900 – 1910, PhD Dissertation, The Ohio State University, 2004；Julian Go, "Colonial Reception and Cultural Reproduction: Filipino Elites and United States Tutelary Rule," *Journal of Historical Sociology*, Vol. 12, No. 4, December 1999；Carolyn Israel Sobritchea, "American Colonial Education and its Impact on the Status of Filipino Women," *Asian Studies*, Volume xxviii, 1990；陈遥：《美国在菲律宾的殖民政策研究（1898—1935）》，厦门大学博士学位论文，2010 年；黄健如：《美国教育对菲律宾的影响》，《南洋问题研究》1991 年第 2 期；宋云伟：《美国对菲律宾的殖民统治及其影响》，《世界历史》2008 年第 3 期。

② William H. Blanchard, *Neocolonialism American Style*, *1960 – 2000*, Greenwood Press, 1996, pp. 6 – 7.

③ William Pomeroy, *American Neo – colonialism*: *Its Emergency in the Philippines and Asia*, International Publishers, 1970, p. 12.

律宾逐渐实现自治为目标。① 第一，实行"菲化"的政治政策，同菲律宾上层精英展开合作。1899 年，舒尔曼委员会（Schurman Commission）宣扬美国占领菲律宾是为了菲律宾人民的福祉，以此获得菲律宾精英群体的认可。此外，菲律宾精英为了继续保持特权地位也需要美国的支持。② 美国在菲律宾建立文官政府后，菲律宾人相继在殖民政府中担任重要职务。第二，以逐步实现自治为总目标。从 1902 年到 1934 年，美国先后通过了一系列法案，菲律宾最终得以在 1935 年获得自治。③ 美国在菲律宾三十余年的殖民统治，使菲律宾政治发生了巨大的变化。菲律宾建立了政党并实行三权分立，逐步推行民主选举，最终走向独立。

美国在菲律宾逐步建立政治体系的同时，经济制度尤其是关税制度的确立开始提上日程。此时，美国国会内部围绕着贸易保护主义和自由贸易两种政策陷入了激烈的争论。④ 由于《巴黎条约》⑤（Treaty of Paris）规定，十年内西班牙船只和商品可以同美国一样平等地进入菲律宾。因而，美国初期经济政策的贸易保护主义倾向十分明显。1902 年之前，美国商品同其他国家的商品一样，需要征收相同税率的进口税。⑥ 后来美菲殖民政府不断修改完善关税法，美国商品得以零税率进入菲律宾市场，而双方也实现了形式上的平等贸易。⑦ 美国的贸易政策不断变化调整，同时也给予了菲律宾商品对等的地位，但始终以维护美国利益为前提。

美菲殖民政府殷切希望将菲律宾打造为"亚洲民主的橱窗"，而学校教育、英语推

---

① Peter W. Stanley, *A Nation in The Making*: *The Philippines and The United States*, *1899 – 1921*, Harvard University Press, 1974, p. 80.

② Teodoro A. Agoncillo, *History of The Filipino People*, Garotech Publishing, 1990, p. 300.

③ 1902 年，美国国会通过《菲律宾组织法》（Cooper Act），宣称将由民选的"菲律宾会议"与菲律宾委员会共同行使立法权，但菲律宾会议权力极为有限。1916 年，《琼斯法案》（Jones Act）通过，美国政府承诺，一旦菲律宾群岛能够建立稳定的政府，美国将放弃它在菲律宾的主权。1932 年，《菲律宾独立法案》规定在 10 年过渡期后给予菲律宾独立，在此期间建立自治政府。

④ Shirley Jenkins, *American Economic Policy Toward The Philippines*, Stanford University Press, 1954, p. 26.

⑤ 1898 年 4 月，美西战争中西班牙战败，12 月 10 日在法国首都巴黎签订了《巴黎条约》（Treaty of Paris, 1898）。关于菲律宾部分的主要内容包括：西班牙将菲律宾群岛让与美国，3 个月内美国须向西班牙支付 2 000 万美元；美国可出资购买西班牙在菲律宾的防卫设施等。通过条约美国取代了西班牙在菲律宾的殖民统治，也标志着美国殖民时代统治的开始，使美国更多地参与全球事务。

⑥ United States Tariff Commission, *United States – Philippine Tariff and Trade Relations*, U. S. Government Printing Office, 1931, p. 1.

⑦ Leonard F. Gieseck, *History of American Economic Policy in The Philippines During The American Colonial Period*, *1900 – 1935*, Garland Publishing Inc. , 1987, pp. 69 – 75.

广等文化同化政策是实现这一目标的重要手段。① 针对殖民地人民的教育政策是殖民政策的重要部分，它服务于殖民地的现实利益需要。② 同样的，美国在菲律宾的教育政策也具有强烈的利益诉求。早在美菲战争期间，美国就着手将教育作为军事镇压的辅助手段，认为普及教育可以平息菲律宾军民的反抗。③ 此后，美国着手建立公立教育体系，颁布了教育法案并授权设置公共教育部（Department of Public Instruction）负责菲律宾的教育事务。④ 美国还向菲律宾派遣了大量的美国教师"托马斯人"⑤（Thomasites）支援菲律宾建立公立学校体制，并建立菲律宾师范学校（Philippine Normal School）等教育机构来培训基础教育师资。为了推行美国的公立教育事业并且推广英语教学，殖民政府成立了菲律宾大学（University of the Philippines）等一系列世俗化高校。此外，殖民当局还积极支持职业教育、成人教育及私立教育的发展。美菲殖民政府还大力推广英语教学，规定所有公立学校都应该将英语作为教学用语。⑥ 同时，美国在菲律宾创办了大量的英文报刊，对推动英语传播和贯彻文化同化政策具有重要作用。

二、留学生项目的背景及其实施

19 世纪末 20 世纪初的美国，其外交政策的制定和实施与老牌的旧殖民主义国家有着显著差异，美国更加强调文化因素尤其是教育在外交政策制定中的作用。早在 1868 年，晚清政府全权特使蒲安臣（Anson Burlingame）就同美国国务卿西华德（William Henry Seward）签署了《蒲安臣条约》（The Burlingame Treaty），这是中国近代史上首个"对等"的条约，也为中国派遣留学生赴美提供了保障。1872 年，第一批留美幼童前往

---

① Douglas Foley, "Colonialism and Schooling in the Philippines from 1898 to 1970," in Philip G. Altbach eds., *Education and Colonialism*, Longman Inc., 1978, pp. 90 – 91.

② Philip G. Altbach, *Education and Colonialism*, Longman Inc., 1978, p. 2.

③ Gen. J. P. Sanger, *Census of The Philippine Islands*, *Taken Under The Direction of the Philippine Commission in the Year* 1903, Vol. III, United States Bureau of The Census, 1905, p. 640.

④ *Public Laws and Resolutions Passed by The United States Philippine Commission*, Government Printing Office, 1901, pp. 122 – 127.

⑤ 1901 年 7 月 23 日，受美国政府指派，一批五百余名教师（男教师 365 名，女教师 165 名）乘坐美国海军货轮"托马斯"号前往菲律宾开展教学，这批教师就被称为"托马斯人"。后来"托马斯"人就延伸为在美菲殖民菲律宾的头几年来到菲律宾的所有美国教师，这些教师在菲律宾学校教授英语、农学、数学、机械课程乃至各项体育项目。尽管条件艰苦，但是"托马斯"人大都出色地完成了使命。

⑥ Allan B. I. Bernardo, "English in Philippine Education: Solution or Problem?," in Ma. Lourdes S. Bautista, eds., *Philippine English*, Hong Kong University Press, 2008, p. 29.

美国，拉开了中国赴美留学的帷幕。此后，美国在中国实行的"门户开放"政策，强调利益均沾原则，主张各国在华享有平等的地位。美国更是用"庚子赔款"在中国兴办学校，并且资助中国学生赴美国留学。

1898 年美西战争后，美国取代西班牙，开启了其在菲律宾的殖民统治。次年，美国设立菲律宾委员会（Philippine Commission），美国总统任命五位委员来管理菲律宾，这些委员实质上是菲律宾的实际统治者。根据《巴黎条约》的规定，美国于 1901 年在菲律宾建立以威廉·塔夫脱为首的文官政府进行统治，美菲殖民政府更是致力于将菲律宾打造为"亚洲民主的橱窗"。

可以看出，美国在中国和菲律宾的外交政策与传统的旧殖民主义有所不同。最为显著的特征之一就是美国实行"隐蔽"的统治政策，例如将教育作为其外交政策中的一部分，这在对菲律宾的殖民统治中体现得淋漓尽致。美菲统治菲律宾期间，有意识地将美国文化移植到菲律宾。美菲殖民政府实施了一系列的文化同化政策，包括建立并完善公立教育体系、普及英语、发展美式文学与艺术等，其中教育政策是美国在菲律宾文化战略中的重要支撑。而留美学生项目则是美国文化战略的一部分，构成了美国的殖民教育体系，也是美国"仁慈同化"（Benevolent Assimilation）的直接结果。[1] 该项目实施的主要目的可以归纳为以下两个方面。

（1）菲律宾教育现状的迫切需求。第一，语言不通，亟须统一语言，即用英语进行日常交流和社会管理。美国统治菲律宾初期，菲律宾群岛总共有 7 000 个岛屿左右，800余万名民众，他们没有形成统一的语言，总共存在着 80 多种语言。西班牙语尽管是官方语言，但自始至终都没有成为菲律宾的通用语言。[2] 推广普及英语成了美菲殖民政府的重要工作，殖民官员"虔诚地渴望英语得以迅速传播并在全国成主导地位"[3]。第二，西班牙殖民当局对教育事业缺乏足够的兴趣，只实施所谓的上层精英教育和宗教教育，只有极少部分的上层人士能够接受教育。[4] 西班牙统治下的菲律宾，受过教育的精英人士多数来自于马尼拉等大城市的家族。据估计，西班牙统治晚期，只有约千分之一的菲律宾人受过教育。例如成立于 1619 年、世界历史最悠久的大学之一的圣托马斯大学

---

[1] Victor Mendoza, *Metroimperial Intimacies: Fantasy, Racial - Sexual Governance, and the Philippines in U. S. Imperialism, 1899 - 1913*, Duke University Press, 2015, p. 172.

[2] *Report of the Taft Philippine Commission to the President of The United States*, Government Printing Office, 1901, p. 105.

[3] "The Future Language of These Islands," *The Philippines Free Press*, Monthly Archives: March 13, 1909, Saturday.

[4] Encarnacion Alzona, *A History of Education in the Philippines, 1565 - 1930*, University of the Philippines Press, 1932, p. 18.

（University of Santo Tomas），就是专门培养西班牙人后裔或西菲混血儿的学校。[①] 第三，师资数量极度匮乏。直到 1863 年，西菲殖民政府才决定在马尼拉设立专门的师范学校培养师资。19 世纪末，每 4 179 个菲律宾人中才有一位教师。[②] 留美学生项目的实施很大程度上是要培养足够数量的教师。

（2）美国自身利益的考量。美国自建国以来就非常重视将文化运用到外交领域，不遗余力地实施其文化外交战略。一方面，在美国看来，菲律宾文明水平低下，尚没有自我管理的能力，因此教育是宣传美国文化和提升菲律宾文明的主要方式。另一方面，教育也是稳定秩序与恢复和平的重要手段，进而使菲律宾人得到"仁慈的同化"。[③] 因此，美国占领菲律宾伊始，就着手建立学校，发展教育，学校由此成为美国文化在菲律宾的主要标志。

更为重要的是，西班牙统治时期，对出国留学的管控极为严格。19 世纪下半叶，只有极少数的西菲混血儿及社会上层人士才有机会留学西班牙或者欧洲其他国家。[④] 对于普通民众而言，出国留学极为困难且风险巨大，如果普通民众在国外留学，归国后他们就会被定为犯罪嫌疑人。[⑤]

鉴于菲律宾教育的现状以及美国利益的需求，美菲当局认为向美国派出菲律宾学生是非常必要的，因为"了解学习美国先进文明的最有效方式不是在课堂上教师所传授的，而是通过自身的感受所获得"。[⑥] 于是，在 1903 年 8 月 26 日，留美学生项目正式实施。美国实施的留美学生项目则相对确保了菲律宾群岛所有省份、地区的学生都有机会得到资助。表 1 是 1903—1905 年各省份部分留美学生数量的分布情况：

---

① George S. Counts, "Education in the Philippines," *The Elementary School Journal*, Vol. 26, No. 2, 1925, pp. 96 – 97.

② *Report of the Taft Philippine Commission to the President of The United States*, p. 105.

③ Anne Paulet, "To Change the World: The Use of American Indian Education in the Philippines," *History of Education Quarterly*, Vol. 47, Issue 2, 2007, p. 183.

④ Erwin S. Fernandez, "Intellectual Neocolonialism in the University: Restructuring the Education of Juan de la Cruz," *Taiwan International Studies Quarterly*, Vol. 7, No. 3, Autumn 2011, p. 153.

⑤ *Report of the Philippine Commission to the President*, Vol. 1, Government Printing Office, 1900, pp. 40 – 41.

⑥ Alexander A. Calata, "The Role of Education in Americanizing Filipinos," in Hazel M. McFerson, *Mixed Blessing: The Impact of the American Colonial Experience on Politics and Society in the Philippines*, p. 91.

表 1　菲律宾各省留美学生数量分布

省份	人数	省份	人数	省份	人数
阿布拉省	1	宿务	6	西内格罗斯省	3
阿尔拜省	2	北伊洛戈省	6	东内格罗斯省	2
安蒂克省	1	南伊罗戈省	11	邦板牙省	11
巴丹省	2	伊洛伊洛省	12	邦阿西楠	9
八打雁省	11	伊莎贝拉省	1	巴拉望省	1
保和省	2	内湖省	9	黎刹省	2
布拉干省	5	拉乌尼翁	4	索索贡省	2
卡加延省	1	莱特	2	苏力高省	1
甘马林省	2	马尼拉	28	打拉省	4
卡皮斯省	2	马斯巴特省	1	塔亚巴斯	2
甲米地省	6	新怡诗夏省	8	三描礼士	2

资料来源：笔者根据 Mario E. Orosa, *The Philippine Pensionado Story*, 2007, pp. 31 - 37；以及海岛事务局年度报告（Report of The Chief of the Bureau of Insular Affairs to the Secretary of War）等相关资料信息整理所得。

　　可以看出，留美学生几乎来自于当时菲律宾的所有省份，这也在侧面上反映了美国在菲律宾普及教育的有效性，也确保了留学生能够尽最大可能地影响到菲律宾的各个地区。

　　首批资助的 100 余名学生中，有 75 名学生是由美国督学及省长联袂选出的，指标下派到各省的公立学校，其余的则由总督亲自委派。最初的留美学生多数来自于精英家庭及上层人士，只有个别的普通民众，这批学生的年龄大多集中在 16 ~ 21 岁。[1] 1904 年及之后的留学生大多需要经过严格的测试才能派出，以确保录用品德高尚、成绩优良且身体健康的学生。[2] 因此，后期的留学生来自于普通家庭的居多。留学生计划大致可以分为三个不同的阶段：

---

[1]　Alexander A. Calata, "The Role of Education in Americanizing Filipinos," in Hazel M. McFerson, *Mixed Blessing: The Impact of the American Colonial Experience on Politics and Society in the Philippines*, p. 92.

[2]　Lewis E. Gleeck, Jr, *American Institutions in the Philippines, 1898 - 1941*, R. P. GARCIA Publishing Co., 1976, p. 49.

第一阶段，1903—1914 年，据估计总人数约 218。① 前三年总共派出 180 名学生，其余的在 1906 年至 1914 年派出。"一战"期间，留美学生计划曾一度出现中断。② 第二阶段是 1918—1935 年，派出的留学生数量不定，1919 年政府成立了专门机构来管理留学生事务。③ 第三阶段是 1936—1941 年菲律宾自治政府时期。"二战"爆发前夕，美菲殖民当局仍继续实施该计划。在战争期间，仍旧有一定数量的学生完成了他们的学业，直到战争结束才回国效力。

留学生项目的根本宗旨是便于美菲当局的殖民管理，因此，菲律宾留学生在美留学期间，重点学习殖民地管理与发展亟需的专业，主要包括师范教育、海事研究、气象预报、渔业以及海岸与土地测量等。④ 美菲殖民政府对留学生的资助力度相当大，为首批留美学生提供了约七万两千美元的经费支持。⑤ 每位留美学生每年受到的资助为 500 美元，约相当于 20 世纪初期美国家庭平均年收入的三分之二。此外，每人还会有足够的旅费和个人日常开支资助。

事实上，留美学生计划的最重要工作是在第一阶段完成的，甚至在菲律宾社会形成了留学美国的热潮，其实施效果也最为显著。⑥ 第二阶段的留学生回国后，没有取得相对瞩目的成就，且派出的人数也大为减少。第三阶段由于战争及国内诸因素的影响，几乎没有留下比较翔实的资料。因此本文所考察探讨的主要是留学生计划的早期情况。

三、威廉·萨瑟兰与留美学生项目

威廉·亚历山大·萨瑟兰（William Alexander Sutherland）是早期留美学生项目中最为重要，并且与此项目联系最为密切的人物。1876 年，萨瑟兰出生于德克萨斯州，早年他在乔治城的西南大学（Southwestern University）学习，之后于 1898 年毕业于新墨西哥

① Mario E. Orosa, The Philippine Pensionado Story, pdf, 2007, p. 2.

② Gregorio F. Zaide, *The Pageant of Philippine History*, *Volume* 2, *From British Invasion to the Present Times*, Philippine Education Company, 1979, pp. 418 – 419.

③ *Annual Report of the Governor General of Philippine Islands*, 1924, Government Printing Office, 1926, p. 76.

④ Alexander A. Calata, "The Role of Education in Americanizing Filipinos," in Hazel M. McFerson, *Mixed Blessing*: *The Impact of the American Colonial Experience on Politics and Society in the Philippines*, p. 93.

⑤ *Acts of The Philippine Commission* (*Acts Nos. 425 – 949, inclusive*), Government Printing Office, 1904, pp. 668 – 670.

⑥ *Report of The Philippine Commission to The Secretary of War 1911*, Government Printing Office, 1912, p. 167.

州立大学。萨瑟兰的父亲是卫理会传教士，上大学之前他曾与父亲居住在墨西哥的杜兰戈（Durango），因此他精通西班牙语。毕业后，他短暂任教于新墨西哥州阿尔伯克基（Albuquerque），随后回到新墨西哥州立大学教授西班牙语和拉丁语。1902 年，萨氏同其大学校友米妮·纽贝里（Minnie Newberry）结为伉俪，随后萨氏夫妇前往马尼拉成为总督塔夫脱的西班牙语秘书。

在殖民初期的菲律宾，几乎没有美国官员能够熟练运用西班牙语，而广大的菲律宾人同样也不会说英语，塔夫脱总督亟需一位翻译人员来帮助他处理殖民事务。由于萨瑟兰精通西班牙语，因此萨氏被任命为塔夫脱的西语秘书，并逐渐成为塔夫脱同菲律宾人沟通必不可少的桥梁。作为塔夫脱的翻译，他向总督建议让一些菲律宾人在美国接受教育。至于为何向塔夫脱提及此计划，他在回忆录中记述了提出留学生项目的情况：

> 午后的闲暇时光，我无意的提到了曾经自己多次考虑的事情，而我的考虑恰巧与总督阁下不谋而合。总督希望拉近美菲之间的关系，增加彼此之间的了解。我建议可以深入细致地挑选一些菲律宾男孩，包括一些女孩去美国学习，要接受为期四年的高等教育，学有所成后回来进入殖民政府为政府效力。总督对该提议赞赏有加，并且将此记录下来认真考虑，最终菲律宾委员会批准了我的提议。[①]

1903 年 8 月 26 日，菲律宾委员会（Philippine Commission）正式通过了《第 854 号法案》（Act No.854），授权派出 104 位菲律宾学生赴美国高校进行为期四年的学习。[②] 事实上，大多数学生学了五年甚至更久的时间。留学生第一年进入高中学习，学习英语以增强英语运用能力，同时了解美国式的教育。塔夫脱总督还曾鼓励萨瑟兰："好好地工作，这些都是你的学生。"[③]

其实早在 1901 年，塔夫脱就在报告中提出了"向美国派出学生"的想法，他提出在菲律宾每个城镇选派两到三名学生前往美国学习，学成归国后为殖民政府效力。[④] 塔夫脱的想法与萨瑟兰的建议基本一致。一年后，菲律宾委员会提道："殖民政府承诺派出留学生，并确保美国的高等学校接受相当规模的菲律宾人，一个崇高道义上的理由就是让更多的菲律宾年轻人通过自身感受全面地了解西方文明。"[⑤] 美国希望借此通过三代

---

① Mario E. Orosa, *The Philippine Pensionado Story*, p. 3.

② *Acts of The Philippine Commission*（*Acts Nos. 425 – 949, inclusive*）, pp. 668 – 670.

③ Mario E. Orosa, *The Philippine Pensionado Story*, p. 5.

④ Romeo Cruz, *America's Colonial Desk and The Philippines, 1898 – 1934*, University of the Philippines Press, 1974, p. 353.

⑤ *Third Annual Report of the Philippine Commission*, Government Printing Office, 1903, p. 880.

人甚至几代人的努力，提升美国在菲律宾举国上下的地位，并以此塑造菲律宾人民。①
留学生项目实施的最主要目的就是能够"教育并笼络未来的菲律宾领袖为美国殖民政府
服务，即培养更多为美国服务的人才"。② 此外，鉴于当时菲律宾教师数量的极其缺乏，
菲律宾委员会确定留学生项目应主要关注于师资的培训。

　　最初，萨瑟兰并不愿意从事相关的留学生工作等事宜，但是塔夫脱总督却极力劝说
他一道前往并管理留学生。萨氏回忆说："当总督先生告知我要带着学生去美国学习，
并且负责照看他们时，我并不乐意。还不如留在马尼拉在总督身边做秘书，我还建议总
督在教育部门另外选派其他人员来完成留学生计划。"③ 但是，塔夫脱认为菲律宾学生在
美国缺乏指导，又面临陌生的环境，需要有人照看特别是在教育方面应该悉心指导。最
终，萨氏夫妇成了这些留美学生的监护人。

　　留学生在马尼拉及三十余天的海上航行期间，他们的衣、食、住、行乃至在美国所
需要了解的风俗习惯等都由萨瑟兰亲自安排负责。甚至在萨氏的影响下，四十余名留学
生戒掉了吸烟的习惯。萨瑟兰后来成为海岛事务局专门管理公费留美学生计划的官员，
为此他又返回菲律宾并在菲律宾滞留了一年。④ 1906 年，他又被派往美国主管监督留美
学生工作。在此期间，他利用业余时间学习并获得了乔治·华盛顿大学法学学位。1908
年 4 月，萨氏不再从事留学生工作，转而去了拉斯克鲁斯（Las Cruces）生活。

　　1937 年，萨氏的女儿康斯坦斯（Constance）访问菲律宾，在菲律宾国内引起了强烈
的反响，昔日的留美学生及家庭曾多次宴请康斯坦斯。1950 年，萨氏夫妇最后一次造访
菲律宾，菲律宾方面举行了盛大的欢迎仪式，菲律宾总统埃尔皮迪奥·基利诺（Elpidio
Quirino）亲自出席了欢迎会。此外，他同这些留美学生重聚，并发表了演讲。1969 年，
93 岁高龄的萨瑟兰去世，他最终成为美国对菲律宾影响最重要的人物之一。⑤ 萨瑟兰为
留学生工作花费了近六年的时间，作为留美学生计划的主要参与者，他与同僚的共同努
力确保了该计划的成功实施。萨瑟兰是菲律宾留美学生计划的开拓者，为美菲关系的发
展作出了卓越的贡献。

四、菲律宾留美学生的学习、生活状况

　　1903 年 10 月 9 日，在萨瑟兰夫妇的带领下，留美学生最先乘坐日本船只 "Rohilla

---

① See Stanley Karnow, *In Our Image*: *America's Empire in the Philippines*, Random House, 1989.

② Jonathan H. X. Lee, *History of Asian Americans*: *Exploring Diverse Roots*, ABC – CLIO, 2015,
p. 92.

③ Mario E. Orosa, *The Philippine Pensionado Story*, p. 5.

④ Editorial, "Our Superintendent," *The Filipino*, Vol. I, No. 6, November 1906, p. 6.

⑤ Mario E. Orosa, *The Philippine Pensionado Story*, p. 9.

Maru"到达香港。但是日俄战争爆发前夕，该船被日军征用为战时医疗用船，留学生只得换乘其他船只前往美国。10 月 13 日，首批留美学生乘坐太平洋邮船公司（Pacific Mail Line）的"SS Korea"号继续航行。

留美学生项目是一项巨大的政府工程，也是一种人力资源的投资，[①] 因而在当时的菲律宾，举国上下都极为关注留美学生赴美学习。留学生离开马尼拉前往美国加州这一天，菲律宾民众自发地以各种形式为学生们送行。在马尼拉，总共 22 家当地报纸包括西班牙文报纸都对留学生赴美情况进行了专刊报道；酿酒厂提供整桶的啤酒供人们庆祝；学生们戴着徽章，乐团助兴演奏；从街道到码头，民众走上街头游行欢送留学生。除此之外，联邦党的政客也在各种演讲中宣称支持留美学生计划；各省省长还反复叮嘱赴美学生在美国要树立良好形象，因为他们是菲律宾人民的重要缩影；马尼拉最大的剧院还上演了别开生面的歌剧以鼓励这些学生。[②] 除了殖民政府的资助外，一些个人或组织也对留学生进行了资助。例如马尼拉赛马会（Manila Jockey Club）曾无偿地照顾留学生在马尼拉期间的生活。

向美国派出的首批一百余名留学生，是从 2 万名申请者中精挑细选出来的，其中包括 8 名女孩在内的 40 多名学生分别在 1904 年、1905 年被派往美国。[③] 留学生到达加州的第一个冬季，美国东部遭受了极度严寒天气，于是留学生被迫在南加州几所高中安顿下来。1904 年秋，根据这批留学生不同的情况，他们被派到美国各地的高校进行学习。留美学生主要在美国西海岸及中部、东北部高校学习，主要分布于加州、华盛顿州、纽约州、伊利诺伊州等。接收菲律宾学生较多的高校主要包括加州大学、圣母大学、印第安纳大学、伊利诺伊州立大学等。[④] 在海岛事务局和萨瑟兰的指导帮助下，留学生大都得到了妥善的安排。

为了深入地了解美国文化，留学生没有被安排在集体宿舍或公共公寓居住，而是大多数寄居在美国家庭生活。美菲殖民政府特意安排留学生寄居在城镇的市民家庭而不是大城市，以帮助他们尽快适应美国环境，并且促使他们熟练地运用英语。[⑤] 尽管留学生在美国面临着新环境、新文化，但他们很快地适应了美国文化，他们同美国孩子一样共

[①] Manuel L. Carreon, "What is Expected of a Pensionado," *The Philippine Herald*, Vol. I, No. 1, November 1920, p. 22.

[②] Mario E. Orosa, *The Philippine Pensionado Story*, p. 5.

[③] Lewis E. Gleeck, Jr, *American Institutions in the Philippines, 1898 – 1941*, p. 49.

[④] Victor Mendoza, *Metroimperial Intimacies: Fantasy, Racial – Sexual Governance, and the Philippines in U. S. Imperialism, 1899 – 1913*, p. 173.

[⑤] Noel V. Teodoro, "Pensionados and Workers: The Filipinos in the United States, 1903 – 1956," *Asian and Pacific Migration Journal*, Vol. 8, Nos. 1 – 2, 1999, p. 161.

同学习、生活，他们的行为方式几乎同美国人一样了，渐渐地"美国化"了。1903—1909 年，只有两名留学生因为无法融入美国社会而被送回菲律宾。① 一个美国家庭往往寄居两个留美学生，由他们各自的监护人照料他们的衣食起居，他们大都受到了美国家庭的良好接待。但是一些激进的菲律宾学生仍旧批判美国，认为他们受到了美国家庭的不公正待遇，甚至将他们在美国的各种遭遇都归于美国的不公正，认为他们在菲律宾国内享有的权利到了美国则要受到种种约束。②

在美国期间，留学生的最主要工作是学习扎实的知识与技术技能，但他们也经常性地参加一些课外活动，包括政治活动、体育活动以及社会服务等，这些活动是他们留美期间课外生活的有益补充，也对他们日后服务菲律宾起了重要的作用。③

留学生在美国的一项主要集体活动就是服务世界博览会。1904 年，为了纪念 1803 年路易斯安娜购地 100 周年，美国召开了圣路易斯世界博览会（St. Louis World's Fair），五十余个国家参加了此次盛会。菲律宾在这届博览会上占据了重要的席位，展位面积达 50 英亩，近 1 300 名菲律宾人参加。④ 值得一提的是，19 世纪末 20 世纪初是西方国家殖民扩张的重要时期，这些国家急切地渴望展示它们"先进、高级"的文明，美国政府更是希冀借助此次博览会来彰显其"先进文明和先进科技"。因此，1904 年美国政府花费了高达 150 万美元的资金从菲律宾不同的部落招徕 1 300 名菲律宾土著人，如伊戈罗特人（Igorot）、摩洛人（Moro）等，向外界展示美国对菲律宾人实施"仁慈同化"政策的效果。1907 年，詹姆斯顿博览会召开，菲律宾同样派人参加了此次展会，但是规模和影响较上次要小很多。萨瑟兰带领部分留学生为两次展会提供了必要服务，他们充当翻译、引导参观人员等，向全世界展示了菲律宾的面貌。

留学生在美国还适时地创办了报刊。1906 年，留美学生在华盛顿出版了《菲律宾人》（The Filipino）杂志。《菲律宾人》杂志是菲律宾人最早在美国创办的出版物之一。⑤ 它的创刊宗旨是为了服务于在美国的菲律宾人，主要以英文形式出版。该杂志的主编是何塞·马·昆科（Jose Ma. Cuenco），之后担任过宿务地区的主教；西班牙语编辑是华金·拉莫斯（Joaquin Ramos）；英文编辑是亚迪奥·法菲斯（Asterio Favis）；其中还

---

① Lewis E. Gleeck, Jr, *American Institutions in the Philippines*, *1898 - 1941*, p. 50.

② J. Matthew Knake, "Education Means Liberty: Filipino Students, Pensionados and U. S. Colonial Education", *Western Illinois Historical Review*, Vol. VI, Spring 2014, pp. 7 - 8.

③ Babara M. Posadas and Roland L. Guyotte, "Unintentional Immigrants: Chicago's Filipino Foreign Students Become Settlers, 1900 - 1941," *Journal of American Ethnic History*, Vol. 9, No. 2, 1990, p. 29.

④ *Report of The Chief of the Bureau of Insular Affairs to the Secretary of War*, 1905, Government Printing Office, 1905, p. 27.

⑤ Editorial, "Get Together," *The Filipino*, Vol. 1, No. 1, January 1906, p. 3.

有一位女性编辑。这些编辑都是留美学生。每份杂志的售价为 20 美分（Centavos），每年的订阅价为一美元。

1906 年 1 月，萨瑟兰为留学生创办期刊提供了许多良好的提议。同年的杂志主题中，《菲律宾人》将菲律宾在美的所有留学生名字罗列出来，虽然与学校给出的名单有所出入，但这是留学生所创办的杂志，对自身的情况也更为了解，所以该杂志的留学生名单更为确切。《菲律宾人》刊登的文章以时政类为主，旨在号召菲律宾人团结一致，对菲律宾民族主义的发展发挥了积极作用。值得注意的是，为了迎合菲律宾学生以及在美菲律宾人，杂志在一定程度上夸大了他们的成就及作用。除了全美范围的杂志外，在留学生集中的一些州也创办了类似的期刊。1905 年初，加州大学伯克利分校的菲律宾留美学生创办了《菲律宾学生杂志》（*Filipino Students' Magazine*），该杂志主要报道菲律宾在美国留学生的事迹。但该杂志也经常"隐晦"地批判美国在菲律宾的殖民统治，它促进了菲律宾学生民族主义和国家意识的增强。[1]

首批留美学生都回到了菲律宾，后期的留美学生绝大多数也能够回国效力，只有少部分的学生留在了美国成为较早一批的菲律宾移民。而这些留在美国的学生极难融入美国的白人群体中，受到了部分美国人的歧视，往往从事一些与他们教育水平不相称的卑微工作。[2] 尽管这些留美学生赴美学习的目的不尽一致，如民族自尊心的驱使、个人兴趣或为了获得社会地位等，但他们都能够积极地在美国学习科学文化知识，希望归国后能够为菲律宾社会服务。[3]

五、留美学生项目对菲律宾社会的影响

留美学生项目是菲律宾历史上最为成功的奖学金项目，该项目总共持续近四十年（1903—1941 年），"二战"结束后被美国的富布赖特计划（Fulbright Program）所取代。留学生从美国学成返回菲律宾后，普遍受到欢迎与重用，他们逐渐在事业上崭露头角，获得了民众的认可与赞赏。[4] 由于留美学生数量较多，很难完全统计所有留学生的情况，

[1] Victor Mendoza, *Metroimperial Intimacies: Fantasy, Racial – Sexual Governance, and the Philippines in U. S. Imperialism, 1899 – 1913*, pp. 177 – 180.

[2] Susan J. Paik, "Filipinos in the U. S.: Historical, Social, and Educational Experiences," *HSE – Social and Education History*, Vol. 5, No. 2, June 2016, pp. 143 – 144.

[3] J. Matthew Knake, "Education Means Liberty: Filipino Students, Pensionados and U. S. Colonial Education," pp. 10 – 11.

[4] William Alexander Sutherland, *Not by Might: The Epic of the Philippines*, Southwest Publishing, 1953, p. 36.

但是不可否认，他们都以极大的热情和强烈的爱国主义精神投身到菲律宾的社会建设中，为菲律宾社会的进步发展作出了不可磨灭的贡献。[1] 值得肯定的是，留美学生项目帮助菲律宾培养了大批社会所需的人才。更重要的是，这些“美国男孩”（American Boys）给菲律宾社会带来了美国式文化与思维，在客观上促进了菲律宾社会的进步与发展，对菲律宾社会影响最为深远。

首先，进一步扩大了菲律宾社会中产阶级（Ilustrado[2]）的规模，逐渐形成了新的社会精英阶级（New Ilustrado）。多数的留学生来自于富裕家庭，即便有的学生并不富有，但留美学生回国后比普通人更容易获得高收入的工作、进入社会上层成为新的社会精英。留美学生将自己定位为新中产阶级，这一阶级来源不仅包括本地精英，更有出身于普通家庭的孩子，他们的阶级基础比旧中产阶级更加广泛。[3] 留学生将美国文化元素、专业知识及价值观等带到了菲律宾，成为菲律宾人与美国乃至世界沟通的重要桥梁。[4] 新精英阶级活跃于菲律宾的教育与科技、政府管理、法律等诸多领域，为菲律宾现代化作出了有益贡献。

（1）在教育与科技领域，留美学生尤为活跃。他们不仅创办了各种学校，包括中学、大学等，还将英语教学引入菲律宾的课堂中，成为推动美国教育模式的重要力量之一。如托马斯·马普莱（Tomas Mapua）即是其中的佼佼者。他于 1911 年毕业于康奈尔大学建筑学专业。马普莱在欧美国家的游学经历，特别是在美国的专业学习，使他逐步地认识到欧美大都会的繁荣和科技的重要性。为了促进菲律宾经济发展，提升民众生活质量，他在 1925 年创办了马普莱科技学院（Mapua Institute of Technology，MIT），直到今天，该学院仍然被视为培养菲律宾工程师的摇篮。此外，曾担任奥斯米那（Osmena）内阁教育部部长的弗朗西斯科·贝尼特斯（Francisco Benitez）对菲律宾教育的贡献也颇为显著，他在任内主持编订了多套教材和工具书。他还担任过教育学院的院长并培养了近千名教师。在教育领域，乔治·波克博（Jorge Bocobo）也是最杰出的留美学生之一。1904 年 9 月，波克博进入圣迭戈高中学习，之后在印第安纳大学（Indiana University）学习法律。归国后，他帮助奎松（Manuel L. Quezon）总统起草演讲稿，并连续四次作为菲律宾独立请愿团成员前往美国，是奎松的得力助手。在此期间，波克博一直在菲律宾

---

[1]　Lewis E. Gleeck, Jr, *American Institutions in the Philippines*, *1898 – 1941*, p. 50.

[2]　*Ilustrado* 是西班牙语，是指 19 世纪末西班牙殖民时期菲律宾社会受过良好教育的社会阶层。这一阶层主要由西班牙人及西菲混血儿组成，他们是推动菲律宾民族主义产生发展的主要力量。菲律宾国父何塞·黎刹（Jose Rizal）即是这一社会阶层的重要代表——笔者注。

[3]　Noel V. Teodoro, "Pensionados and Workers: The Filipinos in the United States, 1903 – 1956," p. 161.

[4]　Robert M. Jiobu, *Ethnicity & Assimilation*: *Blacks*, *Chinese*, *Filipinos*, *Japanese*, *Koreans*, *Mexicans*, *Vietnamese and Whites*, State University of New York Press, 1988, p. 50.

大学任教，并且长期担任法学系系主任，他曾先后培养了三位菲律宾总统，分别为何塞·劳雷尔（Jose P. Laurel）、曼努埃尔·罗哈斯（Manuel Roxas）、埃尔皮迪奥·基利诺（Elpidio Quirino）。1934 年，波克博成为第五任菲律宾大学校长，卸任后进入奎松政府任公共教育部部长。①

除了教育界外，留学生在菲律宾的科技界也相当活跃，尤其是产生了一批杰出的化学家和工程师。例如，化学家安杰尔·阿古利斯（Angel Arguelles）是菲律宾科技局首位菲律宾人局长。一些留美学生在美国主要学习的是工程专业，他们回国后多数成了工程师，包括曾担任马尼拉铁路公司经理的弗朗西斯科·伊卡西亚诺（Francisco Yca-siano），为菲律宾基础设施的建设作出了巨大贡献。

（2）政府管理部门。由于受到政府的资助，留美学生归国后大多选择在政府部门工作。在美国殖民政府及菲律宾自治政府中，都有留学生的身影。如投身公共设施建设的索特罗·巴鲁尤特（Sotero Baluyut）是留学生在工程领域的杰出代表。他于 1904 年前往美国学习，后在爱荷华大学（University of Iowa）学习土木工程专业并取得相应学位。1911 年，他回国后在政府部门任助理工程师，负责伊莎贝拉（Isabela）、安蒂克（An-tique）、布拉干（Bulacan）等省的工程事务。1912—1920 年，他多次组织修建公路并主持了邦板牙糖业发展有限公司（Sugar Development and Corporation Inc.）的建立。在此之后，他先后三次当选邦板牙省省长。

（3）法律界。律师是殖民地政府司法体制的重要构成。法律也是菲律宾留美学生学习的热门专业。留学生马里亚诺·H. 德霍亚（Mariano H. de Joya）早年留学于芝加哥大学和耶鲁大学，以优异的成绩获得了耶鲁大学法学硕士学位。归国后，他成为马尼拉地方法官及最高法院的成员。德霍亚后来离开政府部门自己创业，他在刑法领域取得了不凡业绩，并且还编纂了几部法律书籍，在法学界产生了广泛影响。德尔芬·加拉尼拉（Delfin Jaranilla）于 1940 年在乔治城大学获得法学博士学位。菲律宾解放后，他进入奥斯米纳内阁任司法部部长，随后又代表菲律宾政府参与国际战犯法庭的工作，参加了对日本战犯的审判。

其次，一定程度上促进了社会阶层的流动，增强了下层向上层社会的流动。留美学生在美国学到了各种领域的专业技能，改变了自身的命运。留学美国成为当时中产阶级向上流动的重要途径，留美学生得以进入政府部门工作，并占据重要位置。② 何塞·阿贝德·桑托斯（Jose Abad Santos）是最为有名的公费留美菲律宾学生。③ 学成回国后，

---

① Noel V. Teodoro, "Pensionados and Workers: The Filipinos in the United States, 1903 – 1956," pp. 165 – 167.

② Napoleon J. Casambre, "The Impact of American Education in the Philippines," *Educational Perspectives*, Vol. 21, No. 4, Win 1982, pp. 7 – 14.

③ Eleonor Mendoza, *The Bells of Balangiga*, iUniverse, Inc., 2012, p. 297.

他对菲律宾的女子教育发展、司法建设作出了重要贡献。桑托斯在众多的政府部门都担任要职，如司法部、菲律宾国家银行等，曾担任菲律宾最高法院第五任大法官。1917年，桑托斯还倡议创办了菲律宾女子大学，并担任菲律宾女子大学董事会的重要董事。此外，他还是菲律宾基督教青年会（Young Men's Christian Association，YMCA）的重要成员，牺牲后还获得该会的最高荣誉奖章。[①] 太平洋战争期间，菲律宾奎松自治政府流亡美国，奎松总统将所有权力都移交给桑托斯代为行使，他临危受命，留土守责，不畏强暴，拒绝与日本军政府合作，最后为祖国英勇牺牲而彪炳史册。卡洛斯·罗慕洛（Carlos Romulo）是菲律宾著名的新闻记者与外交官，在战后菲律宾外交中具有重要的地位。他早年曾在菲律宾大学（University of the Philippines）学习，随后于 1918—1921年在美国哥伦比亚大学公费求学，并获得文学硕士学位。回国后短暂执教于菲律宾大学，菲律宾独立后他成为菲律宾常驻联合国代表，并多次出任外交部部长。

此外，菲律宾女性也是留美学生项目的获益者，她们同样获得接受高等教育的权利，并通过教育提升了自身的经济与社会地位。西班牙殖民时期，尽管菲律宾下层社会的女性在经济生产领域占据着一定的地位，但上层社会的女性则被严重束缚在家庭事务和宗教祭祀事务上。[②] 这种情况在美菲殖民时期得到了显著改善，在美国教育政策的推动下，菲律宾女学生能够进入公立学校接受教育甚至可以出国深造，在留美学生项目中也不乏菲律宾女性的身影。[③] 留美学生大部分是来源于中上层社会家庭中的男性，但是殖民政府也有意识地派出了一定数量的女留学生。这些女性回国后在事业上尤其是在教育、公共服务等领域取得了不亚于男性的成绩。通过高等教育，她们不仅获取了更多的知识与专业技能，使之能从家庭中脱离出来进入各行各业，获得独立的经济地位与较高的社会地位，有的女留学生甚至在事业上获得巨大成功。毋庸置疑，这对菲律宾女性地位的提升产生了不可忽视的影响。

菲律宾著名历史学家恩卡纳辛·阿洛纳女士（Mrs. Encarnacion Alzona）就是其中的杰出代表。她曾先后在哈佛大学和哥伦比亚大学获得硕士与博士学位，回国后进入菲律宾大学历史系。她不仅是菲律宾著名的历史学家，撰写了《菲律宾教育史（1565—1930）》（History of Education in the Philippines, 1565—1930），而且积极投身争取妇女权利的运动中，推动菲律宾妇女获得选举权，曾当选为菲律宾大学女教师协会主席，并撰

---

① Noel V. Teodoro, "Pensionados and Workers: The Filipinos in the United States, 1903 – 1956," pp. 161 – 162.

② Carolyn Israel Sobritchea, "American Colonial Education and its Impact on the Status of Filipino Women," Asian Studies, Vol. xxviii, 1990, pp. 70 – 74.

③ Mina C. Roces, "Women in Philippine Politics and Society," in Hazel M. McFerson, Mixed Blessing: The Impact of the American Colonial Experience on Politics and Society in the Philippines, Greenwood Press, 2002, p. 168.

写了《菲律宾妇女的社会、经济与政治地位（1565—1933）》（*The Filipino Woman: Her Social, Economic and Political Status, 1565 - 1933*）。① 医学领域的奥利维亚·萨拉曼卡（Olivia Salamanca）出生于 1889 年 7 月，后来前往美国学习，毕业于宾夕法尼亚女子医学院（Women's Medical College of Pennsylvania）。她是甲米地（Cavite）地区的首位女医生，也是菲律宾历史上第二位女医生。② 菲德蒙多（Fe del Mundo）是菲律宾著名的儿科医生，1936 年成为首位被哈佛医学院录取的女性，她创办了菲律宾历史上第一家儿科医院，并于 1977 年获得麦格赛赛奖（Ramon Magsaysay Award）。约瑟法·马丁内斯（Josefa Martinez）留美期间在一所女子大学攻读社会工作专业，她将社会服务的理念引入菲律宾。归国后，她成了一位社会工作教授，还担任了马尼拉多家社会组织的顾问。

最后，美菲殖民政府有意识地将菲律宾南部穆斯林上层家庭的子女送往美国公费留学，以此培养忠于美菲政府的穆斯林领袖，达到加强棉兰老地区（Mindanao）与中央政府联系的目的。③ 其中涌现了一些著名的穆斯林社会精英。如第一位穆斯林留美女学生塔尔哈塔·吉拉姆（Tarhata Kiram），她出生于 1904 年，其父为苏禄苏丹。20 世纪 20 年代，她被美菲殖民政府选派到美国伊利诺伊大学学习。毕业回国后，她不仅积极推广苏禄穆斯林的传统文化，而且积极推动菲律宾南部的和平进程。菲律宾棉兰老历史上的著名政治家萨利帕达·彭达顿（Salipada Pendatun），1912 年出生于哥打巴托省，后获得留美项目资助前往美国学习，回国后成为一名律师，"二战"期间担任穆斯林志愿军总指挥，带领菲律宾军队抵抗日军的侵略。菲律宾独立后被基利诺总统任命为哥打巴托省省长。

留学生在美国学习期间就怀着建设国家的目的，因而他们回国后投身于政府部门和兴办教育等，具有强烈的民族主义使命。留学及接受美国教育成为当时菲律宾青年追求独立和自由的重要途径。④ 1907 年 11 月，第一批留美学生雷耶斯（Ponciano Reyes）等人回国后，创办了菲律宾哥伦比亚协会（Philippine Columbian Association），亦称哥伦比亚俱乐部。哥伦比亚俱乐部成为菲律宾争取民族独立的中心，并一度成为菲律宾独立大会的总部基地。

菲律宾留美学生数量较多，大多取得了较为突出的成就，但是由于资料的匮乏较难

① Noel V. Teodoro, "Pensionados and Workers: The Filipinos in the United States, *1903 - 1956*," pp. 162 - 163.

② Encarnacion Alzona, *The Diary of Oliva Salamanca, M. D., 1889 - 1913*, pdf, pp. 28 - 45.

③ Fr. Eliseo R. Mercado, Jr., "Conflict and Peacemaking: The Philippine Experience," *Autonomy & Peace Review*, Volume No. 7, Issue No. 1, January - March 2011, p. 116.

④ Resil B. Mojares, "The Formation of Filipino Nationalism Under U. S. Colonial Rule," *Philippine Quarterly of Culture & Society*, 34, No. 1, 2006, pp. 12 - 14.

全面掌握留学生的情况，以上只是个别留美学生事迹的简单情况。除了上述之外，还有一些留学生也同样为菲律宾社会作出了杰出贡献，例如集毕生精力从事于稻米生产的菲律宾"农业之父"西尔韦里奥·阿波斯托尔（Silverio Apostol）、曾担任菲律宾参议院议长的卡米洛·奥西亚斯（Camilo Osias）、在商业上卓有成就的卡洛斯·洛佩兹（Carlos Lopez）等。

留美学生项目每年花费数额较大，财政难以维系。随着菲律宾大学的建立，许多出身中产阶级的菲律宾学生可以在国内接受高等教育，它是留美学生计划的有益补充，可以一定程度上缓解该计划的开支压力。① 因而美菲殖民政府认为没有再向美国大规模派出留学生的必要，但是留美学生项目仍旧持续地进行。到了菲律宾自治政府时期，政府更是出台了关于挑选留学生的具体细则和其权利义务的行政命令，使留学生工作更加规范化和程序化。② 只是与早期的留美学生项目相比，后期的规模和影响都逐渐式微，甚至到了 1937 年，留美学生项目几乎陷入了停滞的状态。③

六、结语

19 世纪末，美国实力迅速增长，崛起成为新兴大国，逐渐地开始向海外扩张。为了同老牌欧洲殖民强国争夺世界霸权，美国在海外殖民地推行具有新殖民主义特征的统治政策，在加强政治控制、军事占领与经济掠夺的基础上，强化以文化为主要工具的殖民统治方式。菲律宾作为美国对外扩张的桥头堡，成为美国实践其新殖民主义政策的重要试验场。留美学生项目即是美国新殖民主义文化政策的重要体现，美国希望借此培养一批具有"美国精神"的菲律宾新领袖，进而巩固其在菲律宾的殖民统治，维护美国的利益。总体来看，留学生在国家建设中的作用得到了美国殖民者的一定认可，菲律宾独立后留学生继续参与着菲律宾的现代化进程。

菲律宾曾作为美国竭力塑造的榜样殖民地，因而对菲律宾留美学生项目的解读，不应看作是美菲殖民政府单向的塑造，必须探讨菲律宾社会对此的各种回应，从本土化视角重新审视殖民主义与现代性的关系。毋庸置疑，殖民主义是一把双刃剑，殖民现代性曾为菲律宾带来了短暂的繁荣。美菲时期，菲律宾的现代性和殖民性是相伴随的，现代

---

① Kenneth F. Kaspershi, *Noble Colonials：Americans and Filipinos，1901 – 1940*, Doctoral Dissertation of University of Florida，2012，p. 154.

② *Promulgating Rules and Regulations Governing the Appointment of Government Pensionados*, The President of the Philippines administrative Order No. 66，Vol. 4，pt. I，pp. 1689 – 1696.

③ *Report of The United States High Commissioner to The Philippine Islands*, Government Printing Office，1939，p. 137.

化的开拓和美国殖民政策的推进几乎是同步进行的，但美国的殖民削弱了菲律宾的独立性和民族自觉性，本土语言和文化逐渐让位于美国式的现代文化。留美学生项目所蕴含的现代性与复杂性通过留美学生渗透到菲律宾社会的各个领域，促进了现代菲律宾社会的塑造与发展。综上所述，从该项目实施的效果来看，一方面，该项目达到了美国的期望，菲律宾著名历史学家奥坎波（Esteban de Ocampo）将其称为"塔夫脱和菲律宾委员会所做出的最明智、影响最为深远的统治政策"。[①] 它的确培养了一大批亲美的菲律宾精英，留学生在社会诸多领域扮演着重要角色，对维护美国的殖民统治、增强其殖民经验、加强与促进美菲关系的发展发挥了关键作用。另一方面，留美学生项目与菲律宾社会融合互动，客观上对菲律宾现代化的发展产生积极影响。但更重要的是，留美学生项目是美国推行新殖民主义政策的产物，其本质是为了维护美国在菲律宾的殖民统治。

作者简介：

施雪琴，厦门大学国际关系学院/南洋研究院教授；王晗，厦门大学南洋研究院博士研究生。

[①] Gemma Cruz Araneta, "The Pensionados," *Manila Bulletin*, December 6, 2018.